教|育|知|库

叩击心灵的智慧

张志勇　李　静　杨正芝——

主编

光明日报出版社

图书在版编目（CIP）数据

叩击心灵的智慧 / 张志勇，李静，杨正芝主编. --
北京：光明日报出版社，2021.9
ISBN 978 - 7 - 5194 - 6302 - 1

Ⅰ.①叩… Ⅱ.①张…②李…③杨… Ⅲ.①青少年
—心理健康—健康教育—研究 Ⅳ.①G444

中国版本图书馆 CIP 数据核字（2021）第 181364 号

叩击心灵的智慧

KOUJI XINLING DE ZHIHUI

主　　编：张志勇　李　静　杨正芝	
责任编辑：李壬杰	责任校对：田昌华
封面设计：中联华文	责任印制：曹　净

出版发行：光明日报出版社

地　　址：北京市西城区永安路 106 号，100050

电　　话：010 - 63169890（咨询），010 - 63131930（邮购）

传　　真：010 - 63131930

网　　址：http://book.gmw.cn

E - mail：gmrbcbs@ gmw.cn

法律顾问：北京市兰台律师事务所龚柳方律师

印　　刷：三河市华东印刷有限公司

装　　订：三河市华东印刷有限公司

本书如有破损、缺页、装订错误，请与本社联系调换，电话：010 - 63131930

开　　本：170mm×240mm			
字　　数：592 千字		印　　张：33.5	
版　　次：2022 年 1 月第 1 版		印　　次：2022 年 1 月第 1 次印刷	
书　　号：ISBN 978 - 7 - 5194 - 6302 - 1			
定　　价：99.00 元			

《叩击心灵的智慧》编委会

前　言

天地盈虚，阴阳不测。2020 年，灾难接踵而至。新冠肺炎疫情对人类社会产生了巨大冲击；澳大利亚山火 7 个月时间释放的 4 亿吨二氧化碳对全球气候造成了巨大影响；东非蝗灾加重了 30 多个国家的粮食安全问题；南极气温突破 20 度加速海平面上升，将淹没大片低洼陆地……我们生活的这个世界，正在经历着前所未有的考验。

我们，无论是胜者、败者，还是强者、弱者，都共存于这个苦难与对抗的世界。抑郁、悲痛、焦虑、恐惧……如影随形，挥之不去，人类心理的呵护突然变得如此重要。

目前，部分中小学生存在嫉妒、自卑、任性、孤僻、焦虑、逆反、情绪反常、神经衰弱、社交困难、学习不良，甚至厌学、拒学、社交恐怖、物质滥用，乃至自杀、犯罪等心理行为问题。作为教育者，我们绝不能置之不理。因此，在中小学开展心理健康教育，有效解决心理与行为问题，培养学生健全的人格和良好的心理品质，提高全体学生心理素质，充分开发潜能，是现代教育的必然趋势。

为了有效落实和延展中小学心理健康教育，我们组织心理健康教育一线教师认真总结心理健康教育的做法和经验，以案例和论文的形式展现出来，以期有针对性地对青少年开展心理辅导，为他们提供帮助。每一个孩子都是独一无二的，但每一个人的成长过程又都是有其规律可循的。我们从每一个案例中的孩子身上可以照见其他孩子的影子。希望这本《叩击心灵的智慧》能够为一线教育者、家长提供一些新的视角，帮助大家更好地理解孩子、引导孩子。

由于编者水平有限，加之时间仓促，错漏之处在所难免，希望大家不吝赐教！

编者

2021 年 1 月 11 日

目 录
CONTENTS

第一部分 案 例

爱是开启学生心灵的钥匙 …………………………………… 3

在网课中融入心理健康教育 ………………………………… 5

自卑心理的调适 ……………………………………………… 7

幼儿入园适应困难案例分析 ………………………………… 9

让留守儿童更阳光 …………………………………………… 11

辩证行为疗法调适自卑心理 ………………………………… 13

自残男孩内心的呐喊 ………………………………………… 15

用情感化解逆反行为 ………………………………………… 17

疫情期间学习自律性的培养 ………………………………… 19

"刷存在感"的女孩 ………………………………………… 21

疫情焦虑巧排除 ……………………………………………… 23

老师,我的睡眠又好了 ……………………………………… 25

叛逆的他回归了 ……………………………………………… 27

L同学的新家庭 ……………………………………………… 29

小学新生的"断乳期" ……………………………………… 31

微笑男孩 ……………………………………………………… 33

巧治顽童"疫情后遗症" …………………………………… 35

有爱就有力量 ………………………………………………… 37

不能让厌学毁掉天赋 ………………………………………… 39

好哭的男孩 …………………………………………………… 41

渐行渐强的青春 ……………………………………………… 43

对学生自卑心理的调适 ……………………………………… 45

小 A 的公主梦 ……………………………………………… 47

帮留守孩子找到"家" ……………………………………… 49

用爱滋养留守儿童 ………………………………………… 51

离开网络，我依旧能行 …………………………………… 53

加强沟通，打开心门 ……………………………………… 55

沉默的花朵 ………………………………………………… 57

用爱浇灌花蕾 ……………………………………………… 59

走出自卑与怯懦 …………………………………………… 61

远离嫉妒，让生活更轻松 ………………………………… 63

心中有光，寒夜一瞬 ……………………………………… 65

用耐心提升留守儿童的自律性 …………………………… 67

小学生校园生活的调适 …………………………………… 69

消极的孩子变积极了 ……………………………………… 71

信笺里的幸福教育 ………………………………………… 73

家校联手缓解学生烦躁心理 ……………………………… 75

情感的触动，心灵的共鸣 ………………………………… 77

散漫的小女孩变了 ………………………………………… 79

安抚幼儿心灵，陪伴快乐成长 …………………………… 81

请让我来帮助你 …………………………………………… 83

对后进生，不抛弃不放弃 ………………………………… 85

消失的攻击性行为 ………………………………………… 87

走出情绪困扰，自由成长 ………………………………… 89

优点激励，促学生良性发展 ……………………………… 91

春风解开心灵的魔咒 ……………………………………… 93

孩子脾气暴躁怎么办 ……………………………………… 95

中学生人际关系调适 ……………………………………… 97

二胎带给孩子的心理阴影 ………………………………… 99

挽救脆弱学生的实践与思考 ……………………………… 101

"陪伴"是最好的教育 …………………………………… 103

爱就是教育 ………………………………………………… 105

正确对待幼儿的攻击性行为 …………………………… 107

缓解心理压力，助孩子健康成长 ……………………… 109

克服自卑，打破心理藩篱 ……………………………… 111

留守儿童心理辅导案例 ………………………………… 113

用爱抚平心灵的那道伤 ………………………………… 115

关注心理健康，师生共同成长 ………………………… 117

用爱改变孤僻好动的你——幼儿心理健康教育案例 … 119

我要阳光，我要爱 ……………………………………… 121

惊人的转变 ……………………………………………… 123

不要和陌生人说话 ……………………………………… 125

烦躁的他 ………………………………………………… 127

一路向阳，静候花开 …………………………………… 129

接受自我 ………………………………………………… 131

做自己情绪的主人 ……………………………………… 133

疫情下的亲子关系问题 ………………………………… 135

疫情后心理辅导案例分析 ……………………………… 137

偏差行为矫正 …………………………………………… 139

网课后学生逆反心理疏导 ……………………………… 141

走出"网络"困境 ……………………………………… 143

"问题学生"转型记 …………………………………… 145

学生网课焦虑辅导案例 ………………………………… 147

倾心相伴，助力成长 …………………………………… 149

成长不易，静待花开 …………………………………… 151

自信心培养策略 ………………………………………… 153

合理安排时间，有效戒掉网瘾 ………………………… 155

关爱留守儿童，探寻有效途径 ………………………… 157

阳光照进黑白的世界 …………………………………… 159

离异家庭学生心理辅导案例 …………………………… 161

耐心和爱心，育人细无声 ……………………………… 163

小学生心理疏导个案分析 ……………………………… 165

敞开心扉，微笑生活 …………………………………… 167

从自我封闭到敞开心扉 …………………………………… 169

爱心护成长 …………………………………………………… 171

用激励克服疫情后的不适状态 …………………………… 173

浸润心田，静待花开 ……………………………………… 175

对早恋倾向学生的心理辅导 ……………………………… 177

"小豹子"蜕变记 …………………………………………… 179

人际交往障碍调适 ………………………………………… 181

理解让喜乐走得更远 ……………………………………… 183

"跳楼风波"案例分析 ……………………………………… 186

用爱唤起孩子的爱 ………………………………………… 188

从细微处着手，关爱学生 ………………………………… 190

她能主动与同学交往了 …………………………………… 192

疫情当下，幼儿焦虑个案分析 …………………………… 194

渴望父母认可与支持的她 ………………………………… 196

青春期社会化现象纠偏 …………………………………… 198

用爱滋养单亲儿童的心灵 ………………………………… 200

如何脱离游戏泥潭 ………………………………………… 202

疫情促他成长 ……………………………………………… 204

爱心浇灌，花自芬芳 ……………………………………… 206

关爱留守儿童心理健康 …………………………………… 208

让孩子在自信中飞扬 ……………………………………… 210

走出阴霾，健康成长 ……………………………………… 212

如何培养学生良好的行为习惯 …………………………… 214

特殊时期，特别关爱 ……………………………………… 216

疫情后初中生厌学心理案例 ……………………………… 218

我与单亲孩子的心灵相约 ………………………………… 220

用心期待，静听花开 ……………………………………… 222

仙人掌也能开出花朵 ……………………………………… 224

初中生心理健康教育案例 ………………………………… 226

缺爱的孩子 ………………………………………………… 228

教育应该充满智慧 ………………………………………… 230

厌学及特异心理学生的转化 …………………………………… 232

依赖性留守儿童心理案例 ……………………………………… 234

心理问题不能当品德问题对待 ………………………………… 236

做孩子心灵的引路人 …………………………………………… 238

后疫情时期厌学心理辅导 ……………………………………… 241

后疫情时代中学生网瘾疏导 …………………………………… 243

用心呵护，发掘优势 …………………………………………… 245

爱融化一颗心，笑漾出一朵花 ………………………………… 247

自我中心型心理案例分析 ……………………………………… 249

先调整情绪，再教育学生 ……………………………………… 251

让阳光洒满心田 ………………………………………………… 253

农村留守女孩：在蜕变中成长 ………………………………… 255

用爱浇灌，助力成长 …………………………………………… 257

以爱之"钥"开启心之"锁" …………………………………… 259

春风化雨润心田 ………………………………………………… 261

因父母离婚而拒绝父母的她 …………………………………… 263

一个自卑胆怯的孩子 …………………………………………… 265

野百合也有春天 ………………………………………………… 267

精心引导学生远离网络游戏 …………………………………… 270

爱之泉 …………………………………………………………… 273

"小刺头"的转变 ……………………………………………… 275

用激励点燃孩子信心 …………………………………………… 277

陪孤独的小蜗牛散步 …………………………………………… 279

学生逆反心理教育尝试 ………………………………………… 281

基于师生冲突的案例剖析 ……………………………………… 283

"小炸毛"变成"小暖男" ……………………………………… 285

离异家庭的"网瘾"学生 ……………………………………… 287

巧引妙拨，润物无声 …………………………………………… 289

用支持陪伴孩子度过动荡期 …………………………………… 291

敞开心扉，拥抱生活 …………………………………………… 293

爱让她成长 ……………………………………………………… 295

挫折磨砺出坚强 ··· 297

爱要相互分担 ·· 299

后疫情时代的感恩教育 ·· 301

害怕上学的女孩 ··· 303

从心灵入手关注学生的发展 ································· 305

行为背后看不见的秘密 ·· 307

爱的滋养，心的灌溉 ·· 309

走向阳光，从心开始 ·· 311

小故事大能量 ·· 313

"幼苗"需要用爱去浇灌 ····································· 315

以爱为梯登上自信的台阶 ···································· 317

后疫情时期网瘾戒断的辅导 ································· 319

爱的教育 ·· 321

开启心灵之门 ·· 323

错位的性角色 ·· 325

悦纳自己，善待他人 ·· 327

为孩子点亮一盏心灯 ·· 329

与心相伴戒除网瘾 ·· 331

新视角下的心理健康教育 ···································· 333

花开应有时——初中生"早恋"心理健康案例 ······· 335

唤醒内心的能量 ··· 337

蜕变 ··· 339

高中生手机成瘾个案分析 ···································· 341

"宅"时光中的亲子共成长 ································· 343

好动的孩子 ·· 345

用独立自主的方式带孩子改掉拖拉的习惯 ·············· 347

爱是洒满学生心灵的阳光 ···································· 349

戒除网瘾，健康成长 ·· 351

我不想上学了 ·· 353

卑微男孩变形记 ··· 355

洒扫精神庭院，让心住进阳光 ······························ 357

重组家庭中孩子的心理调适 ┈┈┈┈┈┈┈┈┈┈┈┈┈┈┈┈ 359

她变了 ┈┈┈┈┈┈┈┈┈┈┈┈┈┈┈┈┈┈┈┈┈┈┈┈┈┈ 361

学习焦虑情绪的辅导策略 ┈┈┈┈┈┈┈┈┈┈┈┈┈┈┈┈ 364

关注心灵健康，抚平疫情创伤 ┈┈┈┈┈┈┈┈┈┈┈┈ 366

例谈留守儿童的心理疏导 ┈┈┈┈┈┈┈┈┈┈┈┈┈┈┈┈ 368

隔代教育中的学生的心理问题 ┈┈┈┈┈┈┈┈┈┈┈┈ 370

用爱心唤醒沉睡之心 ┈┈┈┈┈┈┈┈┈┈┈┈┈┈┈┈┈┈ 372

后疫情时代的中考焦虑 ┈┈┈┈┈┈┈┈┈┈┈┈┈┈┈┈┈┈ 374

与自卑握手言和 ┈┈┈┈┈┈┈┈┈┈┈┈┈┈┈┈┈┈┈┈┈ 376

回归的爱 ┈┈┈┈┈┈┈┈┈┈┈┈┈┈┈┈┈┈┈┈┈┈┈┈┈┈ 378

认识偶像，理智追星 ┈┈┈┈┈┈┈┈┈┈┈┈┈┈┈┈┈┈┈ 380

他为什么不取下口罩 ┈┈┈┈┈┈┈┈┈┈┈┈┈┈┈┈┈┈ 382

打开心扉，扬起自信的风帆 ┈┈┈┈┈┈┈┈┈┈┈┈┈┈ 384

不上数学网课的女孩 ┈┈┈┈┈┈┈┈┈┈┈┈┈┈┈┈┈┈ 386

用爱温暖孤独的心 ┈┈┈┈┈┈┈┈┈┈┈┈┈┈┈┈┈┈┈┈ 388

由"刺猬"到"暖男" ┈┈┈┈┈┈┈┈┈┈┈┈┈┈┈┈┈┈┈ 390

家校共育阳光之花 ┈┈┈┈┈┈┈┈┈┈┈┈┈┈┈┈┈┈┈┈ 392

爱的教育 ┈┈┈┈┈┈┈┈┈┈┈┈┈┈┈┈┈┈┈┈┈┈┈┈┈┈ 394

用心浇灌，静待花开——关注单亲留守儿童心理健康 ┈┈┈ 396

家校共同努力，重塑学生生活 ┈┈┈┈┈┈┈┈┈┈┈┈ 398

用爱感化他 ┈┈┈┈┈┈┈┈┈┈┈┈┈┈┈┈┈┈┈┈┈┈┈┈ 400

"爱捉迷藏"的小姑娘 ┈┈┈┈┈┈┈┈┈┈┈┈┈┈┈┈┈ 402

用爱滋养她的心灵 ┈┈┈┈┈┈┈┈┈┈┈┈┈┈┈┈┈┈┈┈ 404

"大禹治水"：疏通心理防线 ┈┈┈┈┈┈┈┈┈┈┈┈┈ 406

指间的力量 ┈┈┈┈┈┈┈┈┈┈┈┈┈┈┈┈┈┈┈┈┈┈┈┈ 408

留守儿童不良心理转变案例 ┈┈┈┈┈┈┈┈┈┈┈┈┈┈ 410

残疾儿童自卑与逆反心理的辅导 ┈┈┈┈┈┈┈┈┈┈ 412

特别的爱，给特别的你 ┈┈┈┈┈┈┈┈┈┈┈┈┈┈┈┈┈ 414

温润呵护，安全度过青春期 ┈┈┈┈┈┈┈┈┈┈┈┈┈┈ 416

慢小孩成长记 ┈┈┈┈┈┈┈┈┈┈┈┈┈┈┈┈┈┈┈┈┈┈ 418

走出心灵的孤岛——心理健康教育的辅导案例 ┈┈┈┈ 420

让生命充满爱 ·· 422

还心灵一片蓝天 ·· 424

小学生自虐行为案例分析 ·································· 426

网课期间的心理干预 ·· 428

真情浇灌，花开有声 ·· 430

春风化雨，润物无声 ·· 432

用心浇灌，静待花开——一个单亲留守儿童的心理健康辅导记录 ········ 434

藏在存钱罐里的遗书 ·· 436

我闻到了阳光的味道 ·· 438

她的学习态度端正了 ·· 440

那个经常逃课的小男孩 ···································· 442

关注疫情期间学生的心理健康 ·························· 444

告别网瘾，回归学习 ·· 446

慢小孩可以这样自信 ·· 448

用"爱"作伞，用"行"作柄 ···························· 450

世界以痛吻我，我却报之以恩 ·························· 452

小学生入学适应困难辅导案例 ·························· 454

走出情绪阴霾，拥抱自信阳光 ·························· 456

赋能向上，回归正常 ·· 458

让笑容再次绽放 ·· 460

揭开"抑郁症"的外衣 ······································ 463

第二部分　论　文

以苦难育成长，因疫情更苗壮 ·························· 469

健康战"疫"，心暖花开——论小学生后疫情时代心理疏导 ········ 471

让积极心理学点亮生活 ···································· 473

论亲子交往对幼儿人际交往能力发展的影响 ······ 476

关注学生心理健康，铸造辉煌人生 ·················· 478

爱是心理健康教育的有效方法和手段 ··············· 481

农村初中英语"学困生"心理健康分析及对策 ······ 483

中小学生原生家庭阴影心理调适方法 ··············· 485

浅谈七年级学生自信心的培养 ······························· 487

小学高年级心理健康教育主题班会的研究 ··············· 489

小学心理健康教育中的情景教学 ··························· 491

早期家庭教育对小学生心理健康的影响 ··············· 493

农村小学生厌学的主要原因及对策 ······················ 495

小学生心理健康问题成因与矫正 ··························· 497

浅探学困生的转化策略 ······································· 500

农村儿童心理素质培养 ······································· 502

幼儿心理健康教育方法探讨 ································· 504

初中如何做好学生心理健康教育工作 ··············· 506

浅谈小学教师如何进行心理健康教育 ··············· 508

心理暗示在教学中的应用 ··································· 510

让评语架起师生沟通的桥梁 ································· 512

先跟后带：师生沟通的有效策略 ··························· 514

家庭教育对孩子心理健康的影响 ··························· 516

第一部分 01

|案　例|

爱是开启学生心灵的钥匙

沙洋县拾回桥镇拾回桥小学　卞雪峰

一、案例描述

小 Q，男，9 岁，比较聪明，但自我约束力差。上课不能专心听讲，喜欢和同学在课上聊天，做作业拖沓，并且笔迹潦草，成绩中等；下课爱惹是生非，与同学追逐打闹、矛盾不断，而且屡教不改。

二、成因分析

小 Q 的父母在他 3 岁时离异，之后外出打工，把他交给爷爷奶奶抚养，很少关心他。父爱、母爱的缺失，让小 Q 没有安全感，所以他特别希望得到别人的关注、重视，性格也更加敏感、脆弱，总觉得别人歧视他。爷爷奶奶的溺爱，又让他脾气暴躁，经常与同学发生冲突，做任何事情都随心所欲，不把学习和老师的教导当回事。

三、辅导方法

1. 尊重、关爱学生，营造温馨氛围

平时多关注小 Q，多寻找他身上的闪光点，在全班同学面前进行赞赏、鼓励，让他有自信心。课间，用平等的姿态与小 Q 聊天，了解他的思想动态，及时给予正确的引导、帮助，让他感受到老师对他的关爱。安排性格文静、爱学习的学生和他做同桌，让身边的好榜样影响他、帮助他。让他参与班级活动，如运动会、朗诵、绘画比赛等，培养他的集体荣誉感，让他体验到成功的喜悦，感受到集体的温暖，激发他的上进心。

2. 家校沟通，运用正确的教育方法

多与小 Q 家长沟通、交流学生在校表现，与家长一起商量对策，选择合适的方法教育学生，引导孩子树立正确的人生观、价值观，让孩子的身心能健康发展。建议小 Q 父母多给孩子打电话，让他感受到父母对他的关爱，增加安全感；建议家长积极配合学校教育，在家严格要求孩子，督促学生完成学习任务，养成良好的学习习惯；建议家长在家营造良好的学习环境，让孩子多读课外书、少玩游戏。同时也希望家长少玩麻将、手机，多陪伴孩子、多与孩子沟通交流，多看一些有关孩子教育的书籍。

3. 教导学生，树立远大的理想

鼓励小 Q 多读一些与名人自强不息、在逆境中不向命运低头的相关的小故事。在班上开展"树立远大理想"的主题班会，制作主题手抄报，进行相关读书活动，从而教导小 Q 将心思用在学习上，为理想而奋斗，将外因化为内因，达到教育的目的。

四、评估反思

经过一个学期的努力，小 Q 的学习态度、思想、行为有了很大的转变。他上课专心听讲，积极发言；认真书写，及时上交作业，学习成绩也大幅提高，期末进入了表彰行列。与同学能友好相处，经常帮助同学打扫教室、打饭、还餐具，见到老师能够礼貌问候，与家人的关系得到了改善。小 Q 的奶奶反映，现在小 Q 在家学习不需要他们的督促就能自觉完成，还会主动做家务。

从小 Q 这个案例中，我得到了以下几点启示：

1. 教师对留守学生要倾注更多的关爱

农村有许多像小 Q 一样的孩子，父母离异或外出打工，他们靠爷爷奶奶照顾。教师对于这部分学生不能一味地批评、指责、训斥，让他们产生冷漠、怨恨的情绪，成为有心理障碍的人。相反，教师要对他们倾注更多的关爱，滋润他们幼小的心灵，呵护他们敏感的自尊，让他们感受到教师的爱、同学的爱、集体的温暖。

2. 健全的人格非常重要

心理学家阿德勒说："幸运的人一生都在被童年治愈，不幸的人一生都在治愈童年。"帮助孩子塑造健全的人格、优良的品德、良好的习惯、正确的"三观"，可能比传统意义上的成功更加重要，这将影响他以后的生活。

3. 教学过程要关注学生心理问题

教师不能单纯地教授学生文化知识，还要关注学生的心理健康。我们不能把心理问题当作品德问题来看待，把学生轻易定为品质有问题的学生。教师工作的成效，有时也取决于教师对学生心理健康教育的认识和理解程度，教师应该加强心理知识的学习，以便更好地帮助学生。

在网课中融入心理健康教育

高新区·掇刀区白石坡中学　胡幸

一、案例描述

小 L，男，初三学生，小学时学习成绩优异，升入初中之后，成绩有所下滑。疫情期间，家长反映孩子在家学习不认真，上网课时昏昏欲睡、无精打采，甚至有时会在上课时玩游戏。学习方面存在消极情绪，不服父母管教，常以漠然的态度对待父母的教育。

二、成因分析

通过与学生父母的沟通，我了解到小 L 的父亲很少管教他，母亲又太过溺爱他，小 L 犯错后，有时父亲会采取粗暴的方式解决问题。初中正值青春期，学生的叛逆心理比较严重，导致小 L 比较任性、固执，面对家长的批评和溺爱，他的表现更加得寸进尺。此外，疫情期间学校主要采取线上教学的方法，由于缺少教师的面对面监督和管理，小 L 常常会在上课的时间做与学习无关的事。在享乐心理的影响下，小 L 的学习积极性不高，渐渐对学习失去了兴趣，沉迷网络游戏，要想解决这一问题，需要加强对学生的心理健康教育。

三、辅导方法

1. 加强和学生家长的沟通，传授正确的教育方法

积极与学生家长联系，让家长意识到家庭教育对学生成长和学习的影响，了解家庭教育的重要性，让学生家长肩负起自身的教育责任。教师可以利用微信或 QQ 向学生家长介绍一些家庭教育的方式和方法，及时了解学生在家的学习表现和生活表现，对家长提出有针对性的教育建议，拉近孩子与家长的距离。通过教师和家长的共同努力，小 L 的心理逐渐发生了微妙的变化，不再那么叛逆和倔强，懂得站在父母的角度思考问题。面对父母提出的问题，他会先进行

自我反思，然后加以改正，同时也会对父母提出一些合理的要求。这样既促进了家长和学生沟通的有效性，营造了良好的家庭氛围，也有助于学生的学习与成长。

2. 优化教学方法，激发学习兴趣

为了保证网络教学的进度，一方面，我转变以往的教学观念，调整教学手段，按照学生的心理特点，采取多元化的教学方式，组织学生进行探究式学习，提高课堂教学的趣味性，激发他们的学习兴趣，保证疫情下的课堂教学效率；另一方面，我还渗透了心理健康教育方面的内容，通过创设相应的情境提高学生的集体意识与合作能力，培养学生互相尊重的良好品质，让他们协调好自己与他人的关系，在提高学生人际沟通能力的同时，提高他们的社会适应能力。特别是小L，我在上课时专门安排他做了探究小组的组长，由他组织小组成员进行学习，分配研究任务，协调组员之间的合作关系，让他体验到自主学习的乐趣。这次活动后，小L的学习积极性有了大幅提高。

3. 营造良好的师生关系，激励学生进步

在网络教学中，良好的师生关系可以活跃课堂氛围，有助于挖掘学生的潜力，让学生感受到心理自由与心理安全，充分调动学生的学习热情。我经常利用QQ和小L交流，鼓励他利用空余时间多看书，偶尔推荐一些适合他看的原声电影，而且还会和他讨论电影相关剧情。一段时间后，小L开始反过来给我推荐电影和书籍了，他的注意力不再仅集中于手机游戏了。

4. 优化作业批改方法，注重合理用词

我在批改小L的作业时，会使用不同风格的语言，根据他最近一段时间的表现和最近发生的事件来进行评价，也就是采用"个性化"语言。通过短短的几句话可以切实让学生感受到教师的关注与关怀，有助于帮助学生树立学习信心。

四、评估反思

心理健康教育和其他学科教学之间是相辅相成的关系，教师应当在教学的活动中优化教学方法，想办法提高学生的心理素质，提升疫情下网络教学的质量与效率。经过老师们的努力，小L的学习积极性大幅提升，和别人相处时谦逊有礼，尊重长辈、关心班集体，而且成绩也有了明显提高。一名合格的教师，不应该仅关注教学，更应该关注学生的心理健康，动之以情，晓之以理，帮助学生获得进步和发展。

自卑心理的调适

东宝区永盛小学 汪晨晨

一、案例描述

小 Y 是一个很腼腆的小女生，他性格内向，平时不愿意跟同学玩耍，也不爱说话，在学习上存在一定的困难，一提起考试就没精神。在人前不苟言笑，上课从不主动举手发言，老师提问时总是低头回答，声音小得几乎听不见。面对激烈的竞争、同学们的嘲笑，她觉得自己这儿不行，那儿不如别人，缺乏竞争的勇气，进而导致自信心不足。

二、成因分析

通过一段时间的观察，我发现小 Y 上课注意力不集中，听讲容易走神，学习成绩越来越不理想，一听到考试就紧张、忐忑不安，害怕成绩出来后家长的指责和同学们异样的眼光，严重的自卑感深深地包围着她。过重的心理负担使她不能正确地评价自己的能力，即使在取得优异成绩时她也很难体会到成功的喜悦，甚至一直怀疑自己的优点，陷入失败的恶性循环之中，长此以往将严重影响她的身心健康发展。小 Y 的父母文化水平一般，他们把所有的希望都寄托在孩子身上，但对她的学习、生活却不能进行科学的引导。

三、辅导方法

1. 情感沟通

在与她谈心时，教师应充分地给予共情、信任，抓住她的闪光点，及时给予肯定，引导她树立远大的理想，用古今中外成功者的事例鼓励她。

2. 家校合作

通过家访、开家长会等方式，鼓励她的父母多和孩子交流，及时了解孩子的学习生活情况。我把小 Y 这几年来的学习情况、性格、交往的发展状况反馈给她的家长，建议他们综合考虑小 Y 的实际情况，适当地降低要求，提出一些她能够达到的目标，并帮助小 Y 实现这一目标。要注意观察她实现目标后的表现，多鼓励少批评，多关心少打骂，为小 Y 营造一个温馨、和睦、充满爱的家庭环境。这样既能促进家长与孩子之间的沟通，又能减轻孩子与家长互动时的紧张感，消除家长和孩子之间的隔阂，增进家人之间的亲情。

3. 同学关心

集体的力量是无穷的。除了帮助她养成良好的学习习惯，我还注意发挥集体和伙伴的作用，通过同学的关心与督促，及时提醒她认真完成作业。我还安排一个性格外向、活泼、乐于助人的班干部做她的同桌，当她有困难时，同桌能热情地帮助她，让小 Y 在与同桌交往的过程中懂得热情、乐于助人是赢得同学喜爱的必要条件，在潜移默化中，帮助小 Y 走好人际交往的第一步。

经过一段时间的心理辅导后，小 Y 的自信心明显提高，家庭作业能按时完成，上课也能积极举手发言。在校内，她能和老师主动交流，下课有时还会主动向老师请教问题。以前孤独少言的她，现在有了一群知心朋友，平时也能积极主动地帮助同学。因为有了良好的人际关系，又受积极情绪的影响，学习成绩也有所提高。家长也反映她活泼开朗了很多，并且能主动和父母交谈学习上的事了。

四、评估反思

（1）学生的不良习惯都是日积月累逐渐形成的，而教师在工作中要化被动为主动，在平时的工作中要及时发现、及时辅导，以促进学生尽快转变。

（2）在辅导过程中要向那些自信心不足的学生倾注更多的关爱，努力构建起师生之间信任的桥梁，让他们感觉到："我能行、我是最棒的。"加强教师与家长的联系，促进家庭良好氛围的形成，这样教育和辅导就会起到事半功倍的作用。小 Y 的改变，让我更加认识到激励的作用、集体的力量。

（3）针对小 Y 这样的学生，教师要循循善诱，不可操之过急，不要把注意力集中在孩子的不良表现上，要更多地关注学生的优点和特长，放大学生的优点，使学生一步步正确地评价自己，将自己融入集体中，感受大家带来的善意。

幼儿入园适应困难案例分析

荆门市直属机关幼儿园　娄艳华
荆门市青少年活动中心　刘峥嵘

一、案例描述

小 M，男，3 岁 4 个月。家庭主要成员有爸爸、妈妈、外公、外婆、爷爷、奶奶。爸爸是中学教师，妈妈是全职在家带他。小 M 体质不好，加上父母年龄较大才有了他，因此双方家庭格外珍惜并溺爱这个孩子。小 M 平时主要由父母抚养，外公外婆、爷爷奶奶有时也会过来和小 M 生活一段时间，并对小 M 百依百顺。小 M 发脾气时会对外公外婆拳打脚踢。

入园后，小 M 在很多事情上都表现出了适应困难。每到吃午饭的时间，小 M 总将椅子抱在手里，反复询问老师："我坐在哪儿呀？"吃饭时也坐不住。依赖性强，不愿自己独立穿衣服，老师教学生穿衣服，他总是不学，等着老师帮他。小 M 表现出强烈的以自我为中心，音乐游戏"找朋友"中有一个环节是小朋友需要找朋友手拉手做动作，唱到"找到一个好朋友时"，别的小朋友都能够自由结伴，面对面站好，可小 M 总拽着小溪的衣服，一定要和小溪一起玩。

二、成因分析

从以上表现中，可以看出小 M 生活自理能力比较差，其根源是家长的宠溺，剥夺了孩子自己动手的机会。小 M 的妈妈全职在家带他，一心扑在孩子身上，孩子的事情基本都由妈妈"包办"。小 M 在家吃饭时会问："我坐哪儿？"妈妈就会为他安排好座位。妈妈从没有重视过对小 M 行为习惯的培养，在家吃饭不管跪、趴、躺，只要把饭喂下去就好。小 M 不愿自己独立穿衣服，说明在家有家长替他穿衣服，独立锻炼的机会太少。

同时小 M 在游戏活动中不会有效地与同伴交往。在与家长的沟通中，老师了解到小 M 从小由妈妈带在身边，与外界接触的机会较少。小 M 只喜欢与自己熟悉的人玩儿，他与小溪住在同一个小区，平时也会一起玩耍，因此，小 M 认定小溪是自己的好朋友，不管对方是否乐意接受自己。

三、辅导方法

1. 取得家庭教育的支持

鉴于小 M 在生活自理方面存在的问题，我们及时与小 M 的妈妈沟通并对其提出了一些让小 M 在家自己吃饭、穿衣的具体要求：如坐在桌边用小勺自己吃饭，不许家长追随喂饭；有便意时能及时告诉家长，学习自己脱裤子、提裤子等，培养孩子的生活自理能力。

小 M 属于"圈养型"的孩子，主要由妈妈照料长大，家庭关系又比较简单，与外界接触的机会很少，我们建议家长为其创造能够积极与人交往的机会，拓展孩子人际交往的范围，让他能够在入园后更好地适应集体生活。

2. 幼儿园教育方面

针对像小 M 这样入园适应困难的幼儿，我们幼儿园老师做了如下工作。

新生入园适应需要争取家长的理解与支持，在家庭和幼儿园之间形成合力。在调查了解的基础上，老师做到心中有数，对小 M 的妈妈提出了有针对性的指导意见，如家长不"包办"代替、鼓励孩子自己的事情自己做、培养良好的生活习惯等。根据小 M 在与同伴交往中的表现，老师建议小 M 的妈妈利用节假日、双休日主动约班级的小伙伴和小 M 一起玩。

小 M 的动手能力较弱，老师寓教育于游戏中，鼓励他到生活区喂"宝宝"；进行户外活动时，鼓励小 M 走独木桥、荡秋千，提高他的身体平衡能力，培养他勇敢的品质；玩"老狼老狼几点钟"游戏时，帮助他理解并遵守游戏规则；班级开展"玩具分享周"活动时，鼓励小 M 学说"我和你一起玩""我和你交换着玩"等日常用语，帮助他学习和同伴交往的方法。通过各种游戏的开展，巩固幼儿做事情、守规则的兴趣。

四、评估反思

在幼儿园，老师对小 M 多采取鼓励引导，看到他的点滴进步都会及时予以表扬。当小 M 吃饭时桌面变干净了、会分清裤子的前后不再穿反了，当小 M 能够和小伙伴一起分享玩具时，老师都会给予一个微笑、一个拥抱或在他额头上贴一个贴纸。由于自己的表现得到了老师的肯定，小 M 会主动地重复正确的行为，进行自我强化，进而慢慢养成了好习惯，渐渐适应了幼儿园的生活。

让留守儿童更阳光

高新区·掇刀区团林铺镇张场小学　何智慧　杨祖平

一、案例描述

小 F，男，12 岁，小学六年级学生。智力发育迟缓，多动，注意力难以集中，学习成绩较差；性格腼腆、自卑，人际沟通能力欠缺，容易与同学发生肢体冲突。

二、成因分析

小 F 本身智力发育相对迟缓，不能很好地适应学习和生活，常常觉得自己不如别人，觉得同学用异样的眼光看他，再加上他的自尊心较强，在这样的状态下，他的心理与行为就出现了问题。

小 F 父母离异，父亲常年在外打工，他与爷爷奶奶在一起生活。爷爷奶奶对他比较溺爱，隔代教育的局限性导致他的文化基础差，且没有养成良好的学习习惯和行为习惯。

小 F 缺乏与人交往的能力，同学关系较为紧张，未能在学校和班集体中感受到同学的情谊和班级的温暖。

三、辅导方法

1. 沙盘游戏，帮助学生敞开心扉

有一次小 F 与同学发生冲突，老师找他了解情况，他什么都不肯说，就将他带到沙盘室，告知保密原则后请他做沙盘。他用一只兔子代表自己，一只老虎代表同学，并解释说："老虎要抢我的草吃，还嘲笑我，所以我才打他的！"当引导他发现老虎并不喜欢吃草，这只是兔子心里的担忧之后，他认识到是自己的错误认知导致了这次冲突事件的发生。这次沙盘游戏结束后，小 F 最大的改变是心里有什么想法愿意敞开心扉交流了。

2. 寻找正能量，重塑价值观

沙盘游戏后，小F与同学发生冲突的频率并未降低，考虑他的特殊情况，老师在班级做了强调：任何同学不可与小F发生肢体上的冲突，而且在生活、学习中要多关心他。可是效果不太好，反而越来越多的学生反映他上课发出与学习无关的声音，课间用脚绊同学。还发现他存在"记坏不记好"的习惯，不能发现同学们的友善之处。

经过多方面的了解，再结合小F的沙盘综合分析，我发现要改变他的行为问题还需要改变他的思想观念。首先从老师做起，要努力地捕捉他的闪光点，让他感受到成功的喜悦感以及老师对他的关注与爱护。老师这样做，对同学们有一定的带动作用，同学们对他的接纳度也有了提升。

进行观念重塑，要求他"寻找正能量"，让他每天留心观察生活中值得记忆的5件正能量事件，并且记下来，帮助他发现同学们的友好，树立正确的价值观。

3. 举办主题活动，拉近与同学之间的距离

第一是举办以"友情"为主题的诗词大会。这个活动以小组为单位进行，既能提高学生资料查找、小组合作的能力，又能增强学生对友情的理解。

第二是举办一期以"礼让"为主题的黑板报，要求每个同学都提供材料，交由黑板报小组选用，并且特批小F加入黑板报小组，负责一部分抄写工作。随着这两个主题活动的开展，全班同学都受到了教育，小F的关注点也更多地放在古诗词的积累、练粉笔字等事情上，相对地，与其他同学矛盾就变少了，人也更加开朗了。

4. 家访，家校共同发力

鉴于爷爷奶奶对小F的溺爱，我和两位老人进行了一次深入的沟通，希望他们转变观念，尤其是当他做错事情的时候一定要批评。小F的爷爷奶奶一个劲儿地点头，说一定会配合老师教育好孙子，并一再感谢老师这么重视小F。

四、评估反思

通过一段时间的努力，小F发生了较大改变，他学会了理智地处理问题，与同学之间的冲突大大减少，人变得越来越阳光，也能慢慢地参与到学习中来了。

农村留守儿童大多存在不同程度的心理问题，因此学校的心理健康教育工作应该对他们有所倾斜，有针对性地对他们进行教育辅导，从而改变学生的心理困境。教育无小事，润物细无声，我希望通过心理教育的加持，培育出一棵棵心向阳光的"希望之苗"。

辩证行为疗法调适自卑心理

京山市坪坝镇晏店中心小学　张中林

一、案例描述

小 M，男生，10 岁，身高 131cm、体重 32kg。一到三年级品学兼优、热情幽默、待人有礼貌。四年级开始，逐渐出现反常现象，在线学习时经常迟到、心不在焉；恢复线下学习后，该生学习成绩下滑、上课走神、下课与同学追打，平时沉默寡言，不愿与同学、老师交流。有一次，在课间挑衅同班身高 150cm、体重 47kg 的 C 同学，被打掉一颗牙齿，治愈返校后，对学习更加提不起兴趣，对同学经常恶语相向，且持续挑衅 C 同学，老师多次与他交流，进行批评教育，但他的行为都没有得到改善。教师在交流中感觉其与父母沟通很少。

二、成因分析

通过与小 M 交流，我了解到其因个子矮小，觉得自己在家里和学校都受到了"欺负"，家人、老师、朋友都不相信他。这其中的心理原因主要有以下三点。

1. 自我意识的崛起

表现在孩子开始重视自己的存在，不再受家长、老师的影响，而是有了独立的思考方式。

2. 社交情绪出现

社交情绪是人际交往中个体的一种主观体验，是个体的社会需要是否获得满足的反映。本案例反应的几种基本的社交情绪包括自卑、羞耻。

3. 印象管理策略问题

本案例中小 M 将 C 同学想象成一样高、一样壮的表弟，然后将其定位为自己讨厌的一类人，所以不断与其发生冲突。

三、辅导方法

1. 使用辩证行为疗法

辩证行为疗法是由美国华盛顿大学的心理学家马莎·莱恩汉教授提出的一

项心理治疗技术，它由传统的认知行为疗法发展而来，并结合了东方禅学的辩证思想，强调在"改变"和"接受"之间寻找平衡。

2. 具体执行

核心策略是在治疗过程中达到辩证的平衡，通过善意的交谈，让被治疗者接纳自己，并且认识到自己存在的问题，即在情绪、认知、行为上达到合理化认同。让小 M 接纳自己与认清现实，进而产生自我效能感；同时运用行为分析和问题解决的措施来改变其不良的认知和行为反应。

执行方式是老师、家长、同学在与小 M 交流时要进行平衡的沟通，这里采用的是互动式与强硬式穿插的交流模式。其中互动式是通过同学热情、真诚的方式，让小 M 接受交流并开始与他人互动，其间老师、家长还采用自我暴露的方式与小 M 进行交流。与此同时，如果沟通停滞或者小 M 产生抵触情绪，那么采用强硬式的方法要求小 M 参与互动，积极解决问题。

3. 实施拟定

第一，家长开始关注小 M 的情绪，主动交流，避免再将小 M 与其表弟进行比较，并且引导其注意饮食、加强运动。

第二，老师每周与小 M 谈话，友善点评并表扬他的长处，激发他学习的积极性。当小 M 出现懈怠情绪时，持续鞭策；出现抵触情绪时，略微放松督促进度，改为观察。

第三，调换小 M 的座位，引导班上同学主动与其沟通，在其遇到困难时主动帮助他。特别是高个子的同学，引导他们主动与小 M 交流，邀请他一起做运动，让其充分融入群体。

第四，以周为单位与家长进行联动，交换小 M 的表现等相关信息，及时调整互动策略。

四、评估反思

（1）经过两个月的持续跟进，小 M 的状态有了明显的好转。小 M 能够主动与同学交流、帮助同学，在家里也变得活泼开朗起来，也能主动与父母沟通，帮助父母做家务。小 M 不再过度关注身材，懂得通过运动及饮食来促进自己身高的增长；平时也更积极地学习，通过成绩来证明自己。

（2）伴随着社会的进步，儿童青少年心理发展也在发生变化，在这个过程中，老师和家长都需要主动积极关注学生的心理健康，为学生的成长保驾护航。

自残男孩内心的呐喊

高新区·掇刀区掇刀石小学　杜小兰

一、案例描述

来访者 15 岁，男生，穿着一身黑色衣服，体瘦，看起来体质有些弱，说话声音有点儿小，由妈妈带来。孩子妈妈说孩子很自卑，常否定自己，近期在家有自残行为。

男孩自己有主动求助愿望，前几天在家情绪爆发，砸了很多东西，起因是临近中考，爸爸担心手机影响其学习，把手机没收。男孩没有了手机，没有办法和同学取得联系，之前有情绪和同学聊聊天就会舒畅很多，所以对爸爸的行为很不满，积压的负面情绪在前几天爆发出来。

这次情绪爆发后，男孩用美工刀在小臂上划出了一道道痕迹，密密麻麻，妈妈才同意带他来见心理老师。

二、成因分析

（1）父母更多的是关注孩子的学习成绩，而忽略孩子的心理成长。妈妈忙于工作，平时陪伴孩子的时间较少，父子之间的交流方式又过于简单，爸爸说了孩子就要听，不听就要挨打。

（2）孩子一直试图用自己的方式让爸爸看到其内心的需求，希望得到爸爸更多的爱与理解，比如，强烈要求住校、离家出走、砸东西、划伤自己，这些都是孩子呼唤爱的方式。

（3）青春期的孩子，心理成长最重要的任务就是完成自我同一性，在这个过程中，所有父母眼中的对抗、不听话，其实都是孩子在探寻自我的过程。此刻的孩子，需要父母更多的允许，给予他们更大的空间，孩子才能有充分体验的机会找到"我是谁"，完成自我逐步完善的过程。

（4）父母过高的要求，简单的教养方式，导致孩子将爸爸的不断否定内化成自我的一部分，一方面缺乏来自父亲的支持力量，另一方面不断地否定攻击自己，孩子自我认同感越来越低。

三、辅导方法

男孩内在力量被抑制，激发孩子内在力量，让男孩有勇气来面对眼前的困难是需要解决的问题，主要从以下几个方面进行。

1. 认知疗法

首先是调整认知，清除男孩给自己贴的负面标签。让男孩从自身抽离出来，从一个局外人角度来看待自己一次次和父母斗争的行为。男孩说："我看到了一个遇到困难不断想办法的男孩，无论他想到的办法是什么，至少他从没有放弃，我看到了他的勇气与力量。"

接着，我引导男孩用身心去体验。同样的行为，当他认同了爸爸给自己贴上的标签，就会感受到身心的状态是很压抑的，抬不起头，觉得自己是一个无用的人；当认同自己看到了一个有勇气与力量，并不断想办法的男孩时，他的身体就充满了力量，感觉做事更有信心。

最后通过一个隐喻故事，让男孩认识到无论爸爸改变与否，他如何看待自己才是最重要的，强化男孩内在的力量，把与爸爸斗争的力量收回来，教导他做好眼前的事情才是最重要的。

2. 潜意识沟通

通过潜意识沟通，引导男孩表达对爸爸的愤怒、期待与对父爱的渴望，同时看到爸爸所有行为背后的动机，理解父母的不完美。在引导过程中，男孩带着勇气与力量，大胆去表达，说出了积压在心中的委屈、不满，当内在情绪得到充分宣泄后，男孩慢慢平静下来，看到爸爸表达爱的方式虽然不是他能接受的，就像他对待学习一样，但他们都做到了自己眼前能够做到的最好。他不是完美的，他也不需要爸爸做到完美。

四、评估反思

每个情绪都需要被看见，每颗心都渴望被善待，每个行为背后都有深深的需求。勇敢的男孩，在孤独迷茫无助中，他懂得为自己发声，为自己呐喊，为自己争取机会，只为拥有更大的成长空间。

每个父母行为背后都藏着对孩子深深的爱，每个看似叛逆的行为背后都是对爱的呼唤。"动机是好的，行为方式却不一定是对方能接受的"，错误的互动模式，会让亲子关系越走越远。

认同自我后，外表柔弱的男孩勇敢走了出来，释放自身拥有的强大力量，开始通过自身的改变来真正成就自己。

用情感化解逆反行为

荆门市东宝区长宁实验学校　胡春

一、案例介绍

F，男，15岁，九年级学生。学习成绩处于下游，思维活跃，个性刚强，自尊心极强，做事情绪化，喜欢跆拳道。在校期间他常与老师发生激烈的争执，且时常将这种不满情绪迁移到其他同学身上，班上同学对他"敢怒不敢言"。对于老师的好言相劝，他也觉得是老师看他不顺眼，想找他麻烦。

二、成因分析

F的逆反行为一方面与青少年心理发展特点有关，随着独立意识的增强，他们需要学校和家长给自己自由的空间，他们认为自己是大人了，所以开始反抗成人的约束；另一方面与家庭的教育密切相关，F的家长对其十分溺爱，当F犯错，他们就只听信F的片面之词，不了解事情的来龙去脉就指责他人，F的爸爸甚至恐吓同学和老师。这种做法增长了F的嚣张气焰，使他更加张狂。家庭的教育方式使得F只会用武力或者更极端的方式去解决问题。

三、辅导方法

1. 全面评价学生，发掘其闪光点

年级运动会有一项拔河比赛，可是男生只有5个人报名参加，我推荐了F和他的"死党"加入，且说看好他们。经过激烈的竞赛我班险胜，赛后我亲切地对F说："你知道吗，你笑起来时的酒窝特别好看，再加上你强烈的集体荣誉感，老师觉得你特别棒！以后多笑笑吧！"接下来的几天他的心情特别好，见到我就喊："老师好！"

2. 与家长沟通，转变家庭教育方式，以身作则

印象中F一家把我气哭了三次，每次都是F的家长主动向我道歉，说他们

没弄清楚事情的真相，错怪了我，向我说"对不起"。

八年级下学期的某个周五，F因情绪不佳，看某个同学不顺眼，上去就揍了那个同学一拳，还把他的书全扔到了教室外面。班上同学向我汇报，我赶到班上，并没有立刻批评他，而是先让学生把书捡起来，准备上课。我知道F是个暴脾气，爱钻牛角尖，本打算让他冷静一下再处理这件事，可没想到F一转眼就翻墙出去了。我找了一下午，终于在一个山坡上发现了他，我建议F的家长把他带回家，周一再来处理这件事。

到了周一，F的家长来了，开口就质问我，为什么不关心一下他儿子。我想是时候提醒一下家长了，否则F迟早会因为他们的偏袒做出更加过分的事情，我用平和的语气把了解到的真实情况告诉他，他听后一脸不可置信。

然后我心平气和地和F的父亲聊了孩子的一些表现，他不好意思地说："老师，看来我这个做父亲的也有责任。遇到事情我应该保持冷静，了解事情的真相，不能对他溺爱了。"看到效果还不错，我开玩笑地说了句："F的脾气随您，您以后可得以身作则，遇事要冷静，控制自己的情绪！那您现在跟F去沟通一下吧，冷静了两天，现在应该能听得进去道理了。"

后来，F在校犯了错，他父亲总是先给我打电话了解情况，在老师面前也十分恭敬有礼。F看到自己父亲的转变，在我面前也乖了很多，因为他知道以后他爸爸不会给他"撑腰"了。

3. 加强感情投入，融洽师生关系

F仍然时不时地跟科任老师或者与我发生冲突，虽然有时也会感到疲惫，但我不会对其放任自流。天冷了，对他嘘寒问暖，犯了小错误的时候我轻轻地敲敲他的头，偶尔跟他开句小玩笑。人的心是柔软的，我相信在自己的耐心和爱心的感化下，总有一天他会变得更好。

四、评估反思

通过辅导，F和同学、老师的紧张关系得到了缓解，生气时"八头牛都拉不回来"的人，在我面前也没有那么嚣张了。玩世不恭的样子也没有了，对于感兴趣的课也能认认真真地听了，偶尔还能问我几个关于学习的问题。

每个孩子都是一朵花，他们的品性不同，花期也不同，愿我们能用爱心、耐心静待每朵花的绽放！

疫情期间学习自律性的培养

荆门市石化第一小学　郑晓冬

　　2020 年春，让人永远难以忘怀！教育部为阻断新冠肺炎疫情向学校蔓延，提出利用网络平台教学，教师纷纷化身"主播"，开始了艰难的网上教学工作。与此同时，一场没有硝烟的战争也在教师和学生自身的"惰性"之间打响了。教师在这一特殊时期，怎样带领学生战胜自身的惰性，逐步培养他们"自律"的学习习惯呢？现就本班的实际案例来谈谈切身体会。

一、案例描述

　　小 J 是单亲家庭学生，平时父亲工作忙碌，基本上对孩子的学习不管不问。疫情期间，小 J 以上网课为借口，玩游戏、看视频，甚至晚上偷拿奶奶的手机躲在被窝玩游戏，随后学习成绩一落千丈。问其原因，还振振有词："问爸爸，爸爸不管；问奶奶，奶奶不懂。所以我不会！"

二、成因分析

　　疫情期间的学生，产生"惰性"主要是因为以下三点。

　　1. 电子产品的诱惑

　　电子产品是一把双刃剑，在线学习时它是学习工具，但在缺乏自律的孩子手中，又成了一种令人上瘾的"毒品"。学生有私下组建游戏群，组团打游戏的；有私下刷抖音的；还有私下看动漫的……电子产品的诱惑真是无处不在。

　　2. 舒适的家居环境

　　家里舒适的沙发可坐可卧，随手可取的零食、饮料，比起学校的课堂真是自在。在放松的状态下学习，大脑很难保持学习状态，"惰性"随之产生，使学习效率大打折扣。

　　3. 缺乏有效的监督

　　家长复工复产，不能陪伴并及时督促孩子学习，老师针对学生的一些问题也不能及时做出处理，鞭长莫及。在无人监督的情况下，学生的"惰性"就容易滋长。

三、辅导方法

1. 正视惰性心理

"惰性"，从心理学角度来说是人的本性，是自认为良好的心理调节状态。从某种角度而言，"惰性"是人们一种正常的心理，只是程度有所不同。孩子在与"惰性"抗争的过程中，会有反复，可能有段时间学习状态不错，过段时间又有所松懈，这都是正常的现象。

2. 汲取精神食粮

向学生推荐一些富有正能量的书籍，如《老人与海》《自己拯救自己》《假如给我三天光明》等。经常开展在线读书交流活动，让学生从书籍中汲取精神食粮，拥有面对困难的勇气和决心。

3. 家长成为"盟友"

在线授课期间，一定要把家长发展为"盟友"。为此我班召开了以"合作、自律、成长"为主题的在线家长会，不仅要缓解家长的焦虑情绪，还要告知家长行之有效的方法。

4. 发挥榜样的力量

在网络学习期间，既有因"惰性"成绩下滑的学生，也有因"自律"而弯道超车的孩子。将这些"自律"的学生树立为学习的榜样，帮助成绩下滑的孩子建立战胜"惰性"的勇气。

5. 奖励永远是行之有效的手段

每隔一段时间评选一次"自律小明星"，并给予奖励。家长可以设置一张表格，以评星的方式直观地标出孩子每天的学习状况，给予适当的奖励。

四、评估反思

正如海明威在《老人与海》中所说："一个人并不是生来要被打败的，你尽可以消灭他，可就是打不败他。"向自身"惰性"宣战，培养"自律"的习惯，我们的孩子将在这场没有硝烟的战争中逐渐成长进步起来，成为一个有责任心、有担当的人！

"刷存在感"的女孩

京山市钱场镇小学　付祖庆　胡继平

一、案例描述

小 Y，女，10 岁，随奶奶生活，不爱学习，上课注意力不集中，自我约束能力差，孤独、自卑。

具体表现如下：

（1）无论上课下课总喜欢撕纸，也总是把玩具拆得七零八落的。

（2）不遵守纪律，学校集合做操、上体育课站队时总是与前后同学打打闹闹。

（3）上课常常无视老师的存在，在书本上写写画画，经常写与上课无关的内容。

（4）作业经常不做，在老师的催促下才随便作答，往往是文不对题。

（5）衣冠不整，不讲究个人卫生，课桌上、座椅下尽是被撕掉的纸张。

二、成因分析

在一至三年级期间，小 Y 同学虽然学习成绩并不突出，但是性格活泼开朗，和同学们的相处也是愉快的，变化就发生在去年。父母离异后，她像完全变了一个人，变得自卑，自我封闭，行为怪异，不能和同学正常交往，对学习也丧失了兴趣，学习成绩一落千丈，总觉得会被人瞧不起，甚至认为自己不是读书的"材料"。每次考试发了卷子后，总是坐立不安，放学后为了不跟同学一起走而故意晚回家。

为了"刷"自己的存在感，吸引周围人的关注和重视，她总是想方设法做一些不该做的事，说一些不该说的话。她出错的次数太多，经常被同学们指指点点，而她就越发要维护自尊，偏不改正错误，显得非常任性。

三、辅导方法

1. 拉近心理距离

我尽量忽略小 Y 的种种怪异行为，坚持正面教育，努力捕捉她的闪光点，让她感受到我对她的欣赏和信任，以便拉近心理距离，激发她改变的动力。

2. 正向激励纠正怪异行为

针对上课注意力不集中的问题，我只要发现她走神，就采用激励式的方法，说："小 Y 坐得最好，正认真听课呢！"这样她就一定会回过神来认真听课。这些正向激励的话语让她没有时间再去写写画画、撕纸、拆玩具，没有时间做与上课无关的事情，久而久之，上课注意力不集中的坏毛病就改掉了不少。

3. 同学的陪伴

安排和她最要好的同学与她同桌，时时鼓励她帮助小 Y 学习，带领小 Y 和其他同学交朋友、做游戏，使她重新融入班集体，感受班集体的温暖，逐渐走出孤独的阴影。在她生日的那天，让同学们给她唱生日歌，送生日小礼物，用集体的温暖感染她。同学们的接纳和友善，使她一点点消除了自卑心理，性格逐渐阳光起来。小 Y 在班级感受到了真实的存在感，不再用那些怪异的出错方式"刷存在感"了。

4. 因势利导，特长引路

经了解，小 Y 的兴趣特长是画画，学校又开设了美术艺术班，于是我就让她参加了该班，还不时地在班里展示她的美术作品，这不但培养了她的兴趣爱好，让同学们对她刮目相看，也让她感受到了荣誉给自己带来的快乐和幸福。

5. 家校联盟

我与小 Y 的母亲联系，请她多给孩子打电话，多与她交流、谈心，我也会定期家访，反复宣讲家长陪伴的重要性，反映孩子在校学习、生活以及和同学相处等情况，尽量说好的方面，说孩子的进步，让家长也树立了信心，以期待的眼光看待孩子。几个月下来，孩子看到父母虽然与她不在一起生活了，但是对她的爱是不变的。

四、评估反思

"教育的全部奥秘就在于如何热爱儿童。"尤其是对待这些有心理问题的孩子，老师无条件地接纳他们，给予他们关爱与呵护，不断发现其闪光点，及时表扬，充分肯定，并引导学生接受与包容他们，让他们感受到集体的温暖，这些爱就会成为照进孩子心灵的阳光，成为他们终身受益的心理营养。

疫情焦虑巧排除

京山市曹武镇初级中学　王江华

一、案例描述

小 W，七年级男生，新冠肺炎疫情期间因气温变化患轻微感冒，偶尔咳嗽，无发热，吃药治疗几天后出现焦虑症状，时不时找我倾诉，总担心自己是无症状感染者，会把病传染给家人、老师和同学，甚至因此被人指责。

二、成因分析

医学知识的欠缺，使得小 W 不能正确地区分两种不同的流行疾病，最终造成了心里的恐慌。

过度关注个别媒体对新冠肺炎疫情的报道，尤其是关于无症状感染者的报道，使小 W 对普通感冒产生了错误认识，出现了一系列应激反应：焦虑、紧张、恐慌、疑虑重重、寝食难安。

三、辅导方法

1. 与学生共情

即使该生的担忧完全没有必要，但他目前的焦虑、恐慌等不舒服的感受是真实存在的，需要被看见、被共情、被接纳，不可忽视，更不能嘲笑。我反复对他说："我看到你非常害怕，非常紧张，这个情绪是正常的，换作我，我也怕。你还担心自己会连累别人，我看到了你的善良和责任心！"

我的共情很好地安慰了他，让他心里舒缓了许多。

2. 反复宣讲感冒和新冠肺炎的区别

我收集整理了许多新冠病毒的相关知识，帮助他正确认识新冠病毒，分析新冠病毒怎样传播，什么温度下病毒会死亡，什么消毒剂可以杀灭它，同时告诉他世界无数医学工作者正在夜以继日地研究，目前中国的新冠病毒疫苗研究已取得重大进展，多期临床使用后已开始接种，同学们做好相关防护，一定能够战胜它。

一个星期后，他的感冒渐渐好了，心情更放松了。

3. 教会他缓解焦虑、紧张的方法

教会他使用呼吸放松法、肌肉放松法、冥想放松法，及时地缓解当下焦虑、紧张心理，布置适当的家庭作业，引导他每天通过呼吸来放松自己。

4. 利用班会，教育全班学生

为了彻底消除学生的焦虑心理，进一步提升学生的信心，我从自己参与防控开始，就给学生讲述身边的众多医务人员、工作人员、志愿者的抗疫故事。他们不计报酬，不图回报，每天冒着生命危险在抗击疫情，保护人民生命安全。他们是正能量，是所有人心中的榜样，也是我们抗击肺炎疫情的信心保障。

5. 倡导参与公益活动，提升成就感、价值感

倡导和鼓励学生参与村组和社区的公益活动，如志愿者服务、社区活动等，地面脏了，要想到拿起扫帚主动打扫，水龙头漏水，要想到拿起工具自己动手，参与这样的活动后，学生内心感觉踏实多了，也收获了一种成就感。

四、评估反思

经过了一个多月的引导，小 W 的应激反应完全消失了，而且变得活泼开朗，笑声不断，甚至在其他同学遇到心理问题时，小 W 还能反过来安慰别人、帮助别人。

其实学生出现焦虑的心理并不可怕，焦虑本身是人类一种正常的情感反映，展示了人类自我感知的能力。适度焦虑还有助于我们认清自身状态，保持警惕和刺激，激发人的潜能。需要注意的是，教师要及时发现学生的过度焦虑，并给予适时的疏导，帮助其缓解精神压力、恢复正常的身心状态。

没有一个冬天不可逾越，没有一个春天不会到来，我们和学生共同筑起牢固的心理防线，和谐与快乐就会常在。

老师，我的睡眠又好了

屈家岭管理区第一初级中学　贺清华　李艳

一、案例描述

"老师，近来很长一段时间，我的睡眠质量都不好。不是整夜睡不着的失眠，而是睡得不熟，稍有动静就醒，像以前上学那样——洗洗倒头就睡着、第二天闹钟不响个三四遍就起不了床的情况，我已经好久没体验了。"

这是在家里上网课好几个月的 M 同学给我的微信留言。

M 接着说自己以前的睡眠是多么沉，在学校的生活是多么充实，现在天天在家上网课多么孤独；说自己天天在等复课的通知，很想念老师和同学，很想念学校和课堂。聊天中他还反复地问我："老师，您说什么时候开学？要中考了，我好着急，天天都睡不好觉，弄得第二天精神很不好。"

M 的话引起了我的思考。

二、成因分析

M 为什么会这样呢？我想这主要还是和疫情有关。

人们在面对疫情等突发性危机时，本来就容易恐惧和焦虑，又因为长期在家突然没有了群体，没有了社交，更增加了强烈的孤独感。线上学习的枯燥、上学日期的不确定、初三毕业升学的压力等叠加在一起，使 M 倍感焦虑。M 曾说，每天对着电脑，就忍不住想玩会儿游戏，玩后又觉得内疚，这种矛盾心理，也加深了他的焦虑感。

焦虑是中学生常见的心理问题之一。心理学上把"以与客观威胁不相适应的焦虑反应为特征的神经症"叫作焦虑症。人际交往的困难、环境的改变、学习的压力等，都可能成为焦虑症的诱因。其常见的表现，心理上有紧张、害怕、遇事难下决定等；身体上有突然发抖、冒汗、尿频尿急、睡眠障碍等。

焦虑症在不同的人身上会有不同的表现，具体到 M 身上就是睡眠障碍了。

三、辅导方法

（1）聊天中我告诉 M，要尽量远离网游。初三学生要自律，把玩游戏的时间用来看看时事新闻，了解国家的抗疫形势，消除疫情恐惧感，增强"防疫必胜"的信念。

（2）引导 M 线上学习要积极参与发言、讨论、交流、辩论，进行网络社交，以减轻孤独感，不要只做网课的"看客"和"听众"。

（3）保持和以前在学校上课一样正常的作息时间，有规律的生活。

（4）课间十分钟，做一做自己喜爱的小运动——一节广播体操、一套军体拳，对着窗外高歌一曲皆可。

（5）可以网购一些自己喜欢的拼装玩具，网课之余或孤独之时就把玩具拿出来拼一拼，放松放松。

一周后，M 在微信中告诉我："老师，我严格按照您说的做了，我的自律性本来就不差。前段时间我看什么都有一股怨气、怒气，现在我感觉轻松了许多，但睡眠还是没有得到很好的改善。"我嘱咐 M 坚持做下去。

此后一段时间，隔三差五，我就在微信中督促他、鼓励他，但我有意不问他睡眠的问题，以此淡化睡眠障碍对他的困扰。

大约又是半个月后，M 高兴地告诉我，他的睡眠障碍没有了，他恢复到以前倒头就睡的状态了，我听后也很高兴。

四、评估反思

帮助学生克服焦虑症的方法有很多，反思这次我对 M 的辅导过程，我认为以下两种方法发挥了很大作用。

一是全身松弛法。这种方法也叫全身松弛训练，是指导学生通过改变肌肉紧张状态，以应对情绪上的紧张不安、焦虑等不良情绪。我指导 M 同学远离游戏、多看时事政治新闻、在学习紧张或感觉孤独时玩玩拼装玩具、利用课间休息十分钟做一些小运动等，都能从心理、身体两方面使其逐渐放松。这些都是全身松弛法在辅导过程中的实际运用。

二是理性情绪疗法。这是由美国心理学家艾利斯创立的。该方法告诉我们人的情绪由思想决定，合理的思想会带来健康的情绪，不合理的思想会导致负面消极的情绪。因此，我通过前面第一、第二、第三条辅导方法，引导 M 正确认识和面对疫情，通过改变认知，让他接受网课，变消极被动为积极主动，指导 M 进行自我心理疏导和调节，逐渐摆脱焦虑的困扰。

叛逆的他回归了

漳河新区漳河初级中学　李桂英　雷春艳

一、案例描述

小 Z 同学，男，八年级，出生在一个普通农民家庭，集镇上长大，在家排行第二，上面还有一个读高中的哥哥。父亲长年在外打工，兄弟俩随母亲生活，母亲除了溺爱、放纵孩子，根本没有办法管好两个儿子。

小 Z 对学习没有兴趣，经常请假回家；上课讲话打闹，作业敷衍了事；衣着成人化，行为不端，自由散漫，满口脏话，常打架闹事；长期流连网吧，游戏成瘾；受不良网站影响，性格早熟，有早恋倾向；逆反心理严重，自以为是，常和老师、家长起冲突。

但是该生也有优点，他重感情、讲义气，人际交往能力强，也能讲道理，肯服软。

二、成因分析

小 Z 的问题是监护人对青少年教育不当导致的，属于"人为性问题"，如父母分居两地，关系恶化，对孩子的教育没有达成共识；母亲长期溺爱、纵容等。

小 Z 因为过早接触了社会上的一些习惯不好的青年，受到了他们的影响，经常浏览有害网站，玩网络游戏，沾染了一些不良习气。

三、辅导方法

1. 建立关系，明确辅导目标

和心理老师沟通后，该生把咨询目标确定为回到正常的学习状态。

小 Z 从小到大在缺少父爱、父母不和，又缺乏正确教育方法的家庭环境里长大，自身积累了很多不良习惯和负面情绪，在心理老师这里得到了理解和接纳，他渐渐地变得平和、理性，至少能和老师、长辈好好说话了。

2. 谈心与家访

请心理老师做咨询，帮助我和该生改善关系的同时，也让我了解了该生的基本信息，掌握第一手资料，然后与他促膝谈心，谈他对家庭、对父母的看法，进而谈到其人生观、价值观，让其认识沉迷网络及电子游戏的危害等，并取得了一定的效果。我还加强了与家长的沟通联系，每周一次电话交流，适时上门家访，经常通过微信给家长发送孩子在学校的表现和点滴进步，也分享一些家庭教育的好文章让他们学习。慢慢地，家长也意识到了自己在教育上的失误，非常愿意配合我们共同矫正孩子的不良行为和消极心理。

3. 获得社会的支持

为了巩固该生已经取得的进步，我取得了社区服务站的支持，随时了解其校外表现情况，帮助他减少直至切断和校外"不良青年"的来往。

4. 放松训练

针对他的心理特征和爱好，引导他积极参加心理辅导，在舒缓的音乐中让他闭上眼睛进行放松训练，放下心理包袱，减少对网络的迷恋等。

5. 建立同伴关系

发挥他人际交往能力强的特长，班委会改选时任命他为劳动委员，增强其责任感和班级荣誉感，并让他感受来自班级同学的关心和爱护，助力他建立良好的同伴关系。

6. 采用表达性绘画艺术疗法

让小Z用九宫格画"我的内心世界"，引导他表达对自己的感受，感受"父母对自己的爱"，理解父子关系、母子关系、夫妻关系中夫妻关系的变化会对另外两种关系产生的影响，引导他在表达中体会、接纳"不完整"，等等。

7. 跟踪随访

功夫不负有心人，经过坚持不懈的努力，小Z身上的坏脾气和不良习气改正了不少，断了玩网络游戏和早恋的念头，学习的主动性和兴趣比以前强了，成绩也有所提高。他的人格在不断地完善，思想上也积极要求进步，还写了《入团申请书》。

四、评估反思

经过一年多的关注与引导，小Z发生了较大的变化，基本达到我们共同的目标，即回到正常的学习状态。我想，学生的问题再多，只要欣然接纳他们，多站在他们的角度考虑问题，以一颗真诚的爱心和足够的耐心，多沟通、多辅导，真正走进学生的内心世界，真正成为他们的朋友，就可以水滴石穿，收到预期的效果。

L同学的新家庭

京山市孙桥镇孙桥小学　蒋巧云

一、案例介绍

L，男生，性格孤僻，言行怪异，对谁都持一种不信任的态度。安排座位时，他要一个人独坐；老师上课时，他在座位上扳手指或者发呆，心思根本不在学习上；回答问题时，他也事不关己；班上33个同学，能和他说上几句话的极少；平时一个人上学、一个人回家，从不和其他同学同行、交流；才上一年级就出现了给女生写情书的现象。但该同学学习天分很高，平时学习并不怎么刻苦，可每次考试都能排在全班的前列。许多科任老师都说，这个学生很有天赋。我曾多次对他进行劝导，无奈他一言不发，一副无动于衷的样子。

二、成因分析

L在很小的时候父母就离异了，L选择跟随父亲。他的父亲是一名警察，平常没有时间照顾他，他都是跟爷爷奶奶在一起生活的。老人一般都是向着自己的儿子说话，所以经常在L面前讲述他的妈妈怎么坏，怎么伤害爸爸，怎么伤害爷爷奶奶，怎么不管孩子，他感觉自己没有妈妈了。后来爸爸找了新女朋友，他又感觉自己连爸爸也失去了。渐渐地，他开始变得不合群、性格怪僻，上课走神，自卑，学习成绩明显下滑。

三、辅导方法

1. 建立良好的师生关系

我一改自己习惯的严肃表情，利用一切机会跟他接近，谈话的内容也不涉及学习，只是有意识地引导他和同学一起玩耍。一段时间以后，L在我面前不再那么紧张，开始跟我讲述家里的一些事情，讲述自己父母离婚以后的苦恼了。我立刻与他共情，我开导他想一想："爸爸妈妈现在有了自己的新生活，对你的关心也不会消失，他们现在是怎样表达关心的呢？"这时候他能断断续续地说一些爸爸妈妈关心他的表现，意识到了爸爸妈妈是爱他的，他并没有失去爸爸妈妈。这时候他长舒了一口气，腼腆地笑了。接下来我教了他一些生活技巧，让他学着自己照顾自己。此后，他和我建立了非常好的关系，有事就悄悄地跟在我后面，找机会跟我谈心。

2. 帮助他建立自信心

为了培养他的自信心，我让他当班级的劳动委员，负责检查班级里每个同学的个人卫生，有时也让他帮着收发本子等。在这样的工作中，给他创造了展示自己、跟同学交往的机会。L逐步变得开朗起来，脸上开始有了笑容。

本学期我在班级里实施"班干部轮换制"和"课代表自荐制"，在很多学生不敢自荐的情况下，L居然鼓起勇气自荐担任课代表。我立刻答应了，为了让他更胜任课代表的职务，为了让这件事成为促进他转变的契机，在他上任之前，我专门跟他谈了一次话，一方面夸奖他的自荐行为，相信他能够做好课代表工作；另一方面让他领悟到，做课代表在各方面都要以身作则，特别是在学习方面，要成为全班的表率。他想了想，郑重地点头答应了，随后轻快地跑开了。然后我在班上号召同学们好好配合，并密切关注他的工作，适时地给他一些指导，在他的工作做得比较好的时候，及时地给予表扬鼓励，增强他的自信。我惊喜地发现，他在初尝成功喜悦的同时，在学习上也用功多了。

3. 与父母谈话，引导其关注孩子

另外，我单独找了L的父母谈话，让他们多关注自己的孩子。一方面，周末把孩子送到妈妈那里，让孩子和妈妈增进感情，感受母爱；另一方面，让爸爸回家告诉爷爷奶奶，说妈妈的坏话会让孩子内心受到伤害，因为孩子是敏感而脆弱的，他爱妈妈，不希望别人说他的妈妈不好。

四、评估反思

现在L已经变了，从写作业拖拉、被人忽视、孤僻忧郁、对自我失去信心的学生变成一个活泼开朗的人，并且他不再因为家庭和学习而自卑了。他笑容多了，眼睛也明亮了，有一次他还对我说："老师，我的新妈妈生了一个弟弟，很可爱！"在生活和学习上，他学会了自立自强，学习成绩稳步上升。"皮格马利翁效应"在L的身上又一次得到了验证。我想，只要对学生满怀希望，只要对学生满腔真诚，我们真的可以让一个学生发生根本性的转变！

小学新生的"断乳期"

高新区·掇刀区名泉小学　黄先华

一、案例描述

一年级男生小 Y，劳动积极，热爱运动，不爱学习，早晨不愿意来上学，经常不交作业，有时甚至会因为不愿完成作业而哭鼻子，在学校容易发怒，经常跟同学和老师发生冲突，并且有过激行为，在班上越来越不受欢迎。

二、成因分析

从和他的母亲交谈中我了解到，这个孩子从小由爷爷奶奶带大，爷爷奶奶对他宠爱有加，衣来伸手，饭来张口，家人也凡事都顺着他，所以从小他就以自我为中心，比较任性，自理能力差，在学习上怕苦怕累。在与人相处时，因为他的性格问题而被同学慢慢疏远，性格更加怪异、孤僻。学习习惯不好，学习进度跟不上，最终导致他更加厌恶学习，成绩不断下降。

三、辅导方法

1. 尊重他，帮助他提高学习兴趣，树立自信

从幼儿园到小学，是重要的过渡时期，一些孩子会出现学习上不适应、生活上也遇到各种困难的现象，我把这个时期称为"断乳期"，班主任老师要帮助孩子顺利度过这个时期。而孩子们天生自我保护意识强烈，还非常敏感，在学校，他们会非常在意老师和同学对自己的态度，一句话、一个眼神都有可能挫伤他们的自尊心，让他们变得自我封闭。

首先，要在思想上开导他，对其进行正确引导，让他感受到来自老师的关心。我在课堂上尽量多关注他，简单的问题找他回答，写字时手把手地教他，课后经常找机会和他谈心。他拼音学得不够好，我就鼓励他，告诉他只要稍加努力，比如上课大声读就可以把拼音学好。每次做课间操，只要发现他做得认

真，我都会给他竖大拇指，夸他做得很标准，请他给同学们领操，让他真切地感受到老师对他的关注，也让他在同学面前树立了自信心。

其次，在交流时多表扬，尽量避免"语罚"，用引导代替讥讽，用表扬代替批评，可以使学生看到希望，增强自信。在教育过程中我除了对他学习中的点滴进步予以及时的表扬，还会想方设法创造条件，让他体会到成功的快乐，然后给他加分，每积累到一定分数就给他颁发电子奖状，五张电子奖状就奖励他挑选一本自己爱看的书或别的礼物。他拿到第一份奖品时开心地笑了。此后的课堂上，他也能积极举手发言，完成作业也主动多了。

2. 架筑爱的桥梁，使他感受到集体生活的温暖，恢复心理平衡

上课时，我总用鼓励的眼神望着他，缩短与他的心理距离。课间让同学主动找他玩耍、聊天。因为他有时过于自我，容易跟同学发生冲突，每当这时，我会私下跟班上的同学说，凡事多包容他，用集体的温暖来消除他内心的敌意和冷漠。慢慢地，他的表情没有那么呆板、冷漠了，常常带着自信的笑容和大家一起做操、玩耍，有时还能主动帮助同学打扫卫生，分发点心，就这样，他慢慢地融进了这个温暖的集体。

小Y在这个过程中，动手能力也得到了增强，和之前凡事都依靠家长有了很大的不同，他正在"断乳"！

3. 发挥孩子的特长，引导孩子不断成长

小Y爱好运动，特别擅长跑步，我就鼓励他积极参加学校运动会，他在比赛中获得名次之后，同学们都围过来祝贺他。看着他兴奋的样子，我由衷地为他高兴。后来，我跟家长沟通，推荐他参加了学校足球队，他更是因此找到了发挥特长的阵地。因为表现出色，训练半年后他就代表学校参加了区足球比赛，我一边鼓励他争做足球小明星，一边帮他制定了更高的学习目标。如今的小Y，不仅成了运动小将，还爱上了学习，也变成了同学们的好朋友。

四、评价反思

这个案例的成功可以说是师爱和学生友爱的结果。人人都需要爱，教育更是呼唤爱。爱有时是一团火，能点燃学生心头的希望之苗；爱有时是一把钥匙，能打开学生心头的智慧之门；爱是寒冬里暖暖的阳光，能驱散孩子心头每一片阴云。作为一名班主任，一定要对学生多一点耐心、关心、尊重、理解、宽容和信任，用自己的爱去唤起学生的爱，激发学生内在向上的力量，去成就美好的未来。

微笑男孩

高新区·掇刀区团林铺镇张场小学　贺雨斯

一、案例描述

五年级学生小Y，是一个非常爱笑的男孩子，小Y父母离异以后由妈妈抚养，目前和75岁的奶奶住在镇上。小Y学习很刻苦，成绩比较好，由于个子小，经常坐在前排。

疫情期间，由于交通阻断，妈妈被隔离在市里不能回来，小Y便由奶奶照顾。奶奶年纪大了，除了做一日三餐，跟小Y几乎没有什么情感交流，小Y感到非常孤独。2月中旬的一天，小Y给我打电话讲述自己的苦闷：不知道什么时候可以解封出门，也不知道妈妈哪天可以回来，心情非常压抑，也非常烦躁，总是和奶奶吵架，乱发脾气，还打破过一个保温瓶，冷静过后又非常自责，看着窗外以往熙熙攘攘的大街现在一个人影都没有，也十分恐慌，不知道怎么办才好。在电话这头，我可以想象小Y的内心有多么矛盾和煎熬。

好不容易解封了，妈妈回了一趟家之后，又去了市里打工挣钱，虽然收入可观，但是不能经常回家，小Y又陷入了孤独之中。小Y在孤独苦闷的情绪里度过了一天又一天，精神也比较憔悴，还时而出现体温异常、头晕、心悸等症状。

二、成因分析

1. 社会因素

2020年的新冠肺炎疫情的到来，使得人们长时间居家，从各种媒体上看到得最多的就是关于疫情的各种报道。小Y身边没有父母的正确引导，产生了不合理的想象，然后身体出现了应激反应，反过来又影响了心理健康。

2. 家庭因素

突如其来的疫情打乱了小Y的日常生活，每天都只能待在家里，在狭小的空间里，没有正常的社交活动，没有爸爸妈妈的陪伴，和奶奶的沟通又非常有限，这样的环境让小 Y 的情况更加严重。

3. 认知缺乏

小 Y 对相关科学知识的缺乏导致其出现了心理困惑。在突发事件来临或面临危机时，我们人体会不自觉地发热，产生紧张、担心、焦虑等情绪，这是正常的生理反应，也是人体自我保护的正常反应。小 Y 只是个五年级的小男生，缺乏这个认知，因此他不断地和我打电话确认自己没有被感染来，以此缓解自己的恐慌和焦虑。我也一直通过电话尽力地疏导小 Y 的心理压力。

三、辅导方法

1. 沟通宣导，用数据说明

疫情形势虽然严峻，但是只要我们众志成城、万众一心，就一定能够战胜它。面对各种传闻，我们要听专家的，也可以向老师求证，及时了解真实可靠的信息，而不要因为一句夸大其词的传闻给自己增添不必要的压力。

2. 培养良好的生活习惯，转移注意力

我指导小 Y 调节心理状态，培养良好的生活习惯，根据自己目前的情况制定切实可行的目标，尽量每天在固定的时间做固定的事情。上午按时上网课、看书、写作业，下午练练字、做做家务，或做一些适合在家进行的运动。我特别强调网课要认真上，不要因为疫情而停止前进的脚步。

3. 定期与学生交流，降低学生心理负担

我定期和小 Y 电话交流，并记录谈话的时间和内容，以及小 Y 心态变化的过程，同时让小 Y 树立信心，这个特殊时期会很快过去，到时候又可以和小伙伴们一起玩耍了。同时，我鼓励小 Y 要在这次事件中学会思考，获得智慧与力量。

四、评估反思

经过一个月左右的交流，小 Y 的身体异常的症状消失了，他的情绪也一天天地好起来了，那个爱笑的小 Y 又回来了！我非常开心，也有了一些思考。在这种敏感时期，老师是学生的引路人，引导学生正确地看待问题，要让学生知道，在非常时期每个人都可能出现焦虑、恐慌、愤怒和烦躁等各种不良情绪，这是人面对应激事件的正常心理反应，不必过于敏感和紧张。老师应教学生一些简单的心理调节方法，如"深呼吸放松法""肌肉放松法""蝴蝶拍"等，或用运动、音乐、倾诉来转移注意力，增加积极情绪体验。

巧治顽童"疫情后遗症"

高新区·掇刀区掇刀石小学　刘天秀

一、案例描述

小 R，男，10 岁。2020 年秋季开学后，该生与往日判若两人：一是在校就餐只吃米饭不吃菜，问其原因，他总说不想吃；二是上课听讲时，总是不停地把玩文具，写作业拖拉，多次劝说无果；三是每周必请病假，今天喊肚子痛，明天喊头疼，家长带他去医院做了全身检查，医生都说没问题。

二、成因分析

到底是怎么回事呢？通过询问他本人、同桌和家长，我了解到了以下信息。

（1）小 R 从小挑食，爱吃零食，身体瘦弱。以前在校他也是只吃白米饭，后来在老师的帮助下有所改善。但是从去年寒假到今年 8 月底，这期间小 R 都待在家里，想吃什么就吃什么，自然"旧病复发"。

（2）上学期居家上网课，父母复工前，小 R 学习尚属正常；父母复工后，小 R 完全失去了约束和监督，一边听课一边吃零食、玩文具，便养成了自由散漫的习惯，不仅听课不认真，甚至写作业时也开始拖拉了。小 R 的父母后来虽然意识到了问题的严重性，但因为工作脱不开身，也只能听之任之。

（3）之所以每周都要请病假，是因为疫情期间，小 R 习惯了居家慢节奏的学习方式，复课后，学校生活节奏加快，学习压力大，他内心焦虑，就排斥复课，产生了逃避心理。因为身体长时间处于紧张状态，易感疲劳，所以有了各种不适。

三、辅导方法

1. 真诚沟通，改变饮食习惯

我和小 R 家长沟通，一定要下决心培养孩子良好的饮食习惯。学校的饭菜也许味道不如家里，但是营养均衡，早餐的粥和面食花样不断，午餐和晚餐鸡肉、猪肉、牛肉和各种青菜应有尽有，别的孩子吃得津津有味，长得结结实实，小 R 却这么瘦，这都是因为孩子饮食太过挑剔。对此我提出两点建议：一是孩子每餐必须吃菜，有些菜即使不爱吃，也得吃一点；二是平时在家，除牛奶和水果，家长尽量不要给孩子买其他零食，到饭点时，孩子饿了自然就会吃饭。只要坚持一段时间，孩子的不良习惯就会纠正过来。

2. 双管齐下，改变学习习惯

怎样才能改变其写作业拖拉的习惯呢？我晓之以理："完成作业宜早不宜迟，早完成，可以开开心心地去玩。如果没做完作业就去玩，不仅时刻担心挨批评，玩也不能尽兴。"见他仍不为所动，我便让他体验一下尽快完成作业后的快感。当他把做好的作业交给我后，我拍拍他的肩膀，微笑着对他说："你可以开开心心地去玩了。"他又蹦又跳："真好，我可以去玩了！"我问他："现在感觉如何？"他说："再也不用担心组长和老师找我'算账'了！"此时的他完全体验到了积极做事的快乐感，我趁热打铁："那你以后写作业还拖拉吗？""不了，不了。"他不好意思地说。看着小 R 天真的样子，我相信他一定会有所改变，果然他没有让我失望。

3. "对症下药"，改变逃避心理

小 R 屡次称病的做法是一种应激心理。

于是我和小 R 摊牌："如果你真病了，就请假去治病，痊愈了再上学。但你妈妈告诉我，医生说你没病，老师怀疑你装病以逃避学习，如果真是这样，老师不会再准你假，家长也不能原谅你。再者，你经常请假，学习跟不上了，可能要休学，以后还要多读一年小学。"他听了若有所思，此后两个月再没有称病请假。

四、评估反思

突如其来的疫情给一些人的心理带来了巨大的影响，尤其是少年儿童，其因心智尚不成熟，所受影响更大，且非一朝一夕就能消除。此时，如果我们教师用爱和教育智慧去帮助他们打开心结，驱散心中之阴霾，一定能使他们快快乐乐地生活，健健康康地成长！

有爱就有力量

屈家岭管理区屈家岭实验小学　杨雪　刘进菊

一、案例介绍

Z，男，六年级，是一个从深圳私立学校转来的"调皮鬼"，课上不拿书，也不听讲，坐不住，四周的同学都被他打扰过；课下不写作业，妈妈在家监督他也不写，仍旧我行我素，在校还经常跟同学打架，每天都有学生告他的状。但是，他头脑灵活，能言善辩，课外知识很丰富。

二、成因分析

Z的爸爸是深圳某快递公司的管理员，每个月收入不少，爸爸只管在外挣钱，有时老师反映他的在校情况，爸爸听到后回家就以体罚的形式来惩罚Z，刚开始还有效，后来就完全不管用了。妈妈在家全职负责他的生活和学习，妈妈性格内向，文化水平不高，所以不知如何去教育他，后来家里又添了一个小弟弟，妈妈的重心偏移，对他更是疏于管教，这导致他出现了很多不良的行为习惯和厌学心态。

三、辅导方法

1. 家庭学校密切联系

从教务处得知，Z是被原学校劝退转学的，还听说家长也想放弃，我非常震惊，才12岁的孩子啊，该有多么不受欢迎，如果我也放弃他的话，他极有可能越来越糟糕。我越想越心急，无论如何，我不能放弃！一定要救救这个孩子！

于是我联系了家长，家长果然想放弃。我对他们反复强调孩子是有优点的，这么聪明，能言善辩，口才好，是值得培养的！现在最紧急的是跟孩子重新建立亲子关系，关系好了，教育才有效果。我同时也告诉孩子的家长一些家庭教育的理念，比如父母的态度和行为应该前后有一贯性，这样孩子才有安全感；

父亲要改一改打孩子的做法，要全面、客观地了解孩子的状况，保持平常心，多发现孩子的长处，充分地肯定他，这样他对自己和未来才会更有信心；母亲要主动地看书，学习如何做家长，多掌握一些家庭教育的方法和技巧。另外我还要求家长多进行亲子活动，比如带两个孩子运动、外出游玩等，在活动中增进相处的愉悦感、信任感。

2. 同学和老师共同努力

因为 Z 顽皮，经常打其他同学，成绩也不好，所以他被同学孤立了，课后没人跟他玩。我以身作则，大课间带学生做游戏时，主动喊上他，让他也参与其中，然后我专门找了班上的几名班干部，先让这些同学课下多跟他交流，一起游戏，我又安排这几位同学坐在他的四周，俗话说近朱者赤，时间长了，耳濡目染，他就会慢慢向这些同学靠拢。我还上了一节以"团结就是力量"为主题的班会。经过种种努力，同学们愿意接纳他了。

然后就是做老师的工作了。私下，我和几位科任教师交流，希望大家一视同仁地对待他，共同帮助他，比如课上多叫他回答一些简单的问题，让他建立自信心。过了一段时间，看到他明显的转变，我们备受鼓舞。

其实我们教育的目的就是让学生健康成长，我们只有先接纳学生、尊重学生，才会减少学生的心理反感，削弱和消除逆反心理，让他们愿意接受我们的教育。

3. 积极鼓励，关心爱护

赞美是一种鼓励，也是一种兴奋剂，它可以让人更加充满活力。我认为多一句赞美，就有可能把摇摆不定的学生拉入我们期望的行列。在学习方面，我重点帮他养成认真听讲的习惯，一旦发现他认真听讲，就立即当着全班同学的面表扬他，或给他一些奖励。这些都让他感到愉快和满足，自信心就这样一点一点建立了起来，所以每次上课他都会有所期盼，尽量克制自己，期望得到表扬。

四、评估反思

通过大家的共同努力，Z 的注意力集中了，在上课时能安静地坐在座位上，集中精力听老师讲课了，各科成绩也有所提高，课间行为也有所好转，不再惹事，家长也说，孩子现在变化很大，变得有礼貌，回家学习也自觉了许多。看到他的变化我很高兴，我的付出有了回报，同时我也明白了耐心和爱心对孩子的重要性。

不能让厌学毁掉天赋

京山市永隆镇杨泽中小学　陆梦佳　李明

一、案例简介

小 Z，女，7 岁，小学二年级学生。头脑聪明，很有天赋，一年级在校表现情况较好，语文、数学成绩都很优异。但是漫长的"寒假"和网课学习期间，班级群里很少看见她的影子。开学后，该生不适应学校生活，很少与同学、老师沟通交流。课堂上不是在跟别人小声讲话就是在玩东西，一支铅笔、一块橡皮都能让她玩上半节课，当老师提问时，她往往不知道老师问的是什么。作业书写潦草，不按时完成。该生有明显的厌学心理。

二、成因分析

疫情控制之后，孩子爸爸妈妈复工了，让孩子在家自己上网课，但孩子自控能力较差，其实根本没有学习，反而沉迷网络。

爸爸的教育方式简单粗暴，采用"棍棒式"教育，而妈妈对她则比较溺爱，所以导致该生在学校乖巧听话，回到家后又成了"小公主"。

大部分同学居家学习效果较好，而小 Z 基础部分未能掌握，听不懂，跟不上老师的节奏，课程越落越多。

三、辅导方法

针对该生存在的问题，考虑学生的实际情况，我对她展开了分阶段的心理辅导。

1. 与家长交流

我首先坚定地表示，不管怎样，我都会与家长一起努力，共同探讨，齐心协力做好孩子思想的转变工作，让家长树立信心。然后，我推荐家长阅读家庭教育方面的文章和书籍，以提高教育水平，掌握正确的家庭教育方法，对孩子

"晓之以理，动之以情，践之以行"。并建议家长对她多鼓励、少批评，多关心、少打骂，为孩子营造一个温馨、和睦、充满爱的家庭环境。另外，我还给家长提供了一个具体的策略——跟孩子一起制订家庭合约，要求合约简明扼要，内容涵盖家庭生活规则、学习习惯养成等几个方面，还要有奖励、有惩罚，以帮助孩子提高生活和学习的自我管理能力。

2. 建立信任

上课时，我特意多留心小 Z 的表现，当她走神的时候，我会及时地提出一些容易的问题让她回答，把她的注意力拉回课堂。同时，让一些成绩好的同学来回答一些难度比较大的问题，让小 Z 听听别人的说法。这样，她不仅有成功的体验，还能从别人的经验中得到启示。在辅导小 Z 的时候，我对作业的量和难度进行了适当的调整，以免给小 Z 造成额外的负担。

3. 重在激励

在对小 Z 的辅导中，我帮助她制订了符合个人实际的目标与计划，并制订出落实这些计划的具体措施，在实施过程中使她能够发现自己的进步。当她有进步的时候，多用激励性的语言，如"好样的，再努力一把会更好""好棒，我们该庆祝一下"等。我还采取了奖励学习用品的方法，使她通过实现自我参照目标来体验成功，正确认识自己的能力，改变对学习无能为力的心理状态。

四、评估反思

（1）老师反映小 Z 现在上课积极回答问题，认真听讲。学习自觉性有所提高，作业基本能按时完成。课后乐于与同学们一起玩耍，学习习惯有明显的转变。

（2）家长反映小 Z 在家比以前懂事了，有时也能帮家里做点家务，家长不在家时，能坚持先写完作业再看电视，也不沉迷手机游戏了。

（3）学生自己反馈现在不怕上学了，上课也不再觉得无聊，觉得老师讲的课还是很有意思的，能跟上课程，作业能独立完成。

（4）同学反映小 Z 越来越喜欢和大家一起玩耍了，不会的问题还会及时与大家讨论交流。

在这一系列行动中，教师要有爱心、有耐心、有恒心、有信心，对于"问题"学生要给予更多的关心、更多的帮助，要多表扬、少批评，多鼓励、少训斥，让其慢慢转变。

好哭的男孩

高新区·掇刀区望兵石学校　代春芳

一、案例描述

小Z，是我刚接手班级的一名男生，12岁，身高160cm，长得白白胖胖的，可是行动举止却总缺乏男孩子的阳刚之气。和同学发生矛盾时，不管是不是自己的错误，先大哭一场再说，总想用哭来博得别人的同情与理解。有时候，同学一个善意的提醒，比如"你要把字写好""你要坐端正"，他都认为是同学在骂他，然后大哭，同学们看到他的表现后，都不愿与他再进行交流，因此，小Z感到被孤立，没有一个朋友；小Z上课开小差、走神，老师提醒他，他认为老师是故意找他的茬，然后在课堂上哭闹，影响课堂秩序。我找到熟悉他的老师了解情况，老师们一提到这个孩子就头疼，说他从一年级一路哭到了六年级。家访时，他妈妈一说到"爱哭"这一情况，就感到特别无助和焦虑。

二、成因分析

出于成长环境和个性方面的原因，小Z非常缺乏人际交往的方法。上小学时，小Z就很少与人来往，不善于为人处世，经常独处。由于缺乏人际交往方面的锻炼，进入青春期这个特殊的生理、心理发育时期，他的身心发生了巨大变化，一方面渴望获得友谊和建立良好的人际关系，另一方面又缺乏与人交往的技巧，不懂得如何获得真正的友谊和建立平等、互相尊重的人际关系，遇事总想用眼泪来赢得老师的关注，获得同学的同情与关心。

三、辅导方法

1. 情感宣泄

由于小Z长期处于自我封闭和压抑的状态，觉得没人理解，他从未对老师和家长诉说过心中的烦恼。所以，在前几次的辅导中，我以关注和倾听为主，通过专注的倾听和适当共情，任其宣泄压抑多年的苦闷，让他得到情绪上的释放，同时使他感受到被理解和被接纳的愉悦感。

2. 增强自信

通过帮助小 Z 树立信心来增强其心理承受能力。我的做法是引导他进行积极的自我暗示，如我身材高大、充满力量；我有尊严、不容别人欺侮；我富有同情心、关心同学，同学们一定会喜欢、接纳我的。通过积极的心理暗示增强其自信心，降低其自卑感。

3. 教给他一些人际交往的技巧

让小 Z 知道，平等和互相尊重是人际交往的首要前提。在人际交往中要克服娇气和懦弱的个性，对待一些小事，学会宽容，做出适时、有分寸的忍让，不斤斤计较；对于同学的恶作剧和故意伤害，要注意保护自己的尊严，从观念上强化自己作为一个人的权利和尊严，大胆说"不"，而不是一味地退缩和忍让，否则，只会强化他人对自己的不适宜行为的印象，不把你的感受放在眼里。

4. 建立强有力的社会支持系统

家长和学校配合，改善小 Z 的生活环境，主要是加强与小 Z 班主任、父母、同学的沟通，取得他们的配合。如多给他关心和鼓励，多发现他身上的闪光点，多创造一些让他展现才能的机会，使他感受到同学的友爱、老师的关爱和班集体的温暖。

5. 架设父亲与孩子之间沟通的桥梁

让孩子的父亲多与孩子沟通，并经常带孩子出去玩，让孩子明确自己的性别，告别"哭泣"，学会坚强。

四、评估反思

通过辅导，小 Z 逐步建立了自信，克服了自卑懦弱的个性，学会了一些与同学交往的方法，他自述最近心情好了很多，同学对他比以往友好，说到这些时，他的脸上绽放着灿烂的笑容。同时，通过父爱情感的及时补位，孩子正逐步具备阳刚之气，哭的次数由原来的每天三次降到了现在的每天一次甚至没有，对于同学、老师的批评他能欣然接受，同学们也越来越喜欢他了。

通过这个案例，我更加认识到家庭教育的重要性，以及父亲角色的不可或缺。建议家长要好好学习家庭教育这门必修课；建议忙碌的爸爸们，在赚钱养家和陪伴孩子这两件事情上要做出合理的安排，孩子健康成长的路上父亲不能缺位。

渐行渐强的青春

荆门市龙泉中学　刘国林

一、案例描述

通过小 C 母亲的联系，他来到了咨询室。据他的母亲反映，高三进入总复习后，小 C 却闹起了情绪。原来，班上很多学生用手机拍题、到电脑上搜答案，老师看同学们没有什么错题就估计绝大多数同学都会了，就不再着重讲解，这可苦了小 C，因为他还有好多题不懂呢，时间一长，小 C 积攒的问题越来越多，心里非常焦虑，于是更加反感班上那些同学，觉得他们自欺欺人，最终却连累他跟着受害，于是不想在这个班学习了，要求母亲给自己转班。爱子心切的母亲，二话不说就动用人脉帮小 C 调换了班级。

谁知道不到一个月，小 C 又跟母亲说这个班的老师和同学都很冷漠，他还是想回原来的班，母亲又跑去找学校领导，但是学校领导不同意再换了。当母亲告诉小 C 转班无望时，小 C 失魂落魄，什么话都不说，就坐在那里用手使劲抠自己的大拇指，手指都抠红了也不停止，并且喃喃自语："怎么办？怎么办？"母亲这时已经束手无策，赶紧帮孩子预约了这次面谈。

二、成因分析

我认真思考了这个案例，小 C 父亲长年在外地工作，父爱是有所缺失的，小 C 妈妈一个人带着儿子，可以说从小到大包揽了小 C 所有的事情，所以一旦出现问题，小 C 会不由自主地找妈妈解决，完全没有承担责任的意识和勇气。

三、辅导方法

小 C 如约来到了咨询室，还是一言不发，局促地紧握双手，我耐心询问他为何又要回原班？沉默许久的小 C 只说了一句"脑子进水了"。听到这里我意识到这个孩子内心堆满了情绪，不知如何是好。于是我跟他共情："我看到你现在很难受，因为你只是想有一个好的学习环境，现在反倒变成这样了，左右为难，是吗？"他抬起头，眼里含着泪，大概是感觉被我理解了吧。过了一会他还是很坚决地说："我还想回原班去。"我问："好，就算你回了原班，你能肯定那些问题不再是问题了吗？还是不舒服怎么办？再换班吗？"

面对我的一连串问题，小C愣了好一会儿，不知该如何回答。

于是我换了个角度："你对未来有什么设想吗？比如上什么大学，读什么专业？"

小C说："有啊，我想上师范大学，当老师。"

"这很好啊！以你现在的状况可以考上理想的大学吗？"

小C说："以高一高二的状态和分数，应该是可以的。"

"为什么现在不行了呢？"我反问。

小C又陷入了沉默，好久都不再说话。

我等了一会，开口说："我们来理一理，你母亲说，你初中和高一高二一直都很刻苦，非常自律，所以成绩一直都是名列前茅，到高三后，你学习反而没那么刻苦了，经常坐着发呆，教了你两年的老师，你开始听不懂他的课了，相处了两年的同学，你开始看不习惯了，你没有仔细思考背后的原因，而是急于更换学习环境，不到一个月你又觉得新班级更不好，又想换回去……"说到这里，我有意停下来，等他思考。

小C想了很久才说："比较过后，我还是觉得原来的班好，以前是我太任性了，我错了。老师，我知道现在发生的一切都是我自己的问题，是我太浮躁，我知道我回不去了，那就回现在的班去学习，也只有认真学习这一条路了。"

小C站了起来，眼睛里多了一些坚定，朝我深深地鞠了一躬，转身离去了。

那年高考小C如愿考入了理想的大学。当小C向我汇报这个好消息时，我由衷地为他感到高兴。

四、评估反思

现代的教育，家庭也是孩子教育的主阵地。特别是青春期的孩子，该放手时就应当放手，培养孩子的独立生活能力，锻炼孩子的品质和毅力，这样才能让孩子的青春渐行渐强，让他们成为对家庭、对社会充满正能量的人，他的人生之路才会越走越广阔，未来越来越光明。

对学生自卑心理的调适

京山市坪坝镇槐树中心小学　陈杏子

一、案例描述

小 Y 是我们班上一名 8 岁的小女孩，头发经常乱糟糟的，成绩也不太好，上课从不举手发言，被叫起来回答问题便低着头，支支吾吾一句话也答不上来。对待学习不主动，丝毫没有求知的欲望，作业也是应付差事地完成。对老师撒谎，常常找各种理由逃避集体活动，千方百计摆脱纪律的约束。

二、成因分析

1. 个人因素

通过观察，我发现小 Y 长期受自卑、羞怯、失望等负面情绪的影响，在学习和生活上缺乏自信，从而变得自由散漫，不爱动脑筋，写作业时拖拖拉拉，为自己找各种借口逃避学习，逃避老师布置的所有任务。

2. 家庭因素

家庭在孩子的性格形成中有着非常重要的作用。自从发现小 Y 存在自卑的心理后，我通过各种方式了解了她的家庭情况。她的父母常年在外打工，家里主要是爷爷在照顾她和弟弟，爷爷大部分时间都在忙农活，偶尔还喜欢出去喝点儿酒，孩子一犯错误就只是斥责孩子，对她并不重视。由于长期在这样的家庭环境中生活，她变得越来越自卑，越来越懒散，成绩也没有一点起色。

3. 学校因素

个别学校由于各种条件的局限，为追求教学质量的提高，有的老师容易把更多的精力放在优等生的学习成绩上，而忽略了个别学生的心理辅导。在这种情况下，小 Y 这样的学生便会逐渐产生失落感，慢慢地就变得越来越不相信自己的能力，变得没有自信，对待学习就会更加随意，自卑心理日趋严重。

虽然我从教时间不长，但我意识到小 Y 出现这种情况，很可能是她心理上出现了问题。那我应该如何帮助她消除这种自卑的心理呢？

三、辅导方法

1. 感受师爱，唤起信心

"师爱是师德的灵魂"，热爱学生，是一种责任，一种智慧。为了让小 Y 变得更有自信，我在课余时间经常有意无意地找她聊天，有时候也会帮她整理好乱糟糟的头发，我还让她坐到了教室的前排，让她感觉到自己也是被重视的。渐渐地，小 Y 喜欢主动和我说话了，主动告诉我她在学习和生活上的一些情况。

2. 体验成功，树立信心

每个人都渴望获得成功，但在现实生活中，小 Y 这一类学生却很少有体验成功的机会，所以我在平常的学习、生活中给她安排了很多体验成功的机会。在课堂上，我会选择一些比较容易的练习，让她来给同学们做演示，让她在同学们那里得到认可；在考试的时候，我会给她定一个她能够达到的目标，让她感觉到自己也是很棒的；我还让她独自管理我们班清洁区的一部分，并给她一些管理上的指导。让我开心的是，她愿意一一尝试，而且很努力。随着成功体验的积累，她的精神面貌发生了可喜的变化。自卑的小 Y 笑容多了起来，上课也会主动地举起手来回答问题了。

3. 家校合作，提高能力

著名教育家苏霍姆林斯基曾说过，教育的效果取决于学校家庭的一致性。学校教育需要和家庭教育相互配合。小 Y 的自卑心理与其家庭的教育环境非常有关。因此，我联系了她的父母，共同商量帮助孩子解决心理问题的方法，建议家长选择孩子擅长的事情，给她提供表现的机会，比如让孩子帮助家长完成一些简单的家务，做到了就及时认可、表扬，同时让家长也告诉我，到学校后我再去表扬她。另一方面，我也把孩子在学校里好的表现告诉家长，让家长在家里再表扬她。一个好的表现，得到两次表扬和鼓励，这就是正强化。正强化是塑造儿童良好行为的有利手段。通过家校合作的方式，孩子的心态越来越好，积极行为越来越多。

四、评估反思

小 Y 的转变，让我认识到针对这类学生要关注他们的心理健康，多鼓励，多发现他们的闪光点，帮助他们正确地认识自己、了解自己，教会他们与他人相处，培养良好的心理承受能力，努力发展自身的潜能。在给予学生更多关爱的同时加强家校联系，共同努力，使孩子在一个良好的氛围中实现根本的转变。

小 A 的公主梦

屈家岭管理区实验小学 黎丽 韩春霞

一、案例描述

小 A，女，9 岁，三年级。每天到校，头发蓬乱，衣服有时还会穿反或者扣子扣错位。上课小动作特别多，每次点她回答问题时她都不知道老师问的是什么。每天的作业不是没有完成就是做得乱七八糟的，考试每科都不及格；下课后，总是坐在自己的位置上发呆，有时候会在纸上写写画画，大多画的是小公主，旁边有很多玩具、漂亮的衣服，还有仆人。

其实之前我一直很喜欢她，不仅穿得干净整洁，下课后还经常缠着我玩，给我揉肩膀，对我说："老师，我最喜欢你了……"可是疫情后却完全变了。

二、成因分析

我观察她的情况后，及时到她家进行了家访，终于找到了原因。

疫情期间，小 A 妈妈添了一对双胞胎弟弟，得了产后抑郁症。我去家访的时候，看到家里衣服尿片堆得到处都是，奶瓶中还有剩下的牛奶，几只苍蝇同时叮在奶嘴上，一家人乱成一团。因为宝宝这几天又有点儿闹肚子，哭闹不停，我的家访简直是乱上加乱，他们完全没时间听我反映小 A 的情况。

现在的小 A 每天都是自己起床上学，头发自然没人梳；每天回到家听到的都是弟弟的哭声、妈妈的埋怨声，还要不停地帮大人做事，学习当然没人管。爸爸和妈妈把爱都给了弟弟，她被家人严重忽视了。

小 A 疫情后突变的原因很明显：爱的缺失让她没有了安全感。

三、辅导方法

针对小 A 心理变化的情况，我有信心让她重新做个阳光女孩。

1. 把小 A 带回家，让小 A 重新感受到爱

征得家长同意后我把小 A 带回了我的家，每天我都会给她和我的女儿一起梳头，

梳一样的发型，还教她怎样把衣服穿整齐。早上，我会为她们做营养早餐。因为她的到来，我女儿多了一个好朋友，也不那么娇气了，她们都很开心。学习方面，小A回来后很主动地做家庭作业，只是会做错很多题，甚至连二年级讲过的一些题型都不会，可见她在疫情期间的网课学习是有多么糟糕。但只要有态度就不怕没有效果，很快，小A的成绩就有了进步，第二次测试数学考了82分，语文76分，英语竟然考了91分，我在班上表扬了她，此时终于看到了她会心的微笑。

2. 和家长沟通，让家长认识到自己疏忽了对小A的爱

小A告诉我一个小秘密：其实她真正担心的是爸爸妈妈因为没有时间照顾她，把她送到寄宿制学校。我告诉他们小A在学校的情况和可能产生的后果后，父母才意识到自己确实是对女儿亏欠了很多，表示今后再忙也要抽出时间来陪她，让她和弟弟一起享受爸妈的爱。此时的小A才真正开心地笑了出来，她终于可以做回她的"小公主"了。回到家的小A也主动抱起小弟弟亲了又亲，还开玩笑地说："这下姐姐要和你们抢爸爸妈妈了哦！"

3. 借助班集体的力量，让小A获得更多的爱

小A重拾笑容后，似乎也突然成长了许多，我也以她的故事为主题，给班上的孩子们上了一节班会课。其实在我们班级中，像小A这样有了弟弟妹妹的学生有很多，我要让他们知道：在有弟弟妹妹之前，我们也是独生子女，在父母的呵护中长大，他们把全部的爱都给了你，现在因为弟弟妹妹还小，爸爸妈妈对小的要投注更多的时间和精力，对你暂时有所忽略，但是并不代表他们不爱你，如果能意识到这一点，你的心态就会比较平和了。如果还能主动帮父母做力所能及的事情，就更好了，比如帮忙照顾一下弟弟妹妹，那么在这个家庭中，你会更有责任感、成就感，相信你也能更多地感受到他们对你的爱。我们在成长的过程中还会遇到各种各样的困难和挫折，我们只有坚强向前、勇敢面对，才能获得美丽的蜕变，成为更加优秀的自己。

四、评估反思

缺乏安全感，会让人自卑、退缩，我们要对这样的学生给予充分的理解和接纳，只有这样，孩子们才能从内心激发出力量，勇敢地直面困难，增强抗挫折的能力，更好地发挥潜能。

就这样，经过我耐心、细致、全面的心理健康辅导，小A的家庭关系更加和谐了，小A依旧是疫情前那个阳光的女孩，她正把精力转移到学习上来，这次单元考试，小A又有了进步！

帮留守孩子找到"家"

钟祥市丰乐镇杨集初级中学　徐海艳　杜令江

一、案例描述

小 G，男，14 岁，是一名八年级的留守学生。父母离异后法院把他判给了父亲，但父亲长期在外打工，顾不上他，便让他和年老多病的奶奶生活。因奶奶无力监管，他长期和社会上的青年在镇上的网吧打游戏。后来父亲为了不让他出入网吧，给他配置了一台电脑放在家里，于是家里变成了"网吧"。

在校期间，他的主要问题表现在上课不遵守纪律，注意力不集中，经常搞一些惹人注意、引人发笑的恶作剧。经常无缘无故地欺侮同学，偶尔也有偷窃行为发生，如翻同学书包等。有时还会鼓动一些其他班级中品行较差的学生在社会上结伙打架。

疫情期间，小 G 经常缺席网络课程，即使在线，也看不见人、听不见声。班主任与他的家长联系，家长却表示他们无能为力，管不了他。后来班主任又尝试联系他本人，而他却以家里没有网络或者停电上不了课为理由，甚至有时候还以他起不来、要吃饭为理由，推迟上课时间或者缺席网络课程。

二、成因分析

对于小 G 出现的种种不良行为，经过仔细调查，我们发现其问题产生的原因是多方面的，有主观方面的原因，也有客观方面的原因，主要有以下四点。

（1）没有良好的家庭教育环境；

（2）教师和家长的批评强化了他的逆反行为；

（3）同学对他的不友好、不信任加剧了他的逆反心理；

（4）社会生活或网络中的一些负面信息影响了他的心理健康。

三、辅导方法

1. 改变其家庭教育环境

我同他的父亲和奶奶开展了一次诚恳的谈话。通过谈话使他们明白，孩子的成长离不开良好的家庭教育，建议他的家长多抽出一些时间来关心他的学习和生活。当孩子有错时，应耐心开导，而不应用辱骂、殴打的方式进行教育。另外，家长也不能一味地放纵，要跟他多讲些自己年轻时学习生活的艰苦与乐趣，使他从中受到一些启发。

2. 采取情感导入策略正面转化

针对小 G 的这种情况，我决心想办法和他进行心理沟通。首先我对他说，老师愿成为你的第一个朋友。然后用我的热情来换取他的信任，对待他的困惑我热心帮助，对待他的忧思我热心化解，偶尔有点进步，我就在晨会上大加表扬。后来在班级活动中，我尽量给他创造施展才能的机会，帮助他树立信心、培养荣誉感，并经常把他的进步告诉家长。

3. 多给予他正面榜样教育

我采取积极措施，用身边的榜样教育他，让他认识到自己的不足，让他体会到榜样的荣耀，再利用他特别想引起关注的心理，给他寻找一些做榜样的途径，鼓励他争做别人的榜样。

在家长和其他科任老师的积极配合下，小 G 的心理健康问题得到了改善。主要表现为他能够调节并控制自己的情绪、心态逐渐恢复正常、变得开朗阳光起来，与同学也能正常交往、和谐相处，尊重他人，并逐渐培养出良好的道德与行为习惯，同学们也原谅了他之前的那些恶作剧，越来越接纳他、喜欢他。他说，学校的老师和同学让他有了家的感觉！

四、评估反思

小 G 是我校的留守学生之一，其父母离异，父亲长期外出务工，缺失父母的关爱和教育，又因监护人监管能力不足或不到位，使他无法得到正确的引导和帮助，致使他的心理健康出现了严重的问题。留守学生心理问题的解决事关整个民族未来人口素质的提高和社会的持续稳定。如何解决这一重大社会问题已成为全社会关注的热点。

家庭、学校和社会多方面的资源应相互整合、形成合力，构筑起关爱留守学生心理健康的立体化网络教育体系。然而，由于心理问题存在内隐性、复杂性，需要我们在今后更加全面深入地学习心理健康知识和心理辅导技巧，以便能及时地为有需要的学生提供有效的帮助，使其健康成长。

用爱滋养留守儿童

京山市永兴镇初级中学　李文锋

一、案例描述

小 W，男，15 岁，留守儿童，性格内向，不爱说话，喜欢独来独往，网络成瘾，不能自拔，疫情期间上网课时，他从不上课，学习成绩也是一落千丈。父母不善教育，使其逆反心强，亲子关系对立。

二、成因分析

小 W 父母想让一家人过上富裕生活，在外投资办了养鸡场。因为养鸡场需要照看，他们就长年在外，很少和孩子在一起生活。加上小 W 的父母本来也不善于沟通，又缺乏教育孩子的技巧，时间一久，小 W 与父母的感情越来越淡，甚至把他们当外人看。这样一来小 W 的性格就越来越孤僻内向了。

从小都是一个人生活，习惯了什么都是一个人，因此，小 W 在学校几乎没有朋友。在学习方面，新冠肺炎疫情期间在家上网课时，学校监管不便，不能在小 W 出现不好现象的苗头时，及时与家长形成教育合力加以处理解决。因此他慢慢地对学习失去了兴趣和信心，以至于最后"破罐子破摔"。

三、辅导方法

1. 捕捉契机

疫情期间，小 W 被隔离在山区，网络信号不好，无法上网课。我知道这一情况后，及时通过学校与当地村委会负责人沟通商议，让他通过村与村之间的卡口，来到网络信号较好的地方，然后我们科任老师在班主任的统一安排下，利用网课休息时间，单独给他上课，让他尽量缩小与其他同学在课程上的差距。

2. 多措并举

5 月 18 日，因疫情有所缓解，部分年级复课了。我们没有因为复课，就让小 W 和其他同学站在同一起跑线上。在上课时，我们科任老师有目的地多次向他提问，并且故意降低问题难度，让他能正确地回答出来，这时我们会及时给予他满意的微笑或鼓励的掌声。在安排座位时，我们特意让他坐在学习成绩好、乐于助人的同学旁边，以便让同桌给予他帮助。在作业的量和难度上，刚开始他也与其他同学有所区别——适当降低他的作业难度，减少他的作业量。随着他的不断进步，逐渐达到与其他同学同步的要求。课后，我们有意识地让同学们和他在一起，如去食堂吃饭时，故意和他坐在同一桌，和他说说话；课间操时，和他一起下楼到操场做操。在我们有意识的帮助和鼓励下，他刚开始还扭扭捏捏，后来就慢慢融入集体生活中了。

3. 家校联手

在学校老师下功夫的同时，我们还多次与小 W 的家长取得联系，他们以前以为只要挣得到钱，就是对孩子的爱，经过多次沟通，他们认识到了这种观念是错误的。小 W 的父母开始在繁忙的工作之余，常常回家或打电话了解他的学习、生活情况，让小 W 真实地感受到了父母的爱与关心。

四、评估反思

经过近五个月的教育和帮助，小 W 完全变了个样子，手机玩得少了，脸上常常挂着笑容，在课堂上也能积极主动地回答老师们的提问，自信心明显增强，学习成绩有了显著提升，能和同学们积极参加班上举办的各项活动。在今年 7 月份的中考中，他以超过录取分数线 50 多分的优异成绩，被一所重点高中录取。

留守儿童是一个特殊群体，由于亲情缺失，他们容易出现各种各样的心理和行为问题。留守儿童一直是国家和社会关注度较高的群体之一，也是农村学校教育的一个难题。不管怎样，我们都不能漠视他们，相反，要想方设法引领他们健康成长。教育家苏霍姆林斯基说过，教育最大的秘诀就在于如何爱儿童。小 W 的变化对这句话做了最好的阐释，爱是一种最有效的教育手段，教育工作者只要心中有爱，有一种锲而不舍的精神，就一定能融化孩子们那颗冰冷的心。让我们行动起来，用爱滋润留守儿童，让他们健康成长吧！

离开网络，我依旧能行

东宝区子陵铺镇中心小学　章荣香　张红艳

一、案例描述

M，男，10 岁，活泼好动，聪明伶俐，胆子大，主意多，对新鲜事物感兴趣。疫情前能按时完成作业，成绩中等偏上。疫情发生后上网课期间，他特别积极，作业都是按时完成的，正确率极高，屡次得到表扬。疫情过后，没上几天课，我就发现这个孩子不对劲：每天写作业磨磨蹭蹭，只要稍微复杂一点的作业就要求带回家完成，第二天作业交来时都是全对。

我百思不得其解，还一直以为是孩子没适应疫情后的学校生活。一个星期后，另外一个孩子来到我面前，很神秘地说："老师，告诉你一个秘密，他都是回去用电脑搜索的答案，还说这是他在网课期间发现的法宝。"原来是这样，我苦苦寻找的答案找到了。

二、成因分析

M 的父母工作较忙，没有时间监督孩子学习，但收入较高，家庭条件优越。M 的父母对孩子的期望值较高，但教育方式粗暴简单。孩子考试得高分了、作业写得全优了，就用金钱奖励，一旦考试不理想、作业没做对，就一通责骂，这就造成了孩子虚荣心强、爱投机耍滑的心理。

受新冠肺炎疫情的影响，这学期很多学生都在家上网课。M 在家手机、电脑轮番上阵，一点儿脑筋都不用动，作业写得又快又好。粗心的爸爸妈妈只看结果，不问过程。他尝到了甜头，渐渐地，对网络有了很强的依赖性。

三、辅导过程

1. 和家长会谈，对孩子心理进行干预

找到根源后，我首先和孩子的家长进行了沟通，此刻这对粗心的家长才知道孩子的实际情况。然后我们在如何教育孩子的问题上达成一致意见：第一，清障碍。在孩子上学期间，将电脑、手机一律收起来，周末可适当让孩子玩一下。第二，防独处。我提议不要让孩子一个人在家写作业，希望父母有一方在家监管孩子，让孩子静下心来老老实实地完成作业。第三，重兴趣。希望家长在孩子写完作业后陪孩子做一些他喜欢的事，如打球、下棋等，还可以带着孩子一起做家务、搞卫生，分散手机、电脑对孩子的吸引力。

2. 转变认知，对孩子心理进行矫正

第二天上午第一节课，M 没有像往常一样眉飞色舞地把作业交给我，而是在座位上磨蹭了半晌，才慢吞吞地把作业递给我。我不动声色，像往常一样给他批改。果不其然，作业错了不少。我摸摸他的头，装作很惊奇的样子问："作业怎么错了这么多?"他低着头，不说话。"是昨天没学会吗?"我又问。他继续低头，掰弄手指，过了很久，点了点头。

"那我来重新给你讲讲。"在我的辅导下，M 终于完成了昨天的作业。

第二节课，他仍然继续开小差、做小动作。当天放学后，他又要求把作业带回去写。

第三天，作业又错了不少。中午，我单独找他。首先，是"夸"，我和他一起回忆他疫情前的一些闪光事例，让他觉得自己很棒，树立其自信心。其次，是"引"，通过谈心，引导他自己寻找问题的根源。再次，是"转"，认知过程决定行为的产生，通过一些事例，让他转变认知，了解通过网络查询答案的危害——会错估自己真正的学习状况，掩盖学习中的问题，养成不思考的惰性。最后，是"期"，希望他以后能专心听讲，独立完成课后作业，不懂就问，争取找回并超越疫情前的学习状态。

3. 指导行为，对孩子心理进行追踪

首先，和家长保持联系，沟通教育方法，对孩子好的行为及时加以肯定，对孩子不当的行为进行合理引导、耐心教育。其次，在校关注孩子的闪光点，对其所取得的点滴进步及时鼓励、及时表扬，给孩子带来温暖与信心。最后，每当他在学习上遇到困难时，我都会主动给他讲授解题思路，点拨难题，并做好方法的归纳总结。

四、评估反思

现在，M 上课注意力比以前集中了，遇到问题会主动问老师，基本能按时完成作业，学习成绩也慢慢提升了，整个学习状态发生了令人欣喜的转变。

孩子心理上的问题，如果能及时发现、及早干预、用对方法、不懈追踪，还是能够弥补修复的。只要家长、老师双方联动、同频共振，一定能培养出自信、坚强、向上、向善的孩子。

加强沟通，打开心门

东宝区红旗小学　全晓沛　叶莉

一、案例描述

小 C 是我们在农村支教时遇到的一个留守男孩，那年他 11 岁，和爷爷奶奶在一起生活。同学们都说他的性格古怪，课间从不和其他同学玩耍，上课心神不宁，作业马马虎虎，正确率比较低。他从来不参加班级活动，还总说不想上学，有过离家出走的经历。

二、成因分析

小 C 这种情况是自卑心理的表现，自卑是一种自我否定的性格缺陷，会使人不愿与人交往、没有竞争意识，甚至可能引发生理疾病。明确自卑心理的成因是进行干预疏导的重要前提。小 C 的自卑心理是在多方面因素的影响下形成的。

1. 家庭原因

小 C 的妈妈由于家境不好，结婚较早。在小 C 4 岁那年，妈妈出去打工挣钱再也没有回来。"小 C 妈妈跟别人跑了"这件事情很快在村里传开。小 C 就是这样在村里人怜悯、同情、怪异的眼光中长大的。看到同伴们都有妈妈的关心和爱护，自己的妈妈却"跟别人跑了"，小 C 在心理上受到了巨大的伤害与打击，逐渐变得不爱说话、不愿与他人交流。

2. 个人原因

小 C 长期受自卑心理的影响，认为自己是个连妈妈都不喜欢的孩子，别人也都不喜欢和自己交往，于是将自己的内心封闭起来。同学们想和他玩的时候，他就认为同学们想看他的笑话；老师让他回答问题的时候，他就认为老师想让他出丑，拒绝回答。久而久之，他不仅在学习上越发不求上进，而且在生活中也无精打采。

3. 学校原因

小 C 的父亲外出务工、母亲失去联系，两人不仅无法参与学校要求的家长会，更无法配合学校一起制订实施学生培养计划。因此，小 C 的教育疏导工作绝大多数落在了学校和老师身上。但是由于小 C 孤僻自卑的性格，以及曾离家出走的经历，学校和老师只能以引导为主，不敢采取过多的干预措施。

三、辅导方法

绘画是孩子的一种特殊"语言"，小 C 的画很简单，一棵没有涂色的小树，小树的旁边是一座没有颜色的小房子。没有色彩的画面体现了小 C 不喜欢与他人交往的自卑心理，但小房子又体现了小 C 对父爱、母爱的渴望。为了让小 C 打开封闭的内心，针对小 C 的状况我们主要采取了以下措施。

1. 进行赏识教育，唤起学生的信心

我们经常在小 C 面前这样引导："小 C，今天你拖地拖得好干净，你真是个细心的孩子！如果你下次能够和同学一起把咱们班的学习园地整理好，同学们会更佩服你。"我们还用心理绘画的辅导方式，让小 C 画出一幅他向往的美好的未来，小 C 心里产生了继续努力的动力。就这样，小 C 的自卑心理逐渐减退，会时常流露出自信、开心的笑容了。

2. 重视来自家庭的温暖

小 C 的自卑心理主要是家庭原因造成的：妈妈出走，爸爸打工，爷爷奶奶只能给孩子解决物质生活，而无法替代父母的关爱。我们和小 C 的爷爷奶奶进行沟通，告诉他们要给予孩子物质之外的温暖和关爱，这是一种精神上的引领。和孩子的爸爸用电话交流，让爸爸通过电话了解孩子内心，让孩子知道爸爸不在家，一样在惦记自己，帮助小 C 感受来自家庭的爱，慢慢建立自信。

3. 同伴赏识

儿童快乐成长需要同伴赏识。为了让小 C 融入班集体中，我们暗地安排一些比较活泼的男生找他玩，让他感受到也有同学喜欢和自己玩。在大家的带动下，他觉得自己也是有优点的，如果自己再努力一点，一定会更好。

四、评估反思

教师和家长在平时要多关注留守孩子的状态，只要和孩子及时进行心与心的交流，让孩子的心门打开，感受到来自身边的温暖和关爱，留守孩子也能和所有的孩子一样健康成长。

沉默的花朵

京山市坪坝镇晏店中心小学　李艳芳

一、案例描述

小 Q，女，四岁半，胆小内向。在幼儿园能够做到自己吃饭穿衣，但不愿与小伙伴交流，社交能力差。在幼儿园没有好朋友、小伙伴和她玩，她也从不主动交朋友；不愿与老师沟通，和她沟通时，她会很紧张；语言表达不连贯，眼神躲闪，手不自觉地摸身上的衣服，咽口水。在班级里很少讲话，爱独处以及安静的活动，极少和周围小伙伴合作游戏，容易听从其他孩子的决定。而据爸爸反映，她在家里较活跃，偶尔会自己唱唱歌，但是特别敏感，很依赖妈妈，爱闹情绪，爱哭泣。

一个星期三的早晨，她同往常一样入园，在老师的指导、鼓励下完成了进园工作。不一样的是，她的情绪很糟糕，抓着爸爸的手不放，眼泪在眼眶里打转，当爸爸和她挥手再见时，她终于忍不住"哇"的一声哭了出来。老师抱着她安抚了好久，她还是抽泣不止。早餐时间到了，她终于停止了哭泣，但是不愿吃早餐，郁郁寡欢的。直到到了她最爱的听故事时间，她才慢慢开始融入活动。

当我们将这一情况反映给爸爸时，爸爸和我们认真地进行了沟通："小 Q 非常依赖她妈妈，因为现在妈妈在离家较远的地方工作，虽然每天尽量回家陪伴她，但因为工作需要，周三、周四不能回家。每当到了周三早晨，孩子 睁眼就开始哭，要妈妈陪，一直哭闹到妈妈离开家门。这一次更严重了，周二晚上就哭闹不停，在安慰了很久后才入睡，睡着了也很不安稳，一大早醒了又开始哭闹，妈妈安慰、讲道理都没有效果，最后她妈妈只能直接上班去了……"然后我问孩子为什么不让妈妈上班，孩子哭着说害怕妈妈丢下她。

从幼儿心理学的角度来说：孩子太缺乏安全感了。

二、成因分析

1. 自身因素

从性格上看，小 Q 属于内向敏感、胆小的孩子，对陌生的环境带有一定的恐惧心理，难以大胆表现自己。

2. 家庭因素

据了解，小 Q 从小由妈妈带大，妈妈比较宠爱她，但是妈妈工作很忙，很少带她外出游玩，小 Q 从小就在这样的环境中长大，基本上都是一个人玩，很少与同龄孩子一起游戏。近来爸爸妈妈虽然经常带孩子出去，但是孩子还是胆小，不敢跟别的孩子玩。

3. 幼儿园环境因素

孩子比较敏感、胆小，加上天生对老师具有畏惧心理，因此，小 Q 特别害怕老师，不敢与老师交流。

三、辅导方法

1. 请家长配合

首先，家长不要溺爱孩子，平时要做到多与孩子沟通、交流，了解其心理动向。对于小 Q 这样敏感、内向的孩子，更是要多沟通、多鼓励，给孩子足够的安全感，同时多向老师了解孩子在校情况。其次，建议家长对孩子的点滴进步及时表扬。最后，请家长多带幼儿接触外界环境，与同龄人有更多的交往，培养孩子的社交能力。

2. 观察孩子在园情况

因为小 Q 胆小，我暂时对她实施特殊的照顾：她喜欢坐哪儿就坐哪儿，让她喜欢来幼儿园、喜欢老师、喜欢小朋友。针对她爱听故事的特点，经常向她讲述奇妙、有趣的故事，并在关键的地方停顿下来，请她帮忙说一句，引发她与老师的连接感。主动与她交谈身边发生的事情，让她有话可讲，鼓励她多跟老师交流，并且及时地肯定、表扬、鼓励她，使她获得自信。

四、评估反思

经过一个学期的教育，小 Q 渐渐习惯了集体生活，能主动和老师打招呼，主动告诉老师一些事情，在家时会兴奋地提起在园情况，主动要求上幼儿园，说明孩子基本适应了幼儿园的生活。今后，我们将进一步结合多种教育途径发展其社会性情感，使她逐步成为一个性格开朗、遇事积极主动的孩子。

用爱浇灌花蕾

东宝区牌楼镇泗水桥小学　王丰

一、案例描述

小 T，男，小学四年级学生，单亲家庭，和父亲一起生活。父亲平时很少在家，对他关心较少，遇到事情时，处理的方法比较粗暴，有时甚至动手打他。小 T 一般由奶奶照顾，奶奶年岁已高，根本管不了他。小 T 常常以自我为中心，我行我素，性格孤僻，不愿意与同学们交往，有一段时间甚至常常逃课在家，不愿意上学，学习成绩也不好。在情绪不佳时，自己不愿受到一点委屈，常常欺负比他弱小的同学。他逆反心强，不愿接受家长和老师的善意提醒和建议。

二、成因分析

小 T 同学常以自我为中心。行为粗暴、叛逆的表现背后毫无疑问是存在心理问题的。其主要原因有三个方面：

（1）个性因素。长期受冷淡、焦虑等负面情绪影响，不能正确处理与亲人及同学间的关系，严重影响了他的身心健康发展。

（2）家庭因素。父母离异，因缺少父母的关爱，为了保护自己，他逐渐形成了孤僻、粗暴、逆反的不良心理并产生了一些不当行为。

（3）心理因素。喜怒无常，通过一些反常的行为来宣泄自己的负面情绪，如欺负弱小同学、叛逆等。

三、辅导方法

1. 重视家庭教育，加强家校联系

我经常与他的父亲联系，让他的父亲认识到家庭教育的重要性，唤醒他作为一个父亲应有的义务和责任感。经过多次推心置腹的交谈，他的父亲接受了我们的建议，调整了自己的心态。一段时间后，孩子的心理发生了微妙的变化，待人处事的态度有了一定的转变，逆反心理也没有那么强烈了。

2. 给予情感关怀，激发学习动力

有一段时间，他在家和奶奶发生了争执后不愿意上学。了解到这种情况后，我去了他家，问他为什么不上学，他根本不予回答。我动之以情，晓之以理，用集体的温暖来消除他内心的焦虑。有些同学主动利用放学后的时间，陪他聊天，给他讲学校组织的各种各样的活动，等等。此后，他的身影重新出现在教室里。

小 T 学习成绩不好，体会不到学习的快乐，我首先想到的就是多给他成功的体验，哪怕是小小的成功感都可以让他减少对学习的畏难心理。我把他安排在第一排最靠近讲台的位子，讲课时多关注他的表现，还和老师们商量，把最简单的问题留给他回答，尽量给他布置基础题，让他的作业本上多一些鲜红的对号。经过师生双方一段时间的努力，他体会到了学习的乐趣，考试成绩也在逐渐提高。

3. 营造温暖氛围，促进自信自强

在班级里，通过开展形式多样的评比活动，用激励的方式使其扬长避短，我让他设立了自己的成长档案，每月评一次，通过自评、小组评的方式，让他把自己取得的进步记录下来。小 T 逐渐从他人的肯定中得到满足，获得了自信。我也常在班集体中表扬他突出的个人事迹，让他感受到集体的温暖，从而树立自信心，不断自律、自信、自强。

四、评估反思

通过教导，小 T 现在有了很大的变化。在学校能主动和老师打招呼，能与同学们和睦相处，上课也经常积极举手发言且声音比较洪亮，学习有了明显的进步。遇到问题时，也不再是粗暴地去发泄心中的不满，而是冷静地去对待问题、解决问题。在家里，能够帮助家长做一些力所能及的事情，还会主动和家长交谈，讲讲学校、班级发生的事情。

心理健康是人的健康中的重要组成部分，开展心理健康教育是学校教育中一个必不可少的环节，对于问题学生更是要不抛弃、不放弃。学生需要爱，教育呼唤爱。作为教师，要有爱心、有耐心、有恒心、有信心，对于问题学生要给予更多的关心、更多的帮助，让他们在爱的滋润下走上正轨，健康成长。

走出自卑与怯懦

京山市绀弩小学　曹尚玲

一、案例描述

M，女，10 岁，父母离异，随爷爷奶奶一起生活。性格比较内向，很少与人交流，上课时也不喜欢主动发言，班级开展的活动也不愿参加，总习惯默默地站在角落里，被班集体"边缘化"。通过调查与交流，我发现这个孩子不是单纯的内向腼腆，而是存在自卑、怯懦的心理问题。

二、成因分析

通过了解，我发现 M 的爸爸有一些不好的习惯，除了喜欢喝酒打牌，还喜欢喝醉后打人，M 曾被他暴打过。目前，妈妈已与爸爸离婚，爸爸在外地打工，妈妈也有了新的家庭，父母与孩子见面交流的机会也不多，家里爷爷脾气不好，孩子一犯错就会斥责、谩骂孩子，邻村的大孩子们也经常欺负她，在这种环境中生活的 M，变得越来越自卑、怯懦。

个别小学，由于受客观条件的局限，为追求教学质量的提高，一些老师有时会以分数作为考核标准，这很容易产生对优等生的偏爱，对中下等生的忽视，长此以往，会让这些学生产生失落感，慢慢不相信自己的能力，变得越来越不自信，从而滋生自卑心理。M 正属于这一类学生。

三、辅导方法

这个学期，针对 M 同学的心理问题，为帮助她克服自卑、怯懦的心理，早日树立自信心，我从以下几个方面对她进行了辅导。

1. 改变认知

通过观察，我发现 M 自卑、怯懦的负面心理是她对事物的认知不足造成的，因此我主动帮她分析产生这些负面心理的原因，并对她进行赏识教育。我从她的身上寻找优点并给予肯定和鼓励，对她身上存在的缺点引导其正确看待，在遇到挫折时鼓励她向前看，化困难为动力，帮助她建立自信、改变认知。

2. 感受师爱

对于那些自我评价偏低的学生，教师应该给予更多的关心和爱护，进行赏识教育。因而在课堂教学中，我特别重视 M 同学的感受，上课过程中用热情的眼神引导她参与课堂提问；用话语鼓励她勇敢参加班集体活动；在生活上也处处照顾她，让她感受到老师的爱无处不在。

3. 体验成功

我特意给 M 安排了小组长的职务，让她负责检查小组同学的作业、监管纪律。一段时间后，同学们反映她非常有责任心，M 获得了同学们的认可。在每周的例行班会上，我也会优先让她发言，对于集体的活动，我也会让她参与策划主持，慢慢地，M 开始变得自信起来，同学们也越来越喜欢和她一起玩了。

4. 家校合作

M 的自卑、怯懦，很大一部分原因在于家庭环境与教育方式，我将她的家长邀请到学校来，就 M 在学校的表现与他们进行了反馈交流，建议家长给孩子多些关心和爱护，少些斥责与打骂；多些欣赏与鼓励，少些嘲讽与冷漠，让孩子克服自卑、怯懦的心理，重塑自信。在学校，我们也会经常开展一些活动，如讲故事、猜谜语、联欢会等，让学生之间充分拉近距离，发挥集体的力量，互帮互助，让 M 同学感受到集体的温暖、同学们的友谊。在班会课上，我会有意开展一些关于心理健康知识的讲座，疏导那些像 M 一样被各种心理问题困扰的学生，让他们早日走出阴霾。通过家校合作，M 很快变得阳光、积极、自信起来。

四、评估反思

通过一个学期的心理辅导，M 的自信心明显提高了，不仅上课能积极举手发言，下课也会主动和老师交流、与同学玩耍。现在，她有了一群知心朋友，在学习上互相帮助，她的成绩也飞速提高。家长也反映，M 不再孤僻内向，变得爱笑了，性格也开朗起来，还会主动帮忙做家务。

从这个案例中我受到很大启发：学生心理问题的类型很多，关键是我们老师要倾注更多的爱给他们，教育就像涓涓细流，河中流淌的应是爱心、细心、恒心。同时也要加强家校联系、协调教育方法、统一教育思想，只有这样才能更好地促进学生的身心健康全面发展。

远离嫉妒，让生活更轻松

高新区·掇刀区掇刀石小学 乔爱华

一、案例介绍

D 是一位五年级的女生，很要强，在班里她总是和另一个女孩比，只要那个女孩得到表扬，她就会很难过，并说三道四，说人家哪里都不好。她还会有意拉拢别的同学，让他们不和那个女孩玩，孤立那个女孩，以此发泄不满，这是她的嫉妒心在作怪。

二、成因分析

经过调查及与家长的沟通交流，我发现 D 的家长平时对孩子要求很严格，总是有意无意地将她和别的同学进行比较。其实每个孩子都有不同程度的好胜心，希望自己是优秀的，希望自己能得到他人的认可。真正健康的"好胜"和"竞争"，可以促进孩子全面健康地发展，而家长的过度引导则会使孩子产生严重的嫉妒心理，影响孩子心理健康的发展。

三、辅导方法

我从如下三个方面对 D 同学进行了一段时间的疏导，现在的 D 同学已经变得豁达开朗了。

1. 引导家长和孩子重新选择"竞争"对象

有些家长和老师把超越自我和超越别人的关系颠倒了，他们总是做横向比较，忽视了孩子自己跟自己比是否有进步，忽视了自我价值，时间久了孩子就会形成总盯着别人的不正常"排队心理"，慢慢滑向嫉妒的泥淖。当然，要提高自己就得向别人学习，进行横向的比较才能发现自身的优势和不足，但是无论怎样横向比较，最后必须落实到改变自我上来。因为超越自我是超越别人的前提。超越别人只不过是超越自我的一种自然结果，是副产品。

一些家长会把孩子的现在和过去进行比较，所以总是觉得孩子有进步，总是觉得孩子可爱，同时也引导孩子看到了"我"的价值。在这样的氛围中，孩子注意的就是"今日的自我"与"昨日的自我"的比较，沿着这个思路想问题，嫉妒心理自然会削减。

2. 指导孩子明白"好胜"应该对事不对人

个别老师和家长对孩子某次考试成绩的高低和某次比赛的输赢太在意，总要分出个"好学生"和"差学生"，但是这种竞争的结果会牵连孩子的整个生活质量，从而导致孩子将注意力从事情转移到人。在这种气氛下，孩子之间互相嫉妒就在所难免了。所谓"胜"，只是说在某一件事情上别人做得好而已，并不是说整个人比别人高一等。数学不如别人，但语文可能比别人强；学习不如别人，但钢琴可能弹得比别人好。从多种角度发现每个人的长处，取人所长，补己所短。这样的"好胜"和"竞争"才不会容易造成某些孩子的妄自尊大和另一些孩子的自卑。

3. 教会孩子面对现实

任何竞争必有胜负，真正好胜的人只是不甘失败是不够的，还要有勇于承认失败的气度，要有接受失败的勇气，这既是对胜利者的尊重，也是对自己的尊重。在学校，老师应教导孩子划清"老实认输"和"灰心"的界限，主动承认自己的不足，然后迎头赶上。如果家长和老师划不清"老实认输"和"灰心"的界限，甚至只要孩子出现认输的情况就说他没出息，那么孩子永远无法正视自己的失败。他们只好违心地说大话，或者在幻想的胜利中欺骗自己，或者干脆给胜利者使坏，既然光明正大地竞争争不过别人，那就只好走"歪门邪道"了。上面案例中提到的 D 同学，用孤立同学来发泄自己的不满，就带有这种色彩。这很可能与家长不切实际的高期望有关。

四、评估反思

孩子有嫉妒心主要是环境造成的，是家庭教育和学校教育的失误引起的。要解决孩子嫉妒的问题，首先就要提高家长和教师对健康"竞争"的认识。有了正确的认识，自然会为孩子创造一种积极向上而又大度宽容的气氛，孩子的嫉妒心理就可以减少。另外，不要对孩子提出不切实际的要求，实事求是地看待孩子，孩子才能实事求是地看待别人。对某些特别爱嫉妒别人的孩子要耐心地做工作，关键是引导他们少盯着别人，而多研究自我。让孩子坚信：别人的优秀并不妨碍你的成功，反而能给你提供一个竞争对手，把嫉妒化为内心的力量会让你充满斗志，更加努力。

心中有光，寒夜一瞬

东宝区牌楼镇中心小学　张蓉

一、案例描述

H，男，12 岁，生于四川，以前在农村小学就读，11 岁时转入城镇学校就读。H 个性张扬，性格乖张，喜欢吸引他人的注意，平时在班级很少有同学愿意主动与他交流。他经常与同学发生矛盾，又受不得委屈，自我心理防御反应过大。H 平时行为比较怪异，爱发脾气，课堂上朗读、发言比较另类，若老师批评，他马上翻白眼。他自己犯的错误，不肯轻易承认，常推卸责任或闹情绪。年龄越大，厌学情绪越明显。

二、成因分析

H 的父母都是四川人，属于外来务工人员，父亲年纪较大，老来得子，小时候对孩子过于溺爱，再加上平时工作繁忙，对孩子又疏于管教，沟通交流有限。随着 H 逐渐长大，父亲又变得更加严厉，甚至在孩子犯错时会以鞭打孩子解决问题，H 虽然害怕父亲的鞭打，可是打过后又无所谓。H 的妈妈年纪较轻，孩子爱和她交流，可是她迫于生计压力，与孩子团聚的时间较短，这样使 H 既感受不到学校学习生活的乐趣，也感受不到家庭的温暖。

H 五年级转学到城镇学校就读，由于环境的变化，他入学适应困难，这使 H 产生了一种巨大的挫败感。三、四年级的人际交往关键期没有发展好，接下来在五、六年级遇到的问题加剧了他的适应困难，情绪的压抑使他有强烈的攻击性。

三、辅导方法

1. 发掘闪光点

我在平时教学中发现 H 语言模仿能力很强，所以打算在学习《打电话》这

65

一相声文学形式时，让他为大家表演一段川音相声。那一天，他用四川话表演相声，语言幽默诙谐，动作自然和谐，博得了同学们的满堂喝彩。随后，我有意识地让他在这方面展示自己的才华。后来他和小组成员创编的舞台情景剧《晏子使楚》在班级比赛中获奖，我表彰了全体编排人员，他站在人群中笑得很开心，被认可让他感受到了从未有过的满足感。

2. 抓住契机进行心理引导

不和谐的音符又出现了。那一天，正好是晚睡查寝时间，H被宿管阿姨点名批评，我到时，只见他怒目圆睁，气鼓鼓的样子。了解情况后得知他与邻班同学发生了肢体冲突。起因是他这段时间表现较好，多次受到老师表扬，邻班同学故意挑衅，在H寝室的门口叫嚣，同寝室的同学未理睬，邻班同学就带领他们班男生，将水泼到H的寝室，H气不过，不想连累同寝室同学，冲出去与邻班同学发生了争执。

了解清楚后，我先在全寝室同学面前表扬了H："H在他人言语挑衅时，并没有上当，按捺住自己的脾气，是理智的，是有进步的；在面对挑衅时，H为了不连累大家，才与对方争执，是有义气的。"

但是随后，我话锋一转："可是难道你们就全是对的，没有任何过失吗？"

同寝室的同学都纷纷说自己有做得不对的地方，但都为H感到委屈。这时我开导H："你看你用这段时间的改变赢得了同学们对你的尊重，至少是我们班男生的尊重，同学们看到了你真诚为集体，而不顾个人得失，所以这一次大家是真心为你感到委屈呢！"H内心动容，哭了出来。

我拍拍他的肩："成大事者，不拘小节，舍小利而取大义是谓英雄，你现在是他们的英雄呢！"

H破涕为笑："哪有我这么狼狈的英雄……"

看他情绪稳定，郁结舒展，我又引导他分析事件中他处理不当的地方，告诉他正确的确处理方式，又和对方班主任共同处理了该事件，最终让H觉得公平公正，心中怒气的火焰不再旺盛。

四、评估反思

经历了将近一年的心理辅导，我欣喜地看到了H一步步艰难又执着的成长步伐。现在，H与人交往时自信心明显提高了许多。下课时，他已经可以和几个要好的朋友一起做游戏了；学校里组织的活动，他会积极参加；生气时，他也学会理性地克制自己。虽然他现在还不是社交中万众瞩目的焦点，但是已经成了班集体中的一份子了。我知道他心中有光，寒夜只是一瞬，从前已然成为过去。

用耐心提升留守儿童的自律性

京山市曹武镇中心小学　夏彩平　廖贤超

一、案例描述

M，男，11 岁，长期随爷爷奶奶生活，父母在外地打工，很少回家，和孩子的交流也不多，孩子的性格比较孤僻。爷爷奶奶虽然在生活上对孩子照顾得无微不至，但在学习上没有办法辅导他。他家庭作业经常不做，有时做了也是敷衍了事，而且上课经常注意力不集中，爱做小动作，对学习没有兴趣，和同学之间也是常闹矛盾，不能和睦相处。

二、成因分析

经过和 M 妈妈的交谈，我们知道他们忙于工作，到春节才回来一次，平时都是电话联系，说教一下，孩子也不听他们的话。爷爷奶奶对他过于溺爱，物质上尽量满足他，学习上却无能为力，慢慢地，他就养成了我行我素、不爱学习的习惯。在家不听老人的话，稍不如意就发脾气，不尊重老人；在学校里，自由散漫，把老师的话当耳旁风。

三、辅导方法

1. 家校携手共同进步

和他的父母沟通，交流教育经验，让他们尽量多抽出一些时间陪孩子，关心他的生活，关注他的学习，关爱他的心理健康，培养良好的亲子关系，对孩子的一点点进步，父母也要及时夸奖。对于孩子的缺点，不能一味责骂，首先要从自己身上找原因，和孩子共同成长、互相学习、共同提高。因为疫情，他的父母在家待的时间长一点，每天和孩子在一起生活，陪他上网课，和他谈心，陪他一起玩，孩子的性格也活泼了很多，他也能和父母好好说话，心平气和地相处了。每次我打电话去和他的父母交流他的学习生活情况时，他也会加入我们的谈话，开始说一些他的心里话。通过家庭与学校的共同努力，孩子的脾气变好了很多，不再那么任性，上课也能用心听讲了，学习进步了不少。

2. 同学互助有情有爱

因为家里平时只有爷爷奶奶和他一起生活，跟他交流又少，所以他不太喜欢和同学们在一起玩，有时还会和同学发生矛盾。于是班级在组织活动时，我要求他报名参加，通过和同学们的互动，让他知道和同学在一起玩是一件很开心的事，同学之间浓浓的友情慢慢地拉近了他和同学们的心理距离。后来的活动和比赛，他都主动参加，而且在一些比赛中还拿到了名次，和同学们也能和睦相处了。

3. 当好班干部以身作则

为了提高他的学习积极性，我特意给他安排了一个班干部的职务，协助班主任管理班级事务，在班集体中发挥作用，这样不但可以让他约束自己，还可以调动他的学习积极性。他当上班干部后，非常认真地做他的本职工作，不懂就问，和同学、老师之间打交道的时间更多了，变得热情了，班里的事他都主动帮忙、参与。学习上开始用心，上课专心听讲，作业按时完成，在后来的考试中，他的学习成绩也渐渐提高。对于他的这些进步和变化，我都及时地给予表扬和鼓励，让他对自己更有信心。

4. 感恩教育知恩图报

通过开展一些感恩活动来纠正他自私和霸道的个性，让他和其他同学都用一颗感恩的心去生活、去学习，让他知道感恩父母及家人的艰辛付出，感念老师的精心培育，感谢同学的友情互助，让他用感恩之心去感受世间的亲情、友情，用一颗感恩的心去生活。

四、评估反思

M 这个案例反映的是一类社会问题，这一年龄段的孩子大多是独生子女，家里比较宠溺，所以他们很任性，养成了很多不好的生活习惯，改正和巩固需要漫长的时间，我们作为老师要多方面了解自己的学生，花更多的时间，用爱心和耐心去和他们沟通，和他们做心灵上的朋友，真正了解他们内心的想法，帮助他们走出心理困境，让他们做一个阳光自信的孩子。

孩子们的一些不良习惯，不是一朝一夕形成的，所以心理辅导也是一个长期的过程，我们老师要长久地、有耐心地进行跟踪辅导，让每一个学生都能健康成长、全面发展，成为最好的自己。

小学生校园生活的调适

东宝区石桥驿实验学校　张腊

一、案例描述

Z是一个聪明、固执且自尊心极强的三年级男生，原本学习成绩优异，能够按时完成学习任务。但是在疫情期间居家隔离过后，Z发生了很大的变化，主要表现在和同学们的关系不是很融洽，喜欢做一些偷踩其他同学的凳子、偷偷把其他同学的书藏起来的恶作剧；在课堂学习和写作业的过程中经常走神发呆，注意力不集中，甚至考试时不能按时答完试卷；在学校劳动过程中主动性不够，通常需要老师不断督促才能勉强完成任务。

二、成因分析

疫情期间，大家多数时间都待在家中，Z家中的老人本能地对孙辈产生慈爱之心，处处迁就孩子，甚至连基本的家务活都不让他做，导致Z对家人的依赖性增强，生活自理能力下降，承担责任的意识欠缺。

同时，Z在家庭中的"中心地位"，使他形成了很强的自我中心意识，导致其与同学相处时缺乏谦让、合作的意识，经常以捉弄其他同学等恶作剧来取悦自己，造成Z的人际关系紧张，不利于其社会性的发展。

三、辅导方法

1. 加强班级建设，培养班级归属感和荣誉感

首先全班同学共同制定班级制度，明确学生在校园生活中该做什么、不该做什么，增强学生的班级归属感。尤为重要的是，教师应主动关心Z这样敏感、自尊心强的学生，让他们感受到老师对他们的关注和关爱。其次，积极带领学生参加学校组织的各种活动，增强班级荣誉感，利用好每一次参加班级活动的机会，不论输赢，教师都需要肯定每个同学对班级的付出。当然，面对他们所

犯的错误，要私下对他们耐心劝导，进行说服教育，切忌当众批评。最后，对学生施以团结友爱教育，通过班会、班级活动等方式增强学生之间的友谊。针对Z这类喜欢做恶作剧的学生，教师应引导他们和同学们友好相处，教会他们在和同学的交往中应该礼貌、谦让。

2. 家校结合，共同努力

家长在学生的成长过程中扮演着不可或缺的角色，学生的生理和心理健康都需要家长的用心辅导。教师需要联合家长，建立一套学生在家庭中的生活和学习体系。首先，家长需要避免隔代溺爱的情况，不能一味包容学生的任性和错误；其次，规定家庭成员的家务任务，由家庭成员带动学生承担家庭责任，增强学生的动手能力和责任心；最后，制定严格的作息时间和奖惩制度，利用这套体系帮助学生形成一定的自制力，对于完成得好的任务可以适当进行奖励，以此激励学生，帮助其获得成就感，树立自信。对于错误的行为要进行适当惩戒，帮助学生树立规则意识。

四、评估反思

经过和其家长的多次沟通与合作，Z在许多方面都有了改变。第一，逐渐参与到班级大扫除的劳动中，从一开始不能完成自己的劳动任务到现在能够主动承担一定的劳动任务，说明Z逐步建立起一定程度的责任心；第二，完成学习任务的效率有了一定程度的提高，虽然在做任务前仍然需要老师的提醒，但从整个过程来看，情况逐渐好转；第三，Z的恶作剧行为明显减少，和同学相处得更加融洽了。

虽然Z的大部分情况在朝好的方向发展，但其专注力和自制力仍然有待提升，在后续的工作中还需要采取课堂游戏和谈话等方式帮助学生提升专注力和自制力。

消极的孩子变积极了

高新区·掇刀区掇刀石小学 李红梅

一、案例描述

小 A，男，12 岁，六年级，由班主任推荐走进学校的心理辅导室。据班主任介绍，他学习上表现得比较浮躁，上课易走神，经常在座位上扭来扭去，小动作多。爱和别人打架，听不懂老师讲的课，作业也不怎么完成，错误率高。

二、成因分析

该生成长环境特殊，他的母亲跟他相处的时间不多，一别就是几年，也从不过问，这使小 A 的心灵受到了极大的伤害，缺乏应有的母爱。他与父亲之间也缺乏沟通。父母离异，父亲常常拿孩子当"出气筒"，致使该生误以为父亲也不喜欢他，形成了一种逆反心理。父亲用一些侮辱性言语辱骂他，这在该生脑海中留下了深刻的印象，也深深地打击了他的自尊心和自信心，使他产生了"破罐子破摔"的想法。

三、辅导方法

1. 对学校环境的干预

在平时引导教育小 A 的时候，我常用激励性的语言让他感受到我对他的关爱。如"你这次干得不错""好，有进步，我很高兴""小 A，好样的，再努力一把会更好"等。

由于孩子注意力容易分散，任何视觉或听觉的信号都会转移他的注意力。所以我建议班主任让上课比较遵守纪律的同学坐在他的旁边和前后位置上。并且让他坐在教室的前边，这样老师能够经常注意到他并针对其不良行为采取有效措施，在他分心时能够及时提醒他。

选取适宜的学习目标，降低期望值，找出适合他的学习方法。尽量减轻他的作业量，减轻学习负担，加强对其学习技能的培训，如精确做作业、仔细检查作业等。

2. 对家庭教育的干预

把家长请到"家长学校"来学习教育办法，提高家长自身素质，帮助他掌握正确的教子方法——主要是"晓之以理，动之以情，践之以行"的科学方法。

帮助学生家庭制定详细、明确，且符合生活规律的规定。

鼓励家长帮助孩子建立独立学习、独立生活的自我管理能力，自己制订学习计划，自己整理书包，学会记笔记，学会提高学习效率。

3. 行为矫正

采用阳性强化法，通过奖赏、鼓励等方式使小 A 的正向行为得以持续。在应用阳性强化法前，我首先确定要改变他注意力不集中的问题，因为注意力不集中将会导致其学习障碍。重点帮助他养成认真听讲的习惯，同时当他认真听讲时，立即给予阳性强化，让他感到愉快和满足，这样每次上课他就会有所期盼，尽量克制自己，期望得到我的表扬。偶尔有分心的时候，只要看到我在看他，他立刻会有所收敛。

每两周进行一次个别谈话，鼓励他友爱同学、尊重老师、专心读书，协助其养成良好的习惯。

四、评估反思

（1）从结果来看，矫正基本上是成功的，当然对其的教育与帮助还将持续下去。

（2）家庭、学校、环境教育对青少年的影响的确是非常大的，提高家长的文化素质和我们教师自身的各方面素质尤为重要。

（3）对于离异家庭子女要给予更多的关心、更多的帮助，转变一个学生首先应理解他、尊重他，然后再引导他，而心理引导应摆在第一位。

（4）学生的不良习惯或学习缺陷，都是逐渐形成的，有一些主客观的原因。而教师在工作中要化被动为主动，在平时的工作中要及时发现，及时引导，以促进其尽快转变。

（5）在引导过程中要对学生倾注更多的爱，加强教师与家长的联系，共同督促形成良好的氛围，这样的教育和引导就会起到事半功倍的作用。

经过一段时间的心理辅导，小 A 的自信心明显提高，家庭作业能按时完成，上课时也能积极举手发言了。在校内，能和老师进行交流，下课有时还会主动问老师问题，学习成绩也有所提高，家长也反映他不再孤僻、难管了。

信笺里的幸福教育

钟祥市第五中学　亢朝仁　张杰

一、案例描述

L，来自乡村的一名学生。开学初老师的评价是：自信心不足，学习被动，不善言语，行为乖张，与周围环境显得不甚融洽。

二、成因分析

经过调查了解，发现该同学因基础知识不扎实，能力有限，学习压力较大，而他的父母要求过高，时间长了，产生消极与抵触情绪。

三、辅导方法

我几次与之交心谈心，他少言寡语，辅导效果不好。一次偶然机会，尝试现在不常用的而又十分奏效的一种方法——用信笺传递真实想法。

作文课上，我布置了一篇题为"我对_____说说心里话"的作文。下面是摘自他的文章《我对妈妈说说心里话》里的一段话："自从我上初中以后，我认为我比以前成熟多了，不像在暑假里那么贪玩了，我知道你最不放心的就是我的学习，我知道你望子成龙心切，每次考试都要向你告知分数，如果考的分数令你满意，你就会很高兴，当然我也很高兴。如果考差了，你就会眉头一皱，大加呵斥，与我说话带着不耐烦的语气，我更是　无是处，我伤心极了，觉得自己什么都不行，就算想去好好学，但无论怎样也没有心思……每天看到你忙碌的身影，起早贪黑挣钱供我读书，更是泪流满面，灰心至极。但我有什么办法呢，我只考了这一点分数，在这种心情下，我多么希望你能安慰我几句，但我没有听到，每天在家听到的就是'做作业，天天玩怎么行，你看隔壁家孩子多聪明，做什么事都行，而你呢？'每每听到这样的话，我都心痛欲裂，只有以沉默寡言来以示反抗，我在压力中学习，又怎么能学得好呢？"

读完这封信，我想到一篇文章中的一段话："实事求是的赞美，就像一剂良药，能够愈合对方因为错误而引发的心灵创伤和悔恨，除去心头的痼疾，矫正行为的错误，鼓舞其改过的信心，点燃其向善的勇气。"正如丘吉尔所说："你想要具有什么样的优点，你就怎样去赞美他吧！"于是我引导他分析自身优点，并利用家长会与家长交流我的育人观，探讨共同营造和谐宽松的教育氛围问题，我在准备充分的情况下，跟家长达成共识。很快，家庭教育有了回音，下面是从该家长给我的来信中摘录的一段话：

"您曾讲过的'幸福学习法'我感触颇深。以前我们只是关心孩子的分数，动不动就是一顿训斥。上次您安排的家庭作业中有几道短文分析题，孩子除字迹潦草外，好几处都分析有误。突然想到只是责怪也不是办法，便放下手中的活静下心来与他一起分析：一个其实很普通的百草园在作者笔下为什么写得如此生气勃勃色彩斑斓？不爱学习的小弗郎士这节课为什么学得特别容易？在逐字逐句仔细阅读短文后，我们总结出几篇短文都有的一个共性：人的认识发生了变化，真诚地热爱你眼前的事物，它们就会在心里变得美好起来。由此及彼，一个不热爱学习英语的人，一本英语书在他眼里就是一叠废纸，如果他把这本英语书当作将来走向世界的通行证，他就会千方百计记住书中的每一个单词，像爱护眼睛一样爱护自己的英语书。没有训斥，我感到那是一次效果最好的交流。他表示今后上课要认真听讲，写好每一个字，热爱每一门功课。这真应了您的话：'师生、父子之间有了朋友的心态，沟通就会变得容易，教育才有效果。'"

四、评估反思

我为L同学能重新拥有一个和谐的家庭教育氛围而庆幸。后来的几个月中，L在校活泼多了，学习也快乐多了，班级活动也积极多了。听他的邻居告诉我："L在家常与父母交流在学习中的感受，讲述在校的学习情况，我们是看着他变化的！"我一边听一边思索：是啊！小小的信笺在形式上，客观而言并不是特别常见，对于孩子来说却是一种全新的沟通体验，可以将当面不能说或不敢说的话写出来，有时用笔写要比用嘴说更能全面地表达自己的思想。在内容上，手写的信笺，可以敞开心扉，知无不言言无不尽，带着浓浓的诚意，让人倍感温暖。

一个小小的信笺承载着真挚的爱与理解，让曾经冰封的心灵渐渐融化，流淌出满满的幸福，并收获一个孩子灿烂而又丰富的未来！

家校联手缓解学生烦躁心理

京山市杨集镇小学 郭明坤 李怡

一、案例描述

小 Q，男，8 岁，三年级学生。该生头脑灵活、活泼好动，二年级上学期在学校各项表现情况较好。但是疫情期间在"空中课堂"的学习中，他很少参与。如今开学后，该生不适应学校的生活，很少与同学玩耍，害怕和老师沟通。下课了，总是一个人坐在那里想自己的事情；课堂上不爱发言、注意力不集中，容易走神；作业质量不高，随便涂涂画画，应付了事；和同学之间因为一点小事情，就会大声吼叫、极易烦躁不安，还时常感到委屈。

二、问题分析

该生为留守儿童，平时和奶奶住在一起，奶奶只能照顾其起居饮食，学习上大多无能为力，全靠该生的自制力。"空中课堂"中后期，由于父母复工复产，该生经常打着学习的口号，光明正大地玩起游戏来，最终沉迷于网络。

因网课期间他落下太多课程，开学后课程跟不上，不能够及时掌握所学知识，从而产生厌学心理。

三、辅导方法

1. 与家长或者监护人沟通

首先，提高家长自身思想素质。让家长知道，孩子的教育，父母双方要形成统一的教育思想，拧成一股绳，形成思想合力才能把孩子教育好。

其次，营造良好的家庭学习环境。建议家长对他多包容和鼓励，少一些吼骂和训斥；平时多关心他的学习和生活，多和孩子交流，适当的时候可以玩一些亲子游戏，少批评，为孩子营造一个良好的、和睦的、有爱的家庭学习环境。这样不仅可以增进家长与孩子之间的感情，也有利于孩子放下对家长的警惕感，

75

减少孩子与家长交流时的紧张感，这样孩子才能够放松地学习和做事。

2. 让他感觉到集体的爱

在课堂上，老师可以适当地叫他回答一下问题，遇到不会的，让他主动寻求同学的帮助。课堂之外，和他"约法三章"：一是下课了，尽量不要一个人坐在那里，多和同学玩耍；二是尽量减少发怒的次数，让他知道坏习惯不是一朝一夕养成的，要改掉坏习惯，也不是一朝一夕就可以的，我们循序渐进，一天比一天减少一点，最后全部改正；三是如果觉得自己受了委屈，先不要急着和同学发生矛盾，告诉老师，老师来进行评判和开导。让他在学校感受到老师和同学的爱，大家并没有放弃他。

3. 树立信心，我能行

适时地提醒他，以前，他可是一个优秀的学生，在平时与他交流的时候，可以采用激励性的语言。通过上课有意识地叫他发言，进行激励性鼓励。

四、评估反思

（1）通过班上老师和学生的反馈，该生上课认真听讲，并能积极举手回答问题。作业也不像以前那样随意，能够基本按时完成。课后也愿意和同学一起玩耍，学习习惯明显好转，遇到不会的问题能够及时向老师和同学请教。

（2）该生在家比以前懂事了，放学后能够积极主动完成当天的学习任务，同时也会帮家长做一些力所能及的家务。

（3）该生觉得现在上课也不再无聊了，基本能够跟上老师所讲的课程，作业能独立完成。

学生的不良行为习惯或者学习行为，不是一朝一夕形成的。所以，我们教师在工作中要采取循序渐进的方法，一步一个脚印慢慢来，切勿操之过急。要关注孩子的优点和特长，同时家校配合，这样在以后的工作中才能起到事半功倍的效果。

情感的触动，心灵的共鸣

钟祥市磷矿镇实验学校　李冬瑜　郑青青

一、案例描述

小 L 是三年级的一名女学生，她长着一双大大的眼睛，留着长长的辫子，平时在班级里总是安静地坐在自己的座位上。同学邀请她一起出去玩耍她都会小声地拒绝，基本上也不和同学接触。上课的时候如果老师找她回答问题，她的脸会红得像苹果一样，而且回答问题的声音，基本上没有人能够听见。对于她的这种情况，我们也和其父母沟通过，家里人说每到逢年过节走亲戚的时候她都不愿意去，见到陌生人的时候她还会偷偷地躲起来。经过这次疫情，她的性格更加内向，不自信了。

小 L 虽然性格内向不喜欢与人交往，但是一次偶然的机会我们发现她特别喜欢唱歌，而且唱得非常好听。

二、成因分析

案例中的小 L 属于典型的自卑心理，面对一些事情的时候，其内心总是缺乏一定的自信，不敢表达自己的想法，害怕自己出错了别人会笑话。通过多方面的了解发现，小 L 内心缺乏自信、害怕与人沟通的主要原因是自己的家庭状况，妈妈由于常年卧病在床，没有经济来源，家中只有爸爸一人在务工，她身上穿的衣服都是人家捐赠的，再加上长时间地待在家里照顾妈妈，没有接触过别人，因此她的内心自然就会更加的封闭以及敏感。

三、辅导方法

1. 激励教育，唤起信心

老师的温暖是带给学生最好的自信养料，小 L 的内心本身就敏感，因此在平常的教学过程中，我和数学老师会对其多加关注。有时还会有意地找出她的一些较好的表现，并在班级里进行表扬，例如："小 L 上课的时候非常认真，坐姿也很端正，我们都应该向她学习""小 L 今天在回答问题的时候思路非常清晰，而且表达得也比较流畅。"这样一系列的表扬可以逐渐给小 L 提供一些内心的温暖。这种方式可以让小 L 在无形之中建立起自信心，从而成为一个活泼开朗的学生。

2. 家庭学校配合，形成教育合力

一个学生的健康快乐成长不仅仅需要学校的教育以及关心，更需要家长的配合。为了可以更好地了解小 L 的家庭状况以及她在家里的一些表现，我们每个月定期到她的家中进行家访，有时还会带一些营养品给她的妈妈。我们和她的爸爸沟通后，了解到小 L 其实是一个特别孝顺懂事的孩子，每天放学回到家后就会主动承担起照顾妈妈的责任。有时候她也想和其他的小朋友一样，和爸爸妈妈一起去玩耍，但是现实情况不允许，所以平时在家里也就不怎么喜欢说话。对于小 L 的家庭状况，我们其实能帮助的只是一些微不足道的方面，但是我们作为她的班主任和她的数学老师可以做到的是给她提供尽我们所能的帮助。我把她的家庭状况汇报给了学校，学校把小 L 的午餐费给免了，与此同时，每个星期我们还会和小 L 的爸爸进行通话，对于小 L 出现的一些问题我们会及时地跟进，同时也会尽力地帮助解决。

3. 借助歌曲展示自我

小 L 是一个喜欢唱歌的女孩子，这一点班里的同学基本上都不知道。在一次音乐课上，音乐老师教的歌曲是《歌唱祖国》，由于我们之前听过小 L 唱歌，认为这首歌曲她可以唱得很完美，于是提议让小 L 为我们展示。刚开始的时候同学们都非常惊讶，为什么老师会提议让小 L 去唱？接下来大家就带着半信半疑的态度鼓励小 L 去唱这首歌曲，最终小 L 在大家的呼喊声中站起来为大家演唱了这首歌曲。这么美妙的歌声竟然出自平时不善言辞的小 L，霎时间班级内传来阵阵雷鸣般的掌声。

四、评估反思

作为一名教育者，我们始终要坚持"以人为本"的教育理念，遵循学生的发展规律，用自身的温暖去抚慰每一个孩子的心灵，从而让每一个像小 L 这样的学生都可以勇敢地站出来表达自己。

散漫的小女孩变了

沙洋县十里铺镇十里小学　季红妮

一、案例描述

小 M，女，9 岁，小学三年级学生，父母在外打工。疫情期间，未解封时，父母都在家，小 M 还能偶尔参与学习，解封后，父母都去外地打工了，小 M 更加自由散漫，索性就不参与班级的任何事务、不完成必要的学习任务了。她的父母虽然关注孩子的教育，但是因为缺少方法，也显得无能为力。她对学习没有兴趣，上课经常发呆，虽然不和别人讲话，但看她的神情就知道她是人在教室，心却飞走了。与同学相处时，别人稍微触犯她，她就会大发雷霆，而且，她对老师的教育常常抱以漠然的态度。

二、成因分析

经过和她的父母沟通，我们侧面了解到她的父母不太管教孩子，她的父母的宗旨就是要多赚钱，把家中的居住环境和生活环境改善好，不落后于人，给孩子多存点钱，认为常年跟孩子分离，欠孩子太多，对孩子采取所谓"放养式教育"，让孩子快乐成长，不给孩子太大的压力。当返城务工的家长接到我反馈的孩子情况后，心中焦急，但家长错误的做法是：让留守在家负责监护孩子的祖母对孩子一顿打骂，家长"放养式教育"与简单粗暴的打骂形成了两个极端，造成了孩子的固执和任性。家长的溺爱、打骂不仅不能起到教育孩子的作用，而且还给老师的教育工作增添了很大的障碍。

三、辅导方法

孩子所有的外在表现，是其内心的反应，所以，教育要从心入手。

（1）加强与其家庭的联系，说服其家长，让孩子快乐，不等于让孩子我行我素；爱孩子，不等于一味迁就，对待孩子要宽严并济，要尽到做父母的职责，使她摆脱心理困境。让她的父母认识到家庭教育的重要性和职责感，帮助她的父母掌握一些教育孩子的方式。但凡有机会，我都要同她的家长交流孩子在学校、家里的表现，交流对孩子的教育方法。由于家庭与学校共同努力，使孩子的心理发生了微妙的变化，渐渐地她不再那么倔强和任性了。

（2）由于小 M 同学的父母长期在外打工，家中仅留有大字不识的祖母监护，虽然冻不着也饿不着，但严重缺乏爱的温暖，因此，我帮助她在师生间、同学间架起爱的桥梁，使她感受到来自老师和同学的温暖，恢复心理平衡。这个孩子性格内向，刚开始，同学不愿意和她玩耍，她对老师的询问也是采取沉默的态度，故意装作不明白的样子。察言观色后，我知道这是一种心理防御的表现，在她的内心深处，还是渴望得到别人的关心和爱护的，她渴望被爱的感觉。我想，你既然不愿意开"金"口，那我也不着急，我总是寻找机会主动与她接近，给她创造增进彼此了解的环境，逐渐缩短心理距离，消除她内心的焦虑和冷漠。慢慢地，她不再那么抵触，也愿意与老师和同学沟通了。

（3）多发现她身上的闪光点，比如：她的字写得很工整，作业格式美观、书写规范，我就常拿她的作业在班上进行展示，号召大家在这方面向她学习，每当这样的场景，我都能捕捉到她脸上发自内心的幸福表情。在课堂上，我和科任老师总是多创造一些给她表现的机会；课后，多给她补习。孩子这种性格的养成，许多不良习惯的养成，其实归根到底是学习成绩差导致的。学习差，父亲责骂；学习差，老师责怪；学习差，孩子也会自暴自弃，毫无自信可言。所以在课堂上老师们多次给她尝试成功的机会，让其体验成功的喜悦和荣誉，增加良性刺激，激发起她的自信心和上进心。心灵的沟通，热情的鼓励，温暖着她那颗任性而又冷漠的心，潜移默化之中，帮助她找到了自信与存在感。

四、评估反思

虽然这个小女孩开始有所转变，取得了一定的进步，但是我们对孩子的心理辅导工作却永远不能结束。俗话说，冰冻三尺，非一日之寒，孩子的不良习惯不是一天就能养成的，所以改正需要漫长的时间，尤其是留守学生，由于长期得不到父母的监护，他们的坏习惯即使改掉了，也有可能反复出现，这需要我们老师有更多的爱心、耐心与信心。

安抚幼儿心灵，陪伴快乐成长

荆门市直属机关幼儿园　陈银婷

一、案例描述

小 A 是一个五岁四个月的小男孩。他行为习惯一般，对待生活中的常识和老师讲过的事情常常不理解，注意力不集中，不遵守纪律，在进行主题活动时管不住自己的手和嘴巴，时而碰教室的教具，时而扭转头和旁边的小朋友说话，注意力很难集中，所以对很多东西的了解是空白的。他个子高，肢体动作灵活，喜欢运动。感兴趣的事情常常玩到忘我，有时会邀请别的小朋友一起合作玩耍；偏执，不听家长和老师的话，反着干。但是小 A 是个热心的小男孩，经常帮助班上的小朋友解决问题；同时有一点点强迫症，比如午睡的时候会把被子铺平到没有褶皱才能安心睡觉，擦桌子时擦得很干净，会检查很多次是否擦干净，做到没有饭粒和汤汁在桌上。

疫情后，小 A 升入班级大组，经常表现出情绪低落的状态，集体活动的时候也是一个人单独玩耍。观察了一段时间后，我多次关心、询问他，但他都闭口不言。

二、成因分析

小 A 生活在一个普通的家庭，父亲寡言少语，平时较少与孩子沟通，母亲性格温柔内向，由于工作时间关系很晚回家。家中还有一对双胞胎妹妹，所以他基本由爷爷奶奶照顾，爷爷奶奶对孙子总是过于宠爱与放任，凡事都依小 A，于是小 A 在家一直处于以"我"为中心的氛围中。其家庭教育以母亲管教为主，父亲的教育多是打骂，孩子心里不服气，但又对父亲的严肃感到害怕，所以有事情不会跟父亲交流，母亲对他多数也是宠爱。随着时间的推移，小 A 的表现越来越不能令父亲满意，母亲常常会耐心地引导小 A，但是父亲会严厉地对待小 A，有时甚至打骂小 A，小 A 在心里对父亲的管教更加抗拒。

小 A 本是一个性格活泼、开朗大方、乐于帮助他人的男孩子,在家里的时候,他会经常帮助自己的双胞胎妹妹解决很多问题,在学校里也乐于去照顾和帮助比他小的弟弟妹妹。通过我的观察,小 A 非常想要爱和关注。他有时候会很黏妹妹,认为妹妹是他一个人的,不是其他人的妹妹。自己的小伙伴在和其他小朋友玩耍时也会表现出"这是我的小伙伴",带有一点点的占有欲,但是自己融入大集体生活后,这种占有欲就会减弱。所以小 A 常常在爱与被爱、照顾与被照顾的情绪中纠结,不会主动交朋友。

三、辅导方法

1. 强化法

儿童有一种需要承认、需要鼓励的心理。因此,在小 A 的事情完成得非常好的时候,我们经常鼓励小 A,小 A 通过不断的被鼓励和被赞扬,自身的行为才能得到肯定,由此产生心理升华。愿意去与周围的人相处,慢慢地,小 A 的话变得多了起来。

2. 谈话法

语言是沟通儿童心灵的工具,因此,我多次找小 A 谈话。尽可能地了解他心里想的事情,让小 A 对自己的变化用口头语言的形式表达出来。我将谈话以我提问他回答的方式进行,让小 A 对自己的行为习惯、性格等方面的改变有自我判断力。同时让小 A 说出对自己的父亲和母亲的看法,了解他心中对父亲与母亲教育方式的感受。

3. 反面教材法

利用反面教材让小 A 分辨是非,让他对自己的父亲的打骂行为勇于说"不",使其提高分析和判断能力,有利于其心理预防。

4. 家校合作法

通过线上电话等网络形式和线下面谈的形式,分别与小 A 的父母交流小 A 的现状,让家长关注小 A 的心理变化和行为变化。引导小 A 的父母用爱和耐心去教导小 A,同时疏导家长的心情,力求家长与老师一起将小 A 受伤的心灵修复!

四、评估反思

家庭是幼儿赖以生存和发展的场所,家庭环境的教育功能会影响儿童的健康发展。引导家长教育孩子从完善自身做起,努力提高自身的品德修养,端其行正其身,才能引导孩子朝着健康的方向发展。目前,小 A 的性格越来越开朗,和父母的关系也很融洽。

请让我来帮助你

东宝区盐池小学 陈晗

一、案例描述

小 M，男孩，瘦瘦小小的，头脑却很灵活。三、四年级时，他曾偷拿过几次同班同学和低年级同学的零花钱和文具，并当场被同学从书包里找出来，从此，班里只要有学生丢失东西，同学们总会第一个怀疑他。

疫情过后，学校组织了一次为期四天的研学旅行，准备回校的那天下午，一个学生捡到了 50 元钱，交给了我。小 M 出来冒领了，并且面不改色。当找到真正的失主时，我问他："钱到底是不是你的？"他这时才回答："钱不是我的，对不起，老师我错了。"我仔细观察他的面部表情，虽然说着道歉的话，但是他的脸色却毫无羞愧，似乎觉得这只是一件微不足道的小事。

二、成因分析

家长溺爱、放纵、疏于管理是造成孩子偷窃行为的重要原因。小 M 是独生子，父母在他小的时候离异，他随爸爸生活。爸爸觉得亏欠孩子，所以对孩子的小毛病很"宽容"，即使发现孩子的偷窃行为，也认为是自己家里的钱，拿了无所谓，没什么大不了的，对此放任不管，或轻描淡写地批评几句。小 M 偷钱的时候觉得无所谓，心想：爸爸这么爱我，即使发现了也不会打我，拿就拿了呗。甚至小 M 的爸爸在被老师告知小 M 偷拿了低年级小朋友的电话手表时，也一味包庇、袒护自己的孩子。这些都助长了小 M 的偷窃行为，长此以往，致使小 M 养成了偷窃的不良习惯。

小 M 道德观念不强，这与其家庭教育也有关系。当老师追查这些事情，小 M 表现出无所谓的态度，丝毫不感到羞耻，以为最严重的后果就是让家长还上钱和物。同时他前期百般抵赖，拒不承认，表现出的心理素质让老师和同学瞠目结舌。

三、辅导方法

1. 了解心声，取得信任

发现问题后，我经常与他私下交流，关心他的学习和生活状况，了解他的兴趣爱好，给予他大量的鼓励，让他知道老师并没有放弃他，而是对他充满期望，渐渐地，他对我没有了最初的防备。在后面的几次聊天中，我偶尔提及他之前偷取别人东西的事情，每次都尽可能地小心翼翼地保护他的自尊，站在他的角度去帮他分析问题，让他认识到自己之前的偷窃行为是错误的，并告诉他老师和家长对他的信任。又过了一段时间后，他终于能与我彻底敞开心扉地交谈，完全释放自己的感情，承认自己的错误，并且保证要尽快地改正错误。

2. 家校合作，营造环境

我经常耐心地和他的爸爸沟通，了解小 M 在家里的表现情况。对于小 M 在学校暴露出来的问题，我和他的爸爸一起分析问题，找出原因。经过沟通，我终于和他的爸爸统一了看法：给予孩子生活和学习上更多的关心，正视孩子的偷窃行为，及时引导，帮助他树立正确的价值观。

3. 集体信任，激励鼓舞

在对小 M 的心理辅导中，我创设了这样的情境：让他参与班队活动的准备工作，管理一部分活动经费，当好采购员。同学和老师们对他的信任使他工作起来非常负责，加强了他的责任感，也让他抵制了金钱的诱惑。

四、评估反思

几个月后，集体的关心、父母态度的变化，如春风般吹暖了他的心。他不再拿别人的钱了，也不再与同学闹别扭了。班里的同学不再讨厌他，他不再孤单了。他从孤独中、从错误中走了出来，开始了新的生活，我看到了他的脸上充满阳光气息的笑容。

虽然小 M 改变了，但是对孩子们的教育却远没有结束。通过他的案例，我明白了家庭、老师给予孩子足够的关心和爱至关重要。孩子的不良习惯不是一天养成的，所以改正也肯定需要漫长的时间，中间甚至可能出现反复，这需要我们老师拥有更多的爱心、耐心与信心。相信每一个问题学生，他们的身上都具有闪光点，他们的内心一样充满温暖，只要多一分关注，多一分爱心，他们也能放射出最耀眼的光芒。

对后进生，不抛弃不放弃

沙洋县十里铺镇十里小学　季红妮

一、案例描述

小C，女，10岁，小学三年级学生。该生学习成绩差，懒惰、贪玩、任性。卫生习惯差。总以强者形象出现，无缘无故地就凶同学一顿。组织纪律差，上学总是迟到，理由还很多，上课左顾右盼、做小动作、讲小话。尤其是疫情期间的表现更让人头疼，网课初期的学习，三天打鱼，两天晒网，我用发信息的方式和她交流，她视而不见，打电话和她交流，她充耳不闻。

二、成因分析

该生的家庭是重组家庭，母亲带着一个同母异父的姐姐，和她的父亲重新组合新家，又生下了她，她生得口齿伶俐，模样乖巧，家人对她特别溺爱，她父母虽然年纪不大，却没什么文化，不懂得怎样正确地引导和教育自己的孩子，有的只是迁就和听之任之。

网课期间，出于种种原因，她母亲带着姐姐一起生活，父亲带着她一起生活，家里经济条件也不够好，父亲为了养家，必须每天早出晚归地外出赚钱，只能留她一人独自在家上网课，这样，她就随心所欲，不上网课了。其间，我也不能及时联系到她的家长，由于没有认真上网课，她的基础更差了，以至于现在回到学校，学得更吃力了。

三、辅导方法

1. 建立好的关系，创设宽松的氛围

用爱心去创设宽松、和谐的氛围，呼唤学生的良知，促使她形成良好的品德行为，做一个人格健全的人。理解接纳她，尊重她，信任她，宽容她，让她感受到爱的温暖。

2. 培养良好的卫生习惯

首先，培养该生良好的卫生习惯应从她的思想认识抓起。让她对卫生要有正确的认识，了解其意义，使她从小就树立起"讲卫生光荣，不讲卫生可耻"的新风尚。

其次，向她提出明确的卫生要求。让她明白究竟什么是良好的卫生习惯，让她照章实施。

3. 故事联系生活实际

用浅显的寓言故事告诉她：同学之间的相处就像是照镜子，你对着镜子笑，镜子里的人就会对着你笑；你对着镜子哭，镜子里的人就会对着你哭。如果你希望别人对你笑，你就一定要对别人笑。只要你始终保持笑容，就一定会得到同样灿烂的笑容。

凡事多要求自己，少要求别人，多看看自己，少看看别人，这样才能让自己与他人都感到心情愉快。

4. 培养养成好习惯的意识

我利用课内外一切有利时机，让她明白，良好的学习习惯有利于知识的学习、能力的形成，有利于今后的学习、工作和生活，在头脑中形成"原来做什么事情都得有个规矩"的意识，即形成"习惯意识"。

除此之外我还注重言传身教。例如，写教案时整洁详细，上课时板书整洁美观、一丝不苟，阅读时留下圈点勾划的痕迹，这些都给她留下了深刻的印象。"无声的示范是最好的说服"，她看在眼里，自然效仿在行动上。

5. 多与她及其家长沟通

经常向其家长反映该生的在校表现。向她的父母传授一些正确的育儿方法。多与孩子交谈，探寻孩子的心理矛盾及思想意愿。

四、评估反思

教育是习惯的培养，习惯又是一种顽强而又强大的力量，它可以主宰人生。人一旦养成一种好习惯，就会自觉地在这个轨道上运行。好习惯，会使人终身受益，反之，就会终身受害。小学阶段是人成长的起步阶段，也是人的基础素质形成的起始阶段。经过一段时间的努力，这个孩子以上各种坏习惯有了很大的改变，但离好的标准还相差甚远，而养成教育又是长期的过程。作为孩子成长过程的铺路人，培养她各方面良好的习惯，我作为教师责无旁贷。责任告诉我，不能放弃这个小女孩！

消失的攻击性行为

京山市三阳镇小学　程宝国

一、案例描述

S，男，10 岁，是一个易怒的孩子，攻击性行为表现明显，学习成绩差。孩子在学校经常与同学发生争执，且时有动手情况发生，因此同学关系紧张，很少参加团体性活动，显得不合群。与老师很疏远，见到老师不会主动打招呼，并且对老师的批评反感，会在课堂上与老师争执。回到家中，与父母沟通很少，并且爱发脾气，不允许他人摸他的头，即使是亲戚们宠爱的表现，也会生气。

二、成因分析

根据孩子的成长经历，攻击性行为的产生主要是经验习得的结果。本案中的"攻击性行为"的最初形式是"防御"，其核心是"不被伤害"，是怕小朋友用跳绳勒坏了自己而引起的自我保护性反应。当这种行为的结果满足了个体"免受伤害"这一需要时，就已经在认知上强化了这种行为的合理性；而后又没有任何的"惩罚"出现，比如小朋友更厉害的攻击、老师的不满等，就再一次证明了这种行为的可行性。"胜利"的体验比起以往"躲避"等消极反应所带来的结果要开心得多。因此，他更多地通过自己的力量、武力来保护自己。

虽然学习不理想，但这个孩子很聪明，只是成长过程中出现了不适应的情况。除了以上的个人行为与人际交往外，主要是学习态度、学习方法不当。

三、辅导方法

（1）加强与其家庭的联系，了解基本情况；说服其家长要尽量配合，确定主要问题，探寻改变意愿。经过和 S 父母长时间的沟通，在如何教育 S 的问题上，我们逐步达成了一致意见。我劝导 S 的爸爸不可用简单粗暴的方法对待孩子，要多和儿子相处、交谈，用温情和儿子沟通。

（2）爱护、尊重学生，加深咨询关系，突破"攻击性"应对策略。我积极地与孩子交流，耐心地对他说："你把自己的快乐建立在别人的痛苦之上，是不对的，对别人、对自己没有任何好处。如果你是被打的同学，你有什么感想？多想想自己给别人带来了多少痛苦，绝不可以再与同学打架！老师相信你会努力去改的！"我还在班中要求同学谅解 S，不与他"对着干"，而是要采取冷却、忍耐的方法。

（3）给予较多的情感关怀，让 S 与最受欢迎的同学谈"人际交往"问题，找出差异，促进自我觉知。

（4）在师生间、同学间架起爱的桥梁，使他感受到集体的温暖，恢复心理平衡。有段时间 S 不愿上学，我去他家里时，他老躲着不见，或是一问三不答。我知道这是防御心理的表现，其实他内心还是渴望得到别人的同情和关心的，他极需要被爱的感觉。我不急也不躁，耐心、热情地给他讲班里发生的趣事，讲同学们是多么希望他回到学校，和他们一起学习，一起活动。我主动与之接近，缩短心理距离，想用集体的温暖来消除他内心的焦虑和冷漠。班级同学知道这种情况之后，主动利用放学后的时间，陪他聊天，给他讲学校组织的各种各样的活动等，他终于回到了教室。我还多次为他提供尝试成功的机会，让他体验成功的喜悦和荣誉，增加良性刺激，使他摆脱自闭心理，激发自信心和上进心。心灵的交往，热情的鼓励，温暖了他那颗冷漠、失望的心，使他真正回到班集体中。

（5）不把学生的心理问题当作品德问题来看待，从学生本身所处的成长环境及其本身去理解他，看到行为背后的那个他。

四、评估反思

通过家长、同学的帮助，S 现在有了很大的变化，学习成绩不断提高，下课能主动与同学交往、做游戏。家长也反映 S 在家学习主动，乐于把班级的事讲给父母听，主动帮家长做些家务事。S 的易怒情绪逐步稳定下来了，他脸上的怒气少了，微笑多了，和同学的关系在一天天地改善，也乐意为班级、同学做好事了。他的攻击性行为、易怒情绪消失得无影无踪。

面对 S 的改变，我更加认识到激励的作用、集体的力量。因而，针对类似 S 这样的学生要循循善诱，不可操之过急，老师不要把注意力集中在孩子的不良表现上，要更多地关注孩子的优点和特长，使其一步步放下防备，将自己融入集体中。

走出情绪困扰，自由成长

高新区·掇刀区掇刀石小学　吴君玲

一、案例描述

D，六年级男孩，二年级时爸爸因病去世，由妈妈独自抚养。在学校和老师、同学关系紧张，常常顶撞老师，招惹同学。

二、成因分析

无论是孩子学习，还是人际关系，都是情绪长期累积所致。

面对爸爸离世，妈妈把对爸爸的情感投注在孩子身上，过高的期望，过度的担心，未来不确定性带来的焦虑，统统转化成控制，让孩子长期处在被掌控之中，这是孩子内在情绪积压之一。

妈妈的感情牌，生活辛酸苦辣史，看似是为了达到教育孩子的目的，实则却常常激起孩子的愧疚感，一方面自身需求未被满足，另一方面又不敢辜负爸爸妈妈的期望，强烈的内在冲突是孩子情绪积压之二。

心理学家认为，一个孩子与外界的人际关系，一定来自早年和父母的关系。孩子和妈妈一直处于冲突纠缠之中，需求不被看见，情绪不许表达，长期积压在心中的愤怒不满就像是一只蠢蠢欲动的"小怪兽"，孩子在妈妈面前却只能拼命压制这只"小怪兽"。时间长了，"小怪兽"的能量越积越多，总有压不住的一天，"小怪兽"的负向能量不能对妈妈释放，于是都转而朝向老师、同学，这就是孩子在学校人际关系不好的根本原因。

三、辅导方法

邀请妈妈和儿子坐在一起，主要以家庭访谈形式表达感受、宣泄情绪；引导男孩在面对妈妈的时候，表达他内心的感受以及对妈妈的期待。

这是一个很善于表达，渴望被理解、被尊重的男孩，我事先和妈妈已经约定好，孩子表达时妈妈不回应、不解释，只需认真倾听，听内容，听孩子的感受，听孩子的期待。孩子坐在妈妈对面，起初盯着妈妈的眼睛不敢表达，我问妈妈看见孩子的表现有什么感受，妈妈说可能平时确实对孩子要求比较严，批评太多，所以他怕说了挨批评。鼓励妈妈把她感受到的反馈给孩子，并做出承诺，无论孩子说什么，走出这个门，一定不会批评孩子。有了安全的空间，孩子才安心"控诉"妈妈种种行为和这样的行为带给他的感受。孩子的表达，妈妈的情绪，在这个空间都得到了很好的释放。

1. 认知调整，丰富体验

从孩子说"手机就像他生命一样重要"这句话展开，借用桌上的手机问孩子是否关注抖音，孩子说看，但没有游戏那么喜爱。又问，如果这个抖音软件被卸载，这个手机还有用吗？孩子还不明白我想要表达的意思，说，当然有用，可以打电话、发微信、听歌、百度等。我给状态慢慢从低落无助中走出来的男孩一个正向反馈，然后问他，如果生命就像这部手机，有很多功能可以启动，你除了启用学习、游戏功能，还有哪些功能可以开发？假如游戏功能被封杀或者被控制，这个手机还可以称作手机，人还是一个完整的人吗？男孩沉默了一会儿，说他本来喜欢下象棋的，但爸爸离开后，找爷爷下棋爷爷又忙，偶尔会看书，疫情后运动的机会也减少了。我告诉男孩不急，没有谁会卸载他的游戏，但生命除学习之外，仅仅开启游戏功能将会太单调。男孩默默点头，我让孩子慢慢去领会吧！

2. 彼此看见，达成心愿

最后，男孩和妈妈表达了彼此对对方的需求，男孩希望妈妈按照制定的游戏规则来执行，不可以跟随自己的情绪随意取消游戏时间，妈妈希望孩子能够在所有作业完成后再玩游戏，又根据母子意见进一步细化，让规则更便于操作落实。我们约定此规则执行一周再回到咨询室交流讨论，直到真正达到彼此更满意的状态。

四、评估反思

走进咨询室，妈妈想要借助咨询师改变孩子，孩子想要借助咨询师的力量改变妈妈。作为一名心理咨询师，更需要保持中立立场，既看到孩子的需求，又看到妈妈的需求，同时还要看清造成母子冲突的最根本原因，站在"为了孩子更健康成长"的立场，第一次咨询，首先处理积压孩子心中太久的情绪，再引导孩子从狭隘的思维到打开更广阔视野，发展更多可能性。整个咨询过程并没有谈如何改进孩子和老师、同学关系，但"除草必除根"，改善孩子和妈妈的关系才是真正的核心所在，所以接下来的工作方向是如何引导妈妈做一个情绪稳定的人，用真正的爱来陪伴孩子成长。

优点激励，促学生良性发展

东宝区仙居乡中心小学　廖万泉

一、案例描述

小 L，三年级学生，个子瘦小，像只小刺猬，经常处于歇斯底里的情绪失控状态。喜欢上网玩游戏，上课随意性大，下座位、喝水、讲小话，不爱做作业。在家里，只要家长要求做作业，就发脾气。在学校不跟老师、同学交流，上课精神不集中。内心极度敏感，动不动就控诉："某某同学不好，所有同学都坏""没有一个老师、同学对我是好的"。

二、成因分析

小 L 本来就是独生子，因为父母离异，生活中失去了母亲的陪伴，这让本就年轻的父亲对他的爱更加没有原则。孩子哭闹，或者无理要求，父亲都毫无原则地妥协。久而久之，他形成了以自我为中心的心理倾向。一旦需求得不到满足，他的情绪便会像火山一样爆发。直到上小学以后，父亲才意识到孩子身上的毛病，于是改变教育方式，从一个极端走向另一个极端：一旦不做作业或写作业不专心，轻则训斥，重则一顿打或者不给饭吃。这让小 L 感觉父爱不够持久，觉得自己处在一个很不安全的环境里。

造成小 L 情绪问题的另一个重要原因是母爱的缺失。自从父母离婚以后，小 L 就感到了爱的缺失，特别是上小学以后表现得更为严重，当看到别人都有父母疼爱时，内心萌生的不是羡慕，而是嫉妒，甚至愤恨。

三、辅导方法

1. 接纳孩子的负面情绪

有一次，我发现他的数学作业没做，当时正是午休时间，我把他叫到了办公室补作业。他刚开始还认真做，做了几个小题以后开始发脾气，边哭边在作业本上乱画。我心平气和地问他原因，他却恶狠狠地来了一句："我要睡觉。"看似无理要求，我还是答应了他："可以，但只能睡20分钟，20分钟以后我叫你。"20分钟的时间，他还真睡着了，而且睡得很香。当我叫醒他时，他表现得平静了，后面的沟通也就非常顺利了。

2. 把问题与人分开

很多时候，孩子情绪失控，是因为错误的认知。敏感、脆弱的小L极其忌讳别人说他是"坏孩子"。他虽然知道怎么样做才是好孩子，但却控制不了自己，经常情绪爆发，难以控制。

面对暴躁的小L，我意识到得先让自己的情绪平静下来。我明白，这个时候他需要支持。这其实就是运用叙事心理治疗中的问题外化方法，将问题和人分开来，让他了解老师生气的是他做的那些错事，而不是对他这个人。

3. 分阶段、循序渐进

对于小L，我们有必要制定若干个阶段性目标，首先解决情绪失控问题，而对于其行为的约束，则可以稍微缓一缓再解决。例如，他上课觉得累的时候，可以趴一会，可以喝水、看书、上厕所，一节课中允许他走出教室1~2次。另外，在执行规则方面，也留有一定的弹性。其他同学是十张奖励卡换一颗五角星，他可以是五张换一颗星。当然，我们会设立一个周期，短则一周，长则一个月。

4. 改善孩子的人际交往环境

改善与同学的关系，安排他最要好的同学与他同桌。老师在班上有意识地多表扬他，肯定他克服困难的勇气和信心。改善与家人的关系，要求家长调整教育心态，不能强迫孩子，注重倾听孩子心声，学会赏识孩子的优点，给孩子以情感上的理解，陪孩子做一些他平时最感兴趣的事情，让孩子觉得有存在感和成就感。

四、评估反思

到目前为止，小L仍旧会有情绪失控的时候，原来每天都有的情绪宣泄，到现在是一两个月才出现一次比较严重的情绪失控事件，可谓进步明显，我们也将继续跟踪辅导。综上所述，面对情绪不能自控的孩子，我们别急着去"改造"他，而应该多给孩子一点时间，接纳孩子，让孩子感觉到爱和安全感。让他自己在安全的环境中感受自己的情绪问题，自己去改变自己，做情绪的主人，在爱中茁壮成长。

春风解开心灵的魔咒

京山市孙桥镇初级中学　蒋子琼　陈开玉

一、案例描述

小Z，一位因休学刚转入班级的学生。他像机器人一般动作僵硬地走进教室，低着头，不看任何人。我向同学们介绍他，让他和同学们打招呼，他也不抬眼。通过几天的观察，我发现他没有和任何人说过一句话。别人问他问题，他只是摇头或点头。鼻涕流到嘴巴上也不擦掉。桌面上乱七八糟。上课能认真听讲，但听讲时无视老师，只看黑板。能工工整整地完成作业，却不主动上交。去食堂吃饭，也总低着头，一粒一粒数着往嘴里扒，同学们吃完后他也就不吃了。在寝室不叠被子，也不洗澡。同学帮他打来水，他才肯洗把脸和脚。和其他生龙活虎的同学相比，他就像一只小小的蜗牛，行动迟缓，不言不语，把自己深深封闭在厚重的壳里。

二、成因分析

小Z六岁的时候，父母就离异了。后来父母各自重组家庭，母亲又生了一儿一女，父亲与继母也生了两个孩子。小Z基本上是跟着奶奶长大的。由于父母没有更多的时间和精力关爱小Z，奶奶觉得他可怜，便一味地溺爱他，包办了生活中的所有事情。本来性格就内向的他，在父母离婚后，就更加内向、孤僻、胆小了。孩子极度缺乏安全感，觉得自己是被最亲的人抛弃了，认为自己是一个可有可无的人。与周围家庭幸福的孩子相比，只会感到自卑。面对小伙伴的奚落和嘲笑，只能选择自我封闭。久而久之，孩子产生心理偏差，直接导致行为异常和交流障碍。

三、辅导方法

1. 多次谈心，打开心结

我告诉小Z，人生总会遇到不如意的事，父母离异的孩子千千万万。父母离异，并不意味着父母不爱孩子，抛弃孩子，他们只是想要追求自己更愿意过的生活罢了。

2. 关注需求，提供必要的帮助

针对孩子生活自理能力差的特点，我和同学们给予了耐心而又细致的帮助。为了让他有一个良好的学习生活环境，我找机会支开他，向全班同学介绍了他的特殊情况，要求所有同学主动关心他、爱护他、帮助他。就这样，小Z成了特别保护对象，同学们都以能为他服务为荣，争着报名当帮助他的爱心志愿者。

3. 家校联手，共商良方

通过家访，我不仅了解了孩子的情况，还和家长交换了教育孩子的意见和建议。家长接受了我提出的多抽出时间陪孩子，让孩子感受到家的温暖，感受亲人的爱的建议，并制订了具体可行的计划。我还让家长培养孩子的生活自理能力，教孩子动手做家务。

4. 发掘孩子的优点，培养自信心

小Z的学习成绩不错，我就抓住这一点做文章，有意要求他帮同桌补习，他虽然像没听见一样，但却拿过同桌的本子在错题旁边写下解题思路；我表扬他字写得工整，题做得准确，他不看我，但面露喜色；他取得了好成绩，我表扬他学习专注，让大家向他学习，大家自发地给他热烈的掌声，他羞红了脸。就这样，他学习更专心，更有信心了，成绩也接连攀升。

四、评估反思

经过短短一年的帮扶与辅导，小Z虽然还是不肯与人主动交流，但是有了明显的转变。首先，他会笑了。其次，孩子也比较合群了。上厕所、吃饭不再是一个人独来独往，总是跟在几个常帮助他的品学兼优的同学身边。最让人欣慰的是，小Z能始终专注于学习。疫情期间能独自认真地自习，做练习，所以功课没有落下。疫情解封后，在学校上课的两个月里，小Z在团结友爱的环境中努力学习，最终以全校总分第三名的好成绩考入市重点中学。小Z在学校计算机房填完志愿后，他的奶奶带着他来找我，说了很多感谢的话。小Z第一次怯怯地正眼看向我，虽然没有说话，但眼睛里盛满了晶亮的泪水。我拉着他的手，为他拭去眼泪，叮嘱他上高中了，就是大人了。到了新的学校后，要主动与人交流，自己的事情自己做，要学会照顾自己。说着说着，我哽咽了。

孩子进高中以后，我与他的班主任取得了联系。得知孩子生活能完全自理了，能与同学正常交流了，也有了朋友，心中甚是欣慰。

孩子脾气暴躁怎么办

高新区·掇刀区掇刀石小学　刘芙蓉

一、案例描述

五年级男孩 S，在学校脾气暴躁、易怒。在学校里不能接受老师的批评，面对老师的批评不是朝老师翻白眼、吐口水，就是顶撞老师，让有些任课老师在学生面前很尴尬，影响上课。

二、成因分析

孩子在校发脾气，表现出来的不尊重老师现象，通常与家庭有关。

（1）家庭不和睦。夫妻之间因爸爸常常缺位而产生矛盾，轻则吵闹，妈妈会把对爸爸的情绪转移到孩子身上，当孩子的表现不符合自己期待时，就抱怨孩子和爸爸一样不让她省心，在孩子面前诉说自己的不容易，用让孩子"愧疚"的方式来控制孩子。

（2）父母与长辈关系不和。因为爸爸和妈妈之间的矛盾，妈妈限制孩子和爷爷奶奶的交往，爷爷奶奶来看孙子都需要看妈妈脸色，如果妈妈不点头，孩子就不敢接受奶奶带来的任何礼物，有时妈妈还把奶奶递给孩子的礼物扔掉，紧张的关系让孩子也慢慢回避爷爷奶奶。

（3）孩子从小在妈妈的"掌控"下，常常是"不敢怒不敢言"，所有的委屈都压抑着，学校就成了孩子表达情绪的一个出口，积压的情绪有多深，向外表达得就有多猛烈，孩子刚好进入青春期，内在的情绪更容易爆发。

三、辅导方法

1. 调整合理认知

S 暴躁易怒，有许多没被看见的情绪，没有被满足的需求，此刻妈妈需要做的是调整自己的行为方式，比如孩子成长的家庭环境、父母的教养方式，对孩子多一些尊重、理解，多一些允许与引导，而不是一味提要求，盲目地"堵而不疏"，当孩子在家里没有空间表达心中的不满时，他就会把这份积压在心中的情绪朝向老师、同学，从而影响自己的人际关系。

2. 改善家庭氛围

因为夫妻之间的冲突，爸爸一直被排挤在外，我鼓励妈妈邀请爸爸参与孩子的教育，与妈妈一起管教、陪伴孩子，给孩子最坚实的依靠。

一方面，爸爸要多与孩子互动，走进孩子的世界，感受孩子的喜怒哀乐，在平等尊重的基础上，引导孩子合理表达需求与情绪。

另一方面，爱与自由同等重要。如果希望孩子情绪稳定，要心平气和地说话，首先妈妈要做到在乎孩子的感受，尊重孩子的需求，当孩子的表现不符合自己的期待时，要能够身先示范，好好说话。

父母应学会三分做父母，七分做朋友，尝试尊重孩子，更多的成长和发展的机会还给孩子，不再替孩子决策人生的交友、学习、游戏等事项，让孩子成为自己想成为的样子。

孩子应从父母这里获得充分的尊重与爱，建立充分的信任感。在他遇到问题时，若能得到父母的理解与帮助，孩子的情绪状态就会慢慢好转，表达情绪的方式也会发生变化。

3. 引导合理表达

情绪没有对错，只是表达方式是否合理。家长如果调整认知，对孩子的情绪给予接纳，就可以逐步引导孩子用更合理的方式表达不满情绪。

我们要询问事由，了解事情的来龙去脉，打破过往不分青红皂白先批评孩子的处理方式；当孩子的情绪被妈妈看见，妈妈能够与孩子共情，当孩子的状态逐步稳定下来之后，妈妈再进行第三步，提问孩子，如果事情可以重新来处理，你是否有更好的方式来表达你的不满，同时又不令老师尴尬，鼓励孩子自己寻求更好的方式解决问题。

这样的引导，拓展孩子的思维，让孩子感受到同样一件事情有多种处理方式，更重要的是在妈妈心平气和状态的引导下，孩子更愿意和妈妈一起讨论，这样，冲突就变成一次学习机会，孩子就会在冲突中慢慢地成长起来。

四、评估反思

十年树木，百年树人，孩子的成长也是一个漫长的过程，家长要正确看待孩子成长过程中呈现出来的种种问题，不要怕麻烦，而是把它当作学习的机会。在冲突中学习，在犯错中学习，这样的孩子才能真正逆风成长。

中学生人际关系调适

钟祥市第五中学　谢利霞
钟祥市第二中学　周志勇

一、案例描述

Y，男，初二学生，重组家庭，和妈妈、继父生活在一起。

不会和同学相处，总是担心自己被同学、老师欺负。为了不被欺负，故意和同学、老师作对，上课和老师对骂，吼叫；故意不听课，上课书不拿出来，也不交作业；故意和调皮学生为伍，和同学打架；故意趁同学不在，在同学书上乱画。

二、成因分析

Y亲生父亲早亡，跟着母亲改嫁几次，家庭成员不稳定，容易造成安全感的缺失。母亲文化水平低，生活艰苦，与丈夫感情一般。母亲总认为自己生活得很不如意，情绪也不稳定。母亲把所有的期望寄托在唯一的儿子身上，对他的要求相当严格，教育方式简单粗暴。

Y因为在母亲那里没有得到认可和关爱，所以极度缺乏认可和关爱。在和母亲之外的人相处时，总是去寻求别人的认可。但方式却是对抗老师，对抗同学，以这样一种错误的求认可的方式是得不到真正的认可和关爱的。

Y认为所有的人都不可信，敌视周围的人和事。Y在和同学相处时，总是竖起高高的防御墙，别人一个很平常的举动都会被他解读为对他的不尊重，从而怀恨在心。

三、辅导方法

针对以上问题及其形成原因，我进行了如下的辅导。

1. 第一阶段咨询（1~3次）

（1）和他的父母了解相关情况，尤其是重大事件。

（2）量表测量，用 EPQ 测量。结果为抑郁质，内向，不稳定。

（3）商量咨询目标，确定他的咨询目标为：处理好和同学的关系，至少交到一个知心朋友。

（4）和他交谈，了解他的内心矛盾和改变意愿。

（5）将测量的结果反馈给家长，做出初步诊断，让父母和孩子理解，孩子的行为为什么是这样的。

（6）家庭作业：让孩子和家长回家练习按照咨询时学习到的沟通流程进行沟通。父母写反思日志，思考如何做能更好地达到目标。

2. 第二阶段咨询（10 次左右）

（1）反馈咨询作业：听到父母的表扬，感到很高兴。而且父母能听自己说心里话，感觉待在家里特别舒服。行为上有很大变化，有一个同学说话声音很大，Y 没有像原来一样发脾气，而是小声提醒他。也学会了合理对待老师的批评，不再盲目对抗。

（2）进一步分析 Y 的不合理想法，不断修正不合理想法，练习合理评价同学、老师和父母。如用辩论法和自己的不合理想法进行辩论，并演练。

（3）作业：每天找同学的五个优点；每天找班主任的五个优点；每天找父母的五个优点。

（4）每天用专门的本子记载同学对自己的帮助和表扬。

通过半年的咨询，Y 对同学和老师基本可以做到正确地评价了，情绪也平和了很多。他在对周围的同学进行筛选后，主动和他认为好相处的一位同学成为朋友。

（5）请家长配合治疗，促进亲子关系和谐，减少来自父母的伤害。

学生进行自我调适的方法：

每次咨询后，我都会布置梳理自己情绪的家庭作业，让他用合理自我分析报告（RSA）来对自己每天的情绪进行梳理。

四、评估反思

通过采用合理情绪疗法，同时做到了尊重，热情，真诚，共情，积极关注。Y 达到了至少交到一个朋友的目标，对自己的情绪有了一定的掌控能力。对同学和老师的敌意减少了很多，能比较客观地进行自我评价，不再那么容易受别人的干扰。

二胎带给孩子的心理阴影

京山市直属机关幼儿园 桂以霞

一、案例描述

G，五岁，创意美术活动结束前，我正要组织小朋友们进行作品展示，突然，M哭着跑到我身边，非常委屈地告诉我："老师，G把我的小花伞弄坏了！呜呜……"我一看M递过来的创意美术作品，上面的小花伞被画了一个大大的黑圈。我一边帮M擦眼泪安慰她，一边叫来G，问他怎么回事？为什么要在小朋友的小花伞上画上黑圈？G低着头，却很干脆地说："她画得好看呀！"我蹲下来看着G的眼睛又问："因为她画得好看，你就要把她的画弄坏吗？""谁叫你每次都奖给她小星星，不奖给我呢？我画得也很好呀！"G说着说着，眼泪就掉下来了。

早上，晨间活动结束后刚进教室，G跑过来递给我一个小纸包，我打开一看，是一块小蛋糕，我笑着问G："为什么送老师小蛋糕呀？"他仰着小脸小心地说："老师，我每天送给你小蛋糕，你是不是就最喜欢我了？"我蹲下身抱着G，还帮他把额前的头发理了理，笑着回答他："你不送老师小蛋糕，老师也是很喜欢你的呀！"我把小蛋糕放在G的小手上，他立刻缩回手，转身就跑了。

二、成因分析

去年，G的妈妈又生了一个小弟弟，对G没有之前那般呵护了，陪伴也少了许多，G慢慢变得不太爱说话了，有时还会做出一些让人难以理解的事情来。G把M的小花伞涂黑了，说明他心理不平衡，他想得到老师更多的关注和奖励，就故意做出不寻常的事情。G天真地认为，只要每天给老师送蛋糕，老师就会最喜欢他。这些故意的、不太寻常的举动，都反映出G作为家里的大宝，常常被父母忽略，产生了不平衡的心理阴影，这种长期消极的心理阴影造成了他的自卑和求关注的心理。在幼儿园，他也会害怕失去老师的关爱，所以就会想尽各种办法希望获得老师更多的喜欢，甚至希望老师只喜欢他一个。

三、辅导方法

父母是孩子的第一任老师，孩子从幼儿园到小学、中学时期，大部分是生活在家庭里，而这正是孩子长身体、长知识，培养性格、品德，为形成世界观打基础的时期，父母的一言一行，都给孩子带来深远的影响。我们必须采取家校沟通、家校共育的方式，通过阶段性的积极影响，慢慢地消除 G 的这种消极心理阴影。

首先，作为老师，我主动找到 G 的父母，有意识地向他们提了几个问题，听他们讲平时在家是如何对待大宝和二宝的。

其次，谈了 G 在幼儿园里一些不寻常的举动，帮他们分析了原因，他们才恍然大悟，说怪不得 G 以前特别活泼乖巧，现在总是喜欢跟他们闹情绪，有一次还故意用手把弟弟的胳膊捏红了。面对孩子的变化，妈妈很是着急的样子。

再次，我把收集的几个关于二胎带给孩子心理阴影最终造成不良后果的事例讲给他们听，他们表示作为孩子的父母，责任重大，以后一定会积极配合老师慢慢抚平 G 心中的阴影。

最后，家校统一思想，制订了短期的、具体的家校共育计划：一是父母在带二宝的同时，更要有意识地多关注大宝，让大宝感受到爸爸妈妈也是很重视疼爱他的；二是每天抽一点时间让大宝给二宝讲故事、唱歌、跳舞等，或一家四口玩亲子游戏，让大宝感受到家庭氛围的温馨和谐，慢慢地对弟弟产生爱护之情；三是家长要每天和老师交流，及时发现孩子的不良情绪，做到及时沟通，不要让孩子的坏情绪堆积发酵；四是要正确评价孩子，对 G 要做到表扬得当，巩固他的优点，增强他的自信，但也要注意不要过度表扬，以免让孩子骄傲，眼中只有他自己；五是在幼儿园，老师也要做到多关注 G，尽可能地让他感受到老师对他的关爱。

四、评估反思

我通过三个星期的关注，以及每天和家长沟通交流，G 开始在我面前主动提起他的弟弟了，还让妈妈把他和弟弟的合影发给我看，这说明 G 开始在心里接受这个小弟弟了，G 的爸爸妈妈和我都感到很欣慰。冷静下来反思一下 G 前前后后的表现，更加觉得对每个孩子的细心关注必不可少。如果我们在发现 G 的各种不寻常的表现后，还继续听之任之，不给予关注，不分析缘由，不及时采取措施，等日子久了，给孩子心理造成的阴影必将越来越深，以至于产生严重的后果。

挽救脆弱学生的实践与思考

沙洋县西湖中学 钟士标

一、案例描述

P，男，15 岁，学习成绩优秀，智商较高，擅长理科，性格内向，自尊心强。今年上半年由于受新冠肺炎疫情影响，学校开展网课教学，学生在家上网课期间，P 谎称自己在医院住院治病，逃避网课学习达一个月之久。

5 月 18 日复课，全市进行调研考试，一周后调研考试成绩公布，P 发现自己的成绩和同学相比，下滑严重，顿感压力倍增，自尊心受到伤害，加之 P 患有慢性鼻炎，所以以此为由，声称头痛，呼吸困难，需请假休息治病。与读书相比，身体健康更重要。于是我批准其请假，结果 P 时断时续请假近一个月。

二、成因分析

P 家庭条件较好，家长都非常重视对子女的教育。P 的父亲意外身亡，母亲远在县城工作，经常不在其身边，P 由退休在家的爷爷和奶奶照管。加之疫情期间，长期待在家中上网学习，面临升学，学习压力大，学习任务重，各科教师管理严，班主任上下午均在家校群里公布学生考勤和学习任务完成情况，所以该生思想波动大，情绪不稳定，心理脆弱。

每次教师上视频直播课时，P 的爷爷都喜欢坐在其身后监督。P 对这种学习方式很不适应，于是产生厌学情绪，一开始以爷爷影响他学习为由将其拒之门外，后又以生病住院为由请假。实际上，P 关上门后，经常用手机玩游戏、看小说。由于爷爷的手机在 P 手中，所以我多次打电话核实情况都是无人接听，然后 P 还以爷爷的口吻给我回短信，使我相信其在住院治病。后来虽然被我发现，我也对 P 进行了批评教育，但耽误了近一个月的学习已无法挽回。

开学后全市调研考试，P 的成绩下滑严重，所以 P 心理负担重，感觉很难达到家长的期望，于是动辄以头痛为由请假，家长多次带他赴省城治病。P 本是一个有望升入重点高中的优秀苗子，学校和家长都对其寄予厚望，这种情况如不马上加以纠正，P会自毁前程，为此我和P的家长十分着急，特别是我这个当班主任的更是心急如焚，深感责任重大，必须马上采取行动，挽救这个学生。

三、辅导方法

首先我通过P的爷爷与他省城的主治医生取得联系，了解其真实的病情，毕竟身体健康是最重要的。通过主治医生了解到，P患慢性鼻炎，十八周岁前保守治疗，十八周岁后可手术治疗，现在上学读书应该影响不大。掌握上述情况后，我心里有了底。我一方面请该医生利用P找其治疗的机会做P的思想工作，打消其身体有病不能上学的顾虑。另一方面我马上联系P的家长，共同采取措施，矫正其行为。我联系P在县城上班的妈妈，要求她无论多忙，只要是休息时间都要回来陪伴孩子，关注孩子的学习和生活。P的妈妈也很配合，给了P一定的精神力量。

抓住P偶尔到校的机会，利用休息时间找他谈话，告诉他调研考试成绩下滑是网课学习不努力造成的，现在努力还不算晚；坚持学习对他的身体究竟有多大影响；爷爷奶奶这么多年对他的付出；各科老师对他的希望；中考前复习的重要性；中考成绩对今后人生的重要性。要求其能到校学习就必须坚持到校学习，实在感觉不舒服可以请假，人生旅途都会遇到挫折，但要学会面对挫折，打消P在身体和学习上的顾虑。请各科任教师对P落下的课程进行适当补习，使其尽快跟上全班同学学习的步伐，融入班集体。P的爷爷也配合我的管理，天天电话联系，汇报其在家学习和生活情况。

经过不懈努力，P的情况终于好转，由断断续续上学，到一天上半天学，再到全天上学，直到完全恢复正常。上学情况正常了，学习也有了可喜变化，P的脸上也出现了久违的笑容。后来，P顺利考取城区一所高中，开启了新的人生之旅。

四、评估反思

通过这个案例，我认识到：身体疾病不可怕，可怕的是心理疾病。现在的学生大多数是独生子女，他们寄托了长辈们的殷切希望，同时也得到了长辈们无微不至地呵护，这批孩子没有经历过风吹雨打，遇到困难和挫折时，缺乏面对的勇气和解决问题的方法，在困难和挫折面前往往只会当逃兵，失去了自信，影响了未来的发展。所以作为教师，要深入班级全面了解每一名学生，及时发现学生的心理问题，及时进行心理疏导，矫正其行为，使每一位学生都能健康成长。

"陪伴"是最好的教育

东宝区象山小学　盛小莉

一、案例描述

小 X，一年级的学生，学习成绩和各方面表现都非常优秀。疫情初期，依旧能在其父母的陪伴下，每天按时按量并且高质量地完成学习任务。但是在疫情解封后，也就是 4 月初开始，其父母不得不外出打工，小 X 开始出现上课迟到、拖欠作业的情况，且作业完成质量不高，每天的作业批改之后，也不会主动修改，就算老师反复提醒也效果欠佳。

二、成因分析

从案例中，我们不难发现小 X 不管是在未发生疫情，还是疫情发生初期有父母陪伴的时候，各方面都表现得非常优秀。但是在离开父母的陪伴之后，他开始出现了一系列的学习问题，具体表现在对学习开始不重视，甚至出现不参与学习的现象。我想这也是小 X 出现这一系列问题的根本所在，孩子在用自己的行为向父母表达——他离不开爸爸妈妈的陪伴。

三、辅导方法

1. 沟通谈心知因果

为了更好地解决小 X 的作业问题，我尝试与小 X 语音聊天，全面地了解其心理状态。在谈话中我也了解到，小 X 懈怠学习的原因，一是父母的离开，让他觉得父母是不爱他了，不要他了，如果他这样不学习，不听话，一直被批评，爸爸妈妈一生气就回来了。二是学习的时候，有不懂的地方问爷爷奶奶，爷爷奶奶也不知道，听写也不会读，看见其他同学都按时交作业，他心里烦躁，就干脆不看学习小组的消息了，作业也就没有完成。三是爷爷奶奶早上经常很早就出去干活，他自己又没有手机和电脑，所以早上经常赶不上学习。

2. 沟通协调，指导家庭教育

针对小 X 的情况，我立即和其父母取得联系，劝说他们能够站在孩子成长的角度，选择留在家中，在附近找工作，毕竟孩子的成长离不开家长的陪伴。出于生活原因，小 X 的父母目前无法回到孩子的身边。因此我只得和小 X 的父母特别交代在工作之余还是要多多陪伴孩子，同时也建议家中照看孩子的爷爷奶奶多关注孩子的学习和生活，还要严格要求孩子，不溺爱。我把在和小 X 的谈话中了解到的手机使用问题告诉了小 X 的父母，让他们给小 X 准备一个专门学习用的二手手机或者和爷爷奶奶沟通好时间段，方便孩子使用手机学习。

3. 言语开导解心结

小 X 一直是班上非常优秀的孩子，在开导中，我向小 X 表明了老师对他的喜爱，同时也指出了他的问题。我将他的父母对他的担心与愧疚告诉小 X，让他明白，陪伴并不仅仅是要在一起，心理上的陪伴也是可以的。

4. 制订计划提要求

一是我与小 X 约定，除非生病，每天必须按时上课，坚持听课，每节课我都要听到 2 次以上小 X 回答问题的声音。二是家中无人听写，周一至周五每天下午 2 点半，由我给小 X 听写 20 个词语，完成后交我批改，然后再将听写内容发给学习小组。三是不懂的问题及时问老师，不能拖拉不管，作业要及时改错。四是每天的作业要按时按量高质量地完成。

四、评估反思

通过和小 X 父母的配合，我们及时地将小 X 学习上的不良行为改正过来。在后面的学习生活中，每天都能看见小 X 按时上网课，积极回答问题。作业也能按时上交，而且完成得非常好，一切好像都回到了从前，甚至比以前更好了。小 X 会积极主动地学习了，有几次，因为忙于别的工作，下午 2 点半未能及时给小 X 听写，他会主动找学习小组的组长给他听写。

在这个案例中我看到了一个孩子的敏感，因为父母外出打工，而产生的不被爱、被抛弃的一些负面情绪，他也会通过一些不恰当的行为，去吸引你的注意。在通过老师和父母的开解之后，他明白了，即使父母不在身边，心里其实也是一直陪伴着他的，心理上的被抛弃感打消了，也就重新变回原来的自己了。可见在孩子的成长过程中，让孩子理解心理上的"陪伴"也是非常重要的。

爱就是教育

高新区·掇刀区望兵石学校　李捷

一、案例描述

小 P，男，6 岁，小学一年级学生。聪明伶俐，但在课堂或者课外活动中，个人小动作较多，还喜欢和同学交头接耳，自律性较差。

二、成因分析

小 P 的父亲长期在外地上班，主要是由母亲独自一人照顾。小 P 从幼儿园升入小学一年级，对新环境不能快速适应，个人习惯没有适时调整，而家人更关注照顾小 P 的生活起居、学习成绩等方面，一定程度上忽视了对小 P 个人习惯的培养引导，导致小 P 在学校自我约束力较差。

三、辅导方法

1. 爱的教育要有耐心

平时列队时小 P 站在班级队伍的后面，但他总是不能像班里其他同学一样做到挺胸、抬头、目视前方。不是往这边看看，就是往那边瞧瞧；不是摸摸前面同学的头发，就是伸手去拽后面同学的衣服。身为班主任的我，总是默默地站在他的旁边，时不时地提醒他，纠正他的姿态。

2. 爱的教育要宽容

在一次晨会展示活动中，小 P 突然晕倒了，我急忙联系了他的妈妈，一同送他去了医院。在等待检查的过程中，小 P 一直很紧张，缩着肩膀低着头不敢说话，眼神也在不断闪躲。看见他这样，我心想平时疯起来就"无法无天"的小 P 也会有害怕的时候，原来他害怕我趁机在他妈妈面前"告状"，结果我反而在他妈妈面前说了他很多优点，他意外地看着我，慢慢地放松下来。自那以后，小 P 的学习、生活积极性显著提升。

3. 爱的教育要鼓励

我除了夸小 P 聪明、反应快外，还时不时地在他表现好的时候予以适当表扬。渐渐地，小 P 回应老师口令时总是第一个而且是最大声的那一个；上课回答问题时总是举手最快最高的那一个；打扫教室卫生时总是效率最高的那一个，成绩上也有了明显提升。在教师节，小 P 送了我一张贺卡，贺卡上面用真诚的话语写着："老师，我常惹您生气，但是您有一颗善良、炽热的心。您的辛劳与教诲我将常记于心并加以改正。在这属于您的节日里，我祝福您健康、快乐、如意！"当他上课再开小差讲小话时，我告诉他，他送给我的贺卡就贴在我家的冰箱上，上面话语我都记得清清楚楚。他马上就明白了，并且坐得端端正正的。

四、评估反思

从小 P 这个案例中，我得到了许多启示。

1. 爱在细微处

每个孩子都是一本书，是一朵需要耐心浇灌的花，是一支需要点燃的火把。他们心理脆弱，情绪易波动。老师充满爱的关怀，会改变一个学生的一生。反之，哪怕是一次不当的批评，都可能严重挫伤孩子的自尊。

2. 爱在教育中

温和友善，胜于严厉批评。教师一个灿烂的微笑、一个赏识的眼神、一句热情的话语都能缩短师生间的差距。在对孩子的教育过程中，需要更多的爱去浇灌。一次鼓励表扬胜过一百次甚至是一千次的批评指责，这句话真是毫不夸张。恰到好处的鼓励会使他们在相当一段时间里保持乐观和自信，甚至影响孩子的一生。

3. 爱在进步时

在求学和生活的道路上，孩子进步时得到的肯定和表扬，会带给他们更多自信，也会促使他们慢慢成长成才。

教育家陶行知曾说过，"爱是一种伟大的力量，没有爱就没有教育""真教育是心心相印的活动，唯独从心里发出来的，才能打动心灵的深处"。因此，教师作为人类灵魂的工程师，唯有做到心中有爱，才能培育出一个个有爱的生命。

正确对待幼儿的攻击性行为

京山市直属机关幼儿园　王艳

一、案例描述

今天的美术课，和往常一样，课上到一半。听到 R 小朋友嚷嚷："小 Y 又咬人了！"我转过身来，看见一个小朋友正在很生气地怒视着小 Y。我赶紧去看，该小朋友手臂被小 Y 咬破了皮，接着我赶紧让班上的另一位老师带着小朋友去找医生。我看向小 Y，他用手捂着眼睛，很害怕，也很委屈，俨然一副做错事的样子。我皱着眉头问他："你知道自己做错了吗？"小 Y 噘起嘴巴嘟哝着，替自己辩解说："他抢我的桌布，我就是不给他。"说着说着还哭了起来。

二、成因分析

小 Y 是我们班上年龄最小的学生，爸爸妈妈工作忙，很少管他，一直跟着爷爷奶奶一起生活，这使他极度缺乏安全感。爷爷奶奶过分的关爱和宠溺，也对小 Y 的心理产生了影响。平常在班上飞扬跋扈，老师的话完全不听，上课也坐不住，谁都要让着他。由于小 Y 说不清楚话，与同伴沟通交流还存在一定的问题，急躁的性格使他不能表达出自己的想法，从而出现了攻击性行为。当小 Y 看到老师时表现出了愧疚，知道自己闯祸了，同时也说明了小 Y 已经意识到自己的问题。

三、辅导方法

1. 家长要给予孩子更多的爱和陪伴

对于孩子的成长不仅仅是在物质上的满足，还要在精神方面给予孩子更多的爱。即使工作再忙也要抽出时间来陪伴孩子，利用周末时间带孩子去感受大自然，享受美好的亲子时光。

2. 创造良好的家庭氛围

良好的家庭氛围有助于孩子的成长，在一个充满爱的家庭环境中长大的孩子，在性格方面会比较友爱，不偏执，不极端，因此也不易产生攻击性行为。同时，家长也要正确引导孩子，对于孩子的无理要求要制止，做到严爱结合。给孩子一个安静、温馨的家庭环境。

3. 引导孩子适当宣泄情绪

在与同伴交往的过程中难免会有小摩擦，当小 Y 生气的时候，最容易出现攻击性行为，这时候，我们要立刻让他冷静下来，转移他的注意力，比如用玩具、零食或其他的东西吸引他的注意力，引导他适当宣泄情绪。

4. 树立榜样的力量

家长要以身作则，家长的自身修养直接影响孩子的行为，因此，家长要控制好自己的情绪，不能因为自己情绪不好，语言过激产生攻击性行为，这样孩子也会模仿，所以我们要尽可能为孩子做好的榜样示范。

5. 出现攻击性行为要及时制止

不管是家长还是老师，对于孩子出现的攻击性行为若不能及时制止，那就是变相的鼓励，孩子就不会意识到他犯错了，以至攻击性越来越强，到难以控制的地步。所以当出现问题时，我们要将孩子的攻击性行为扼杀在摇篮里。

6. 家校合力

老师给予小 Y 更多的关注，引导小 Y 与同伴积极交往，从而更好地适应集体生活，老师和家长之间增加有效沟通，通过家校联系册或每天的上下学时间交流孩子的情况。形成观察记录表，分别记录小 Y 在家和在校的情况，一段时间以后做一个评估。

四、评估反思

经过老师的一番沟通，双方家长能够正视孩子出现的问题，并能够相互理解，在我看来是非常欣慰的。正是因为如此，我感觉到了我肩上的担子越来越重——家长对我们如此信任，那老师也应该担起责任，保护好班上的每一个孩子。我是一个缺乏经验的新老师，在我看来，不管孩子多不听话，他的身上也是充满了闪光点。攻击性行为在幼儿的交往中是一种比较常见的不良行为，但是如果家长能够及时予以纠正，小 Y 可能也不会像现在这样。同时，这不仅仅需要家长的正确引导，老师对待事情的态度和处理方式也至关重要。这个案例，使我更加深刻地认识到，要注意根据幼儿的个性特点，因材施教，这样才能让每个孩子的身心都能得以健康成长。

缓解心理压力，助孩子健康成长

湖北省荆门德艺学校南校　杨梅　艾芙蓉

一、案例描述

案例一：W，男，15岁，父母都是工人，母亲强势。刚刚进入初一的时候，成绩中上等，学习非常刻苦，母亲对他的要求特别高，他对自己也提出了很高的要求。七年级时，数学课上，他认真听讲，专心做笔记，每天做很多数学练习，可考试成绩离自己的期望还是有很大的差距。这使他感到非常苦恼，害怕考试，有时候整夜睡不着，班主任和数学老师为此给他做了很多心理辅导。慢慢地，八年级的时候，有一次考试他考得很好，第一次数学（总分120分）考试，他竟然考到了100分以上。这给了他极大的自信。九年级上，他特别喜欢当时的数学老师，老师的细心让他渐渐地对数学产生了非常浓厚的兴趣，他也明白了很多数学学习方法，对数学开始痴迷。

案例二：H，男，小学时成绩中等，刚进入七年级的时候就有一点厌学了，好像不是很喜欢学习，整天目光呆滞，拖欠作业，后来通过家访，对他的家庭情况进行了了解，他的母亲和父亲离婚，母亲再婚后生了一个妹妹，所以他有了极强的抵触情绪，表现在学习方面就是对学习消极应对，他觉得学习很苦。其实是他的心理压力过重，他没有想要去认真学习，他也不想把学习搞好，成绩也是每况愈下。九年级一度不想学习，基本处于放弃状态，但班主任和科任老师一直在积极地对他进行心理辅导，最后他终于如愿考上了高中。

二、成因分析

上述是一组比较案例，有着共同的特点：两名学生在学习上都有很大的问题。W通过一次小小的数学测验这个外界的因素，激发了他内在的信心，获得了学习上的一种成就感，步入了良性循环的发展轨道。他的压力既来自学校又来自家庭。而H却因为家庭的因素导致自己的学习成绩每况愈下，差点儿考不上高中。在他的家庭中，父母的离异和妹妹的到来给他的心理上带来了很大的压力。

上述两个案例，代表了我们初中绝大多数学生的心理压力问题，有的是来自父母的压力，有的是来自学校的学习压力，而这些心理压力问题往往会导致学生走向两个极端，所以一定要把握和调适这种心理压力，并探索出一种科学的减压对策，这些都是我们作为老师需要探索的问题。

三、辅导方法

针对心理压力的基本状况和产生的主要因素，我们应运用心理学的理论和方法来开展心理教育，切实做好攻心的艺术。

（1）针对学习方面的压力。我们既要让学生明确学习是学生的主要任务，也要有明确的学习目的、学习方向、学习策略。

对于 W，作为老师我们是这样做的：首先，班主任先和其家长沟通，让家长不再给孩子学习压力，让家长做好吃的或孩子喜欢吃的来温暖他的心；其次，数学老师让他从最基础的计算题做起，随后慢慢地提高题目难度，还从数学方法上入手，理清解题思路；最后，再让他正确地对待考试和分数。

（2）针对家庭环境方面的压力。一方面，家庭是学生学习的重要场所，父母要以身作则，家庭要有良好的家庭氛围，也要为子女创造好的学习和生活环境。

对于 H，我们也分为几个阶段进行教导。七年级为初级阶段，主要是通过家访了解家庭成员和关系，通过解决家庭之间的矛盾来解决孩子的家庭忧患；八年级为孩子的青春叛逆期，H 的叛逆行为表现尤为突出，班主任和老师及家长要非常耐心地去解决他多次因打架、争执、违纪等带来的相关问题；谈话、请家长、上交学校报备等；九年级为醒悟阶段，因为要中考了，最终的说教和惩罚都要落实到分数上，老师们经常会课间、饭前饭后、晚自习教他单词、生字词、阅读、计算等。终于他的心不那么冷了，也开始学习了。

四、评估反思

现在的初中生，他们面临的问题很多，但是，心理压力问题是最主要的，也是最突出的问题。作为老师，我们只有科学地处理好中学生的一些心理问题才能够解决他们在学习中的根本问题。只有把这些内因的问题解决了，才能够激发出他们强烈的求知欲和创新欲，这样才能有助于学生正常地度过他们的青春期，走向下一个人生旅程。内因起决定作用，外因通过内因相互作用，所以让我们继续努力学习，积极探索更多的缓解学生心理压力的方法，去帮助更多需要帮助的孩子，让他们健康成长吧！

克服自卑，打破心理藩篱

东宝区石桥驿镇盐池小学　张红玉

一、案例描述

R 是一名五年级女生，性格非常内向、自卑，就连课间休息的时候也总是一个人独处，没有伙伴找她玩。别的同学都是三五成群，R 却总是怯生生地在角落里看着别人嬉笑玩闹，眼里满是羡慕和向往。她的作业和笔记常常写得歪歪扭扭的，上课的时候无论她多么认真听讲，却还是很难像别的同学那样快速回答我的问题。每次我一脸期待地看着她，她就像一只受惊的小兔子一样缩成一团，怯懦地不敢回答。R 个子很高，体型偏胖，衣服裤子常常不合身，卫生习惯也不太好。尤其是冬天，R 总不爱洗澡，一套衣服穿好几天，身上经常有一股很重的臭味。班里的同学都不愿意和她当同桌，R 越发的自卑孤僻了。

二、成因分析

R 的父母在她很小的时候就离异了，父亲长期在外面打工，对 R 的关心较少。R 一直跟着爷爷生活，奶奶有轻度老年痴呆，家里的经济条件也不好，爷爷还要忙着做瓦工补贴家用。所以 R 身边一直没有人教她怎么打理自己，长此以往就养成了不好的卫生习惯，很多生理卫生知识都不知道。家人之间缺乏沟通，老人不知道怎么和孩子交流，R 也紧闭心门不爱说话。爷爷的文化水平不高，R 的功课无人辅导，有了问题又不敢向老师和同学请教，学习很吃力，成绩一直不理想，就连平时的作业也经常拖欠或错误一堆。她害怕其他同学的嘲笑，也害怕老师的批评，内心敏感又自卑，不敢和同学们亲近，也没有自己的小伙伴。

三、辅导方法

1. 加强家校沟通和合作

为了帮助 R，我经常和她的爷爷、爸爸通电话，定期汇报 R 在校的情况，帮助家长掌握一些正确的沟通方法。建议家长，特别是 R 的爸爸要多和孩子通电话，耐心倾听孩子的想法，多关心孩子的生活学习，尽可能地参与孩子的成长，让 R 感受到父爱的温暖。带 R 多出门，和同龄的孩子一起游戏，锻炼其与人交往的能力。鼓励 R 多练字，改善作业书写质量，并通过微信视频通话或聊天的方式，让科任老师能及时知晓 R 的学习困难，答疑解惑帮助 R 提高学习成绩。

2. 营造宽松、和谐的班级氛围

在班里找一些性格开朗、乐于助人的孩子，带领 R 参加集体活动。这样不仅可以让 R 体会活动的乐趣，还可以锻炼 R 和同学沟通交往的能力。在班里开展多种形式的评比活动，让同学们明白一个人的价值可以体现在很多方面，每个人都有自己的闪光点，我们应该学会汲取他人的优点帮助自己进步。

3. "对症下药"，切实解决问题

R 的学习能力很弱，理解力和记忆力都不如别人，一直是班里的末尾水平。我知道，R 的学习成绩不是一朝一夕可以改变的，所以我经常给 R 讲一些名人通过自身努力逆袭的故事，告诉她"你也行，加油"。和她一起讨论并制订学习计划，督促 R 按照计划一步步执行，逐步提高学习成绩。

四、评估反思

经过一段时间的心理辅导，R 在课上能积极主动举手发言，认真听讲，且学习主动性变强，作业质量也提高了。在课后，R 也变得乐于与同学们一起玩耍，性格变得开朗大方了不少。在家里，R 能主动帮助爷爷分担家务，愿意和家长分享在学校的事情，个人卫生习惯方面也有了很大改善。以前那个自卑内向的 R，变得越来越自信、开朗、大方。

学生的性格缺陷或不良习惯，是内因和外因长年累月相互作用下的结果，在辅导学生时一定要摆正心态，循序渐进，切不可主观臆断，急躁激进。加强家校沟通，及时了解学生的家庭情况，认真分析学生的心理问题成因，家校紧密合作，采取有针对性的措施以促进其转变。孩子的心灵是最敏感的，家人、伙伴和老师的肯定态度是他们非常重视的东西，只有在爱的关怀下，孩子才能养成健全的人格。所以作为老师我们应该密切关注学生的异常行为，及时了解情况，真情付出才能帮助学生走出心灵困境、打破心理藩篱，使其健康快乐成长！

留守儿童心理辅导案例

钟祥市磷矿实验学校　文章

钟祥市文集镇青星小学　李瑞娜

一、案例描述

小 F，13 岁，七年级男生，农村留守儿童。据小学班主任介绍，小 F 在小学期间，成绩一直名列前茅，而且乖巧懂事，是大家眼中"别人家的孩子"。步入初中后却发生了翻天覆地的变化，不但学习成绩一再滑落，性格也变得孤僻怪异。课堂上经常走神，偷吃小零食；做作业也很懒惰——要么拖拖拉拉，要么干脆不做；下课后经常能看到他一会儿在楼道上蹿下跳，一会儿拽女生辫子，经常因为鸡毛蒜皮的小事与同学产生摩擦。种种不良行为，让同学们开始讨厌他、疏远他。

二、成因分析

通过家访得知，小 F 10 岁那年父母离异，父亲常年在浙江打工，小 F 和 70 多岁的奶奶相依相伴。自父母离异后小 F 就像变了个人，脸上见不到笑容，也不爱说话。放学回家只知道玩游戏，催他做作业时要么说老师没有布置，要么就说在学校已经完成了。留守的经历让小 F 长期缺乏亲情和关爱，未品尝过表扬、鼓励的滋味，变得自卑、敏感，总觉得不如别人，对他人的看法、说法很敏感，容易与人产生矛盾。这直接导致其成绩下滑、与同学关系不和。

三、辅导方法

1. 主动示好，建立信任

班主任作为孩子校内"第一监护人"，首先要用微笑和爱融化他心里的坚冰，鼓励他开口和身边的人交流，消除对他人的不信任感。了解他的经历后，我下课经常会默默走到小 F 身边，有意无意地摸摸他的头，提醒他无论学习还是生活，遇到难处一定要大胆及时地跟我反映，我会尽心尽力地帮助他。记得有一次上课见他文具盒很破，我就专门给他买来一套崭新的文具送给他。当收到礼物时，他的眼神充满了感激，第一次对我笑了。几个星期后，我发现他对我产生了一种依赖感，遇到困难开始愿意跟老师倾诉。

2. 激励教育，唤起信心

我关注到他对成绩很在意，于是，自习时间，我将他叫到办公室，耐心地指导他，教他常用的解题方法和技巧，并尝试跟他开些小玩笑。我发现他与我独处时比课堂上认真许多，速度也快了起来。在上课时只要小 F 积极发言我就及时表扬。就这样他的学习积极性、主动性明显提高了，作业完成得越来越好。

3. 扬长避短，点亮心灯

小 F 身体强壮，并且热爱劳动，我捕捉到他的闪光点，让他担任体育委员。学校有篮球赛和足球赛时都让他担任队长，给他和同学们改善关系的机会，让同学们也关注到小 F 的变化，愿意向他伸出友谊之手。他逐渐认识到：自己原来也有很多优点，同学们原来很友好，上学原来一点儿也不枯燥。自卑的阴影慢慢褪去，温暖的笑容时时绽放。

四、评估反思

经过几个月的细心辅导，现在小 F 已经有了显著变化，听课认真了许多，每次作业都能按时完成，经常积极主动发言，学习成绩稳步提高，现已名列班级前十名了。他还与几个男生成为好朋友，慢慢融入班集体中。对于小 F 的辅导并未完全结束，留守儿童的心理始终是脆弱的。我还要与其家长不断地给予鼓励、引导，让他积极自信地生活学习，成为一个健康快乐的学生。

家庭和学校环境对学生身心发展的影响是巨大的、不可逆的。只有营造一个健康、温馨的家校环境，才有可能使儿童走向健康的成长之路。对于因缺少关爱等因素造成的问题儿童，尤其是留守儿童，更应该为他们创设与老师、同学们友好交往的环境。儿童的心理尚未成熟，可塑性极强，在爱与友善的环境中更容易承认错误、纠正错误，以健康的心态正视自己的优缺点，以积极的心态超越过去，使一切朝着积极的方面良性循环起来。

对问题儿童不要轻言放弃，要多从实际情况和心理角度去分析，带着极大的善意去真诚帮助，始终相信微笑可以融化一切，爱可以改变孩子的一生。

用爱抚平心灵的那道伤

沙洋县后港中学　孔温冬
沙洋县职业技术教育中心　陈平

一、案例描述

小 X 很安静，个子不太高，是自己找到心理辅导室的。大概半分钟的沉默后，她开始了讲述：小学的时候经常被欺负，被抢东西，告诉老师也无果。紧接着又说，有一次，老师要求当堂写作文，她实在写不好，没有写什么，结果被老师念出来，全班同学哄然大笑。她觉得自己的自尊心受到了伤害，一直到现在，那个情景依然会在脑海中出现。

她继续诉说，讲述自己表妹想和自己交换人生。我好奇地问了句："为什么？"她告诉我，表妹羡慕她没有人管束。我紧接着问："你的爸爸妈妈不怎么管你吗？"她沉默了，过了很久，才告诉我，她爸爸妈妈在她很小的时候就离婚了，开始跟着她的妈妈生活，后来她的奶奶走了，她的妈妈把她送回去了，就再也没有出现过。现在跟着爸爸，爸爸平时在外面忙工作，基本不怎么管她。她有个姑妈，对她很好，她经常待在姑妈家，每次和他们一家吃饭，看着他们一家人其乐融融的，让她很羡慕。

接着她讲述自己睡眠不太好，经常睡不着，脑海里面一直像放电影似的重现以前发生的事，自己经常想跑到危险的地方去。

二、成因分析

归根到底，一切根源在原生家庭。从小母爱的缺失，让小 X 缺乏获得爱的能力或者关闭了感知爱的通道。成长期间，她也没有获得足够的支持，让她可以走出来。父亲虽然与她在一起生活，但是平时缺乏沟通，只是负责给钱，有个年迈的爷爷，也只能照顾她的生活。虽然有个姑妈，但是毕竟不是一起生活。母性角色的缺失，造成她性格上有些冷漠，有一定的人际交往障碍。同时，学校教育中心理健康教育未得到重视，一直未对她进行疏导，这样她一直没有地方宣泄其情绪，造成情绪积压，遇事容易冲动行事。

三、辅导方法

1. 会谈法

这也是我主要采取的方法，通过与小 X 交流谈心，慢慢引导她倾诉自己的想法，把心理创伤后压抑的负面情绪释放出来。在刚进入心理辅导室时，小 X 是戒备的，这时候她诉说一些久远的事。最开始谈到小时候被欺负，老师都不管，试探我的态度，紧接着专门提到被老师伤害，这也是她久久无法释怀的一件事，可能也是造成她无法相信老师的一个重要原因。这时候，我一直信任她，给予她鼓励，引导她继续诉说。有了一定的信任基础，小 X 这时候才愿意打开心门，告诉我一些她难以提及的家庭以及内心的那道伤。

2. 共情法

这也是谈话中经常会用到的方法，通过共情，可以让来访者更加信任我，从而更利于沟通，达到更好的辅导效果。在小 X 讲到她姑妈对她很好，但是她还是羡慕表妹，羡慕一家三口的温馨氛围时，我及时给予了她共情，让她知道，我知道这种感觉，确实很难受，毕竟姑妈代替不了妈妈。表达了对她的理解，让她可以继续宣泄情绪，倾诉心声。

3. 自我调试法

通过与小 X 交流，我发现她内驱力不足。我与她聊了一下未来的打算。我告诉她学习中职的优势，和她憧憬上大学的美好，引导她定一个小目标，三年里慢慢攻克一个个小目标，从而轻松进入大学。同时，她睡眠不太好，情绪起伏也有些大，我建议她心情低落时可以通过跑步、听音乐来调节。

四、评估反思

和小 X 交流结束后，我找到小 X 的班主任，将小 X 的有关情况与班主任进行沟通。班主任告诉我，她的姑妈也很伤心，觉得自己对她比对自己的女儿都好，但是总感觉捂不热她的心。我告诉班主任，这孩子主要是缺乏爱的感知能力，建议她在平时的工作中多关注这个学生，多与她沟通，慢慢搭建桥梁，让她感受到大家的爱。

通过与小 X 的几次接触，我能感受到她正在一点点地改变。但是未能让小 X 和她的妈妈和解，一直让我觉得遗憾。这个孩子内心一直有个结，期望她早点打开这个结，迎接人生中的每一道阳光！

关注心理健康，师生共同成长

京山县宋河镇小学　左婷

一、案例描述

小Y，男，11岁，小学五年级学生。在一年以前，他是一个活泼好动、善于表达的孩子，虽然有点调皮捣蛋，没有很好的学习自觉性，但整体看来还是一个不错的孩子。然而在疫情后返回学校，他像是变了一个人。第一次发现这个问题，是在校门口，我作为老师，看到这批青春洋溢的孩子十分高兴，于是就主动与他打招呼，他却没有像以前一样回我一个大笑脸，大声地说："老师好！"而是看了我一眼，低声向我打了声招呼。看到他这个样子，我心里虽然有一些疑惑，但也没有太过在意，只是认为他应该是害羞了。

复课后，我校组织了一次摸底考试，我居然发现小Y作弊，当时他偷偷地让别人给他传答案，小小的纸条被我当场发现。之后，我并没有为难他，而是先让他自己完成试卷，小Y羞愧地低着头，继续写自己的卷子。成绩下来后，小Y从以前的中等名次掉到了末尾。看到这种情况，我真正意识到问题的严重性，于是就联系他的家长。我还发现小Y在开学后经常偷拿手机玩游戏，学习成绩一落千丈，我知道，我必须做点什么帮助这个孩子，不能够让他在错误的道路上继续走下去。

二、成因分析

我认为小Y出现这种情况的原因主要有以下两点。

（1）这次疫情使他离校时间过长，总是待在家里闷着，缺少与外界的交流。

（2）由于缺乏学习自觉性，小Y很容易被手机游戏诱惑，甚至长时间玩乐，没有保持自己以往的学习状态，导致他的网络学习课程基本缺失，我们教师也无法真正了解他的情况，这样就致使他来到学校后，突然的环境改变引发了他的学习焦虑，在自我压力下产生了思维偏差，做出了作弊等违规行为。

三、辅导方法

在发现小Y的心理问题以后，在接下来的教学中，我组织了一次疫情后的心理健康教育班会，在班会中，给学生分析了几个典型的心理问题：焦虑、情绪不稳定、不爱与人交流、拒绝学习等，并引导学生反思自己的情况，在班级中帮助学生梳理心理问题，还鼓励学生积极与我交流，在班级上开创了一个心理问题交流模块。对小Y更是展开了一系列的心理帮助。

首先，在交流和谈话的过程中，我并没有责备小Y的错误，而是耐心地理解他的内心世界，并给予他充分的尊重，让他能够自觉地认识到自己的错误，并对老师产生更多的信赖。

其次，是在班级教育中，我找出他学习焦虑与环境不适应的两个关键点，联系他的家长为他量身制订了科学的学习计划，并在学习过程中给予他更多的帮助和关心，让他能够真正感受到来自老师和父母的关爱，从而在学习中更加主动、更加充满活力。

最后，我根据他的实际情况，在班级展开了小组合作式教学，并组织了充满趣味性的教学活动，这样做的目的主要是帮助小Y更好地融入集体，使他能够更快地适应学校学习的环境。

总而言之，在针对小Y的心理问题进行教育的过程中，我始终坚持"理解尊重，立德树人"的基本教学原则，注重对小Y心理的疏导，并为他解决了实际困惑，使小Y的心里能够豁然开朗，从而更加主动、积极地学习和参与活动，逐步消除小Y的学习焦虑，使小Y更加适应校园的学习。果然，小Y重新恢复了学习自信！

四、评估反思

在对小Y的辅导过程中，我真正明白"尊重、理解、引导、关爱"是新时代小学生教育中的永恒主题。在针对学生的问题展开教育时，我们教师要把握自己的教学定位，成为学生的朋友，与学生之间建立稳固的交流桥梁，从而真正走进学生的内心世界、获得学生的信任。更为重要的是，我们教师要注重观察，发现造成学生心理问题的主要原因，并与家长共同有针对性地解决问题，只有这样，学生的心理才会保持健康，学生才能够在正确的道路上大步前行！

用爱改变孤僻好动的你

——幼儿心理健康教育案例

荆门市直属机关幼儿园　彭金芝

一、案例描述

小 D 是我们班的一个小男孩，今年 4 岁。小 D 刚入园那段时间，精力非常旺盛，总是不停地做各种动作，不停地变换活动方式：摇头、摸脚、咬衣服、身体转过来转过去、在地上打滚，整个活动室、午睡室及卫生间都有他跑动的身影。很少看见他和别的小朋友在一起游戏和玩耍，跟老师交流也比较少。

二、成因分析

通过和小 D 家人的沟通了解到他在家里也是一个人独处，很少和同伴一起交流和玩耍。孩子为什么会是这样呢？我心里很纳闷。一次，我去孩子家里做家访，跟孩子妈妈进行深层次的交流，妈妈说孩子从小到大都是由她一个人带，她和孩子都是外地人，孩子一岁多的时候才搬到荆门居住，来到这里人生地不熟，她也没有什么亲戚和朋友，也不串门。大部分时间都是在家里待着，孩子就跟着她在家里面玩，基本不出门，也没有机会和同伴交流。

小 D 的性格特点就是有点孤僻，不爱跟别人交往，不喜欢说话，好动，做事情不能够集中，专注力有些欠缺。他其实想交到很多好朋友，但是不知道用什么方式跟别人交往。

三、辅导方法

1. 用爱心交换信任

陶行知先生曾经说过："谁不爱学生，谁就不能教育好学生。"爱是教育的前提，信任是教育的开始。我注意小 D 的一言一行，常常主动与他交流，后来我发现他其实是很喜欢老师的，和他交流的次数多了，他也会主动和我说话，慢慢地我发现他有时也能讲出几句完整流利的话，这是我成功的第一步。后来当我在开展活动时发现他乱跑乱动的时候，我悄悄地走到他身边，微笑着给他一个眼神，他马上坐回原位，这让我感到很欣慰。

2. 用细心发现亮点

其实这样的孩子并不是什么都差，也有好的方面和闪光点，在后来的观察和交流中，我发现小 D 是一个讲卫生的孩子，他每天穿得衣服和鞋子都很干净整洁。我在班上经常表扬小 D，说他是班上最爱干净的宝贝，他听了很高兴，还主动帮助老师监督别的小朋友，要求别人也讲卫生。我利用这个教育机会，表扬他的同时提醒其他孩子也要讲卫生，经过一段时间后我发现我们班的孩子越来越讲卫生了。

3. 家校合作双管齐下

在幼儿园里，老师要细心地发现他对哪一件事情最感兴趣，让他集中注意力专注地去做好那件事。在日常生活中多陪孩子，比如阅读或者下棋，以此来锻炼他的专注力。像小 D 这种好动的孩子，如果发现他在玩某个玩具玩得出神或者看某本书入迷时，千万不能打断他，一旦打断他就很难再集中注意力了。在家里，家长要重视孩子的户外活动，让他了解大自然，家长可以利用周末带他出去野餐或者到动物园看动物等，孩子对于世界的一切新鲜事物都有好奇心，当他专注于新鲜事物时，就会集中注意力。

四、评估反思

通过我们老师的努力和家长的配合，小 D 各方面都有了进步，开始主动适应集体生活，上课时乱跑乱动的现象也变少了；动作协调性有了提升，语言表达能力也有所提高；开始慢慢学会和同伴交流，有意识地和老师交流了；在游戏过程中能够和同伴交流、友好相处、愉快地游戏和玩耍；能够安静地坐着，能积极参与游戏，规则意识明显增强了。

当然，仍有一些不足之处，比如感兴趣的游戏能够积极参加，不感兴趣的游戏还是喜欢乱跑。在幼儿园交的朋友还是很少，不愿意主动跟同伴交流和玩耍。但是我相信作为老师，只要用心观察孩子，愿意探索孩子的内心世界，通过这样的点点滴滴与辛勤的付出，我们很快就会有所收获。爱是教育的前提，没有爱就没有教育。相信小 D 在未来的日子里会越来越棒！

我要阳光，我要爱

荆门市石化中学　李春艳

一、案例描述

小 H 经常一个人独来独往，不喜欢跟人说话，叫她回答问题也总是怯怯的。老师们找她回答问题时，她就那么愣愣地看着，一句话也不说。老师若语气稍微再重一点，她就掉眼泪。老师凑近，她就不自觉地后退，既内向又敏感。她家离学校不远，但她却在学校住读。同学们都向我投诉小 H 身上有臭味。她对同学的指责没有生气，也没有辩解，只是默默地忍受，因为她无力改变，她只有接受或者躲避，于是她越来越孤僻！冬天来了，很多住读生都打电话让家长送衣服，她没有给家长打电话，我看她穿得很单薄，表示要给她家长打电话，她说不用了。后来，我表示要给小 H 几件旧衣服，她说不要。说小学时，老师给她衣服，她爸爸不许她穿，而且还不高兴，都扔了！她爸爸的自尊让不懂事的孩子进退两难，只能默不作声地用忍受寒冷来配合她的爸爸，但是她单薄的衣服又让别的同学感到了她的"与众不同"！她什么都不说，变得越来越自卑！

二、成因分析

小 H 和她的爸爸没有住所，她的妈妈在她一岁时就和她的爸爸离婚了，她的爸爸靠卖苦力，艰难地抚养她。他爱她的女儿，他把全部的希望寄托在这个女儿身上，他愿意尽自己最大的能力让女儿享受到别人小孩该有的！但是理想是美好的，现实是残酷的！他想教育孩子好好读书，教孩子做人，可他讲不了大道理，也不知道怎么讲！他烦躁，孩子做的不满意，他就吼，就打！

爸爸的教育方式让孩子感到害怕，不敢有自己的想法！爸爸的喜怒无常让她如履薄冰，她不知道该怎么做，爸爸才会满意！孩童时，她不懂事，知道的也少，听爸爸的话就行。现在长大了，学习到的知识多了，可她又不敢忤逆爸爸，所以她变得内向，变得自卑，她害怕别人知道她的家庭，所以她封闭自己，不和别人交流，这样就可以少受伤害！

三、辅导方法

1. 用心关爱，取得信任

首先尽量帮助她解决生活上的实际困难。知道她家经济上有困难，首先帮她向学校申请免去了住宿费。后来我感觉到她的爸爸因为托管要收费而不上早晚自习后，我主动和家委会协调免去了她的托管费！知道她的爸爸没有钱没有精力去给她买衣服，我私下托人把别人家女孩成长过程中替换下来的比较新的衣服偷偷拿给她，事先我会征求孩子的意见，让她自己挑，喜欢的、合适的就要，并且我还事先和她的爸爸委婉沟通，免得她的爸爸把她拿回去的衣服扔了。知道她没有喝水的杯子，我给她买了一个新的。

2. 教她合理安排自己的生活

在我了解到她的爸爸的心理状态后，我教孩子体谅爸爸的艰辛，教她如何合理规划爸爸给的零花钱，早中餐怎么吃既省钱又有营养；我还在天气好的周末，电话提醒她把家里的床单被罩洗一下，把家里收拾一下，让家庭环境更加舒适、温馨。

3. 疏导她内心的"积怨"，引导她发现生活中的爱

时不时地，我会把她找来和她聊聊最近她和爸爸的生活状况以及爸爸的工作情况。言语中，我会透露出对她的爸爸生活不易的感叹，同时也有对她的爸爸的敬佩，这样孩子就不会因为爸爸挣得钱少而自卑，让她明白爸爸在尽自己最大的努力以及在用自己的方式来爱她，爸爸是值得尊敬的。当她向我抱怨她的爸爸喜怒无常时，我帮她分析爸爸当时的心理状态，让她理解并体谅爸爸内心的无助。

四、评估反思

她的爸爸本身情绪不稳定，当他情绪好的时候，会将孩子捧上天，情绪不好的时候则会将孩子视为出气筒。在这种环境中成长的她，自然变得战战兢兢、诚惶诚恐，她早早地学会了察言观色，为了避免惹怒爸爸，只能不停地揣测和应付，精神上承受了很大压力。久而久之，她因为得不到爱而缺乏安全感，从而产生焦虑。

小 H 在家庭中能得到的支持是有限的，作为她的老师，我会尽最大的努力去教会她正确地理解生活，理解她的爸爸，引导她感受爸爸对她的爱，同时让她体会到老师们的爱、同学们的善意，希望这样能让她正确认识这个社会的美好，形成正确的人生观和价值观！

惊人的转变

荆门市竹园小学　李春艳

一、案例描述

这是一名三年级学生。在疫情之前，是一个不爱学习、不完成作业的学生。在课堂上，他喜欢做小动作，经常不专心听讲。写作业时喜欢开小差，有时发呆，有时拨弄笔、尺子、纸张等。和同学相处时，表现得非常不友好，常为小事大打出手，把同学弄伤。

二、成因分析

他在上小学前，大多数时间由奶奶照顾。奶奶比较娇宠孙子，孩子与别人相处时，即使孩子有错，奶奶总认为孩子小，不懂事，所以听之任之，很少批评教育孩子，导致孩子我行我素，形成了随手打人，心胸狭窄，容易发脾气的坏习惯。孩子的父母也没有对孩子的不良行为引起重视，加上刚生了二宝，没有更多的精力和时间管教孩子。

三、辅导方法

1. 经常与孩子父母交流

诚恳地与家长沟通，请父母抽出时间教育孩子，发现孩子在与人交往时有不良行为就要及时耐心教育，纠正他的行为，端正他的态度。

请家长多抽出时间辅导孩子写作业，带孩子外出游玩。孩子父亲为此付出了很多，每天检查、耐心辅导孩子作业。在与小伙伴玩耍时，也及时纠正他的不良行为。孩子父母还利用空闲时间，耐心陪着孩子大声朗读有益的课外书，给孩子讲解知识和做人的道理。

2. 端正孩子的学习态度

孩子不爱学习，认为学习是一件痛苦的事，教师和家长要经常用名人故事、身边人的励志故事和生活中的小事，告诉孩子学习的重要性和必要性。

3. 从孩子自身积极因素开始引导

当我发现孩子在认真写字或听讲时，我会马上表扬他，要求其他学生向他学习。这个孩子慢慢对学习有了信心，开始认真学习。

4. 教师注重培养孩子的自尊心

上课时我经常鼓励孩子发言，无论对错，我都表扬孩子。下课后，我经常激励孩子与同学友好相处，只要孩子有一点进步，我就会及时表扬孩子。

5. 消除网络带来的负面影响

与家长进行交流，请家长给孩子观看有益的网络节目，每个星期限制观看时间。

四、评估反思

疫情后，孩子有了惊人的转变，他再也不与同学打架了。由于家长教育得力，这个孩子开始主动学习，他在日记中写道：爸爸、妈妈每天带弟弟十分辛苦，我要认真学习，做一个守纪律的好学生，为他们减轻负担。

在这个案例辅导中我有四点反思：

1. 多发现孩子身上的闪光点，关注每一个学生

教师在教育教学中要时常反省，努力克服情感障碍，做到真正喜爱每个孩子，培养提高学生的心理素质，努力发展他们的潜能和学习以外的闪光点。

2. 减轻学业负担

布置适量作业，让学生有时间阅读书籍，有时间预习或者改错并复习。

教师努力提高教学效果，尽量让学生在课堂上习得学习、做题方法。让学生转变学习态度，努力提高做题速度。让学生品尝学习的快乐。

3. 培养良好的学习习惯和个人品质

我经常利用晨会、班会表扬孩子身边同学的优点，给孩子树立好榜样。经常运用视频或者课件，对学生的习惯和品德进行潜移默化的引导。

4. 家校联系，注重方法

引导家长正确看待孩子的成绩，要多表扬少批评，耐心、细致地引导孩子去分析问题，找原因，然后确定以后努力的方向和需要改正的学习态度和方法。

在教育方法上，切忌粗暴，要以平等的心态和孩子沟通交流。请家长从辅导学习、陪同玩耍、亲自阅读、指导孩子做家务事、做适当运动等几方面教育孩子。

不要和陌生人说话

京山市孙桥镇初级中学 陈艾凤 丁萍

一、案例描述

一名女生课后找到我，希望我能和她聊聊。

师：你找我想说点什么呢？

生：我曾经在网上做兼职，虽然我现在不干了，他们做的事可能涉嫌违法，但是我的所有信息他们都知道，对我个人及家庭会有影响吗？他们叫我下载一个 APP，给了我许多人的信息，让我主动找他们联系，如果联系上了，我就提供平台，感觉是在进行诈骗。

师：你工作了多久，领到了工资吗？

生：差不多两个月吧，工资也领到了。可是我现在一天到晚都非常害怕，甚至晚上根本睡不着。

师：你在担心什么？这样多久了？

生：（她掰着手指头，眼睛根本不看我，脚在地下来回地移动着）有一个多月吧。

师：你没有遇到其他事情吗？现在只有我和你了，你是不是还有其他事情？（我反复问着她，并来到她身边）别怕，我不会泄露你任何隐私的，你可以信任我。

生：我在一月份的时候还交了一个网友。附近的人，刚开始两三个月，我们一直聊得来，他很懂我的，就因为很聊得来，所以我告诉了他我的全部的信息，包括学校、班级、年龄、家庭住址。

师：后来有什么不同了吗？

生：可是一个多月前的一天，他突然要我，他要我拍私处的照片给他，我当然不干啦。

师：对呀，你是对的。

生：可是他几次要求我，我都没答应，后来，后来（她的眼泪不知不觉地流了下来）他发了一段视频给我，并警告我说，如果不照做，那个女孩的下场就是我的下场。

师：是什么视频，你看了吗？

生：是一段女生被暴打之后被强暴的视频。我依然没有理他。他发了一张照片给我，是一张只有下半身的照片，而且就是我的照片。

师：（我惊出了一身汗，这个附近的人真可怕，难怪她恐惧害怕，夜不能寐，换作是我，也会如此。我深吸了一口气，平复了一下自己惊惧的心情，替她擦了眼泪）孩子，还好你没做傻事。这件事情，你的爸爸妈妈还不知道吧？

二、成因分析

十四五岁的女孩，正值青春花季，她们对未来有着美好的憧憬，对异性充满好奇幻想，有交友的强烈的愿望。手机网络的普及又为交友提供了便利，而这种心思，又恰好被有龌龊心理的人所利用，尤其是懂得小姑娘心思的男人，女孩太容易上当受骗。网络世界纷繁复杂，具有开放性、不确定性、交互性和超越时空性等特点，并且具有巨大的信息量和广泛的受众，这些特点为网络诈骗的迅速发展提供了温床。

三、辅导方法

我给她提了以下前四条建议，并对学校安全教育工作提出第五条、第六条建议。

第一条：删掉他所有的联系方式，也可以换掉自己的联系方式。

第二条：不独处，在校跟同学在一起，出校门跟家长在一起。

第三条：如实告知父母你所遭遇的一切，让他们重视你的安危。

第四条：做好随时报警的准备，因为这一系列行为涉及人身安危。

第五条：上报学校领导，加强校内安全巡查。

第六条：组织学生开展网络安全知识讲座，有针对性地给学生提出意见。

四、评估反思

从上述案例中可以看到，当事人的心理处在恐惧之中，需要及时获得外界的帮助。若任其发展，只会导致当事人的恐惧焦虑日趋严重，对学习和生活产生影响。但她表现的并不懦弱，懂得及时拒绝和寻求帮助。网络世界的特殊性，让人放松了戒备，网络交友成了这一时期学生的共同爱好，必须加强教育，不要轻易相信陌生人。记住，不要和陌生人说话！

烦躁的他

沙洋县西湖中学　林小艳　蔡梦莹

一、案例描述

W 同学，男，16 岁，九年级学生，性格开朗外向。父母在外地打工，哥哥在父母打工的城市上大学，他在七年级时返回老家上学，与爷爷奶奶住在一起。父母对他的学习很关心，也经常视频沟通。和很多父母一样，在了解他近期的学习状态、成绩不是太理想时，喋喋不休，并提出了一些学习上的要求。

W 说近一个月来就是无以言表的烦躁，情绪上波动很大，一点小事都能导致自己无法平静地学习。他意识到这样的变化后，首先想了一些办法自我调节，结果发现自己的方法不适合，于是来到学校心理辅导室。

二、成因分析

从时间上看，此学生的情绪问题产生、发展不到一个月，属于一般心理问题。从他的描述中可见他对自己是有自知力的，可以觉察到自己情绪的变化，并及时调整、寻求帮助，这是一种积极的表现。经过引导，他很清楚地意识到自己的"烦躁"感来自学习和恋情。

学习上的焦虑，除了和自身的状态有关之外，也接收到来自父母的"焦虑"。据了解，他在上中学之前一直跟着父母在外地上学，随着他进入初中，加上父母工作上的压力，导致他们没有精力来照看他，这才将他送回老家读书。可见，他的父母也是很焦虑的，但他们还没有意识到，于是在与他沟通的过程中，无意识地通过言语将"焦虑"传递给他。而他也自然而然地接收了这份焦虑。一则直接导致学习状态不佳，不能沉下心来学习。于是陷入了恶性循环，更加的焦虑、烦躁。二则对异性的好奇，于是自然而然的将注意力转移。那么作为焦虑的接收者，他该如何处理这份焦虑呢？

三、辅导过程

1. 收集资料

包括基本信息、家庭背景、社会支持情况、对学习以及恋情的看法、心理辅导的动力与期望。

2. 建立关系，明确辅导目标

良好的关系是辅导效果的有力保证。通过倾听、共情、接纳、无条件积极关注，让他对心理辅导产生信任感，对辅导老师产生信任感。信任，也是辅导效果的有力保证。辅导目标——舒缓焦虑情绪，从新的角度看问题。

3. 澄清情绪

通过"心情画"带领学生感受自己的情绪，并表达，然后联想与之相关的事件。涉及父母的，带领他感受父母的感受，并表达，必要时可在以后与父母的沟通中帮助他们来梳理自己的情绪。涉及恋情时，在引导梳理的过程中，他说道："我跟她说不要和男生玩，可是她不听啊。"我追问："她为什么要听你的呢？""对哦！她为什么一定要听我的呢？"他若有所思。同时，也与他探讨了在男女关系中，男女的需求有不一样的地方，男生的责任意识，以及男孩子对女孩子的尊重与保护。

4. 跟踪随访

随访中，发现他的精神面貌已有很大的不同，看不到之前的焦虑了。在课余，他也跟我探讨关于女孩子的话题。情绪是动态的，非一成不变的，用科学的方法调节情绪，让自己处于相对稳定的状态，这是我们要做的。

四、评估反思

案例中，引起学生情绪变化的事件是很明显的，两条线——学习与恋情。经过沟通引导，他对这些事件有了新的看法与思考，能够领会之前不能领会的，这是一个很好的现象。对于他的恋情，我带着一种唯美的、呵护的和欣赏的眼光来看待。因为这个年龄是最美妙的，这个时候所发生的情感是以后不可能再有的。所以我们要顺应自然的规律，顺应学生性心理发育的规律和成长的特点，做到合理地引导、科学地认识和有限地干预。让学生在这个时期有客观的认识，不去否定自己的变化。

一路向阳，静候花开

钟祥市教科院 何俊

钟祥市兰台中学 薛锐

一、案例描述

小 M，男，14 岁，独生子，初中八年级学生。复课之后，该生在校明显不合群，脾气暴躁，容易冲动，经常与同学产生冲突，上课时心事重重，复课一个月后，各科成绩均出现不同程度的下滑。

二、成因分析

小 M 是独生子，由于父母长年在外做豆腐生意，由爷爷奶奶在家照顾其饮食起居。爷爷奶奶的溺爱让小 M 形成了妄自尊大的心理，父爱母爱的缺失让他形成了自卑的心理。这种矛盾的心理状态，使得小 M 以自我为中心，且有很强的自我保护意识，时常把自己封闭起来，不愿与外界沟通。特别是新冠肺炎疫情之后，这种矛盾心理反映更加突出。

网课期间，配备手机、平板、电脑等终端设备成了学生合理要求，这些电子产品是把"双刃剑"，若合理利用则事半功倍，反之将问题重重。小 M 整日把自己锁在房间内，一边开着电脑上网课，一边拿着手机玩游戏、刷抖音，父母敲门，小 M 以上课为由拒绝他们入内。

在新冠肺炎疫情居家隔离期间，父母没有了收入，还面临囤积的大豆等农产品即将变质，摊位、加工坊高额的租金等系列问题，负担剧增。鸡毛蒜皮的小事便使得家庭硝烟四起，更无从谈起对孩子耐心疏导了，通常以简单、粗暴的教育方法来解决问题。小 M 正处于世界观、人生观、价值观的形成时期，疫情期间受家庭氛围的影响，使得他显现出隐性的焦虑、孤僻、叛逆等问题。

三、辅导方法

1. 适时心理疏导，对症下药调心态

针对小 M 开学后因为焦虑、失眠出现的厌学情绪，我建议家长带他到医院检查，采取药物治疗加心理辅导的方法，帮助他克服焦虑情绪。当我了解到他情绪化、自控能力差是因为强烈的自尊心而产生的过激保护行为后，我鼓励他敞开心扉，学会调节，学会奉献，学会包容，主动融入集体生活，做大家欢迎的一份子。潜移默化的教育引导，减轻了他的心理压力，使他的情绪日趋稳定，基本没有再出现过激行为。

2. 跟进家庭教育，家校融合增温情

作为班主任，时刻关注孩子的一举一动，经常与其家长交谈，互相交换意见，希望家长配合学校和老师，共同关注孩子的成长。在家庭教育方法上，建议家长不要急功近利，要根据孩子的现状，改变教育方法，多点耐心，多鼓励，为孩子营造一个温馨、轻松、充满爱的家庭氛围。通过我的引导和家长的努力，孩子与父母之间的隔阂渐渐少了，家长开始尊重孩子的想法，小 M 也愿意主动和家人沟通，聆听家长的建议，渐渐恢复了自尊、自信的心理。

3. 进行行为干预，注意转移戒网瘾

我利用他在信息技术方面的特长，鼓励他参加"万众一心，抗疫有情"中小学生绘画、摄影、微视频竞赛活动，引导他从网络走向现实，正确认识信息技术的工具性，逐步养成良好的信息素养，为自己服务，为社会服务。为进一步转移他的注意力，我特意让他加入班级篮球队，让他在团队项目中，增强合作意识，学会融入集体，培养新的兴趣爱好。

四、评估反思

通过教师、家长、同学们的共同努力，小 M 暴躁、焦虑的情绪有了较好的控制，对自己的不良行为也有了较好的约束能力，能主动融入集体，课堂上开始主动举手发言，学习积极性有了提高，成绩进步明显，课间经常能看到他和同学们说笑的身影。

八年级的孩子处于青春期的叛逆阶段，家庭教育要方法得当，才会切实有效。家长对孩子不仅要有生活上的关心，更要讲究教育方式，帮助孩子找到改正错误的方法，促进孩子健康成长。

云卷云舒处，花谢花开来。我相信小 M 经历了这一挫折，一定会在人生旅途上一路向阳，用积极乐观的心态面对生活中的纷纷扰扰。我也会静静地等待，蹲守每一株草绿，喜迎每一树花开。

接受自我

高新区·掇刀区麻城镇雷集小学　郑成

一、案例描述

Y，男，10 岁，三年级学生，3 岁在浙江入幼儿园时因为调皮，幼儿园拒收。之后回乡随祖父母及太祖父生活，平日里，卫生习惯差，喜欢在学校垃圾堆附近闲逛，经常不完成家庭作业。在家长和老师批评后，喜欢说"我不活了"。经常跟同学闹矛盾，不受同学欢迎。

二、成因分析

Y 从小随祖父母及太祖父生活，父母外出务工。每次上下学都是 Y 的太爷爷接送，对于重孙子的管教几乎为零。奶奶照顾饮食起居，只关心孩子的生活，对于学习及日常习惯无暇问及。爷爷也要忙于生计，早出晚归。父母在外打工，只有过年才能回来，平日里偶尔视频电话，对孩子的关心太少。导致孩子不能感受到父母对自己的关爱。由于隔代亲，祖父母对孩子溺爱，Y 过着衣来伸手饭来张口的日子，导致孩子惰性强、意志力薄弱，学习成绩差、生活习惯差。又因长得胖，经常受到同学们的嘲笑，产生了自卑心理。心理上的失衡，让其经常与同学之间产生矛盾。

三、辅导方法

1. 做好家校沟通

我经常与 Y 的爸爸微信沟通，告知孩子近期在学校的表现。希望父母能经常与孩子视频沟通，了解孩子的学习、生活情况，让孩子时刻感受到，即使父母不在身边，父母的爱也会永远陪伴自己。同时，也与爷爷奶奶达成共识，督促孩子的习惯养成，正确认识"隔代亲"。

2. 坚持欣赏式教育，尊重、爱护学生

只要 Y 有一点进步或者表现好的地方，我就抓住时机表扬，让其他同学也能感受到 Y 在进步，也能欣赏到 Y 的努力和改变。

3. 搭建同学之间爱的桥梁

Y 有点儿胖，经常遭到同学们的嘲笑，Y 不开心就搞破坏。每当我问起原因的时候，他总是跟我说："他们老是笑我，说我。"为了改变 Y，改变同学们对他的看法。我在班上举行了《夸夸我》为主题的班会活动，让同桌之间、前后桌间、班级同学之间相互夸一夸。这样同学们不仅能看到自己的优点，也能了解同学之间的优点，增进同学之间的情谊。我也经常开展一些小活动，使孩子们深入思考各种面对自卑与他人嘲笑的方法，强化学生取悦自我，建立阳光向上的心态。

4. 让爱浇灌学生，做学生的指路人

我经常与 Y 沟通谈心，了解 Y 心里在想些什么，了解他真正需要什么，对他有时候出现的不恰当的行为表示理解，但也给出相应的改正的理由，这样一来，Y 知道老师是站在他的角度思考，也愿意跟我交谈。每当处理孩子们的事时，我时刻提醒自己，对事不对人，一定要公平地对待每一个孩子。在 Y 出现调皮捣蛋的行为时，我总是带着一颗宽厚的心去教育他。

5. 坚持"扶贫""扶智"与"扶志"相结合

坚持做到在生活上帮助 Y "扶贫"，在学习上"扶智"，帮助 Y 建立学习信心，让他知道"我能行"。除了谈心，我经常放学后单独辅导 Y 的作业，并跟他约定放学回家一定要多阅读一些课外书籍，扩展自己的知识面。经过一段时间，Y 能够自己回家独立完成家庭作业，还懂得帮助奶奶干一些家务活。在平常的学习生活中，帮助 Y 树立自己的理想，并朝着梦想奔跑。

四、评估反思

经过一段时间的辅导，Y 有了很大的改变，能主动完成作业，也不去垃圾堆附近了，直到放学还能见一身干净的衣服。

"罗森塔尔效应"告诉我们：只要教师真心爱学生，并让他们感受到这种爱，相信自己是可以的，他们就能以极大的努力向着教师所期望的方向发展。对于这些自卑的孩子，作为老师要给予更多的关爱，要让他们感到"我能行"。所以教育工作者只有带着爱做教育，我们的教育事业才会有温度、有故事。

做自己情绪的主人

钟祥市石牌镇胡冲小学　胡金秀

一、案例介绍

H，男，小学二年级学生。他成绩中上等，智商一般。一场突如其来的新冠肺炎疫情，使他变得粗暴、恐惧、喜怒无常。他以自我为中心，在学校里，不愿受到一点委屈，但又经常欺负比自己更弱小的同学。他逆反心强，在情绪不佳时，老师让改作业本上做错的数学题，他也会当着同学、老师的面摔本子。懒于学习、不思读书，沉迷于手机游戏。

二、案例分析

H父母感情不和，从小都是爷爷奶奶照顾，爷爷奶奶对其无比宠爱，不管要求是否合理，只要孩子开口总是有求必应，甚至会纵容孩子。反映孩子的问题，家长总是为孩子的这些不良行为寻找各种理由，以敷衍的态度对待。当老师告诉家长孩子把手机带到学校偷偷玩时，家长说一学期的网课让他养成了玩手机的习惯，管不住他。

我发现他疫情期间长期受焦虑、恐惧等负面情绪影响，过重的心理负担使他没有了正确的价值取向，导致其在开学后不能正确处理亲人及同学间的关系。沉迷于网络游戏使他更加不愿意和同学接触，这导致他有时需要欺负弱小来发泄情绪。这样往往又使他陷入错误的恶性循环之中，严重影响了他的身心健康发展。

在学校里，老师们都了解他家的情况，都想帮助他，但因为他情绪波动大，家长不配合，很多老师失去了耐心。久而久之H便否定了自己的一些行为和想法，慢慢不相信自己的能力与水平，逐渐产生失落感，同时，他又不甘寂寞，便表现出一些反常的行为来宣泄自己的情绪。

133

三、辅导方法

1. 加强家校联系

家长是孩子的第一任教师，家庭的影响对学生心理品质的形成具有重要作用，家长的一言一行直接影响子女的心理品质。因此，我加强与其家庭联系，让其父母认识到家庭教育的重要性。我多次进行家访，耐心做他的父亲及爷爷奶奶的思想工作，告诉他们疫情后，不仅需要关心孩子的身体健康，也需要关注孩子的心理动态。可以每天晚上抽出时间与孩子"谈心"，把说话的机会留给孩子，让孩子敞开心扉，尽情表达自己，不做过多评判，了解孩子这段时间的感受和困惑，给予孩子需要的帮助。放学后让孩子在开放的空间里尽情地舒展身心，休息日陪孩子进行一些亲子活动，让孩子在蓝天下、草地上晒太阳，亲近大自然。还可以带着孩子一起做家务、搞卫生。让孩子的生活被有趣的游戏与活动占据，这非常有利于分散他们的注意力，从而体会当下生活的乐趣。经过多次推心置腹的交谈，其家庭教育方法发生了比较大的变化，孩子的心理发生了微妙的变化，待人处世的态度有了一定的转变，并重新燃起了对学习的兴趣。

2. 班级架起爱心桥

我对 H 同学给予了更多的体贴和关怀，常与他进行交流谈话，谈理想，谈未来，谈人际交往，拉近师生之间的距离。在班级中，提倡"班干部轮换制""组长负责制"，在经过一番激励之后，H 也积极投入到班级管理中来，从班级的小组长开始，他对自己、对同学、对事情的看法有了明显的变化，学习积极性也提高了，再也没有出现欺负弱小的事情了，学习成绩也在不断提高，下课能主动与同学交往、做游戏，他终于从网络游戏中走出来了。

四、评估反思

针对类似 H 这样的学生，父母要帮助孩子控制好利用手机的时间，千万不能让孩子做"手机的奴隶"。老师也要及时发现学生的优点，以真诚的微笑、关切的眼神、鼓励的话语、看似不经意的表扬等向学生巧妙暗示，让他们了解自己的长处，看到自己的能力，树立自信。同时学校组织开展丰富多彩的实践活动，使学生在活动中经受磨炼，通过积极克服活动中不断出现的困难，锻炼自己的意志，形成自强不息、坚韧不拔的心理品质。做自己情绪的主人，培养完善的人格。

疫情下的亲子关系问题

沙洋县沙洋中学 韩璐

一、案例描述

因受新冠肺炎疫情影响，学校网上教学期间接到一学生来电。大概两三周前，他写作业写到很晚，爸爸说他磨磨蹭蹭，指责他学习效率低下，没有时间观念，学了这么长时间还不如不学。妈妈也在旁边煽风点火，爸爸在妈妈的助功下开始变本加厉地指责他没有生活自理能力，干什么都不会等等，他听到这里也火了，跟父母怼上了，狠狠地扔了作业本，衣服一脱自己捂到被子里，哭得都快断气了。他感觉自己就是个不折不扣的废物，干啥啥不好，弄啥啥不行。后来父母又来安慰他，可是他已经完全听不进去，只想离父母越远越好，甚至想自杀，喉咙已经嘶哑了，他大声吼，让父母出去睡觉，别管他。

二、成因分析

来访者正处于青春期，也是人生的第二反抗期，具有"逆反效应"的特征，情绪易波动，对外界刺激较敏感。

由于新冠肺炎疫情，全国家家户户不得不都封闭在狭小的空间里，"物体太近必然产生摩擦"，亲子关系紧张成了一种普遍现象。父母的教育方法不当，理解和关爱太少，没能做到共情、充分倾听孩子的心声，加剧了亲子矛盾。

三、辅导方法

（1）商定咨询目标，缓解来访者的负面情绪，建立其良好的心态。

（2）运用倾听、重述、情感反应等技巧协助来访者深入探索，并对他表达了共情和理解，建立良好的咨访关系。向来访者宣教很多学生疫情期间在家上网课都是类似情况，这是正常人遇到不正常事件的正常反应。将此事件正常化，降低来访者的焦虑感。同时，进行适当的自我暴露，告诉他，即使心理老师年龄这么大了，在家里也一样会与父母产生冲突，如果处在来访者这个年纪，不一定比他处理得更好，深度共情来访者，让其意识到，他的痛苦有社会文化大环境问题、长辈的认知水平不够的问题，这不是他的错。想走出原生家庭的魔咒，真正破题的关键恰巧在于不强求和解。

（3）向来访者宣教情绪 ABC 理论，让其了解真正影响你情绪的不是事件本身，而是你看待事件的角度。疫情期间几乎全国 99% 的家庭都矛盾激化，那区别就在于如何去积极冷静地应对问题、解决问题。也许对自己的要求过高、过于绝对化？也许这件事并没有你想象得那么糟糕？能否从这件事情中找到一些积极点，挖掘出一些对自己有利的地方？如果你能够矫正你今日的不合理信念B，就能够成就一个新的良好状态 C。

（4）引导来访者重塑希望，"其他人难过或绝望的时候会停下来，而你难过的时候还能继续表达自己，还有向外界寻求帮助的能力，这正说明了你生命力的强大"。帮助来访者找回自我掌控感。

四、评估反思

咨询结束后，来访者说："谢谢老师，我的心情好多了。"还给笔者发了一连串的表情包，看样子与咨询之前相比确实轻松了不少。

事后，来访者的班主任反馈咨询效果较好，该生能正常步入学习轨道。来访者的求助能力比较强，笔者在咨询结束时说"有什么问题随时欢迎继续咨询我"，但来访者事后没有再咨询笔者，说明他已经学会了一定的自我调节方法，状态相比咨询前也有所好转。笔者在辅导过程中主要运用了认知行为疗法、危机干预等心理疏导方式，咨询目标基本实现。

对疫情下亲子关系的反思：疫情期间，亲子关系紧张，父母过度焦虑，孩子和父母对抗，在有些家庭中已成为常态。其实所有的根源都在父母那里。亲子关系中真正该受教育的是父母，可惜家长们不会有这样的觉察，他们只看到孩子出现问题，然后恨铁不成钢。所有的负面情绪涌上来针对孩子一通发泄，只会让情况变得更糟。恶性循环形成结，解决起来更难。青春期的孩子都是以"自我为中心"，反抗心理普遍存在，要求独立自主，追求平等、个性，有各种挣扎和反抗的行为。家长要能因势利导，持之以恒地引导，而不是以家长权威压制、训斥。

建议家长们能更加关注孩子的精神世界，给予理解和陪伴，燃烧孩子希望的火苗。

疫情后心理辅导案例分析

钟祥市洋梓镇大桥小学　高铭　吴孝迷

一、案例介绍

小Y是一名五年级男同学，个头比较小，智力正常，成绩较差，易怒，爱哭。网课学习期间，他不能按时完成作业。九月份开学的第一天，小Y迟迟未到校报名，快到中午时，泪眼汪汪的小Y不情愿地被他妈妈送进教室。当天下午，小Y在教室里号啕大哭，说在学校不适应，要回家，给他做了半天的思想工作，才消停下来。第二周的星期一返校时，小Y死死抱着学校大门，边哭边喊："我要回家！我不要上学！"奶奶要拉他进校，他就用拳头捶打奶奶，后来见奶奶要走，便用头撞门、撞地。无奈，只好让家长把他带回家。

二、成因分析

据了解，小Y家庭条件一般，父母离异。父亲在外地打工，很少回家，母亲在距离较近的县城工作，偶尔会回家看他。小Y跟着奶奶在乡下生活，奶奶十分宠爱他，对他几乎是言听计从。小Y不顺心时就打骂奶奶，有时还会使用刀棍等危险工具。时间长了，养成了孤僻、不爱与人交往、易怒、"说不得"的性格。因为疫情，在家度过了大半年的"漫长"假期，小Y打着上网课的由头，经常玩暴力武打类网络游戏，攻击欲望增强。返校学习让其感到不能接受，无法适应。

三、辅导方法

1. 家校联合，双管齐下

我把他的父母请来，详细地阐述与分析了小Y在校的表现及原因，与他们交流，反馈情况，共同商量解决孩子不良心理状况的办法，建议家长选择适当的教育方式，经过长时间的沟通，在如何教育小 Y 的问题上，我们逐步达成了一致意见。用温情和儿子沟通，多花些时间和精力来陪伴小 Y，多关心一下小 Y 的学习和生活，多与孩子交流思想。引导小 Y 减少玩手机的次数，增加一些既有教育意义，孩子又喜欢的书报。同时，也劝告小 Y 奶奶应当爱之有度，不能太娇惯，该惩罚时就惩罚。当孩子的坏习惯逐渐改变时，要及时给予表扬、激励，并用奖励的方法给孩子买些学习用具、玩具等，从正面对孩子的行为予以肯定。

2. 激励教育，循循善诱

"师爱是教育的基础。"我积极地与孩子沟通交流，耐心启发和引导他，以说理的方式让他知道自己的哪些行为是不良的，不仅对自己没有好处，还会伤害很多人。为了让小 Y 感受学校的温暖，我在课余时间经常有意无意地找小 Y 闲谈；中午在校午睡时，帮他盖被子；课后让他帮我收作业、发作业本。小 Y 觉得自己是集体中一个重要的成员，开始对自己有了新要求，知道该怎样做，才能得到老师和同学们的喜爱。

3. 集体教育，自律自强

这学期开始，我在班级里进行了小组积分制活动管理实践，小组成员可以在学习、纪律、卫生等方面为小组增加分值，反之，则减分。与此同时我还为小 Y 安排了一位负责细心的组长坐在他的旁边帮助他。遇到问题时，不激怒他，而要冷静地去处理。我告诉小 Y 如果一周内能按时到校，没有攻击性行为就可以为自己的小组加分。

四、评估反思

通过近两个月的辅导，我惊喜地发现小 Y 同学的情况明显好转，他现在已经逐步学会控制自己的情绪，不再乱发脾气，也没有出现不愿上学的现象。下课能主动与同学交往、做游戏，能按时完成作业。家长也反映在家学习主动，乐于把班级的事讲给父母听。

面对小 Y 的改变，让我更加认识到激励的作用、集体的力量以及家校沟通的重要性。因而，针对类似小 Y 这样的学生要循循善诱，不可操之过急，老师不要把注意力集中在孩子的不良表现上，要更多地关注孩子的优点和特长，慢慢地引导其转变看待周围事物的思想，将自己融入集体中去，一点点感受大家给他的善意，并且通过多元评价、活动参与，使其自信自强。同时，还要与家庭多沟通交流，更好地教育管理学生，从而让学生将自己的注意力转移到家人、老师、同伴上来，最终消除与所有人的隔阂，快乐健康地成长。

偏差行为矫正

漳河新区双喜小学　方秀兰

一、案例描述

Q，单亲家庭，调皮淘气中透着可爱，智力正常。他做事无持续性，自我约束力差，课堂上不听讲的现象很严重，甚至不受课堂纪律的约束，有时还情不自禁地大声说话，我行我素，课堂外爱惹是生非。对该学生留心观察后发现以上种种行为并非出自其主观意愿。他总是能不自觉地做出许多令人意外的事情，对待老师任何提问皆以"不知道"搪塞过去，注意力不集中，爱自言自语，总是沉浸在自己的世界里无法自拔，而且还伴有严重的多动症。作业几乎不写，即使写了也是敷衍了事。

二、成因分析

Q长期与父亲生活在一起，父爱如山，母爱如水，父母双方的爱是相辅相成的，所以仅靠父亲单方面的爱是远远不够的，再加上父亲的教育方式让孩子变得比较任性，在家里不受父亲约束与管教，久而久之，孩子的自制力变得非常差。童年的不幸加上与其他孩子的对比，让他因为缺少母爱所带来的伤害进一步加深。孩子渴望得到关怀，他会用尽一切办法以达到引起他人注意的目的，因为孩了还小，所以在他的认知里他不会考虑做的对或者做的错，他就是要这样做。

三、辅导方法

1. 春风化雨，疏导教育

对Q，我采用"曲径通幽"的方式，以一种委婉的方式润物细无声地让他感受来自身边的各种爱。要特别注意孩子的自尊心，避免直接批评，不与他发生正面冲突，要让他知道他并不是老师眼中的"坏孩子"。

当他犯错时，不当着其他孩子的面批评或者训斥他，与他进行单独交谈时动之以情，晓之以理，引导他去做正确的事，让他学会分辨是非，然后一步步地从内心深处意识到自己的错误，再进行改正。鼓励他积极参加班集体的活动，在活动中寻找快乐，净化心灵，收获温暖。

2. 因势利导，扬长避短

因材施教，善于发现孩子的闪光点。Q 在数学方面有一定的天赋，所以要利用这一点优势并逐渐放大。在班级里成立数学帮困组，并且让他担任组长，当他身上有了一定的责任，那么他就会再接再厉，把更多心思和时间放到自己的爱好和感兴趣的事情上，老师的信赖、同学的支持使他的态度发生了很大的转变。持续、不断地对他进行表扬、鼓励，培养他完成作业的自觉性，逐渐让他改掉写作业拖沓的毛病。

3. 对症下药，主动配合

家校合作，联系他的家长了解 Q 在家里的表现，交换教育孩子方法，将 Q 的进步及时地反馈给他的父亲，与他的父亲进行思想沟通，在孩子的教育问题上达成共识，以便对症下药。

针对孩子注意力不集中、自制力差的问题，与他的父亲一起商量对策，找到正确的并且切实可行的方法帮助孩子解决问题。对于家庭环境的改变则是引导和指导孩子父亲多看一些家庭教育相关的书籍，教育孩子的前提一定是先教育自己，打铁还需自身硬。

让孩子的父亲把孩子的注意力引到学习上，启发、诱导他走出错误的心理误区。创造良好、民主的家庭环境，和孩子交朋友，多鼓励、表扬，少批评、责骂，合理对待孩子的需求，不挫伤他的自尊心，尊重他，信任他。抽时间带孩子到大自然去呼吸新鲜空气，为孩子安排有意义的生日庆祝会，设计各种温馨的家庭活动，利用亲情来感化他，慢慢消除他的对立情绪。

四、评估反思

我们在平时的教学中一定要给孩子更多的关爱、呵护，不能训斥、指责，一棒子打死。老师要用爱心去滋润孩子幼小的心灵，细心捕捉孩子的闪光点，从关心、爱护学生入手，帮助他敞开闭锁的心扉，了解自己、接纳自己，并鼓励他改进自己。经过努力，Q 的行为有所收敛，约束力有所增强，但时常还会犯毛病，我想这也是正常的。只要我们认真对待每一个孩子，认真关心每一个孩子，相信任何问题都是有解决的方法的。

网课后学生逆反心理疏导

钟祥市龙山实验学校　张欣

钟祥市磷矿实验学校　丁林

一、案例描述

A 学生，女，10 岁，学习成绩较差，性格倔强，自尊心强。

新学期开始不久，A 学生开始不写作业，课堂上也不听讲，不做笔记。以往虽然成绩不理想，但学习态度还是比较端正的，该完成的作业都能按时完成。对该生进行说服教育效果不理想，语气严厉时她会一直用眼睛直视着老师，一副非常不服气的样子。

二、成因分析

网课期间，由于师生无法面对面有针对性地进行辅导，导致她在学习上很吃力。加上该年龄段学生普遍自制力不强，父母又没有很好地监督和辅导，从而放弃学习，迷上手机。越不学，越跟不上，越跟不上，越不想学，形成了恶性循环。

A 学生家庭贫困，父亲整天忙于挣钱，很少有时间和她交流，遇到问题就会斥责、谩骂。而她的母亲则把大部分的时间花在了照顾生病的姐姐身上，也忽视了对 A 学生的思想教育。再加上父母文化程度不高，对待孩子没有正确的教育方式，教育行为简单粗暴，动辄打骂，气极了还会多次撕掉孩子的作业，完全没有给予孩子最起码的尊重。有一次在网课上 A 学生又在偷偷玩手机，家长发现后非常生气，直接当着全体师生的面说："老师，她简直无可救药了，反正学不进去，你以后就不用管她了。"

三、辅导方法

1. 争取家长的主动配合

首先和家长取得联系，了解 A 学生的家庭情况和在家里的表现，与家长沟通，在孩子教育问题上达成共识。

2. 改善家庭教育环境

和家长就孩子的问题进行沟通，让家长意识到自身的问题，帮助家长创造民主、平等的家庭氛围。多鼓励表扬，少批评责骂，合理对待孩子的需求，多听听孩子的倾诉，不挫伤她的自尊心。尊重她、相信她、帮助她、肯定她，多陪伴她，用温和的方式感化她，慢慢消除她的敌对心理。

3. 根据学生自身情况制定学习方案

由于该生基础薄弱，老师不能要求她和所有同学在同一个标准线上。要因材施教，对她降低要求，先完成基础知识的学习，待掌握后再慢慢拔高，增强她的学习自信心。另外利用她做事利落的优势，让其担任劳动委员，让她感受到老师的重视、同学的支持，从而收获自己在班集体中的价值感。

4. 坚持疏导教育

对 A 学生进行教育时，要避免直接批评，不与其发生冲突，尤其不当着全班同学的面点名批评，充分保护她的自尊心。与她交谈时要春风化雨，以柔克刚，像朋友一样关心她，动之以情，晓之以理，慢慢去感化她。

5. 本人的自我调节

指导 A 学生阅读一些伟人、科学家成功事例的书刊，开阔视野，不断激励，使她明白只有胸怀宽广，能接受他人意见的人才能成就伟大的事业。把注意力引到学习上，启发、引导她走出错误的心理误区。

6. 经常、持久地进行心理辅导

A 学生的逆反心理不是一两次说服教育就可消除的，要反复抓，抓反复，平时多留意观察她的情绪变化，经常与她交流、沟通，深入了解她的内心世界，帮助其解决生活、学习中的烦恼，让她信任老师，信任身边的人。

四、评估反思

通过一段时间的家校配合辅导，该生的逆反心理有所改善，与老师和家长的关系缓和了，和同学们相处得更融洽了，整个人也变得活泼起来。学习态度端正了许多，慢慢找回了自信，成绩也有所提高。这个案例让我们认识到家庭教育方式的重要性，过激的教育行为只会适得其反。同时教师也不能对所有学生用统一标准来要求，要充分了解学生的具体情况，因材施教。

走出"网络"困境

京山市三阳镇初级中学　李德清　涂妍

一、案例概述

A 同学，13 岁，父母常年在外务工，爷爷奶奶负责照顾其生活。他性格内向，缺乏自信，平时言语不多，课堂上也比较沉默。A 同学头脑聪明，专注力强，热爱阅读，成绩名列前茅。但是从开始上网课起，A 同学的问题就接踵而来。首先是学习上，网课期间多次缺课，作业不按时完成，网络教学对他来说形同虚设，多次沟通均是消极应对。开学后更是意志消沉，无法从相对"宽松"的网课过渡到紧张的课堂学习生活中来，成绩因此一落千丈。

二、成因分析

（1）在新冠肺炎疫情期间，学生往往倾向于采用消极的方式应对网课，较少主动向他人获取支持。由于乡村很多留守学生，平时与父母缺乏沟通，爷爷奶奶年纪大，除了生活上的照顾，心理上的安慰很少能顾及到，无法满足这个年龄段孩子的心理需求。这些因素导致他们获取社会支持的形式和渠道有限，自身面对的压力与困难无法得到有效的释放和疏导，从而将情绪压抑在心中，无处宣泄。

（2）疫情网课的需要，让学生与互联网建立起紧密的联系。网络世界巨大信息量带来的冲击，对自控力不强的孩子无疑是一种巨大的挑战，短视频和网络游戏瞬间带走了他们的注意力，从而影响孩子做出正确的价值判断。因此，本来就沉默寡言的 A 同学马上将自己精神救赎彻底转移到了互联网上。开学后，这种对互联网高度依赖的惯性，使得他在上课时精神萎靡不振，并抓住一切可能的机会继续在网络世界寻找所谓的"成就感"。

三、辅导方法

1. 个别会谈

借助学校心理咨询室轻松的环境与 A 同学进行谈话，了解他的所思所想，得知他由于网课期间对学习的疏忽产生很大的心理压力，觉得前途无望，有破罐子破摔的想法。作为老师要帮助他解开心结，鼓励他从现在开始努力一切都还不晚，重塑他对于学习的自信心。

2. 争取家庭的积极配合

针对 A 同学的情况与家长做了深入的交流。其母亲同意暂缓外出打工，在家陪伴孩子，并与孩子敞开心扉地交谈，用爱感化。假期多带孩子外出游玩，不仅增进了感情，还改变了 A 同学仅从网络这单一渠道获得"安慰"的现状。

3. 利用班会进行心理辅导

A 同学的情况在乡村学校绝不是个例，因此组织心理教育的主题班会就显得尤为重要。创造这种仪式感和氛围，帮助他们打开心扉，让孤独、恐惧、绝望的情绪都释放出来，学会与自己和解，正确地与这个社会相处。

4. 写日记、读好书，挖掘个人潜能

A 同学对于文学有着强烈爱好，通过写日记来抒发情感、释放情绪无疑是一个很好的选择。通过日记的形式，更有利于他了解自己的想法，树立自己的目标，与自己的内心达成和解。

四、评估反思

通过以上措施的干预，A 同学的内心发生了许多变化。在经历了这些变化之后，他对于父母、老师和自己的将来都有了一个更加清晰的认识，希望这些能有助于他的成长。但是当我回过头，细细琢磨时，却又有了一些反思：

（1）初中生的心理问题较多地存在于有特殊家庭背景的学生群体中，如父母离异、单亲、留守儿童、有巨大变故的家庭。这一群体应是我们特别关注的对象，要给予特别的关爱。

（2）心理疏导要有耐心。允许学生在心理上出现偏差，同时要给予纠正偏差的时间，耐心等待。这期间有一两次的反复很正常。"犯错误"是孩子成长中的必修课，只有修够一定的课时，他才能真正获得举一反三、自我完善的能力。"过失"与"成长"具有同等的正面教育价值。

（3）在和学生交流的过程中，我了解大多数孩子并不愿意被家长和老师"控制"，但又不能很好地实现自控。我们能做的就是帮助孩子们在"自控"与"他控"之间寻找一个平衡点。

"问题学生"转型记

钟祥市郢中街办新堤小学　陈祥　李进

一、个案描述

小 Q，男，11 岁，父母常年在外务工，离异。小 Q 从小就自由散漫，他常年和外公外婆生活，老人过于溺爱且"管不住"他。网课期间，在母亲棍棒打压下，勉强完成听课，但是作业经常不提交。平常在校爱充"老大"，总是惹是生非，给班上添乱。复课不到一周，小 Q 明显比以前更加暴躁易怒。

二、成因分析

首先，在既往的教育过程中，孩子的不良特性已经在老师心中定性了。老师忙于应付孩子不良行为带来的后果，根本无暇顾及用发展的眼光去看待孩子的性格发展，更不用说引领和塑造其人格了，这导致学生沿袭秉性逆向生长，成为一个渐行渐远的"反面人物"；其次，从家庭角度来看，新冠肺炎疫情下的小 Q 好不容易和母亲有数月的"亲密接触"，但是母亲爱子心切，忽视孩子长期以来亲情的缺失，一味地批评呵斥，小 Q 不仅没有感受到爱，还积攒了许多负能量。

三、辅导方法

大家一致认为，小 Q 的"凭啥叫我炸弹，我会炸了你们的"言行会给学校、班级管理埋下"隐患"。这是一个要求心理矫正先行于行为规范教育的过程，一个能够被称之为"炸弹"的学生，大多是有个性的学生，他的心中一定有着一股蛮劲儿，而这股蛮劲儿就是一种潜在的能量。如何把这股能量转化为成长的健康动力，引导方式非常重要。如果学生首先有个"我是坏学生"的自我心理暗示，这能量就极容易转化为负动力。反之教师巧妙引导，学生的蛮劲儿就能转化为成长的正能量。结合小 Q 的心理状态，我对其实施了五个步骤的辅导矫正。

（1）开学第一节班会课，找小Q"收心"。除去常规的师生交流之外，重点以《不离不弃，共享阳光》为题开展一次演讲。演讲过程中，小Q沉思了，整整一节课都没有说话。演讲的目的就是希望从心底唤醒小Q的向上意识，使其知晓无论是哪类学生，分享健康的教育、享受教育的快乐是他们应有的权利。

（2）学校升旗手轮换，让小Q"露脸"。第一次做升旗手，小Q出现了从未有过的紧张状态。通过"不定期轮换制"管理，促使学生时刻珍惜荣誉、不断创造荣誉。小Q明白了，获得这样的露脸机会本身就是一种荣誉。

（3）实施班级活动临时承包模式，给予小Q"展示"机会。老师巧妙把控，不出意外地让小Q与班长一起承担起班级晨午检任务。他每天热情地为同学们测量体温并做好记录。通过整个活动的完成，小Q最大化展示他的能力，从而懂得集体与个人的关系，懂得相互协作、互相包容。

（4）召开"找优点"主题班会，呼唤小Q"回归"。号召全体同学"直击"小Q，辨证地寻找他的长处。原来自己在大家眼里有如此多的"好"，小Q激动地流泪了。通过列举小Q的优点，他的心回归到集体的温暖之中。

（5）师生交流谈话，与小Q"交心"。总结近期的进步变化，同时回顾前期的过失，使小Q反思、悔过，逐渐理解和包容家人的过激行为。

四、评估反思

不足两个月，那个"炸弹"学生好像突然消失了，取而代之的是一个活泼健康、积极向上的班级"领头羊"。我也得到了小Q家人的信息反馈，说他比原来安静了许多，也讲理了许多。

（1）"问题学生"的心理矫正是一个自然发展的生态过程，不可一蹴而就。学生的转型建立在老师的耐心之上，教师的心境必须朴实一些，安静一些。只要教师沉浸下来，给"炸弹"学生的能量寻找一个积极的爆发点，我们看到的就不会是硝烟和战火，而是一抹绚丽的色彩和一股震撼的力量。

（2）新冠肺炎疫情是人类发展史上百年不遇的一场灾难，对学生造成的心理阴影是难以数计的。小Q在长达数月的身心"禁闭"之后，越发加重了之前的情绪急躁和心理紊乱，稍有不慎便会情绪燃烧、爆炸。在新冠肺炎疫情形势依然严峻的当下，教师与学生的交流沟通理当导之据理，行之有序，疏之含情。在未来，我们还有可能遇到其他不同形式的自然或人为灾难，引导学生应对环境挑战、形成抗挫抗压能力，是每个教师必须练就的基本功。

学生网课焦虑辅导案例

京山市三阳镇第一初级中学　李俊

一、案例描述

A 同学，性格内向，认真好学，成绩优异。新冠肺炎疫情期间她跟我讲述了她的烦恼：自从妈妈去世后，自己一度处于崩溃的边缘，加上性格内向，与同学交流少，内心孤独而无助。爸爸要求她必须考上重点高中，老师也给予了很高期望，她感到压力倍增。原本很擅长的英语考试，在最近几次测试中成绩并不理想。她开始怀疑自己的能力，一上英语课就头痛，还害怕写英语作文，注意力很难集中，甚至有时睡不着觉。这种状况已经严重影响其他学科学习，成绩也大幅度下降。现在一听到考试就害怕，甚至有了离家出走的想法。

二、成因分析

对照考试焦虑行为特征，结合 A 同学的陈述，我认为她的心理属于严重的考试焦虑症状。分析如下。

1. 把考试分数看得高于一切

A 同学认为学习的目的是考试，将考试成绩作为衡量自己的唯一标准，导致她在学习和考试过程中出现不必要的担忧。

2. 家长和老师的期望变成了无形的压力

A 同学是单亲家庭，家庭经济状况不好，考上好的高中，进入好的大学成为她改变命运的唯一途径。"学习不好就找不到好工作"，这是她爸爸经常挂在嘴边的话。同时，学校老师也过分强调应试教育，加重了她的心理负担。

3. 心理脆弱，不能承受挫折

A 同学成绩一直优异，进入九年级，学习任务重，知识难度增加，再加上网课是一种全新的学习方式，一时难以适应。偶尔遇到一两次的考试失误，就意志消沉，丧失信心，抗压能力不强。

三、辅导方法

1. 帮助改变认知事物角度，分清利弊，积极向上

首先，引导 A 同学正确看待考试焦虑。考试焦虑是每个人都有的一种心理，适度的焦虑状态有利于考试，但要正确对待和适当调整好自己的心态；其次，正确认识考试的分数。要让她明白，考试只是考查自己过去的学习情况，要用积极的心态去面对，不能因为一次考得不好就否定自己的一切。要看到挫折带来的积极效应，失败后认真总结经验、弥补缺漏，为进一步提高成绩奠好基石；最后，正确看待别人的评价。

2. 介绍一些克服考试焦虑的技巧

首先，以积极的心态面对一切。必须引导其进行积极的自我暗示，给自己增强克服困难的信心："我能行!""我不仅要战胜别人，还要战胜自己!"这样不仅可以树立正确的考试态度，增强信心，而且可以减轻考试焦虑的心理；其次，积极参加课外活动。活动可以发泄情绪，忘记焦虑心理，在活动中让 A 同学学会与人合作，分享快乐。把自己融入到集体中去，敞开心扉，接纳他人。这样，心灵才能宁静、和谐、完美。

3. 高效的学习方法有利于克服焦虑

注重制定合理的学习目标，目标过高不仅很难实现，还会导致实现不了的焦虑。我引导 A 同学重新定位自己，结合当前的实际，制定合理的学习计划，让她从每天的点滴进步中获得成功感，循序渐进地提高学习效率和成绩。

4. 温暖和谐的家庭环境是克服考试焦虑的重要保障

家是避风的港湾，对于 A 同学来说，失去母爱是她焦虑的根源，所以，我多次跟她的爸爸沟通，让他给予 A 同学更多的关心，弥补部分缺失的母爱。同时，我也从学习、生活的点点滴滴中去关爱她。

四、评估反思

经过多次的心理疏导、课程补习，以及家访谈心，A 同学的考试焦虑明显改善，学习效率提高了，自信心也增强了。

在日常教学工作中，我发现，学生心理变化受家庭和社会环境的影响很大。特别是当地震、火灾、洪水、疫情发生时，原本就脆弱的学生更加需要学校、家长和社会的关注。学生是祖国的希望，让他们健康成才是社会的心愿，社会应为学生的健康成长创造有利的环境。要做到对学生学习心理的真减负，形成积极有效的应对方式，这需要社会、家庭、学校和学生的共同努力。

倾心相伴，助力成长

钟祥市职业高级中学 王雯洁

一、案例描述

小 E，女，16 岁，独生女。从小不爱说话，且性格倔强，经常因琐事和妈妈吵架。妈妈也因此经常批评她，母女关系冷漠。最近一个多月，和同学关系紧张，感觉班上没人理她，原来的几个好朋友，现在也疏远了。她自认为对朋友非常真诚，尽管自己偶尔发点脾气，但过后也没放在心上，而她们跟自己说一会话后就都找理由离开了。有时在寝室里，别人扫地大家都帮忙，惟独她扫地时没人帮，大家似乎都躲着她，自己好像成了多余的人。每天形单影只，太压抑了，情绪低落，想辍学回家。

同学反映，"小 E 心地善良，但是太固执。""我们对她都没成见，关系也挺好。""她太敏感了，我们几个人在一起说笑，她看到了就会不高兴，认为我们在疏远她，而且她很要强，凡事对错都得听她的，只要有人和她理论几句她就会不高兴。"

二、成因分析

小 E 身体良好，智力水平正常，但个性较固执，思想偏激，情绪不稳定。小 E 本人对自身的状况有求助行为，无逻辑思维的混乱，也无感知异常，其主要心理与行为表现属于心理问题范畴。问题原因主要表现在以下几个方面：

（1）家庭因素：家庭亲子关系不和谐，缺少沟通。

（2）个人因素：个人认知不合理，敏感、多疑、思想偏激。该案例中小 E 的认知出现了偏差，认为别人都应以她为中心，凡事要听她的。

三、辅导方法

1. 目标的制定

经过和求助者协商，确定了辅导目标：改变求助者不良的认知，建立合理的信念，扩大兴趣范围，帮助建立自信；改变自卑的情绪状态，完善求助者的个性，增强其人际交往能力和社会适应能力；与其父母沟通，改变教育方法；促进小E的心理健康发展，重新构建合理的认知模式。

2. 具体实施

第一次咨询运用会谈法、心理测验法，填写咨询登记表，询问基本情况，介绍辅导中的有关事项来了解基本情况，建立良好的咨询关系；让来访者做《中学生心理健康自评量表》、SCL-90自评量表，将测试结果反馈给来访者，并做出初步分析来确定主要问题。

第二次咨询运用会谈法反馈咨询作业，以及对自己的问题有了哪些新的认识来加深咨询关系；向来访者解释认知改变的理论和方法，共同发掘求助者认知中的核心理念，找出以偏概全的不合理的观念，促进自我认知，并寻找改变措施；要求小E把自己认为不合理的地方写出来，找出合理的想法，并列举自己的优点和缺点，学会正确地评价自己。

第三次咨询运用会谈法、认知疗法、合理情绪想象技术，通过作业思考，发现自己的长处，改变不合理的归因，建立合理的信念，学会合理地认知自己，处理好人际关系，学会做情绪的主人；引导来访者面对"以偏概全"的不合理观念和"自卑"的心理，重新建立自信心；布置作业，要求小E记录此次咨询对认知转变的启示，分析这种观念对情绪和心态转变的重要性。

第四次咨询运用会谈法，建立作业反馈评价的合理认知，调整不适之处；引导其多采用积极的心理暗示，并在实践中尝试，正确处理人际关系；制定新目标，进一步巩固与母亲及同学间的关系，巩固咨询效果，维持合理信念与认知。

四、评估反思

（1）来访者反馈与母亲及同学间的关系明显好转，明白不能总是要求别人围着自己转，以自我为中心。人人都有生活的圈子，应该多站在别人的角度去看问题，且表示最近很开心，觉得在学校读书挺好的。

（2）通过回访，了解到小E经常和同学们在一起交流，能很好地处理人际关系，脸上布满笑容，很开心乐观。咨询基本达到预期的效果。

（3）青少年由于认知偏差导致人际关系处理不好的现象非常普遍，但是只要建立合理的认知，增强自信心，是可以解决这类问题的。家长和学校也要加强对孩子的心理健康教育，尤其是家长，如何采取科学的教育方法走进孩子的心灵，是一个值得探讨的问题。个人认为在很多的亲子问题中，家长也需要进行心理培训，只有家校联合才能共同促进孩子健康成长。

成长不易，静待花开

屈家岭管理区实验小学　刘进菊　杨雪

一、案例描述

2020年9月，开学之初，个头瘦小的八岁男生——小A同学，引起了师生及家长的特别关注。新冠肺炎疫情让人们的生活发生了意想不到的改变，小A也不例外。网课期间，他的学习、生活习惯大不如前，写作业总是拖拖拉拉，知错犯错，屡教不改，家长也拿他没办法。

在返校复课第一周，小A同学虽然跟上了班级的学习节奏，但个人日常行为问题层出不穷。小A排队等候时，会用前额撞同学的后脑勺；课间活动时，会拿彩笔把女生的衣服画得一塌糊涂；午餐时，即使有隔板挡住视线，他也会双脚很不安分地与对面的同学互踢；午睡时，关了门窗，拉上窗帘，教室里一片静谧，他会冷不丁地站起来给同桌一掌；下课铃声一响，不等老师说再见，就第一个冲出教室。

二、成因分析

这个被妈妈细心呵护了八年的小男孩，在新冠肺炎疫情封闭期迎来了可爱的小弟弟。为了迎接新生命的诞生，妈妈不得不让他分床独立睡觉。这期间他总是跟妈妈说晚上一个人睡觉很害怕，大人只好在他的小卧室陪他入眠，小A这是遭遇了分离焦虑。小A爸爸是一名有着16年军龄的退役军人，转业回地方工作两年有余，一直坚守在"精准扶贫、脱贫攻坚"的工作岗位上。每逢双休或节假日，才从十几千米外的工作地赶回家，偶尔会陪他看书或下棋。他的妈妈既要带好二宝，又要照顾好他，生活实属不易。

小弟弟的到来让小A一下子"失去"了专属的妈妈，而爸爸又不经常在身边陪伴，分离焦虑让小A的生活变得混乱，他总是试图去和外界连接，但又没有合适的方式；总是想让周围的人看见他，却总是使用一些让人讨厌的方式。

三、辅导方法

（1）及时对小 A 同学的不良行为进行矫正补救。集会时，请他站在男生行列第一位，时刻提醒他注意领队形象；就餐时，我会坐在离他最近的位置，时刻提醒他注意就餐礼仪；上课时，提供更多自主学习交流的机会，长善救失，培养自信心，形成获得感；下课时，进行作业面批辅导，表扬优点，指出不足，及时纠错，从而培养自我认知意识，提高自我认知能力。

（2）坚持针对小 A 同学日常行为表现开展谈心活动。帮助他反思自身日常行为表现引发的正面或负面影响，教育他懂得"赠人玫瑰，手有余香"的道理，让他学会与同学和谐相处，培养集体荣誉感。谈心过程中，在肯定其优点的同时，指明努力方向，设定近期日常行为目标，树立日常行为规范学习榜样，增强自我约束与自我管理能力。

（3）引导小 A 同学的家长正确面对孩子日常行为表现上的缺失，明确家庭教育的重要性。时刻关注孩子的内心需求，用心呵护孩子稚嫩的童年，营造良好的家庭育人氛围，促进孩子身心健康发展。作为父母，要遵循孩子身心发展的规律，根据孩子自身特点进行积极引导，培养孩子良好的兴趣爱好，让他们养成良好的学习生活习惯。在家庭教育过程中，尽量做到宽严有度，收放自如，让孩子在轻松愉悦的家庭环境中健康成长。

四、评估反思

通过近一个月的积极努力，班级微信群里数落小 A 同学破坏性小动作的声音少了，取而代之的是包容与理解。

"默默耕耘，静待花开"是不忘初心的教育坚守，是砥砺前行的源泉动力。每一个孩子都是一粒种子，每粒种子都渴望开出娇艳的花，结出甜美的果。这一粒种子的生长与家庭教育土壤、学校育人途径、自身生长需求息息相关。成长不易，在家校联合教育之路上，且行且珍重。

身为一名拥有近 30 年教龄的小学一线教师，我深深懂得教育辅导小 A 同学的过程不是一蹴而就的。我们要遵循少年儿童身心发展的规律，深刻领悟素质教育的内涵，尊重学生个性发展的需求，把握素质教育契机，因材施教，持之以恒，静候教育之花绚丽绽放！

自信心培养策略

钟祥市郢中街办新堤小学 邓喜玲

一、案例描述

学生小 K，凡是教过他的老师都会无可奈何地摇摇头："这个学生软硬不吃，拿他没法子。"这个貌不惊人的男孩，开学初给我留下了很深的印象：上课时常与同学讲小话，作业经常不做，任何说教都没有用，久而久之，老师们见了他都绕道而行，觉得他无可救药。

二、成因分析

1. 自尊自卑矛盾交织

经过观察，我发现小 K 同学比较内向，平时除了上课讲小话，下课时倒不多言语，但脾气却是出奇的暴躁。通过了解，我才知道他学习不太好，经过一段时间的努力也不见效，因此丧失了学习的信心。

2. 逆反心理容易偏激

由于知识经验的不断积累，逐渐长大的学生开始用批判的眼光来看待周围的事物，喜欢从反面思考，容易产生固执、偏激的不良倾向，因而产生逆反心理。而在小 K 的生活经历中，不是受到家长的责骂，就是被老师批评，或是被同学嘲笑。因此他很敏感，有很强的戒心和敌意，不信任别人，一点小事也会引发一场轩然大波。教师对他进行教育，他也不理不睬，一副其奈我何的模样。长此以往成绩越来越差，学习兴趣自然减弱。

3. 意志薄弱不愿学习

小 K 内心深处有求上进的愿望，也常常在为此付出努力，这部分学生的弱点在于不能坚持。犯了错误被老师教育后，有悔改之意，想振作精神奋发向上，但是由于自制能力差，坚持不了几天便又故态复萌了，长期如此，就干脆放弃，听之任之了。

三、辅导方法

1. 掌握技巧寻找根源

聆听是教师进行心理辅导的基本功。"出租你的耳朵，学生说，教师听"。在此过程中，我为了清楚地了解他的智力状况、学习基础、学习习惯、意志品质、家庭情况等因素，除了主动找他聊天外，我还坚持观察，这样才能准确诊断出根源所在，然后通过谈心、讨论、家访等方式帮助他去寻找产生问题的原因。并使他深信，只要努力，就没有他做不好的事，从而增强其学习的信心。

2. 激励教育唤起信心

"如果一个孩子生活在鼓励中，他就学会了自信；如果一个孩子生活在认可之中，他就学会了自爱。"为了去除小 K 的畏惧心理，我在课余时间经常有意无意地找他闲谈，让他帮我送作业、发作业本等，给他充分表现的机会，上课时发现他有所进步就及时表扬。

3. 树立信心激起动力

教师要坚持正面教育，善于捕捉学生的"闪光点"，树立学生的自信心。小 K 总认为自己被同学们贴上了"差生"的标签，索性就破罐子破摔。为了恢复他的自信心，在课上，我挑些简单的问题让他回答，答对了给予鼓励，答错了我也会微笑着鼓励他："没事，每一次的认真思考就是最大的进步。"经过一段时间的引导，他对学习的兴趣不断提高，课堂上还主动举手回答问题了。

4. 家校沟通促进自信

小 K 自信心缺失，很大一部分原因在于家庭的教育环境与方式出现偏差。因此，我在与家长沟通时，详细分析他在校种种表现的成因，共同商量解决孩子不良心理状况的方法。建议家长选择适当的教育时机，为孩子提供表现自己的机会。跟客人互动，充分给予他表现的机会。平时还可以让孩子在家做些力所能及的事，从中发现他的闪光点，及时给予肯定和表扬。渐渐地，小 K 丢失的自信心找了回来。

四、评估反思

在我们的教育教学中，应防止学生自卑心理的产生。对待学生的自卑心理，教师要用科学的方法帮助学生树立对生活和学习的信心，这样学生才能健康快乐地成长。

合理安排时间，有效戒掉网瘾

京山市石龙镇王集小学　苏蓉　黎晓敏

一、案例描述

Z同学，性格内向，上课注意力不集中，无心学习。整天一副心事重重的样子，课后也总是独来独往，成绩严重下滑。通过家访了解到他迷上了游戏，网课期间Z同学几乎是伴着手机游戏过日子，妈妈苦口婆心劝说无果，最后用上了狠招：如果发现他再偷偷玩游戏，就收回手机，课也不让上了。妈妈说，他有时故意大声读书，制造在认真学习的假象，实则在玩手机。网课结束后的假期里也是变着法子偷偷玩游戏。

二、成因分析

1. 错误的认知

网络游戏具有娱乐性和互动性。Z同学享受着闯关成功带来的满足感和成就感。在游戏的世界里，Z同学是自由且自信的，虚拟的网络游戏让他沉迷其中不可自拔。

2. 严重的自卑感

Z同学的学习功底不算扎实，加上一时无法适应网课学习，课上老师讲的内容不能及时消化，课后不懂的问题也不敢问，导致学习越来越跟不上，给他造成了强烈的自卑感。

3. 缺少兴趣爱好

Z同学性格比较内向，缺乏广泛的兴趣爱好，平时在学校就不合群。新冠肺炎疫情期间又缺少同学的陪伴、老师的关怀，他只好通过虚拟的网络游戏来消除内心的孤独。

4. 家庭教育方式不当

平时父母工作忙，陪伴Z同学的时间少，父母过高的期望和严格的要求，使他感觉自己不被关注和认可，进而产生了逆反心理。

三、辅导方法

1. 情感疏导

我们与Z同学进行了一次诚恳的谈话。通过交流使他明白，网络是一把双刃剑，有利也有弊。网络的确可以帮助我们增长见识，丰富视野，但如果过度沉迷于网络，将会带来严重的危害。每个人都需要被关爱，同样，我们也要学会给予爱，懂得感恩。

2. 自我调节

通过上次的交流，Z同学已经认识到网络的危害。我们结合他的实际情况，引导其制定学习计划和手机使用公约。

我们和Z同学一起写下了网络成瘾危害书。并将它们做成卡片，贴在显眼的地方，每天看几遍。通过不停地进行自我和文字暗示，克制上网的欲望。

3. 兴趣转移

兴趣是最好的老师，培养广泛兴趣，也是帮助学生远离网络的有效办法。在与Z同学的谈话中，了解到他比较喜欢画画，于是我便鼓励他学习绘画知识和技巧，不断提升自己的绘画水平，从而增强自信心。

鼓励Z同学积极参与集体活动，增进与同学的友谊，有效转移注意力，以减少对网络的依赖。在家里，与父母经常交流，多参加户外活动，让他发现外面丰富多彩的世界比方寸之间的手机网络有趣得多。

4. 家校沟通

我们把Z同学在学校的学习情况、课外表现分析给家长听，并结合他的性格、人际和智力发展，建议他们综合考虑Z同学的实际情况，适当降低要求，将大目标分解为一个个小目标，并帮助他一步步实现。每当完成一个小目标，及时给予奖励和肯定，帮助其建立自信。

四、评估反思

通过对Z同学网络成瘾的干预和引导，他已经能正确认识网络游戏带来的危害。陪伴和爱是最好的沟通，Z同学从沉迷网络到合理利用网络，需要一个过程，我们深信"坚持一定能做到"。

关爱留守儿童，探寻有效途径

钟祥市洋梓镇洋梓小学　高小莉

钟祥市龙山实验学校　何芹玲

一、案例描述

小Y同学，10岁，性格孤僻、冷漠，很少与同学交往，不懂得感恩。父母常年在外地打工，他属于留守儿童。

小Y的爷爷是退休职工，父母什么都不管。她虽然吃喝不愁，却常常抱怨说："我爸妈常年在外地，他们很少管我，是奶奶把我从一岁多带到这么大，但是我却很恨她。因为我平时无论要做什么事，奶奶总会限制我。她没有文化、性格急躁，只要一生气就大声地骂我。我更不喜欢爸妈，他们生了我却不管，我对他们没有一点感情，将来他们老了，我一个都不会管。"

小Y父母长期不在身边，得不到父母的爱，看什么都觉得不顺眼，所以与同学相处不融洽。在整个诉说过程中，她泪流不止、悲观厌世。小Y的主要心理问题是抑郁、冷漠、自私。

二、成因分析

1. 观念陈旧

大多数的祖辈对孩子的监护主要负责吃喝，其他的无暇顾及，放养式的教育严重影响孩子的健康成长。

2. 过分溺爱

祖辈们对隔代的态度，有时是出于补偿心理而溺爱孩子，不管对错都迁就；有时又因"被迫"照顾，身心苦累而怨声迭起，大的反差容易引起孩子情感消极、人格偏执，缺乏安全感。每一个孩子都需要父母监督、约束、安抚、慰藉，反之，他们的心理情感会荒芜，可能会走入歧途。

3. 缺乏沟通

隔代教育缺乏沟通，小孩容易形成自卑、孤僻等不良心理，引发多种心理问题疾病。

三、辅导方法

1. 平等式谈话辅导

谈话是一门艺术。我每次找她谈话前，先了解她当时的心理情况，针对她的实际心理活动，采用聊家常引出主题，从她的特长、爱好说起，消除其戒备心理，我让她充分表述自己的见解，适当的时候我会给她递上纸巾、拍拍肩膀、给予拥抱。

2. 联合式心理辅导方法

家庭是学生的又一重要课堂。我利用双休日与孩子爷爷奶奶进行面对面的交流，让他们认识到家庭教育的重要性，提高家庭教育的主动性和有效性。我借助电话、QQ、微信等通讯方式，提醒她的父母利用这些通讯工具每天与孩子联系，弥补因距离而产生的无形隔阂的亲情。

3. 自我心理调节法

引导小 Y 学会保持心境的平和。教她克制情绪，理智处理。如与同学发生矛盾时，找个地方让她将心中积压的消极情绪进行适当的释放，以松弛紧张的肌肉，缓和焦虑情绪。

为了与小 Y 及时进行交流，我加了她的 QQ、微信，每天都会和她说说话，关心她的学习、生活，彻底打开了她的心扉。慢慢地她就开始主动问我一些不会做的功课、倾诉她的烦恼忧愁。我在空间会经常发布充满正能量的语言，转载励志的文章，她经常阅读点赞。我们的师生关系升华到一个高度——无话不谈的"好朋友"。渐渐地，她变得自信、阳光，脸上笑容洋溢，她还主动申请成为"图书角"的管理责任人，为班级服务。

四、评估反思

本次的案例分析表明，对于有代表性的未成年人心理健康问题，如焦虑、压抑、自私、仇恨等，是各种因素长期影响的结果。在进行纠正辅导的过程中单纯靠某一种方法是不"靠谱"的，像单纯依靠谈话法就不容易让求助者的问题得到根本解决。隔代教育破坏了比较稳定而有效的家庭教育局面，带来的是动荡的家庭、残缺的教育，甚至是家庭教育真空。让我们多关心留守儿童，探寻有效的教育途径，让留守的孩子们在蓝天下健康、快乐地成长！

阳光照进黑白的世界

京山市孙桥镇初级中学　刘翠芳

京山市中等职业技术学校　唐楚玉

一、案例描述

学生小 E，老远就跟我打招呼："老师你好，我是小 E。"两年未见，她变化很大，衣着得体，自信大方，跟两年前相比简直判若两人。

那时候，小 E 刚上九年级，跟任何人都不交流。身体特别单薄，不爱说话，学习成绩也极差，看着就是那种特别让人心疼、怜惜的孩子。在学校她常常受同学欺负，有的男孩子甚至不愿和她同桌，即使和她同桌也总是把课桌拉的很远，女孩子也经常排挤她。每天上学、放学、到食堂、到寝室都是一个人，同学们都不愿意和她接触。她穿着也不得体，很多女孩子专有的用品她都没有，卫生常识几乎为零。第一眼见到她的人可能都会认为小 E 是个没爹娘的孤儿。

二、成因分析

经了解，小 E 生活在一个特殊的家庭里。父亲离婚后再婚，已经 50 多岁了，母亲是一个精神障碍患者，经常疯疯癫癫地在路上乱跑。家里的经济来源全靠父亲一个人，忙完回来还要照顾精神障碍的妻子，对孩子的关心自然不够。缺乏母爱和教育的小 E 连女孩子青春期的生理卫生知识都不懂。由于母亲有精神障碍，从小周边的孩子也都孤立她、讥笑她，更不愿意和她来往。久而久之她就形成了孤僻、胆怯的性格，不愿意主动与人交流，对同学冷淡，人际关系不佳。

三、辅导方法

1. 寻求家长的支持

我经常家访，及时把小 E 在校的情况反映给其父亲，并建议小 E 父亲尽量抽时间与孩子交流，鼓励孩子多开口说话，关注孩子的心理需求；由于孩子的母亲时而清醒时而糊涂，提醒父亲尽可能不要让孩子的母亲到学校去打扰她学习；多带孩子参加集体活动，让她增长见识，得到锻炼。

2. 寻求同学的支持

首先，找那些喜欢欺负小E的同学谈心，让他们学会换位思考，学会保护弱者，不歧视、孤立同学；其次，老师指派班上性格外向、活泼、心地善良、学习成绩好的同学主动接近她，和她交朋友，帮助她解决学习、生活中的种种困难，让她感受到集体的温暖。

3. 鼓励多与老师交流

建议小E同学做到有不开心的事、有解决不了的问题多找老师寻求帮助。平时多与老师、同学交谈，说说自己的心里话。

4. 给予关注和赞扬

"师爱是教育的基础"。为了去除小E的畏惧心理，我在课余时间经常有意无意找她聊天，让她帮我拿作业，发作业本。努力找到她身上的闪光点，夸大表扬。如："看，今天小E同学把清洁区打扫得多干净！""我们的小E同学作业本发得很及时。"在有意无意的赞扬声中，小E找到了自己在集体中的价值。渐渐地，小E开始喜欢和老师、同学亲近了，在路上碰到我和其他老师会主动问好，孩子的脸上也绽放出了笑容。

5. 给予物质帮助

小E家是精准扶贫户，我和其他老师经常在生活方面给予她一些帮助，学校也经常给予一些物质方面的帮助。

四、评估反思

经过近一年的爱心帮扶，小E眼中有了自信的光彩，也敢于对欺负她的同学说"不"了，同学们不再把她当"隐形人"。在中考之后，由于家庭经济条件差，小E不打算继续读书了。我觉得让孩子读个职业技术学校会对她的将来有好处，况且国家对职业技术学校有很多优惠政策（学费全免），特别对精准扶贫家庭的孩子有很多资助。通过我和家长的沟通，小E顺利入学。我也和职业技术学校的老师多次沟通，了解到小E在学校里已经结识了新朋友，有了能够谈心的同学。上次在街上碰到她，她的谈吐和精神面貌充分说明孩子已经变成了一个不再自卑、不再胆怯的女孩了。

面对小E的成功转变，我更加认识到激励的作用、集体的力量。因而，针对类似小E这样的学生要循循善诱，不可操之过急，更要汇聚所有的力量，让爱的阳光照进孩子的世界，让这个世界从此不再只有黑白。

离异家庭学生心理辅导案例

钟祥市磷矿镇实验学校 孙伟 刘芸芸

一、案例描述

A同学，女生，15岁，个子高挑，乖巧，成绩优秀，学习能力强；上课时特别安静，从不举手回答问题，不违反课堂纪律，作业完成积极，是老师们喜欢的乖乖女。但是一段时间后我们发现了她的一些异常行为。具体表现如下。

（1）A同学总是披散着头发，挡住大部分脸，每天都一个人孤零零地坐在座位上，从不与人交流，在班上几乎没有朋友。

（2）当老师主动与她说话时，她从不敢正视老师，低着头回答的声音几乎听不见，追问几遍后就会紧张得口吃。严重时还会出现手脚发抖，头冒冷汗的现象。

（3）A同学在家从不外出，总喜欢把自己关在房间里。

二、成因分析

通过走访，以及与她的父亲、亲人们交谈，我了解到了A同学的家庭情况。父母离异，孩子判给了父亲，父亲要外出打工挣钱，几乎没有任何时间和精力管教她；爷爷奶奶也不在世，A同学只好由大伯大妈暂时看管，大伯大妈也不知道该如何教育她，只管她吃饱饭就行，从不与之交流；导致A同学误认为父母不管她，想抛弃她，她感到非常地害怕和孤独，于是经常把自己一个人关在房间里。

通过多次与A同学深度谈心，我才勉强知道：自从父母离异后，她总担心别人笑话她，瞧不起她的家庭，她自己很希望得到父母的爱，同时又很嫉妒别的同学有爸爸妈妈在身边照顾。于是她变得越来越不想跟同学说话了，害怕与同学交往。

三、辅导方法

1. 加强她与父母的联系

学校联系父母，让他们意识到孩子心理健康出现了问题，说服他们要尽到做父母的责任，采取一些方法来帮助她走出心理困境；也让他们意识到陪伴孩子、与孩子交流的意义，懂得教育孩子的方法。

2. 师爱弥补缺失的爱

我们各科老师，在生活中多些关心，让她感受到老师们会像长辈一样爱护她；在课堂上多些关注，多给她回答问题的机会，并鼓励她大声地表达自己的想法；在课下多些交流，引导她从父母角度考虑，理解父母离异是因为他们感情不合，实在不能勉强生活在一起。让她明白虽然父母不在一起了，但是他们仍然会爱她。开导她从父母离异的阴影中走出来。同时让她知道自己一直是老师心目中的优秀学生，充分建立她的自信心和幸福感；老师们也时常会到她家里走访，陪伴她一起做家务、一起吃饭，以此来弥补父母长时间不在家的缺失，温暖她受伤、孤独的心。

3. 让同学之间的友爱来陪伴

为了用爱架起她与同学之间的桥梁，让 A 同学感受到集体的温暖，我安排了几名细心的女生主动接触她，开始 A 同学不太适应，处在一概不予理会的状态。但是在同学们的多次邀请下，她感受到了诚意，渐渐卸下了心理的防御，开始和同学们一起玩、一起吃饭、一起写作业，脸上也逐渐有了笑容。同时在与同学们频繁交往后，她也意识到同学们并没有因为她的家庭背景而瞧不起她，反而对她优异的成绩、漂亮的外表羡慕不已。她也逐渐有了自信，愿意把自己的小秘密分享给她的好朋友了。

四、评估反思

A 同学所表现出来的是典型的社交障碍综合征。这类情况是由父母亲离异、缺乏亲人陪伴等不良因素导致的不敢与人交流的心理问题。这也是青少年时期常见的心理问题。

在教师、同学、家人的密切配合下，A 同学逐渐敞开了自己的心扉，接受了父母离异的现实，也愿意相信自己的父母、老师、同学、朋友等是爱自己的；她也开始和别人交流，懂得关心别人，渐渐地拥有了自信，克服了社交障碍。

心理健康是人类健康不可分割的重要部分，因而需要教师花费更多的精力去关注学生的心理问题，把青少年不健康的心理问题遏制在萌芽状态，这样孩子们才能健康地成长。

耐心和爱心，育人细无声

京山市永兴小学　喻梅梅　曹鹏

一、案例描述

小 P，男，小学一年级学生，父亲常年在外打工，母亲在家陪读。父母对他过于溺爱，对他的不良习惯从不纠正，反而纵容他。学习基础差，开学初，数字他一个也不认识，上课的规矩一点都不懂，嘴里总是嘟嘟地发出异样的声音，上课常常不自觉地站起来，在教室里走动，还经常在课堂上问老师什么时候回家。课堂作业总是拖拖拉拉，从不按时完成，家庭作业也从不完成。跟家长联系，父亲敷衍应对，母亲要么不接电话要么阳奉阴违，无法从根本解决问题，各科老师很是头疼。小 P 的爷爷对其要求严格，但小 P 的妈妈不让其爷爷插手。

二、成因分析

俗话说，父母是孩子的第一任老师，父母的言传身教影响孩子的一生，家庭教育的缺失会给孩子和家庭酿成苦酒。小 P 的父亲常年在外打工，对他的教育不闻不问，其母亲虽然在家照看孩子，但是对孩子的学习不管，甚至认为孩子没学好，是老师的失职。小 P 的爷爷虽然很开明，但他的儿子和儿媳妇不采纳他的教育方法。在这样的家庭氛围和教育方式的影响下，小 P 不仅学习生活习惯差，而且自私、好强，还喜欢欺负其他同学。

三、辅导方法

1. 行为干预

小 P 上课无视课堂纪律、不听讲、做小动作、讲话、下座位，严重影响其他学生学习。针对他的行为，我及时教育和制止他，下课后再把他叫到办公室，晓之以理、动之以情地向他讲校纪班规。虽明知跟他讲这些道理，效果甚微，但我没有放弃，坚信精诚所至、金石为开，一次不见效，我就说两次、三次，甚至无数次。我想，总有一天他会养成遵守课堂纪律的习惯。慢慢地，我发现他上课违反纪律的次数变少了，我适时表扬他，强化他的正面行为，他得到表扬后，认识到自己并不是一无是处，慢慢地越学越有劲。两个月过去了，小P进步很大，上课基本上不乱动了，成了一名能遵守课堂纪律的学生。

小P不仅学习基础和学习习惯差，开学初还经常喜欢拿同学的东西。为此，我和语文老师经常把问题展开给他讲道理，在课堂上利用多媒体播放一些法制短片，适时地在全班进行品德教育。两个月过去了，再没有学生反映小P拿别人的东西了。

2. 学习辅导

开学初，小P连数字1—10都不认识，更谈不上会写，班上大部分学生都会读和会写这些数字。我利用课余时间，把小P叫到办公室从1开始教他，一段时间后，小P虽然只认识了8，但我看到了希望。当他第一次认识8的时候，我适时地在班上表扬了他，得到表扬后他非常高兴。两个月过去了，小P不仅会认、会写1—10，而且还会计算1—10以内的简单加减法。期中考试，小P数学考了40多分，过了低分线30分。

3. 家庭教育干预

小P不做家庭作业，我跟家长多次沟通此事，家长刚开始口头上答应得很好，但小P第二天来还是没做。教育孩子不仅仅是老师的责任，更需要家长的支持和配合。小P的家长对他的教育不闻不问，仅靠老师单方面教育效果甚微。但作为老师，一方面我耐心地教育他，另一方面利用课余时间针对家庭作业内容对他进行辅导，不厌其烦地跟他讲解题目，然后让他独立完成。经过两个月的努力，小P的家庭作业也能完成了。

四、评估反思

在教育小P的过程中，我认为做得比较好的是我能持之以恒地对他进行教育，用春天般雨露滋润他幼小的心田。他不良的行为习惯在很大程度上有所改变。我认为不足的是我没能和家长好好沟通，家校配合不好，老师单打独斗，事倍功半。路漫漫其修远兮，吾将上下而求索。教育孩子非一朝一夕的事情，需要持之以恒才能帮助他们。

小学生心理疏导个案分析

钟祥市石牌镇王龙小学　王中华　谢继贞

一、案例描述

小 A，男，8 岁，留守儿童。他长着一双大大的眼睛，笑起来还有一对酒窝。性格内向，上课从不主动举手发言，课下也不爱和同学互动交流，常常独自一人在座位上发呆，有点自闭。对学习不感兴趣，最近成绩急速下滑，甚至出现厌学、逃学的情况。

二、成因分析

我们结合小 A 的实际情况对其成因进行分析，认为主要包括以下几点。

1. 个人因素

新冠肺炎疫情线上教学期间，大多数学生出现了注意力、自觉性、主动性、独立性以及学习状态的下降，网络及电子游戏对于学生学习的影响增强，学生掌握知识的程度明显下滑。

新冠肺炎疫情返校后不久，我发现小 A 处于焦虑、紧张、矛盾的负面情绪之中，沉重的心理压力使小 A 开始逃避现实。

2. 家庭因素

通过调查发现，小 A 的父母常年在外打工，他跟着爷爷奶奶生活。父母教育方式简单粗暴，每次打电话就是问学习，只要听说学习方面做得不好就对孩子一顿批评，至于生活及其他方面关心甚少，小 A 获得的心理支持微乎其微。

3. 教师因素

在学校，教师对部分学生的了解程度不足，没有对学生展开全面关注。开学初，小 A 的数学作业落在家中，老师以为他是为没完成作业找的理由，对小 A 进行了严厉的批评。从那次以后，小 A 就对数学课一点兴趣也没有了，学习成绩急速下滑，产生厌学、逃学的情况。

三、辅导方法

1. 利用激励引导法，提高学生信心

师爱是教学的基础。为了帮助小A改善不良的心理状况，我在课余时间经常有意无意地找他谈心聊天，让他帮我做些小事情。在课堂上从不点名批评他，但凡发现小A有点滴进步时就给予表扬。我还时常对其他同学说"看一看，我们班的小A今天坐得真端正！""我们班的小A回答十分正确！"等激励性语言，学生在我的积极引导下，将小A当作班级中的一员，不再是班级"另类"的典型代表。小A逐渐喜欢和我接触，有一次他还主动找到我说："老师，我感觉你不太像'教师'，更像是我的朋友。"

2. 培养主人翁精神，发挥自主性

半学期以来，我在班级中推行"班级是我家，管理靠大家"的实践活动。经过一段时间的引导，我发现小A同学的情况得到好转，他在班级活动的影响下，自卑心理、消极情绪逐渐消失，自信心越来越强。现在的小A不仅喜欢和同学们一起玩游戏，还喜欢在课堂上积极发言。我看到他的改变，感受颇深。

3. 增强学习信心，发挥引导作用

在一次演讲比赛活动中，胆小的小A被同学们选上了，我知道这是同学们想给他机会。最初小A有些畏惧，但在我与其他同学的鼓励下他还是参加了，而且比赛时表现得还不错。我与其他教师都将小A作为榜样在班会上给予表扬，小A的自信心大幅度提升，并对其他学科产生了浓厚的学习兴趣，学习成绩也慢慢提升了。

4. 加强家校联合，提高交往能力

小A的自闭胆小，一部分原因是家庭环境所导致的。为此，我积极与小A的父母取得联系，共同商量出解决不良心理的方法。我建议小A父母注重跟孩子交流的正确方式，多带孩子参加集体活动，为自闭的小A提供展示自我的机会，并给予正向引导、少批评、多赞赏，提高孩子的自信心。

四、评估反思

学生会产生自闭消极的心理，根本原因是学生缺乏自信心，不管自己有多少缺点，都不能对自己失去自信心，一旦失去了信心，会对未来发展造成不利影响。为此，对于存在自卑心理的学生，教师应该给予高度重视，发挥自身的指导促进作用，发现学生们的特长优点，让学生逐渐敞开心扉。通过组织多元的教学活动，学生的学习信心不断增强，从而促进学生全面发展。

敞开心扉，微笑生活

京山市杨集镇小学　王嫚　赵苗

一、案例描述

小 W，一位文静的女孩。每天总是安静地坐在自己的座位上发呆，路上碰到老师，她会从旁边绕开。小 W 成绩较差，在网课期间，没有家长督促，对课本的知识不能及时掌握，作业完成情况极差。复课后，课堂上容易分神，从来不举手发言，不敢与老师对视，上课点她回答问题，她不敢张口。从她的行为表现中，我发现小 W 不是单纯的内向性格，她有着一定的自卑心理。

二、成因分析

1. 个人因素

小 W 个人的气质类型偏向于抑郁质，性格内向，有什么想法会憋在心里，遇到自己难以解决的问题，会紧张不安，却又不能及时排解出来。

2. 家庭因素

小 W 生活在一个单亲家庭，是一名留守儿童。父爱缺失，妈妈外出务工，她主要是跟奶奶生活。母女缺乏沟通，在孩子面对困难时，不能及时给予关爱，使得孩子在面对一些事情时，无法勇敢地表达自己的需求。小 W 在家庭中受到的关爱太少，导致她缺乏安全感，形成自卑心理。

3. 学校因素

小 W 在学习上一直跟不上，她经常会因为完不成学习任务而被留下来，这让她产生了强烈的自卑感，可自己又没法改变落后的状况，使得她的心理负担加重。学业上的孤立无助，使她对学习疲于应付，心理极度紧张，对学习失去了自信心。

三、辅导方法

1. 个别辅导，心理减压

长期以来，小 W 缺乏安全感，回避人际交往。在对她进行两次心理疏导过程中，我详细了解她的学习情况，关心她的生活状况等。告诉她，老师愿意成为她的朋友，希望她在遇到事情时要学会倾诉。有一次聊天时，我问她："怎么不和同学一起玩呀？"她回答说："我成绩不好，害怕同学们不愿意跟我玩。"我鼓励她："没有人会瞧不起你，你是因为有一种叫做'自卑'的心理在作怪。人都活在相互比较的感觉中，这种比较的感觉可以给人带来自信，也可以给人带来自卑。当与别人的比较给自己带来自卑感时，就要学会与自己进行比较来获得自信。"

2. 鼓励教育，转变认知

为了帮助小 W 发现自己身上的闪光点，我组织了一次"找优点"的主题班会，让班上的同学指出她身上的优点：爱劳动、讲文明等。在平时，看到她做得好的方面我都会在班级里提出表扬。久而久之，她变得阳光与自信了。

3. 同伴互助，融入集体

为了帮助小 W，我让班长当她的同桌，在学习上帮助她，增强她的班级归属感。我还鼓励她多参加集体活动，在活动中展示自己，增强自我效能感。

4. 家校沟通，学会关爱

学生的心理健康与家庭的教育方式、人际关系有着直接或间接的关系。在与家长多次沟通后，家长表示以后要多陪伴孩子，即使没时间，至少应保持电话问候，同时保持与老师的联系，家校共育，帮助小 W 克服自卑心理。

5. 目标激励，巩固自信

学生的心理压力和自我感觉，很大程度上取决于学习成绩的好坏。如果只是鼓励她打开心扉还不够，还需要在学习上加以帮助，让她体会到成功的喜悦。为此，我利用课余时间帮她补习，激发她学习的兴趣，增强学习的自信心。

四、评估反思

要想改变孩子的自卑心理，学校教育与家庭教育的结合必不可少。关注孩子的优点和特长，放大孩子的优点，通过鼓励和激励，改变认知，全面地认识自己，正确地评价自己。在心理上疏导压力，在学习上加强辅导，这样才能真正地转变她，让她健康成长。

从自我封闭到敞开心扉

钟祥市第四中学　赵宇红

一、案例描述

新学年开学已经一个多月了，可小 E 似乎还处于开学初始状态，总是一个人静静地呆坐在自己的座位上，极少与他人交流。上课从不主动举手，有时老师点名让她回答问题，她就紧闭双唇满脸通红，声音小得连同桌都听不清。下课时，她除了上厕所，几乎不离开座位。每次看到她那小心翼翼的样子，我的心都会猛地一揪：到底是什么原因让一个女孩子把自己与外界隔离起来呢？

二、成因分析

1. 家庭因素

小 E 来自一个农村家庭，两岁多开始，她的父母就跟千千万万个农村务工人员一样去往了外地，小 E 成了一个留守儿童。后来，她有了一个小她 5 岁的弟弟。在祖辈重男轻女思想背景下，小 E 渐渐失去了被关心疼爱的机会。到了弟弟上小学的年纪，小 E 来到了城里的中学。爷爷奶奶过惯了农村勤俭的日子，面对城里一颗青菜就要花大价钱买的生活更加不适应，于是对小 E 的物质供应更加严苛。在这样的家庭环境下小 E 的生活如履薄冰，她慢慢变得谨小慎微。

2. 个人因素

小 E 在家庭中所受的教育使她觉得忍让是一种"理所当然"。加之爸爸妈妈长期不在身边，爷爷奶奶又偏爱弟弟且对她十分苛责，小 E 只在春节期间才能感受到一点来自妈妈的爱和温暖。她的内心严重缺乏安全感，并用自我隔离的方式以求远离可能存在的不安全因素。

3. 老师因素

在与小 E 的小学老师交谈中，他们普遍用"乖巧""听话""懂事""文静"等词语来评价她。在他们眼中，小 E 对弟弟的无原则忍让就是一个姐姐的懂事，对爷爷奶奶的言听计从就是一个孙女的听话，而她的沉默不语则是文静的表现。小 E 的种种非正常表现成为一个个值得赞扬的"优点"，因没有及时得到老师们的关注和辅导，使得她在偏离健康心理的路上越走越远。

三、辅导方法

找到了问题的根源，我决定尽快对小 E 进行干预和辅导，努力让这个孩子回到健康成长的轨道上来。

1. 对小 E 家庭环境的干预

小 E 产生心理问题的根源在于家庭：父母之爱的缺失，祖辈重男轻女观念的存在，是造成她胆小怯懦的最根本原因。我深知，要想改变必须从小 E 的妈妈入手。我主动加了小 E 妈妈的微信，以老师和母亲的双重身份，跟她聊孩子的情况，常常聊得她泪流满面。当我觉得时机成熟时，我狠心跟她说了一句话："你就不怕有一天小 E 那稚嫩的肩膀再也扛不动那么多的负累，最终选择一种悲剧的方式寻求解脱吗？"第二天早上醒来，我看到小 E 妈妈在凌晨时发给我的一条信息："老师，我马上辞职回家"。三天后小 E 妈妈回来了，她的爷爷奶奶回到了农村，妈妈留在城里陪伴姐弟俩。之后，小 E 脸上的笑容渐渐多了起来。

2. 给予小 E 多一些非教育性关注

对于学生而言，来自老师的非教育性关注能够令学生内心喜悦，并产生亲切感。我对小 E 的关注是有计划但无预期的，比如当我看到她带着一个新发卡，我就看似随口地夸一句："小 E，你的发卡真好看！"看到她脸上露出微笑，我就说一句："你笑起来很美！"

3. 为小 E 创造为他人服务的机会

为了让小 E 树立自信心，我开始为她创造为他人服务的机会。我会时不时地喊她帮我做一些事情，每次，她都会高高兴兴地为我"跑腿"，也会开始主动向我问好了，虽然还是有点胆怯。渐渐地，她也开始主动为同学们服务了，我能明显感觉到，小 E 内心油然而生的一种价值感。

四、评估反思

通过对小 E 家庭教育环境的干预，加上我看似随意的关注和安排，她那扇紧闭的心扉正在慢慢打开，虽然在跟老师和同学打招呼的时候还有点羞涩，但她不再低着头沿着走廊边走路了，脸上也不再整天挂着忧愁了。我深信，随着我的逐步深层次干预和辅导，在初中毕业之前，她一定会成为一个阳光女孩。

爱心护成长

屈家岭管理区实验小学　马龙　刘慧

一、案例描述

小 Y，男，8 岁，性格倔强，逆反心理严重。上课不遵守纪律，爱做小动作；卫生习惯差，随地吐痰，乱扔垃圾；在学校蛮横不讲理，经常出手打同学，大家都不喜欢他。

二、成因分析

通过观察分析，我发现小 Y 的行为主要表现在：性格方面以自我为中心，常常在欺负别人的过程中体会"成功"和"强者"的感觉，爱狡辩、撒谎，不承认自己的错误；劳动方面意识淡薄，卫生习惯差；学习方面兴趣不浓、源于其基础不好，到了跟不上的程度。

我认为形成以上几种状况有以下几方面的原因。

（1）祖辈的宠爱。通过与跟家长谈话，我了解到其父母整天忙于工作，从小都是爷爷奶奶照顾，祖辈非常宠爱他，不管小 Y 的要求是否合理，只要孩子开口"我要……"都是有求必应。

（2）家庭的教育方式存在严重偏差。父母对小 Y 的期望值很高，但教育方式简单粗暴，经常大声呵斥、严厉批评。家庭教育观念的不科学和严重偏差导致了他的不良行为习惯未能从根本上改变，久而久之就越来越难以改正了。

（3）集体的排斥。同学歧视的目光，老师严厉的批评，导致了小 Y 对学习的厌恶，对集体的远离，渐渐地他对自己也失去了信心。不能被他向往的群体所接纳，不能得到伙伴之间的正常的交往，内心的感受可想而知。

三、辅导方法

针对小 Y 的性格特点，我制定了以下具体的辅导措施：

1. 学校环境的干预

调整座位。由于他的注意力容易分散，任何视觉或听觉的信号都会转移他的注意力，所以我安排学习习惯好的同学坐在他的四周，并且尽量让他的座位靠前，这样我就可以经常注意到他。

改变教学方式。采用灵活、有趣的教学方式授课，争取每节课都能让小Y有发言的机会，努力把他带到课堂中来，不让他的注意力游离于课堂之外。

2. 家庭教育的干预

我及时与小Y的家长取得联系，共同商讨干预方案。建议家长全面、客观地了解孩子的情况，保持平常心，为孩子制订适宜的学习目标，不提过高的要求。另外建议其家长学习一些好的教育方法，帮助孩子建立良好的学习习惯。

3. 行为矫正

对于小Y的心理辅导仅靠一般的教育是不够的，还要针对实际情况对其行为进行矫正。我主要采用了两种矫正方法：一是阳性强化法。其目的是通过奖赏、鼓励等方式使某种行为得以持续。在应用阳性强化法前，我首先要改变他的注意力不集中的问题，重点培养他的专注力，同时在他达到要求时立即给予阳性强化。例如当着全班同学的面表扬他，让他感到愉快和满足，从而让他对每次上课充满期待，尽量克制自己犯错误，以得到老师的再次表扬；二是追踪鼓励法。每两周进行一次个别谈话，鼓励他友爱同学、尊重老师、专心读书，协助其养成良好的习惯。

四、评估反思

经过一段时间师生的共同努力，小Y的进步是有目共睹的。在和同学的交往中，小Y学会了主动退让，比较在乎同学和老师对他的评价，家长也反映他在家能做一些简单的家务事，脾气也有所收敛。小Y渐渐从一个不受欢迎的同学，成为班级中受欢迎的一员。我相信通过今后的努力，小Y一定会变得越来越好。

用激励克服疫情后的不适状态

钟祥市柴湖镇小学　何理

钟祥市教育局　刘璐

一、案例简介

小 A，男，10 岁，小学三年级学生。头脑聪明，上学期在校表现情况较好。新冠肺炎疫情期间，班级群里却从未出现过他的影子。开学后，该生不适应学校生活，很少与同学、老师沟通交流；害怕上学，课堂上要么不发言要么低头回答，声音小而且脸涨得通红；注意力不集中，容易走神；作业书写潦草，不按时完成。

二、成因分析

1. 居家学习家长疏于管理

父母因工作忙，没时间管孩子。白天把手机留下让孩子一人在家上网课，但孩子自制能力较差，根本没有学习，反而沉迷网络，至使学习成绩一落千丈，课程越落越多，从而产生厌学情绪。

2. 家庭教育方式存在偏差

父亲的教育方式简单粗暴，采用棍棒式教育，而妈妈对他则无比溺爱。久而久之，小 A 不敢表达自己的想法，习惯独处且沉默寡言。

三、辅导方法

针对小 A 存在的问题，考虑其实际情况，我分三个阶段对其展开了心理辅导。

1. 与家长交流

我采用"晓之以理，动之以情，践之以行"的方式与家长一起努力，共同探讨，让家长树立起信心。建议家长对小 A 多鼓励、少批评，多关心、少打骂，为孩子营造一个温馨、和睦、充满爱的家庭环境。

2. 建立信任

首先，我转换思维方式，采用激励性的语言让小 A 感受到我对他的关爱，从寻找孩子的缺点变为寻找孩子的优点，从否定评价变为肯定评价，从责备变为激励，渐渐地，小 A 对我的信任多了起来。其次，我告诉他：不管做什么事都离不开扎实的文化基础，学习知识本来就是一件很辛苦的事，要有毅力才行。慢慢来，学一点总比不学好。他表示同意我的观点。最后，我又和他一起制订了学习计划，我负责让一个学习习惯好的学生帮助他。

3. 有效认可

在课上，我有意识地请小 A 发言，及时认可他的回答，久而久之，我发现他的胆子越来越大，上进心明显增强。有一次课上我讲到一个知识点，同学们都陷入了沉思，小 A 忽然一只手举得高高的，虽然比较犹豫，但还是说出了正确答案，大家都感到意外，这个时候他腼腆地说："这个知识老师在上次的时候说过了。"只是老师偶尔提到的知识点，他记住了，这让同学们由衷地发出了赞叹声，他第一次在同学们面前有了开心的笑容。

同时，我还开展了形式多样的评比活动，让他在自我批评中，学会反省，逐步完善自己。利用小组评，每周都会给他以正确的评价，同时把他突出的进步告诉他的父母，使其家长对他更有信心，同时在家庭方面给予他正确积极的评价。这样充分调动了他的积极性，使他在评价中自我激励，迸发个人力量，不断自律、自信、自强。

四、评估反思

（1）师生反馈，该生在课上能积极回答问题，认真听讲，学习自觉性有了一些提高，作业基本能按时完成。课后乐于与同学们一起玩耍，学习习惯明显好转，越来越喜欢和同学一起玩耍，不会的问题还能及时与同学讨论交流。

（2）该生父亲反馈，他在家比以前懂事了，有时也能帮父亲做点家务，父亲不在家时，也能坚持先写作业，后看电视。

（3）该生自己反馈，现在不怕上学了，上课也不再觉得无聊了，觉得老师讲的课还是很有意思的，而且也能跟上课程，作业能独立完成。

学生的不良习惯或学习的缺陷，都是日积月累逐渐形成的。教师在工作中要循循善诱，不可操之过急。要化被动为主动，在平时的工作中要及时发现、及时辅导，以促进其尽快转变；要关注孩子的优点和特长，多鼓励表扬；要加强教师与家长的联系，共同督促形成良好的氛围，这样的教育和辅导才会起到事半功倍的作用。

浸润心田，静待花开

钟祥市第五中学　朱小杰　朱家福

一、案例描述

F同学，七年级，从小父母离异，跟随爷爷长大，他自言对自己的要求很低，学习没有目标，常会想方设法从各种渠道满足个人的物质需求。在班集体中总是以个人为核心，缺乏自控力，常常在学校与同学发生矛盾，有时甚至与老师发生冲突。

二、成因分析

1. 自身因素

由于学习差，F同学在丧失了学习兴趣后，把应投入学习的精力转移到了不当的地方。用"不良"行为在同学朋友中树立所谓的"威信"，如打架、骂人、顶撞老师等；讲所谓的"义气"，好"个人英雄主义"，缺少责任心、不讲诚信，思想上缺少是非观念。

2. 家庭因素

小学阶段由于缺少父母的教育，没有养成良好的行为习惯，因家庭破裂导致他得不到完整的父爱和母爱，因此变得十分孤僻、自卑、不合群，甚至对人生丧失信心。

3. 学校因素

学校存在重智轻德，德育形式单一的现象，没有有效落实德育，对不良行为的学生缺少心理辅导，致使学生道德、法律知识缺乏，纪律观念淡薄。同时，学校还存在制度上的漏洞，对"不良"行为学生的管理手段不够规范，导致学生对违反学校纪律习以为常。

三、辅导方法

1. 敞开心扉，建立互信

对 F 同学，一是悉心观察。充分利用课间、课外活动的时间走近他，不仅要关心他的学习，还要关心他的生活。一句平常的问候，一个关爱的眼神，直接或间接地观察他经意或不经意的外在言行举止和神态表现，来"读"懂他的所欲、所思、所为。二是联系家庭共同教育。通过家长会、家访、电话联系等，加强与 F 同学的家长沟通，获得他们的信任与理解，互相配合，加强对孩子的教育。

2. 抓住时机，巧妙突破

F 同学因打架、闹堂经常受到我的批评，对我的抵触情绪很大。在一次体育课上他因跑步摔倒不慎骨折，我马上送他去医院看病，联系家长，后来又与学生一起去医院看他，组织学生给他补课，嘘寒问暖。真诚的关爱，使他消除了跟我的对立、戒备心理，悄悄地向同学表示要痛改前非，以报师恩。

3. 浸润心田，润物无声

F 同学身材高大，喜爱体育，我就联系体育老师，多次利用课外活动时间与其他班级展开足球赛、篮球赛，他乐此不疲，我也就投其所好，让他有事可做，增强自信心的同时为班级增光。我及时地肯定其优点，这些活动对他"不良"行为的转化都能起到积极的促进作用。

4. 降低期望，静待花开

我尝试从低标准入手，逐步递进。首先指导他制定整改目标，先是要求他一周内不旷课，他做到后马上公开表扬；然后又陆续要求他一个月内，半学期内不逃课；同时，我还要求家长每天准时接送他半个月，与他约定，若能坚持上学不逃课，父母在半个月后，不再接送；最后在平时适当地对他进行学习辅导，又安排班中两位学习较好的学生帮助他，半个学期下来，他没有再旷课。

四、评估反思

对学生要有客观的评价，不能给行为"不良"的学生贴上"差生"的标签，以致出现评价的失真，严重挫伤他们要求进步的积极性。要正确对待学生在不良行为转化中的反复，帮助学生分析原因，而不能简单粗暴地斥责学生。悉心研究这类学生的心理特点和行为特点，才能走进他们，教育好他们，让他们在原有的基础上有长足的进步，浸润心田，静待花开。

对早恋倾向学生的心理辅导

钟祥市磷矿实验学校 郭艳江 邓刚

一、案例描述

小 E，女，14 岁，住校。成绩优秀，兴趣广泛，有较好的艺术天赋。父母均为一般工人，家庭条件一般。初一上学期刚刚过去一半，原本各方面不错的她，出现了迟到、旷课现象。据同学反映，小 E 经常和别班某男生在一起，上街、上网、看电影，变得特别爱打扮。

二、成因分析

早恋现象是青少年发育过程中的一种生理、心理的需要，陷入早恋的青少年，十分敏感，生怕被家长、老师和同学知道。小 E 的行为正是受到身体和心理发育，以及客观环境等的影响，性意识萌芽的产生使得这一时期的青少年容易对异性产生特殊的情感体验，有意识地爱慕异性，但往往又是私下偷偷地接触和往来。由于早恋带有幼稚性、盲目性、朦胧性和幻想性，加上青少年自控能力较差，往往在浪漫的接触中忘了时间，以至夜不归宿。

三、辅导方法

1. 个别会谈

我经常与小 E 轻松地谈心，从关心她的生活入手，真诚赞美她的优点和长处，也主动谈起自己的经历，以朋友的身份答应她谈话的内容绝对保密，让她放心。这样小 E 逐渐敞开心扉，主动讲出自己的烦恼。我在了解她的心理状况后，和她一起认真分析，并找出问题的根源，定出计划，重新认识自己，树立自信，改变自己。她在绘画方面有天赋，于是我决定发挥她画画的特长，让她担任班级宣传和文艺委员，这样既能使她展示风采体现自己的价值，又能帮班级争得荣誉，获得同学们的赞美，同时也使她无心也无时间去想早恋的事。

2. 争取家庭积极配合

我与家长交谈时，首先肯定小 E 的优点，使交谈从愉悦开始，在谈及小 E 的一些行为时，避免用"早恋"等字眼。其次，启发引导家长，要尊重孩子，理解孩子，要以知心朋友的姿态与孩子进行沟通。家长表示在尊重孩子自尊心的基础上与我积极配合，帮助孩子早日走出早恋误区。后来，家长与我保持联系，互相沟通了解小 E 的表现。

3. 利用班会进行心理辅导

在班会课上，我启发引导小 E 正确认识到早恋固然不妥，但一旦发生早恋，也并非是做了什么坏事。结合一些名人励志的故事，让她懂得如果一个人真的爱另一个人，应该努力完善自己，使自己成就一番事业，为对方创造各种通向幸福的条件。现在我们需要做的就是抓住自己青春期记忆力好，易于接受新事物这一优势，好好学习，培养创造能力，为将来走向社会打好基础。同时，学会保护自己，学会对自己负责，对别人负责，从而避免进入情感误区。

4. 写日记

鼓励小 E 坚持写日记，锻炼自己的意志，最主要的是可以自省、自纠，不断完善自我，使自己不断成熟。

5. 读好书

推荐她在假期读一些积极向上的好书，并写读后感，让她在一种健康良好的文化氛围中，思想认识得到升华、走向成熟。

6. 用爱感化

我在班级中给小 E 及同月份的同学过集体生日，让她当寿星角色，充分体会集体的爱；请她到家里，给她做可口的饭菜，让她体会到老师的关爱；在学习上，让一位上进自律性强的班干部去帮助她。

7. 挖掘个人潜能

鼓励小 E 参加学校的田径队、舞蹈队，担任学校早操、课间操的领操员，增强荣誉感和自豪感。

四、评估反思

通过尊重、理解、关爱、引导等方法，再加上家长的积极配合，小 E 的思想意识有了很大改变，也认识到早恋的害处，能端正自我。一个个荣誉与成绩让她又像从前一样融入班集体中，并且更加努力学习，赢得师生的一致好评。

"小豹子"蜕变记

钟祥市郢中街办新堤小学　曹婧　曹秀萍

一、案例描述

小 Y，男孩，8 岁。作业书写较差，不守纪律且好动，书包等物品摆放得乱七八糟，经常惹是生非；上课爱插嘴，总喜欢向老师打小报告；情绪易暴躁激动，一旦家长批评就会发脾气，有时和妈妈对打，控制不住情绪时，有离家出走的言论，甚至说"不想活了"。

二、成因分析

心理问题与根源：

1. 家庭教育的缺失与偏差导致性格极端

小 Y 的妈妈发现孩子身上存在问题时，没有引起重视，未能及时管教根治。另外，因为家庭教育观念的不一致，他的不良行为习惯未能从根本上改变。久而久之，小 Y 的毛病越来越难以纠正，面对家长的打骂很容易产生偏激行为。

2. 逆反心理，暴躁偏激

孩子在逐渐长大的过程中，认识事物的经验不断增多和加深，且开始用审判的眼光来看待周围的事物，自尊心也在不断增强，对家长的简单说教、语言打击中伤容易产生固执、偏激的不良倾向，因而产生逆反心理。

3. 意志不够坚定，缺乏恒心

小 Y 上课注意力不集中，常向老师打小报告，学习也不愿动脑筋，成绩不够理想，在学习中缺乏外界监督；他犯了错误受到老师的批评教育后，有悔改之意，想振作精神奋发向上，但是由于他自制能力差，一遇到小小的挫折或者外界的诱惑就有可能知难而退，坚持不了几天便又故态重演了。

三、辅导方法

1. 加强家校联系，探讨科学方法

小 Y 的性格偏激，很大一部分原因在于家庭的教育环境与方式。因此，我与家长沟通，共同商量解决孩子不良心理状况的办法，建议家长选择合理的教育方式。当孩子犯错时，从中发现有进步的地方，夸奖他的闪光点，再指出错误，引导他发扬优点改正缺点。

2. 隔离不利因素，远离不利环境

我让小 Y 单独坐在教室的前边，还让上课比较遵守纪律的同学坐在他的周围，当他分心时及时提醒他，一段时间后，小 Y 上课的纪律大有好转。我在班上对他上课发言加以鼓励和表扬，这使得他学习的劲头更足。偶尔有分心的时候，只要看到我在看他，他就会有所收敛。

3. 帮助树立信心，激起向上动力

我坚持做正面教育引导，捕捉小 Y 的"闪光点"，帮助他树立自信心。针对他的作业，我悉心指导。当他遇到困难时，我又给予帮助。我经常鼓励他多为班级做好事，在我的赏识教育中，小 Y 越来越自信，欢乐常常洋溢在他的脸上。

4. 多元赞赏评价，促进积极向上

我经常和小 Y 谈心，在交谈中，小 Y 从我的肯定中得到了满足，获得了自信；在自我批评中，他也学会了反省，开始逐步完善自己。为了调动他的自我教育意识，每周我都给他以正确的评价，把他突出的个人事迹在班上表扬，从而充分调动了他的积极性，小 Y 在评价中不断自律、自信。

四、评估反思

1. 面对小 Y 同学的实例，让我更加认识到赏识、激励对学生的作用。针对这样的学生，我们要循循善诱，不可操之过急，多关注孩子的优点和特长，使其一步步地意识到自己的不足，慢慢地改变。通过多元评价、活动参与，使其意识到自己的进步，从而将自己的注意力转移到学习上来。

2. 孩子的所有外在表现均是他内心思想的体现，大量的教育实践证明，只要教育得法，没有哪个学生是不可救药的。在以后的工作中我们要充分重视对有心理问题的学生进行心理辅导，帮助学生正确地了解自己、认识环境，根据自身条件确立有利于自身发展的目标，调整自己的行为，充分发挥自己的潜能。

人际交往障碍调适

钟祥市特殊教育学校 黄齐梅

一、案例描述

学生小 J 是一个善良、文静的女孩儿，平时总是面带微笑，跟班级里的同学相处得十分融洽，与 Y 和 W 关系比较亲近，三个女孩子总是在一起。可近段时间，小 J 却是独来独往，还总是躲着 Y 和 W，甚至还向家长提出不想上学的想法，问其原因，小 J 只是掉眼泪。听到家长的反映，再结合小 J 近段时间的变化，我单独找到她，弄清楚了原因。

二、成因分析

1. 家庭因素

小 J 的父母都是知识分子，对小 J 的教育都是正向的，良好的家庭教育养成了小 J 善良的性格。自小一直跟随父母生活，凡事都一帆风顺，也没受过什么挫折，使得她心理抗挫能力很低。

2. 外部因素

在整个事件中，W 的责任推诿式的"告密"是一个"导火索"，而 Y 的不依不饶则是"火上浇油"，让本来很小的一件事变得没完没了，小 J 的内疚和自责被不断地加深和扩大，Y 的强势又让小 J 多了一种害怕的心理。

3. 个人因素

这件事的发生的确有小 J 的错，事情发生后，小 J 就很内疚，再加上 Y 抓着不放，让小 J 认为自己对 Y 的伤害很深，也就加重了这种内疚和自责。而 W 的"告密"是小 J 没有料到的，因为在她受到的教育中没有这种概念，因此，每次看到她们在一起说话，就怀疑她俩是在指责自己。而小 J 也不敢把事情真相告诉父母，只能一个人扛着，结果却是越来越糟。

三、辅导方法

1. 家庭教育的干预

小 J 的情况与她自身抗压能力较低有关，要想让她消除这种焦虑心理，必须有家长的支持。我联系了她的父母，把事情真相告诉他们，共同商讨对小 J 的辅导策略。首先，请小 J 父母不要指责她，并建议小 J 父母带她去看心理医生；其次，要有意识地对小 J 进行人际关系技巧方面的引导；最后，在今后的家庭教育中，要为小 J 补上抗挫能力方面的教育。这些建议得到了小 J 父母的赞同。

2. 相关人员行为干预

小 J 的心理障碍是有特定对象的，即学生 Y。我就单独找到了 Y，跟她谈心。从小 J 的品行谈起，Y 也肯定了小 J 是一个善良的女孩，在这件事情中，小 J 也没有故意伤害自己的想法。再谈到人与人交往中的"宽容"，引导 Y 抱着一颗宽容之心，既然小 J 已经诚恳地道歉了，那就原谅小 J 的无心之过。Y 也认识到自己的咄咄逼人给小 J 带来了心理障碍，表示不会再指责小 J。

3. 给小 J 以关怀，淡化她的内疚心理

外部的干预只是一种外部环境的改善，而要帮助小 J 消除内心的焦虑和恐惧，还需要从小 J 本身入手。在了解到事情原委之后，我就每周至少一次找小 J 聊天，并且把聊天地点放在户外，比如校园绿地的石凳上、操场的观众席上……只为能够让小 J 放松下来。我跟她谈人生之路的坎坷，谈人际交往中的个人素养，也谈生活中的美好向往，也夸赞她善良的美德。

四、评估反思

在我的干预和小 J 父母的配合努力下，消除了外部不利因素，小 J 被理解与关怀包围着，再加上心理医生的辅导，小 J 的焦虑和恐惧慢慢消失了，她不再害怕上学，不再害怕见到 Y 和 W。

正处于心理断乳期的中学生社会阅历贫乏，加上家庭过于保护，导致一些微不足道的事件对他们的心理造成无法预料的伤害。作为中学教师，要更多地关注学生的心理，并给予及时的干预，从而促进学生健康成长。

理解让喜乐走得更远

东宝区白云路小学　陈晨

一、案例描述

六年级女孩乐乐（化名），学习压力太大，没有学习动力。乐乐很有个性，做事有主见，不愿意被他人过度干涉自己的生活，包括自己的父母。乐乐之前在区内一所学校读书，升入六年级时，妈妈为了让孩子享受更好的教学资源，没经过孩子同意就把孩子转入市内学校。乐乐很气愤，说在之前学校，妈妈几次给她转班级都没有经过她的同意。那时乐乐年纪小不懂得反抗，每一次转到新班级，都需要重新适应老师，和同学重新建立关系，这让乐乐觉得很无助。妈妈只考虑为她选择好班级和好老师，却不考虑她的感受。乐乐觉得非常委屈，对妈妈的行为很无奈。现在新班主任是乐乐的姨妈，姨妈对她要求总比别人高，同学知道班主任是她的姨妈后，好像都在故意疏远她。她说自己很孤单，有什么话也不敢告诉姨妈：一是姨妈太严肃；二是担心姨妈批评同学们，从而使同学们更加排挤她。

因为没有朋友，乐乐很多时间都是自己默默看书。前段时间，妈妈担心一些东西影响小升初考试，在家乱翻她的抽屉，把她偷偷藏的玄幻小说和画册全部收走。她说一切都得听妈妈安排，只要不听，妈妈就会生气。在家里爸爸不敢随便帮她说话，连爸爸做事也要听妈妈的，否则他们之间就会有"暴风雨"。妈妈在家里就像"女王"，有至高无上的权利。

二、成因分析

1. 自己的感受不被认同和关心，缺乏满足感
2. 在学校和家里都没有自由，产生了不良情绪，没有自信

一切都是妈妈说了算，自己没有选择的权利。当孩子感受到来自外界巨大的压力时，她的注意力很难放在学习上，而是放在和父母、老师的对抗上。孩

子看玄幻小说、画画等都是把现实世界的不满投注到虚拟世界中，是为了获得满足、释放情绪。

3. 忽略了孩子的内在需求，使孩子感受不到真正的爱

孩子对妈妈的怨气，妈妈和班主任对她的高标准、严要求以及妈妈的过度控制都在伤害着孩子。妈妈和孩子之间没有明确的界限，妈妈在用自己理想化中孩子的模样来要求现实中的孩子，忽略了孩子的个体差异，没有尊重孩子的感受，这在一定程度上阻碍了妈妈和孩子之间沟通的桥梁，孩子感受不到妈妈真正的爱。

三、辅导方法

（1）让女孩对目前的学习压力进行评分：如果总分是 10 分，目前学习方面的压力有几分？（9 分）有几分来自老师家长？（8 分）用在学习上的心有几分？（5 分）如果没有来自老师家长的压力，在学习方面可以尽到几分的力？（8 分）

（2）放松引导，情绪宣泄：用催眠引导语带领女孩进入放松状态，想象妈妈、老师坐在面前，引导女孩把积压在内心的愤怒、无助、恐惧表达出来，在表达过程中，通过呼吸将负面情绪送出体外。

（3）重定焦点，表达需求：待女孩情绪稳定下来，再调整焦点，看看妈妈和老师行为背后的动机，找到他们身上值得肯定的三个点。女孩感受能力、表达能力很强，能够从不同角度感受一个人的特质。当女孩的内在力量在一点点提升时，再让她用文字形式分别表达对妈妈和老师的需求，希望他们以怎样的方式对待自己。

（4）给妈妈和班主任的建议：班主任对乐乐多报以笑脸、多鼓励；降低要求，循序渐进地引导，不急于求成、不强迫，孩子的安全感来自用心的陪伴和温柔的沟通。通过和乐乐妈妈的沟通，孩子妈妈从几个方面着手改善：不随意进出乐乐房间，不乱翻孩子的物品，不经允许不随意没收孩子的东西；在有关乐乐的事情上，要先跟孩子沟通，沟通后给孩子一些时间考虑，给孩子做决定和做选择的权利；关心孩子的内在需求，关注孩子的心情，改变自己说话的语气和说话的方式，戒掉自己跟孩子说话时强势的语气，换成"温柔的风，清爽的雨"。

四、评估反思

任何人在压力、负面情绪太强烈的情况下都没有办法专注做事情，更何况一个尚未成年的孩子。他们没有能力管理好自己的情绪，也不懂得如何宣泄自

己的情绪，体内负面情绪积压太多、负荷太重，孩子自然没有前进的动力。

在这一次帮助和引导中，给了女孩一个充分表达的空间，让女孩的情绪得到充分释放，同时引导女孩如何和妈妈、老师勇敢地表达内心的感受，而不仅仅是行为上的对抗。经过一段时间的观察，我看到了乐乐脸上越来越多的微笑，她大方地和同学交流，积极回答老师上课提出的问题，状态很不错。我相信内心喜乐的女孩一定会走得更远、更好。

"跳楼风波"案例分析

荆门市楚天学校　余萍　李雪

一、案例描述

小凯（化名），男，13 岁，七年级学生，因为在班上叫嚷着要跳楼被班主任带至咨询室。通过对话，我了解到小凯喊着要跳楼的经历也不止一次了，在小学六年级和刚上初中时都发生过，起因都是小事情。这一次是因为作业没有完成，被老师叫去办公室后受到了同学的嘲笑，心理上接受不了，嚷着要跳楼。

坐下不久，我发现每隔几秒他的头就会不由自主地点一下。我问他能克制住吗？他说不能，也不记得是从什么时候开始就这样了，可能是小学五年级吧。他曾到武汉同济医院就诊，被诊断为"抽动症"，吃了一年半的药后情况有所好转，停药后复发，再吃药效果不明显。小凯的父亲是修理工，母亲在一家超市上班，每天自己上下学，平时母亲照顾的多一些。小时候由爷爷奶奶抚养，父母在外地打工，直到上小学四年级时父母才回来，父母回来后带着小凯和姨母的女儿一起生活，两个孩子是同年级，所以在同一所学校就读，家庭经济条件一般，居住在姨母的房子里。

二、成因分析

（1）童年期的经历导致小凯心灵有创伤，缺乏安全感。小凯由爷爷奶奶带大，与父母缺乏沟通，没有从父母那里获得足够的关爱，导致自身安全感的缺失及对归属感和爱的渴望。

（2）父母亲给予的家庭氛围不和谐。我了解到小凯的母亲本身也缺乏安全感和爱，所以给不了小凯自己所缺失的，同时她和小凯的父亲经常拌嘴、冷战。冰冷的家庭氛围让小凯感觉不到温暖，所以自己的紧张和焦虑都通过躯体表现出来，以此来吸引父母的关注。

三、辅导方法

1. 针对孩子的咨询

主要是了解情况，建立关系，了解引发小凯当时想着要跳楼的事件与他的真实想法和动机。在具体交流中了解他的真实目的可能就是为了引起他人的关注。

2. 针对母亲的咨询

对于孩子经常提出要跳楼这一说法，母亲也是忧心忡忡，所以当我提出需要父母配合咨询时，母亲第二天就来了。初见小凯母亲，很纤细、很忧郁的样子，一开始她只是询问孩子咨询的情况，并不愿配合我，也不愿讲家庭的事情和自己的故事。咨询到一半时，我问她们夫妻关系好吗，她的眼泪一下子就出来了，我大致就明白了孩子出现这种情况的原因所在。在后面的咨询中她谈及了自己的原生家庭。了解了小凯的生活环境和问题后，我们制定了咨询目标，以改善小凯父母的夫妻关系为切入口从而改变小凯的生活氛围。

3. 针对父母双亲的咨询

隔了一周小凯的母亲与父亲一同来到了学校咨询室。在咨询开始的时候，小凯母亲还是不说话，只是听，小凯父亲还比较健谈。小凯的父亲一边讲，小凯母亲就一边抹眼泪。他们两年没有正面讲话了，如果不是因为孩子的问题，这一次也不会一起来学校。在小凯父亲讲述的时候，小凯母亲时不时也反驳一下，可能好久没有沟通，在咨询室让小凯母亲的情绪得到了一次宣泄。两人的感情仍在，只是沟通方式和情绪的处理等问题导致关系不断恶化。

因为发现最主要的问题来源于小凯母亲，所以我和小凯的母亲建立了长期的咨询，在后面的咨询中，小凯母亲非常配合，也很愿意改变。

四、评估反思

小凯的问题表明孩子是非常需要爱和安全感的。通过从小凯的班主任那里了解的信息以及在心理健康课上观察的情况，我发现小凯目前的状态不错，没有生出不好的想法和动机，上课也积极参与活动。我也和小凯的父母建立了咨询关系，每周沟通一次，了解他们家庭成员关系的修复情况，及时给出建议和指导。对于小凯父母来说，从开始抱怨学校到后来对于自己给孩子造成的伤害感到愧疚不已，他们充分了解到孩子的问题不是源于他人，而是源于他们自己，了解到需要改变自己来陪伴孩子。

用爱唤起孩子的爱

京山市三阳镇初级中学　蒋帆

一、案例描述

小晨，男，15岁，九年级学生，性格内向，贪玩，学习积极性低，经常不完成各科老师布置的作业，成绩偏下。家庭条件相对其他同学来说较好，经常买东西送给女同学，曾发现有早恋现象。由于父母忙于做生意，平时很少有时间照顾孩子，孩子一度沉迷手机游戏，再加上爷爷奶奶溺爱，该生从家庭经营的商店收钱箱内多次偷偷拿取现金累计近6000多元，分别在不同时期为自己购置了一部手机和一辆摩托车。

二、成因分析

1. 个人原因

（1）学习成绩低下，自信心不足，有了自暴自弃的念头。

（2）虚荣心较强，希望用高质量的物质生活掩盖成绩低下等带来的自卑心理。

2. 家庭原因

（1）缺少父母的关注。试图以偷偷拿取钱财等方式来寻求父母的爱或关注，弥补心理上的缺失。

（2）父母对孩子的教育和管制出现偏差。父母为了不让孩子沉迷手机游戏，并取得好的学习成绩，常常没收孩子的零用钱以达到管制效果，却没有进行正确的沟通和引导。

3. 教师原因

在日常的教育教学中，老师表扬与关注的是那些表现好、成绩好的学生，对这样一些特殊的学生却很少表扬和关注。

三、辅导方法

1. 家校互通形成教育合力

我做通了该生母亲的工作，建议该生在家期间，一定要停下手中未完成的工作来照顾孩子。

2. 用爱心构筑心与心的桥梁

首先，我放下师道尊严的架子，抛开他身上的一切不良因素，每周不定期地找他谈话，以真诚的态度去接纳他，让他觉得我不再高高在上，并能把他放在眼里，而对他存在的一些缺点避而不谈。

其次，我让他准备一个笔记本，起名叫"我俩的天空"，争取把每天发生在自己身上的一些事记录下来，并写写自己对此事的想法。他还给自己起了一个笔名叫"蓝天"，于是我顺势就叫"白云"了。我会写很多的批语，把我对他的看法及感受都写得很详细，并指导他应该怎样做。我还经常写一些白云会一直陪伴着蓝天的鼓励语。久而久之，他也越写越多，开始敞开心扉地跟我聊，有时还会主动承认自己以前的一些过错，并向我保证不再那样做了。

3. 班级科任教师齐力助进步

为了让他自己发现自己的进步，我把他的情况告知给了我班的其他科任老师，并一起商讨对他进行教育与辅导的方法，达成一致意见：多在课堂上对他好的行为进行鼓励和表扬。随着他被关注的次数增多，他的信心也随之增长了起来，学习劲头明显提高。

4. 加强青春期的心理健康教育

在科任老师齐力促进他进步的同时，利用他乐于接受的方法讲明道理，消除他错误的认知因素，帮助他树立正确的人生观、价值观。认真分析他的思想状况和心理要求，确立适合他实际的教育目标和要求，准确把握他品德的发展阶段和水平，指导他重点阅读心理健康教育类文章，增强他的自信心，使他的心理素质在潜移默化中得到发展。

四、评估反思

家庭环境是教育环境中一个不容忽视的重要因素。虽然学校教育至关重要，但家庭教育也不可忽视，只有学校、家庭、社会携起手来，创造和谐温暖的教育环境，才能拨去学生心头的云雾，才能见天日、见月明，让学生的心里时刻充满"爱的归属感"。

从细微处着手，关爱学生

届家岭管理区实验小学　熊慧　董宇

一、案例描述

任小小（化名），男，今年 9 岁，三年级学生。任小小同学自入学以来，学习习惯很差，不愿学习，与班级学生交往困难，经常惹是生非，其表现为：从上学开始，他的作业从没有主动完成过，也经常拖欠老师作业，喜欢乱扔杂物。新冠肺炎疫情期间，他在家里遇到一点小问题就大发雷霆，父母也无法管教，经常把他关在院子外。

二、成因分析

该生学习兴趣不大、平时上课注意力不够集中总是低着头玩，老师讲课从来不听，每次提醒只能看几分钟黑板，头就又低下去了，也不乐意做作业，作业完成马虎；喜欢大叫或敲打桌椅引起别人的注意；喜欢老师表扬，有时很积极，但又经常犯错误被老师批评，认错态度较好，但过后又会重犯，特别是喜欢和同学打闹；另外，在写生字时，他很容易将生字偏旁写颠倒，或者多笔少划。我通过家访与家长多次沟通后了解到：该生在家就很调皮，写作业时注意力不集中，最喜爱的活动是看电视。

三、辅导方法

针对该生的不良行为，我在辅导过程中，采取了很多方法，其中一个重要的方法就是与家庭密切配合，重点从心理学的角度出发，对其进行教育，并取得了良好的效果。

1. 多一些理解沟通的谈话

抽一点儿时间，以平等的姿态，多跟他谈谈心，能知道他的心里正在想些什么，一开始他还不愿意说，但在我的鼓励和劝导下，他还是告诉了我关于他的家庭和本人的一些情况。

2. 制定合理的作息规划

要想保证孩子在校能精力充沛地从事各项活动，必须让他得到充分的休息和睡眠。我向家长特别强调：不能让他长时间地看电视，建议家长培养孩子看书的习惯。

3. 关爱学生，树立战胜自我的信心

我用信任的眼光看待他，用真诚的言语激励他，及时了解他的想法，建立良好的师生关系；又常常给他讲些中外科学家刻苦研究，忘我工作，为人类文明和进步事业做出重大贡献的事例，让他逐渐明白应该从小学好本领。

4. 家校结合，改善教育方法

首先，让孩子明白，"打是亲，骂是爱，不闻不问要变坏"的家长的教育方式会有不当之处，但家长的出发点是为了子女成材，作为子女要体谅父母的苦心；其次，家长阅读一些教育孩子的书籍，提高自身教育水平以创造良好、民主的家庭环境，和孩子交朋友；最后，抽时间带孩子到大自然去呼吸新鲜空气，给孩子安排有意义的生日庆祝会，设计各种温馨的家庭活动，利用亲情来感化他。

5. 激励性赏识，转移注意力。

让其担任班级卫生委员，专门负责班级环境卫生。老师的信赖、同学的支持使他的态度发生了很大的转变。随之他将注意力转移到学习上来，开始用心学习，并不断进步，逆反心理有所改观，作业能按时提交，学习成绩有所提高。

四、评估反思

经过一个学期的辅导教育，任小小变得认真起来，上课主动举手回答问题，作业也能按时提交，学习成绩有所提高。作为老师、家长，我们不能一味地批评孩子，而是要培养他们的信心、兴趣，提升他们为之奋斗的动力。试想在学习中没有信心，也缺乏兴趣与动力的学生，如何能产生理想的学习效果？

在本案例的辅导中，我着重引导他与外界沟通，让他认识到人不是独立的个体。我们周围有很多关心我们的亲人、朋友和老师，不要抗拒接受外界的善意，也不要吝啬给予别人关爱，让他打开心门。

她能主动与同学交往了

高新区·掇刀区月亮湖小学 李昊

沙洋县沈集镇中心小学 姚明霞

一、案例介绍

小盼，女，11 岁，小学六年级学生。成绩很差，每门功课几乎都是低分。性格内向，在同学面前不苟言笑，课堂上不是发呆就是在偷偷玩东西，老师提问时就站在那里望着老师一言不发；下课后除了上厕所，她要么静静地坐在自己的座位上发呆，要么就和几个同学去买零食吃。同学们喊她一起玩，她只是勉强笑一下，仍然不理会。她的父母在刚生下她八个月时离异，父亲开货车，长时间不在家，且重组家庭并育有一个小女儿。小盼的亲生母亲在湖南务工，也另组家庭，十年来和她几乎没有联系过。小盼的起居生活从小到大一直由爷爷奶奶照顾，和姑姑表弟住在一起。她的父亲的教育管理方式简单粗暴，连女儿读哪个年级都不清楚。小盼从小缺少父爱母爱，导致其内心极其缺乏安全感，没有感受过一个完整家庭带来的温暖。她离家出走多次，每次都是放学回家后再从家中步行去城区找父亲，而她并不知道父亲家庭的具体位置。她曾经在城区寻找父亲时迷路，被一个心地善良的路人发现并报警，转而被警察送回乡镇的爷爷奶奶家中。

二、成因分析

缺失父爱母爱的孩子常常笼罩在恐惧之中，对学习没有兴趣，也没有学习的目标和动力，学习成绩不理想，自卑感逐渐加重，总觉得自己不如其他同学，也不想主动和同学交流、玩耍，对老师的教育会自动屏蔽，甚至产生抵触情绪，对家长简单粗暴的管理更是产生逆反心理。

小盼的生活自理能力很差，班级的日常卫生工作不会做，班上与她一起做卫生的同学对她很不理解，所以私下会互相交流对她的看法，说她这样那样的不好，她觉得很没面子，因而更不愿与同学交往了。

三、辅导方法

（1）利用游戏活动，创造交往的条件。在班集体活动中，班主任和同学们主动邀请她玩游戏。同时，老师引导其他同学与小盼共同完成游戏活动，活动中引导她主动与同学交往、合作，让她感到快乐并产生愿意和同学们交流的想法。

（2）指导学生的家庭教育，改变小盼家长的不良教育方式。她父亲由于开货车，长期不在家，教师多次家访并打电话要求其到校与老师进行沟通了解孩子的情况，共同商量解决孩子不良心理状况的办法，建议家长选择适当的教育方式，给予孩子温暖，定期回老家看望她，节假日接她到荆门的家里，让她和妹妹还有阿姨一起生活，加深彼此的了解，让她感受到亲情。对她平时的优点给予肯定、表扬，比如，她喜欢带弟弟妹妹玩并且很有耐心；再比如，她喜欢跳舞，鼓励她参加舞蹈队，发展才艺。同时，让她做一些简单的力所能及的家务，比如起床时叠被子；饭前和大人一起摘菜；饭后清洗家人的碗筷，收拾桌子，打扫房间卫生等，提高小盼的认知和生活自理能力，在家务劳动中锻炼她与家人交流的能力。

（3）创设良好的班级人际氛围。利用心理辅导课、活动课、班集体活动等时机进行群体性的心理辅导，培养学生乐于助人的品质，不嘲笑、不鄙视能力暂时比自己差的同学，让同学主动地在学习、生活上帮助小盼。

（4）培养小盼的语言表达能力，提高她与同学之间交往的信心。小盼的学习成绩一般，上课又不主动发言，在与同学交往的时候不善言辞，这给她的语言表达带来了极大的困扰。班主任利用心理辅导课对她进行语言方面的训练，简单的问题多指名让她回答并给予肯定和鼓励，让她尽可能多地在大众面前发言讲话，敢于和同学们互相交流。通过不断地练习，有效地消除了小盼与同学之间交往的障碍。

四、评估反思

通过辅导，小盼的学习成绩逐渐提高，做班级值日卫生工作时，能非常好地完成卫生工作，得到了同学们的肯定。在课间休息活动时，她能主动与同学玩耍，上课偶尔能积极主动地举手，发言声音也比以前大了很多。家长也反映她在家里，能主动地和爷爷奶奶分享学校里发生的有趣的事以及自己学到的一些知识和好习惯，而且能主动帮家长做家务了。

疫情当下，幼儿焦虑个案分析

京山市直属机关幼儿园　陈慧

一、案例描述

思思（化名）是这学期新来的小朋友，平时在家里基本都是奶奶在照顾，家里人对孩子也都是极度的疼爱。思思平常是一个特别乖巧懂事也特别讲卫生的小女孩，可是最近几天在幼儿园总是闷闷不乐，经常一个人玩，其他小朋友要和她玩的时候，她总让人离她远点；经常去洗手消毒，有一次排队时还推倒了后面的小朋友。思思的反常表现让老师很诧异，不知孩子发生了什么事，后来老师通过和思思的细致交流才得知，这些行为表现都是奶奶在家中反复教导所致，目的是警惕新冠肺炎的感染，做好防护措施。

二、成因分析

（1）因为要预防和控制第二波新冠肺炎疫情的发生，市教育局规定幼儿在上幼儿园期间一定要佩戴好口罩。思思奶奶意识到问题的严重性，警告思思户外还不安全，出门玩耍有传染风险，并且叮嘱思思不要离小朋友太近，否则会被传染病毒。

（2）由于思思奶奶的过分紧张造成了思思的恐慌心理：在认知上，思思可能因为没有正确认识新冠肺炎疫情，夸大想象，甚至出现灾难化的想象；在情绪上，出现无聊、烦躁、憋屈、消沉、抑郁、易怒、恐惧等各种不同情绪的困扰；在行为上，乱发脾气、吵闹、哭泣等；在身体上，过度关心自己身体症状，比如反复洗手、消毒等行为。

（3）思思这样的反应是家长没有正确引导，忽略幼儿的心理健康所引起的。

三、辅导方法

父母情绪稳定是给孩子最好的礼物。对于婴幼儿来说，他们还没有形成对外界的正确认识，更多的是从父母的眼中看世界，通常会根据父母的情绪和反应来判断、认识周围环境。父母在危急情况下表现得越镇定，孩子受到的影响就会越小，心里也就会越有安全感，而思思奶奶恰恰相反，过度的恐慌紧张心理导致了其对思思的过度教育，孩子没有能力消化这些恐慌心理，于是就出现了行为上的系列反应。

1. 和家长多交流，关注孩子的情绪状态

家长首先要正确认识病毒，目前病毒已得到有效控制，此阶段重点是预防，家长的过度担心、恐慌和对孩子的过度教育，让孩子没有办法承接来自家长的焦虑心理，同时孩子又缺乏自己的客观认知，一方面想要听家长的话保护好自己，另一方面孩子又渴望和同伴交往，矛盾冲突的心理，更加导致孩子在幼儿园出现闷闷不乐的状态。在和家长沟通交流中，当我把孩子的表现和造成的原因告知家长后，家长也认识到自己的过度恐慌对孩子造成了过度警觉的反应，家长很乐意接受老师的建议，积极配合老师一起对孩子进行合理引导。

2. 正确引导孩子认识病毒

通过和家长交流，建议家长进行科学的亲子陪伴，同时老师在幼儿园也开展认识病毒系列活动，比如和害怕病毒的思思一起玩"我是小护士""病毒逃亡记"等游戏。在游戏中边玩边引导孩子了解病毒，处理孩子的负面情绪。

3. 在园对孩子多一些关注和陪伴

无论是上课还是游玩时间，老师都会积极关注思思的表现，对她多一些肯定，鼓励思思和小朋友一起分享、一起游戏，看到思思开心的微笑，老师也会及时回应她一个微笑。老师还会邀请思思当小助手，协助老师帮小朋友做一些力所能及的事，这样一点一点让思思融入小朋友中间，没有了恐慌焦虑，思思脸上又恢复了之前的笑容。

四、评估反思

特殊时期，幼儿教学面临新的问题和新的要求，对幼儿教师的工作提出了新的挑战。幼儿园教师要用自己的专业素养去做好防控工作，做好孩子的心理抚慰，努力让幼儿快速适应幼儿园的学习和生活。

渴望父母认可与支持的她

沙洋县后港镇西湖中学 张志云

一、案例描述

轩同学，女，14 岁，八年级。她是一个敏感、细腻的女孩子。母亲性格比较强势，在她年幼时，父母在外务工，她与爷爷奶奶一起生活。爷爷奶奶虽然生活上给予细心的照料，但也无法弥补父母的缺位。父母每次打电话也只是询问她的学习情况，这让她很烦恼。她曾经跟母亲提起想去学画画，但没有得到母亲的支持。在她进入初中后，母亲便从外地回来督促她的学习。两人相处的还可以，但她总感觉缺了些什么，后来有好几次，她母亲跟她说"你看你周围的同学都在学画画，你怎么不去学呢？"一时间她感到特别委屈，"当初我提出想去学画画，你不是没有同意吗？现在怎么又怪我不去学呢？"由于这些琐碎的事情，再加上新冠肺炎疫情期间她的疏于学习，导致她八年级的成绩大不如前，在看到与其他同学的差距时，心情沮丧，经常否定自己，也不接纳自己的现状。

二、成因分析

从发展心理学的角度看，孩子在不同的阶段需要完成不同的成长任务。

本例中的轩同学，幼年时成为留守儿童，这让她有了一份情感上的缺失，因为孩子在这一阶段是非常需要父母陪伴的。遗憾的是，家庭经济上的压力使得她的父母不得不做出抉择，无奈地外出务工。虽相隔两地，但亲子之间的沟通是没有间断的，不过在这份"沟通"里，父母无时无刻不在传递着他们的焦虑，而弱小的孩子则成为"焦虑接收者"。比如"父母询问她的学习状况后得知她没有达到他们的要求，于是喋喋不休"，这里面就透露出一种"焦虑"，并给她施压。再加上，"母亲对于她报绘画班"前后矛盾的言论，让她感受到的是父母的不认可、不支持，这也让她从内心对自己产生了"自我否定"。八年级成绩的下滑，与好友的差距，更是加深了她的"自我否定"，但又有一份不甘心——

"我不应该这样"。可见其内心冲突很深，无力感也在加深。

三、辅导方法

1. 摄入性谈话

收集她的相关资料，包括基本信息、家庭背景、社会支持情况、心理辅导的动力与期望。

2. 建立关系，明确辅导目标

良好的关系是辅导效果的有力保证。通过倾听、共情、接纳、无条件积极关注，让她对心理辅导产生信任感。信任，也是辅导效果的有力保证。辅导目标——梳理情绪与认知，并进行积极转化，能够接纳现在的自己。

3. 带领学生从不同角度觉察并表达"情绪"

首先感受一下自己在刚才的叙述中的情绪是什么，并表达出来。接着，将自己作为"父母"，来体会当时父母那样说、那样做的时候他们的情绪是什么样的，并表达出来，并提问"你感受到了什么？"让学生表达。

4. 借助 OH 卡（潜意识投射卡）

围绕五个问题展开探索，梳理认知与情绪，找出不合理之处和盲点。

图卡中你看到了什么？在这个画面中，你在哪里？或画面中的人或物是谁？画面中的人或物跟你有什么联系？跟文字有什么联系？以"我"开头说一段话或编一个故事，把画面内容和文字内容串在里面。

这幅画面和文字跟你的困惑有什么联系？你做这样的解读背后意味着什么或能给你带来什么？将感悟表达出来，尝试着将"否定"进行积极转化。

5. 跟踪随访

随访中，她非常高兴地说："我妈妈给我报了一个画画班，她终于支持我的想法了！"听完之后，我为她感到高兴，也看到了她在班级的积极融入，并用心去接纳自己、接纳现状。

四、评估反思

轩同学对于画画是很有兴趣的，在画画中她是可以得到愉快体验的，所以后来母亲同意她去画画班学习的时候，她是那样得开心！母亲的支持与认可，直接影响了她内在的能量变化。不过轩同学问题的解决不能一蹴而就，根据她的需要可安排多次辅导。

青春期社会化现象纠偏

荆门市象山中学　高小梅

荆门市东宝区教科所　杨正芝

一、案例描述

婷婷（化名），女，14岁。她衣着打扮向成年女子看齐，化妆、戴首饰、涂指甲油，衣着暴露，不穿校服。她没有学习目标，上课时精神不振，课桌上画着大大的"睡神"二字，作业不完成或抄袭，偶尔还旷课，学习成绩差。但她尊敬老师，有较强的自尊心和集体荣誉感，性格豪爽、乐于助人。

二、成因分析

1. 自身因素

对学习没有什么兴趣，最喜欢与朋友到处玩。导致她学习差的主要原因是懒惰、散漫，对学习缺乏主动性，缺乏自控能力。

2. 家庭因素

婷婷的父母文化程度不高，认识不到学习的重要性，很少过问孩子的学习。父母离异，互相推诿对孩子的监护责任，不爱和父母交流的婷婷就去找同龄伙伴寻找精神慰藉。

三、辅导方法

1. 加强沟通，建立信任

婷婷是本学期分班才来到我班的，刚开学我发现她的"特别扮相"后就赶紧找她谈心，对她提出严格要求，要求她限期整改自己的衣着打扮，她做到了。在平时，我特别关注她，利用一切时间与她沟通交流，关心她的学习、生活，让她既感受到老师对她的严格要求，又察觉到老师对她的关心，慢慢地建立起对老师的信任感。

2. 多宽容，多鼓励，对症下药

时刻注意她身上的闪光点，一旦发现，就及时表扬她，帮助她树立自信心。课堂上，我对她特别关注，经常让她来回答问题，并及时表扬鼓励她，让她体会成功的喜悦。她的集体荣誉感强，我鼓励她为班级争光。学校举办运动会时，班上的女生不愿意参加长跑比赛，她主动报名参加了 1500 米长跑，在她的带动下，另外两个女生也报名参加了。她还参加了市一中组织的美术比赛，取得了不错的成绩。慢慢地，她融入了班级，与同学建立了深厚的感情，课堂面貌有了很大改善，课堂上再也不睡觉了，还能积极举手发言了，作业也能按时完成了。

3. 重视与家长的沟通交流

刚开学，我就与她的父母电话联系，建议父母加强监护，多给孩子一些关爱，采取一定的措施保证孩子按时上学。刚开始，婷婷对她的父亲是抵触的，拒绝交流。我又给她做思想工作，她的父亲坚持一段时间按时接送她，她才转变了对父亲的态度。我经常通过电话、微信等方式与她的父母沟通，让家长懂得教育孩子的重要性，重视孩子的学习，给她的家长提供一些正确的教育方法，使他们承担起父母应尽的责任。

4. 配好同桌，使她在互助中进步

同龄人在一起，关系是平等的，一个行动，一句体己话可以让彼此之间更有亲切感。据婷婷反映，她与班上另一名成绩较好的女生欣欣从小学时就是同学，关系相对较好，于是，我事先与欣欣进行了沟通，安排她与婷婷同桌。两个信得过的同伴在一起，学习上取长补短；劳动上、生活上互相帮助；性格、思想上互相影响。慢慢地，她就走上了自主学习的正轨。

5. 在学习上给她搭起台阶

一个学习落后的学生想一下子就有明显的进步是不可能的，于是，我每天单独给她布置作业，先从基本做起，每天一个小目标，每天都有进步。

四、评估反思

刚开始，婷婷同学还是反反复复，上课时而听，时而不听。经过一段时间的努力，她上课注意力比较集中了，也常常举手发言，学习的积极性有了明显提高。期中考试，她的成绩有了很大进步。现在她像变了个人，不再浓妆艳抹，和父母关系也融洽了，常常帮父母做些力所能及的家务活。

相信在爱心的浇灌下，像婷婷同学这一类的小花迟早会吐露自己的芬芳。

用爱滋养单亲儿童的心灵

京山市钱场镇小学 姚登敏 陈玲俐

一、案例描述

小轩（化名），单亲留守儿童，父母离异且都重新组建了家庭。小轩由奶奶抚养照顾，性格内向、孤僻，不爱与人打交道，常常独来独往；智力一般，对学习不感兴趣，学习自觉性差、成绩差；自我约束力不强，课堂上基本能遵守课堂纪律，但注意力不集中，偶尔走神发呆；整天昏昏沉沉、一副无精打采的样子；老是趴在课桌上，不愿意开口读书、回答问题，有时还故意发出声响，干扰同学上课；作业更是不能积极主动完成，一说做作业，不是找本子就是找笔，几个字要写半天，磨磨蹭蹭的，每次作业都是老师或组长催好几遍才肯交；情绪上容易激动，常为一点鸡毛蒜皮的小事，跟同学发生争吵。同学们也不太喜欢他，玩游戏都不愿意喊他参加。

二、成因分析

小轩的家庭比较特殊，从小父母感情不和、经常吵架。后来父母离婚，各自重新组建了自己的家庭，就把他交给奶奶抚养。

父亲没有精力和心思管他，说的话他根本不听。母亲也从不来探望他、不和他联系，他几乎感受不到来自父母的爱。奶奶觉得他从小父母离异，很可怜，一味地从物质上满足他、娇宠他，不让他做任何事，也包括学习。

他的心理问题，可以说是从家庭变故开始的。父母分离对他造成了很大的伤害，从小感受不到家庭的温暖和幸福，感受不到父母的呵护和疼爱，觉得自己是被抛弃的，害怕大家瞧不起他，感受不到周围人的善意，总觉得大家对他不友好。

因为不合群的性格，还有一些不良习惯，他总是表现得很出格，所以得不到师生的认可，内心有一些失落感。他内心也特别希望引起别人的关注，因此他常用一些特别的方法展示自己，比如搞一些恶作剧来引起大家对他的重视。但这些不当的方法只会让同学们更加反感他、远离他。

三、辅导方法

找到问题的根源后，我们不仅要在他的学习上多花心思，还要从思想上、生活上关爱他，让他感受到来自集体生活的温暖和快乐。

1. 春风化雨，疏导教育

在平时的学习生活中，我们尽量避免直接批评，不与他发生正面冲突，注意保护他的自尊心，采取以柔克刚的教育方式。当他犯错误时，不当着全班同学的面点他的名字，而是在与他进行个别交谈时动之以情，晓之以理，耐心地帮助他分清是非，意识到自己的错误。

课后从生活上给予关心，没有学习用品就给他买，天冷了就提醒他加衣服，过生日时，全班同学为他唱《生日歌》，老师还送他礼物，等等。另外还安排他和活泼开朗的同学同座位，安排他参加班级的各项活动，让他感觉大家都是他的朋友，建立温暖感、信任感。

2. 因势利导，扬长避短

善于发掘他身上的闪光点，充分发挥其作用。他个子高、力气大，让他担任劳动小组组长，带着小组成员做好清洁工作，抓住机会就表扬他，让他有成就感，看到自己的长处。

3. 对症下药，主动配合

我们主动和他的父母取得联系，把他目前的学习状况及在学校的所有表现告知他们，建议他们配合学校教育。并告诉他们，无论他们关系怎样，孩子是无辜的。要让孩子感觉到父母虽然离婚了，但对他的爱没有变，多与孩子谈心，及时了解他在学校里遇到的困难，并帮助他解决。通过几次交流，家长也认识到他们对孩子教育的疏忽，开始转移一部分注意力到孩子身上。

四、评估反思

老师要与孩子真诚交流，用真挚的爱心去感化他，让孩子喜欢你、相信你，愿意与你交流，进而了解孩子心里想什么、需要什么。学会读懂孩子，想孩子所想、急孩子所急，只有这样才能真正成为他们的良师益友。同时单亲家庭的孩子，就像海面上行驶的一叶孤舟，作为老师，就需要给他们更多的关注，正确引导他们，做他们心灵上的领航员，帮助他们顺利地走向生活的彼岸！

如何脱离游戏泥潭

屈家岭管理区第一初级中学　王清　秦涛

一、案例描述

由于新冠肺炎疫情的出现，在家一直待着的陈乐乐（化名）感到苦不堪言。平时他都是和小伙伴们一起去小区的篮球场打球的。新冠肺炎疫情刚开始时他只是拿出手机和同学们聊天。一次偶然的聊天，有位同学发了一个游戏的链接，陈乐乐当时就不假思索地点了进去，然后和几位同学一起遨游在游戏的世界里，一发不可收拾。陈乐乐发现，原来游戏是这么好玩，在游戏的世界里与小伙伴一起玩的感觉和平时完全一样。结果，陈乐乐就沉迷游戏无法自拔，开始变得不怎么爱说话，也失去了对学习的兴趣，整日浑浑噩噩，完全沉浸在了游戏的世界。

陈乐乐的家长十分担忧，开始不断劝说他不要沉迷游戏。可陈乐乐对他们的话根本听不进去，依旧沉迷游戏，两耳不闻窗外事，对学习成绩也开始完全不在乎。

二、成因分析

游戏是什么？游戏是一种娱乐活动，它产生于人类的本能。人类在生活中要受到精神与物质的双重束缚，在这些束缚中慢慢失去了理想和自由。于是人们就利用剩余的精神创造一个自由的世界，它就是游戏。这种创作活动，产生于人类的本能。陈乐乐在新冠肺炎疫情期间情绪十分低落，家长并没有及时发现他的异常心理，他开始受到精神和物质的双重束缚，一开始只是通过手机聊天来缓解苦闷情绪，然后偶然点进了游戏链接，进入了一个让他难以自拔的精神自由世界，并且逐渐沉迷，直至沉浸其中无法脱离，心理的不健康显露了出来：开始不爱说话、不爱学习，只沉迷在自己的游戏世界里，对外界的一切事物都提不起兴趣，彻底沦为游戏的工具人。

三、辅导方法

（1）了解什么是游戏：游戏，产生于人类的本能，是人类的一种娱乐活动，陈乐乐是本能地想玩游戏。

（2）了解游戏的意义：游戏是具有两面性的，游戏随着人类而生，却又不单单是为了娱乐而生。一方面，游戏是一种休闲娱乐活动；另一方面，游戏又是一种很严肃的人类自发的行为。它可以让人类的生活更加精彩多样，也可以让人类沉迷其中、失去自我，使其人格完全虚拟化，并沦为游戏的工具人，显然陈乐乐成了后者。

（3）了解游戏的诱惑：游戏与真实的生活是不一样的，游戏有实效性，在游戏里面做了什么马上就可以同步实时见到。但在生活中，很多事情是没有实效性的，并不是付出之后就能立刻知道结果，例如学习。这也正是未成年人沉迷游戏的主要原因，也是陈乐乐沉迷游戏的主因。

（4）引导脱离游戏泥潭：未成年人正处于成长期间，自身的控制能力往往比较弱，对一些让自己觉得很有趣的事，他们很容易上瘾并沉迷其中，最终导致自己的身心健康受到严重影响。一般让未成年人沉迷游戏，多数是家长的监管不到位，家长要及时与孩子进行有效的沟通，去引导孩子树立正确的人生观和价值观，关注孩子的心理活动；要做到言传身教，自身做好孩子的好榜样。玩是每个孩子的天性，家长要理性去教育孩子如何管理好自己的游戏时间，不要在游戏上花费太多的时间；家长也要少玩手机，特别是在孩子面前，还要告诉孩子沉迷游戏的危害，主动和孩子沟通交流，多多了解孩子的想法，及时发现孩子心理健康问题，多陪伴孩子，端正孩子对于游戏的认知，告诉他们，游戏不是不可以玩，而是要少玩，和孩子说明他当前的主要任务是好好学习，做一个对社会有用的人，而不是沉浸在虚拟的游戏世界里，浑浑噩噩度过一天又一天。孩子玩游戏是天性，家长通过正确的教育方式可以让孩子学习与玩乐有益结合。因此，对于陈乐乐沉迷游戏的行为，教师要与陈乐乐的家长做好沟通和辅导工作，一起引导陈乐乐走出游戏的泥潭。

四、评估反思

世界上让人沉迷的东西是数不尽的，游戏仅仅是冰山一角。未成年人沉迷其中，这不是社会问题，而是教育的一种疏忽。关爱未成年人身心的健康成长，需要社会与家长的共同监督。一味地禁止未成年人打游戏是不可取的，孩子的心理是不成熟的，需要用缓和正确的方式引导，而不是雷厉风行的禁令，越是强硬，孩子越是抗逆。

疫情促他成长

东宝区红旗小学　陈安菊

一、案例描述

小徐（化名）是个开朗、外向且情商极高的 9 岁小男孩。小徐父母离异多年，他长期和母亲生活在一起，妈妈是做服装生意的，外公外婆身体都还硬朗，经常贴补他们娘俩，因此，家庭条件还算不错。由于妈妈缺少教育孩子的方法，小徐跟妈妈的关系时好时坏。二年级时，小徐妈妈就曾告诉我，服装店的顶衣杆都打断了好几根。今年年初，新冠肺炎疫情还比较严重的一个周五下午，小徐的妈妈突然打来电话跟我说他们现在待在石桥驿老家，孩子非常没有礼貌，完全不是刚回来时那个有礼貌、爱学习、懂事的孩子了，也不是之前那个跟她一起相依相伴的孩子了，跟外公已经大战了几次。如果能回城里的话，她半夜都要带着孩子离开这里。

二、成因分析

通过电话交谈，我知道，孩子产生变化的主要原因有以下两点：

1. 教育目标没有达成共识

新冠肺炎疫情让大家禁足的时间太长，母子俩和两老之间的生活方式、生活习惯不同，再加上，外公以前从来没见过孩子是怎样学习的。现在，发现孩子每天除了上网课、完成老师布置的作业外还要做一些妈妈布置的额外作业，下午要练字，晚上还要阅读。外公不赞成这样学习，认为身体是第一位的，现在学校都还没开始复课，为什么让孩子那么累，完全没必要。而妈妈则认为应该把已经养成的好习惯坚持下去。在学习方面孩子有了外公的祖护，学习态度、学习效果都大打折扣，而对于妈妈的教育，他也产生了极大的反感心理。

2. 爱的表达方式出了问题

外公对于女儿离异以后带回来的孙子很是疼爱，他对小徐的爱是随着性子的，任其发展。

以前不在一起居住还好，现在天天为孩子的事父女俩都要争上几句。可是小徐是妈妈一手带大的，跟妈妈的感情还是特别深厚的。当外公和妈妈之间产生争执时，小徐就会像一个男子汉一样保护自己的妈妈。于是就出现了跟外公说话不礼貌，甚至仇恨外公的心理。

三、辅导方法

1. 强化法

在这次新冠肺炎疫情期间，小徐同学为了保护跟自己长期相处的妈妈不受"欺负"，确实展现出了男子汉的担当。于是我采用强化法，让他的责任和担当意识更强。我告诉他，外公是妈妈最亲的人之一，妈妈是不愿看见外公难过的；外公同样也是你最亲的人，他正一天天地老去，他同样需要你的关心和保护。"解铃还须系铃人"，这段时间的矛盾都因你而起，你是聪明的孩子，是有担当、有责任心的小男子汉。你跟外公道个歉，好好跟外公聊聊，表达你的歉意。同时也要告诉妈妈，前段时间由于不懂事，没有处理好和外公之间的关系让妈妈受委屈了。我告诉小徐，希望通过他的努力能让新冠肺炎疫情期间的家庭生活其乐融融。

2. 认知疗法

小徐在这次问题中表现出来的另外一点，就是对亲情和对男子汉的担当意识认知不够，于是我采用了认知疗法。我告诉小徐，如果不是这次新冠肺炎疫情，可能他都没有这么充裕的时间陪伴外公外婆和妈妈。即将上四年级，以后的学习任务会越来越重，时间会非常宝贵，那时候，和家人这样朝夕相处的时间会更少。也许这段时间的相伴将是他今生一段美好的回忆。所以，一定要好好珍惜这段宝贵的时间。另外，作为男子汉要保护好家人，那必须得有真本领。要严格要求自己，让自己有健康的体魄，有真才实学，有善良豁达的心胸。现在，学习方面有了些松动，这样可不是真正的男子汉的作为。

四、评估反思

因新冠肺炎疫情影响，我们无法见面，但通过网络沟通还是达到了一定的效果。小徐差不多一周跟我聊一次，每次我都会问他家里的现状如何，他做了哪些努力。孩子会敞开心扉地跟我交流。后来复工了，外公是第一批上岗的人员，解除隔离的第一天，小徐的妈妈就发朋友圈：外公上班第一天，今天的第三次视频通话，外公说宿舍没有电视，小徐担心外公晚上无聊，视频给外公放电视看。看到这一幕的时候我笑了，我知道新冠肺炎疫情让这个孩子懂得了责任担当、懂得了感恩、懂得了理解与包容，也让他成长了！

爱心浇灌，花自芬芳

高新区·掇刀区白石坡初级中学　张春菊

一、案例描述

X，女，15 岁，初三学生，性格内向，不与人交流，成绩中等。初二时，我们学校又重新分了班，我担任班主任，她分到了我班，成绩中等偏上。两个星期后，我熟悉了班里的学生，发现了 X 的与众不同：她上课老是打瞌睡，问她问题，她总是爱理不理的，上课很容易分神；经常拿一把小刀，不是削指甲，就是削橡皮擦；有时候她也画画，她的座位底下，常常有很多的纸屑和粉沫。下课时，她也很少与人交谈，要么是在座位上继续睡觉，要么是一个人跑到走廊上，静静眺望远方。

今年她初三，适逢新冠肺炎疫情，上了一段时间的网课，网课期间，她有时候赖床，不愿意起来上课，家长喊她也不起来。她的家长就给我打电话，每次她接到我的电话，虽不愿意，但还是起床来上课。但她拒绝在网上交作业，这让老师们很头疼，而且负责催她交作业的小组长的微信也被她删了。我又给她打电话，她说，她从不玩那些网上的社交平台。我只好妥协，对她说："那你必须保证每次都认真听课，作业还是要做，上不上传看你自己的。"她答应了我。然后，我又给老师们做工作，让他们不需要检查 X 的作业，只督促她来上课就可以了。

二、成因分析

（1）家庭原因：我给她的家长打电话，得到的回复是不听家长的话，自从有了小弟弟之后更是不理家长。于是我明白，这孩子其实还是觉得父母对她的关心少了，感觉自己缺少爱，把自己孤立了起来。

（2）个人原因：学校生活是集体生活，她个子矮小，性格内向，有些自卑，不愿意与别人交流，缺乏自信。在她多次拒绝同学们的友好的意愿后，她也就被孤立了起来。

（3）学校原因：在教学工作中，老师们在面对新的学生的时候，最先注意到的一般是性格外向、愿意亲近老师的同学；成绩特别优秀、表现特别好的同学；还有就是那些特别容易违纪的同学；而对于像 X 这样本身内向的孩子，则很容易被老师们忽略。

三、辅导方法

1. 加强家校联系

我经常打电话和她的父母交流，让他们在和女儿谈话时不要问学习方面的问题，只询问诸如学校有没有什么有趣的事、班上的同学表现如何等问题，同时，我也把她在学校里的点滴变化告诉家长，让他们主动和孩子交流。

2. 平等的谈话式疏导法

那几天，我一直在思考，找学生询问他们对 X 的看法，可他们告诉我，X 不和他们交流。我思来想去，总觉得，一个正值花季的少女，难道真的会没有交朋友的愿望？她反感找她谈心，反感长篇大论地说教，偶遇总可以吧？三言两语总可以吧？我就制造很多的偶遇。就这样，她愿意和我说话了，上课再做小动作时，我只要用眼睛看她一眼，她就会收起她的小刀或者画笔，专心听讲。

有一次，她还主动找到我说："老师，你把我的座位调到旁边去吧，我有时上课打瞌睡，老师点我站起来，挡住了后面的同学。"我心疼极了，半开玩笑地安慰她说："不要紧！你个子矮，挡不住！"

四、评估反思

毕业前的两个多月，她变得开朗了，也能和同学们有说有笑地讨论题目了，她的成绩也进步飞快。中考后，她居然考上了重点高中。上高中后的一个月，学校放假，很多学生到学校来看我，我就在原来的班级群里喊话：要吃饭的快来乡村味道！那天来了很多学生，围了一大桌，X 也来了。席间，看她和同学们笑着交流在新学校的感受，我也笑了。

每一个班主任，都会遇到一些很"特别"的学生，其实，这些学生感情丰富、聪明而又敏感，只要我们多一点爱的呵护，他们也能成长为栋梁之材。从 X 的成长经历中我认识到，教育孩子，不必太拘泥于某些规章制度，有时候可以适当妥协，用心去感受孩子的痛苦，以爱去呵护他们的成长，你会惊奇地发现，回报你的，将是芬芳的花。特别是用爱心浇灌开出的鲜花，更加芬芳。

关爱留守儿童心理健康

京山市直属机关幼儿园　郑晶

一、案例描述

珩珩（化名）是我们班一个留守儿童，爸爸妈妈都在外地工作，平时由爷爷奶奶带。孩子身体体能好，运动协调性不错，走路喜欢蹦蹦跳跳；性情急躁，对安静的活动不能安静下来；与同伴游戏时自我意识强烈。

主要存在问题表现如下。

（1）攻击性行为倾向：珩珩在与同伴进行交往或游戏时，经常会发生矛盾，出现矛盾时有一定的攻击性行为倾向。

（2）不能参与安静的活动：比如绘画，阅读，益智操作活动时，他经常到处跑，坐不住。

（3）注意力不集中：集体教育活动时，经常会看到珩珩坐在座位上发呆或想别的事情，或与周围孩子说话、打闹等，注意力不集中。在老师提示后稍有转变，但保持时间不长。

（4）自理能力不强：在日常生活中，珩珩是一个让人费心的孩子。户外活动时，别的孩子都会主动脱衣服，珩珩总是热得满头大汗也不脱一件；午睡时，会因为不想起床时穿裤子而不脱裤子就睡觉；吃饭时，弄翻碗的情况时有发生，而且还非常挑食。

（5）缺乏安全感：新冠肺炎疫情后重返校园，孩子入园后哭闹了很久，每天早上入园都会拉着奶奶的衣服哭闹。

二、成因分析

（1）隔代教养导致亲子关系缺失，孩子没有被爱和爱人的情感体验。孩子父母工作忙，很少亲近孩子，孩子与爷爷奶奶生活，老人比较纵容孩子，使其沉溺在电视、手机等电子产品中，孩子很少体验与父母、亲人之间亲密的亲子关系，导致孩子心中爱的缺失。

（2）爷爷奶奶对孩子的行为习惯要求不明确，教育缺乏一贯性。爷爷奶奶在生活上无微不至地照顾孩子，孩子衣来伸手、饭来张口，养成了懒散的习惯，这直接导致孩子自理能力不强等情况。

（3）孩子平时的生活比较单一，参与幼儿群体活动较少，社会性行为体验少。老人对孩子心理教育方面关注较少，导致孩子渴望得到关注与理解。

三、辅导方法

（1）积极强化法：在珩珩表现好或做好一件事的时候，及时给予他肯定。比如：当他不哭不闹，主动走进幼儿园的时候，及时表扬他；在他上课认真的时候肯定他，多给他机会，鼓励他大胆表现，让他回答简单的问题，奖励他小红花等。积极肯定孩子的点滴进步，树立孩子的自信心。

（2）游戏法：在日常活动中，通过游戏的方式指导珩珩与同伴进行积极友好的交往。利用珩珩体能好、运动协调性强的优势，让孩子有表现自己的机会，让同伴更容易接纳他，进而使珩珩更好地融入集体生活。

（3）家园配合：积极与家长联系，请爸爸妈妈抽时间多关心孩子，多与孩子进行沟通，及时了解孩子的心理状况和发展动向。积极正面引导孩子，让孩子接纳老师和同伴，从而能和他人融洽相处。

四、评估反思

经过一段时间多方面的教育，孩子有了明显的转变。首先，不哭闹了，入园能主动和老师、同伴打招呼；其次，能主动和同伴交往，攻击性行为基本没有出现。再次，孩子的自理能力有了一定的提高，有了一定的生活技能。最后，孩子比以往开朗活泼了，会很自信地表现自己，上课注意力也比以前集中了。

《幼儿园教育指导纲要》中明确指出："幼儿园必须把保护幼儿的生命和促进幼儿的健康放在工作的首位。树立正确的健康观念，在重视幼儿身体健康的同时，要高度重视幼儿的心理健康。"幼儿阶段，孩子的心理发展具有很大的可塑性，如果受到不良环境的影响，孩子很容易形成问题行为或养成不良习惯，作为教育工作者，我们不仅仅要照顾好幼儿的身体以及传授知识技能，更要重视观察，及时了解、发现孩子的心理状况，关心和帮助幼儿在心理上的健康成长，并能为他们的成长提供相应的支持和援助。

让孩子在自信中飞扬

屈家岭管理区实验小学　万秋霞

一、案例描述

胡某，一个12岁的女孩，家中二胎，上面还有一个姐姐，已经上大学了，父母长期在外跑车，工作很忙，对她学习上的关心和督促极少。

个性特征：

（1）性格内向，寡言少语。上课听讲从来不发言，小组讨论她也只做听众，课堂上被点到回答问题，她的脸刷一下就红了，慢慢站起来后就低着脑袋不吭声。我私下里轻声跟她聊天，她声音小得跟蚊子一样。

（2）学习困难，做事速度慢。她在学习新知识的时候，反应较慢，无论是思维方面还是动手方面，都比较慢，学习一直都靠后，别人都做完两项作业了，她可能一项都没有完成。

（3）没有朋友。同学们并不歧视她，可能觉得跟她说话太费劲，她也不喜欢活动，除了集体活动和个人所需，她基本上都坐在座位上，很少主动与人沟通。渐渐地，大家也就不和她玩了，有什么也想不起来她。

二、成因分析

胡某有一个姐姐，父母本想二胎生个儿子，谁知未能如愿，便对她有些忽略，而胡某的姐姐十分优秀，考上的也是重点大学。胡某的父母一直都觉得这个孩子脑子笨、走路晚、说话晚，上起学来也什么都不会。父母的忽视加漠视，让孩子自小就极为敏感、极为自卑。胡某想要获得父母的关注，却又长期受自卑、羞怯、焦虑和恐惧等负面情绪的影响，过重的心理负担使她不能正确评价自己的能力，一直怀疑自己的优点。即使在成功面前也难以体验成功的喜悦，从而陷入失败的恶性循环之中，这样就严重地影响了她的身心健康发展。

三、辅导方法

（1）树立信心，激起学习动力。通过上课有意识地请她发言，进行激励性鼓励，我发现她大胆了，有上进心了。有一次课上我讲到一个知识点，同学们都陷入了沉思，忽然一只手出现了，虽然胡某比较犹豫，但她还是说出了正确答案，大家都感到很意外，这时候她腼腆地说："这个知识老师讲过。"同学们由衷地发出了赞叹声，她第一次在同学们面前有了开心的笑容。从此她改变了许多，对学习似乎也有了一定兴趣。

（2）进行多元评价，促进其自信。开展形式多样的评比活动，用激励的方式使其扬长避短。让她从他人的肯定中得到满足，获得自信；在自我批评中，学会自省。为了调动她的自我教育意识，每个月我都会把她突出的进步告诉她的父母，使其家长对她更有信心，同时从家庭方面给予正确积极的评价。

（3）参与班级管理，不断自信自强。在班级中，我们提倡"值日生"，让学生充分发挥自主能力，不断自律、自信、自强。她在每一次轮值时都非常认真地完成值日工作，同学们都觉得她是个认真的学生，同时她对自己、对同学、对事情的看法也有了明显的变化。

四、评估反思

进行了一段时间的辅导之后，该生的交往自信心明显提高了，课堂作业也能按时有质量地完成了，上课也开始举手发言了。在校内，能和老师进行交流，下课有时还会主动问老师问题。因为有了良好的人际关系，学习成绩也有所提高。家长反映她在家也活泼了很多。

面对她的变化，我更加认识到激励的作用、集体力量的重要性。因而，针对这样的学生，我们要循循善诱，不可操之过急，老师不要把注意力集中在孩子的不良表现上，要更多地关注孩子的优点，使其一步步放开自己的心绪，慢慢地转变看待周围事物的错误思想，将自己融入集体中，从而一点点感受大家的善意，通过多元评价、活动参与，使其自信自强。让她将自己的注意力转移到父母、老师、同伴上来，最终消除与所有人的隔阂，乐于接受老师的教育。

当然，在孩子的教育问题上，尤其是孩子的心理健康方面，我们一定要与家长进行沟通，达成一致。父母是孩子最好的老师，也是孩子一辈子的老师，如果没有父母的配合，我们的学校教育很可能走向"5＋2＝0"的局面。

走出阴霾，健康成长

京山市杨集镇小学　赵苗　王嫚

一、案例描述

小远，是我校三年级学生。他性格内向，学习成绩不错，每次考试位居年级前三。最近，他的成绩下滑明显，听课注意力不集中，焦虑、烦躁不安、敏感脆弱。三年级以前，他的成绩一直很好，理解能力强，作业也能快速准确地完成。可是今年新冠肺炎疫情期间在家上网课时，他总是不能集中注意力。上学期期末考试成绩倒退严重，他开始变得焦躁，每当有家人和朋友询问成绩时，他就会控制不住烦躁的情绪。为了改变这种现状，小远曾尝试强迫自己认真学习，但始终难以进入状态。他觉得以前学什么都很快，而现在什么也做不好。

二、成因分析

1. 家庭因素

小远的家庭条件并不好，父母长年在外务工。小远平时和外婆生活在一起，只有逢年过节他才能与父母相见。这次春节正赶上新冠肺炎疫情，父母被隔离在上海，小远和妹妹则隔离在外婆家。外婆家地处偏远山区，没有网络，老人手机无法上网聊天。每当小远思念父母时，只能通过电话来传达思念之情，这种孤独感重重地压在小远心底，导致他学习动力不足。转眼线上教学开始，小远无法观看学校直播课程，只能收看电视直播课来学习，全班只有他一人无法与学校同步，这种特殊情况也给他带来了巨大的压力，让他无法静心学习，更谈不上有学习效果了。

2. 外部环境

新冠肺炎疫情期间，小远有些担心自己和远在上海的家人，他没有安全感，情绪不免有些低落。在网课学习期间，外婆还需要照看年幼的妹妹，无法顾及小远的学习，所以小远的学习全靠自觉。而10岁的孩子自控力往往很弱，即使短暂的松懈都会导致成绩下滑。

3. 个人因素

小远内向敏感,非常在意别人对自己成绩的看法。家人朋友关心他的成绩,在小远看来这是家人朋友们责怪他成绩下滑,而自己又缺乏应对挫折的方法。

三、辅导方法

1. 放松训练

放松训练是通过全身放松,以改变自身主观意识,降低焦虑情绪的一种方法。小远考试失利,导致他严重受挫,急躁烦闷,自我效能感低。因此,辅导教师对小远进行了简单的深呼吸放松训练法:让小远深吸一口气后,保持一会儿,再慢慢呼出来。接着弯曲双臂,用力绷紧上臂肌肉,感受双臂肌肉紧张的感觉,再彻底放松,体验放松后的感觉。通过放松训练,小远全身肌肉放松,释放压力,保持稳定平和的心境。

2. 调整认知

辅导老师协助小远回忆自己学习生涯中不烦躁、学习效率高的情况,在谈话中找到小远压力的根源。然后和小远讲述一些古今中外勇于面对挫折的名人的事例,从榜样人物的事件中得到启发,调整自己不合理的认知。

3. 设立目标

辅导老师正面引导小远先设立一个近期小目标,让小远每天花 10~15 分钟的时间进行积极联想。通过想象自己要达成的景象,洗涤自己的心灵,驱散心中的焦躁,从负面的情绪中抽离出来。

4. 重拾信心

辅导老师在交谈中,要给予小远一些鼓励和赞美:"在我眼中你依然很优秀,你热情上进、积极努力。我相信通过调整认知,你一定会摆脱这些负面情绪,继续快乐学习。"同时,鼓励小远每天晚上回忆自己当天的情绪和行为,对于正面的情绪和行为,及时进行自我鼓励,以提高自信。

四、评估反思

经过辅导,小远在一节课里注意力能集中 20 分钟了。科任老师也反映他上课很专心,大多都能跟上老师的思路。在一次单元检测中,小远的成绩进步明显。在后续的学习中,小远也能不断地调整自己的情绪和行为,学习状态越来越好,焦虑、烦躁的情绪越来越少,心态也越来越平和。

如何培养学生良好的行为习惯

荆门市石化第二小学　王艳

一、案例描述

余某，女，9岁，三年级学生。学习成绩中等，性格倔强，自尊心强，做事情绪化，行为习惯较差。课堂上经常和同桌讲话、打闹，不能按时上交作业，上课做小动作。

从余某的班主任那里了解到：余某原本有一个幸福的三口之家，但几年前父亲的意外去世，使得母亲性格大变，经常无故将气撒到余某头上，导致余某性格大变。原本活泼开朗、乖巧伶俐的她变得寡言少语，喜欢打人、骂人。由于她经常与同学闹矛盾，同学们都不愿意跟她交往，在班里余某逐渐被大家孤立起来。余某没有朋友，更是喜怒无常。后来，发展到经常顶撞父母、老师，与父母、老师发生冲突。每当老师批评她时，她就会眼睛直视老师，一副不服气的样子。

二、成因分析

（1）余某本来有一个幸福的三口之家，家庭情况良好，无形中形成了一种优越感，加上父亲对她比较溺爱，自我中心意识较强。家庭的突然变故，父亲的突然离开，像倒了一座可以依靠的山，心中那一种隐形的痛无法向人诉说。

（2）缺乏良好行为习惯的引导，虽智力条件较好，家庭也很重视孩子的教育，但好的学习习惯一直没有培养起来，聪明的大脑不但没能使她正确地对待学习，反而助长了她不认真对待学习的心理。

（3）少年儿童特有的半幼稚半成熟的特点，使她看问题容易产生偏见，以为与一切不喜欢的事物对着干就是一种自我保护，因而盲目反抗，拒绝一切批评。

三、辅导方法

1. 建立互信关系

首先，我和她交朋友，经常和她聊一些社会趣事、校园新闻，不触及家庭和学习，让她认为我可信、可交。其次，生活上关心她。最后，我和她建立了互信关系，她家里的一些事也愿意向我诉说。

2. 帮助家长树立正确的教育观

和家长沟通，传授科学的教育方法。引导家长在家创造良好、民主的家庭环境，和孩子交朋友。让她感受到亲人的关心，慢慢消除她的对立情绪。让妈妈抽时间带孩子到工作单位走走，让她感受家长辛苦的工作环境，了解母亲为这个家庭所做的贡献。通过家长对孩子正面情绪的引导和教育，孩子的心理不断地进行自我校正，与家长对立情绪慢慢消除。

3. 帮助她树立自信心

为了树立她的自信心，我在班级大多数同学不赞同的情况下任命她为英语科代表，当时我对全班同学说，她最近表现很好，我们要相信她，也要鼓励她、支持她，相信她会成为一名负责任的英语科代表。

4. 对她的行为提出具体、细致的要求

像一切习惯不好的学生一样，每项要求必须具体、有操作性、可验证性，我对她的要求就是如此。只要她一段时间内做得好，我就在班里表扬；当她犯错误时，不当着全班同学的面批评，而是在与她单独交谈时动之以情，晓之以理，耐心地帮助她分清是非，让她意识到自己的错误，并愿意主动地去改正。

四、评估反思

通过辅导，余某的逆反心理已逐渐消退，和母亲、老师的紧张关系也得到了缓解。遇事不再盲目地顶撞，学习比以往更认真了，上课能主动举手回答问题，学习成绩有所提高。关心班集体，对班级工作积极响应，得到同学和老师的好评。

余某自身的问题有家庭变故的原因，更主要的是家庭教育的原因，根源在于孩子从小聪明，学习跟得上，家长对一些习惯包括学习习惯没有着重培养。我们一方面教育她在父亲不在的时候，要照顾好自己，努力上进，让父亲放心，让她树立自信心，协助母亲担起重振家庭的重任，另一方面帮助其一步步培养良好的行为习惯。

通过沟通和教育，余某已逐渐走出家庭变故造成的心理阴影，坏习惯变少，好习惯慢慢地培养起来了。证明我们"从心开始"，通过沟通，学生自己教育自己的效果已经初步呈现。

特殊时期，特别关爱

高新区·掇刀区麻城镇麻城初级中学　苏瑞　王婵

一、案例描述

杨某某，男，15岁，初三学生。该生平时沉默寡言，课上从不积极主动发言，偶尔开小差，成绩属于中等水平。该生生活在离异家庭，他与母亲住在一起。母亲比较溺爱孩子，舍不得严厉管教他。他在新冠肺炎疫情网课期间学习放松，惰性思想严重，沉迷游戏，学习成绩下滑严重。虽然教师多次进行电话家访，但效果甚微。

复课后，即将中考的他感觉自己每天都生活在紧张的环境中。紧张、焦虑的情绪一直无法散去，他感觉自己始终静不下心来学习。

二、成因分析

综合以上情况，复课后，杨某某症状表现为焦虑型适应障碍。成因有如下四个方面：

1. 社会原因

在此次新冠肺炎疫情中，该生长期待在家里，原有的生活规律被打乱。网课期间，他对电子产品和网络游戏越来越上瘾。回到校园后，他不适应紧张的学习生活，出现紧张、焦虑、不安等消极情绪。

2. 个性因素

面对同样的应激源许多人都能妥善处理，无任何异常反应，而该生却出现过度紧张、焦虑状态，说明他个人社会适应能力欠佳，应对方式生硬和单调，遭受应激时的生理状况处于相对较弱的状态。

3. 家庭因素

单亲家庭环境影响杨某某应激状态的恢复。新冠肺炎疫情发生后，由于该生常年缺少父亲的陪伴，母亲过度溺爱，导致他应对挫折和抗压的能力较差。

4. 相关科学知识的缺乏

在突发事件来临时，我们人体会不自觉地产生紧张、担心、焦虑等情绪，这是正常的生理反应。对待新冠肺炎，该生没有科学的认知，总是疑心自己或者周围的人已经被传染，出现过度恐慌和焦虑的情况。

三、辅导方法

1. 正视新冠肺炎疫情，安心学习

国内新冠肺炎疫情早已得到控制，复课前，所有老师和学生都已通过新冠肺炎核酸检测。建议该生科学地了解新冠肺炎疫情现状，也可以关注官方报道及时了解真实可靠的信息，不信谣、不传谣。

2. 分解目标，降低备考压力

我们会指导该生根据自己目前的情况制定切实可行的目标，学会分解目标。该生距离中考还有一些时间，需要补网课期间落下的知识点。那么先制定 27 天的目标，一共是九门学科，每三天要补齐一门学科所落下的笔记。每完成一门学科的笔记可以到老师这里领取小小的奖励。这样一个月之后，他就能将大部分知识点复习一遍，这会在很大程度上增强他的自信心。

3. 暖心呵护，促进身心健康

健康的亲子关系是促进孩子健康成长的必要条件。我首先跟杨某某谈心，让他明白：父亲是爱他的。父亲在他的成长中缺席，这并不是本意，父亲对他的爱是无声的。接着我会与杨同学的母亲联系，建议她反思自己平时对孩子学习、生活的安排和规划是否合理。同时建议她要多些肯定和鼓励，给孩子多一些自由支配的时间，他会更快乐。

4. 定期交流，培养学生良好的心理素质

在了解并关注了这个学生之后，我就主动地为他建立了心理问题的台账，里面清晰地记录了我与他谈话的时间和每个细节，以及他心态变化的过程。同时让他清楚目前这种情况是我们每一个人都正在经历的过程，需要自己清楚地认识并克服它，鼓励他要在这次战"疫"中学会思考，获得智慧与力量。

四、评估反思

特殊时期，特殊关爱。新冠肺炎疫情期间，我们更应该密切关注学生的动态，提前预设问题和矛盾点，主动占领阵地。一旦出现类似杨某某的这种情况，要及时有效地进行引导，新冠肺炎疫情期间的心理问题要特殊关注，谨慎对待。

疫情后初中生厌学心理案例

京山市宋河镇初级中学　曹亮平

一、案例描述

小耀（化名），男，13岁，初一住读生。新冠肺炎疫情后升入初中，在校学习过程中，学习态度不端正，经常在上课的时候无精打采，提不起学习兴趣，也常常趴在桌子上睡觉，并且屡教不改。住校生每个星期才回家一次，因此老师频频与该生的家长联系，反映其在学校中的表现，可小耀的表现并没有得到多大的改善，甚至周末就逃学在家。

二、案例分析

（1）小耀的不良性格导致了其在面对老师与家长的批评时不能很好地进行调整，轻易地放弃了学习。同时母亲对他的宠爱与骄纵以及父亲的简单粗暴使他形成了对现实漠不关心、不愿意承受过于沉重的学业压力、追求享乐、不够坚强、遇到困难就主动放弃的性格，而且他的情绪波动比较大，经常按情绪的指引来行事。

（2）沉重的学习负担往往是学生产生厌学心理的主要原因，学习内容烦琐与教学方法呆板直接影响学生的学习情绪。

（3）家庭环境是学生产生厌学心理的重要原因。从小到大，小耀的成绩一直都不好，常遭到父母的责骂，父母的教育方式对其孩子的学习心理有重要的影响。如果家长对知识不重视，对本身自身素质的提高不重视，那么孩子也会表现出这种学习态度，对学习表示轻视。没有端正的学习态度作为指导，学生就会在学习过程中产生厌学情绪，那就更不可能有良好的学习成绩。

在本案例中，由于疫情期间的放纵玩乐与学校生活的繁重的强烈对比，他对学习表现得非常反感，甚至感到痛苦，宁愿承受老师、家长以及其他亲朋好友的责骂，也要逃课，或者是在课堂上睡觉，做一些与学习无关的事。这些行为的直接结果就是学习成绩的急速下降。从小耀的表现中可以判断他存在着极度的厌学心理，而且在这种厌学心理的影响下，他无心向学。

三、辅导方法

学校老师应该更为关注处于弱势的学生。学生在学习的过程中，接触最多的就是老师，对学生的学习动机与学习态度产生最大影响的也是老师。因而老师们应该意识到他们在学生的学习过程中所起到的关键作用，努力进行课堂教学改革，提高教学内容的趣味性与教学手段的灵活性。只有这样才能充分调动学生的学习积极性，给他们带去学习的动力。还有更为重要的是，老师要给予学生充分的关注，不仅要关心学生的学习，也要关心学生的生活和心理，学生的人格能够健全地发展需要老师的积极引导。

家长创造良好的家庭环境。家长应对学生的学习行为给予积极的关注，要注重与孩子进行心与心的交流，同时还要注重自己的行为与态度对孩子的示范作用。当孩子没有取得预期的学习成绩时，要注意采用恰当的教育方式，不要强化孩子对自己的学习行为的消极归因。

教师进行有效的心理咨询及行为干预。通过改变认知和行为，转变学生对学习的看法，引导其对自己的学习行为做出正确的归因，通过分析自身的原因，从自身的因素出发来提高自我管理和控制能力，缓解厌学情绪，激发学习兴趣，减少厌学行为，提高学习效率。在对学生进行心理辅导过程的同时，建议采用家庭疗法，争取家庭的配合来进行积极的治疗，共同努力来矫正孩子的厌学行为。

四、评估反思

在这个案例中，很明显，小耀的厌学心理和不良性格在很大程度上是家庭环境中家长对孩子学习的态度及其所采取的并不恰当的教育方式导致的。因而在对小耀进行心理咨询的过程中，就要特别注重家庭的作用，让家长参与咨询过程，促进家长与孩子的交流与心灵的互动。利用合理情绪疗法可以使小耀对学习过程以及学习目的有更为客观的理解，从而调整学习态度与学习动机水平，思想上改变对学习的认识，从一个更为积极的角度看待学习过程；利用强化法可以对小耀的积极学习予以强化，从而保证其学习过程的持续性；利用认知疗法可以帮助小耀认清自己性格上的缺陷，可以有助于完善其人格。

我与单亲孩子的心灵相约

沙洋县十里铺镇十里小学   江雪萍   李其振

一、案例描述

小华（化名），男，10 岁，小学三年级学生，单亲家庭。开学两个星期，他不能正常完成各科作业，上课不认真听讲，有时甚至有自残现象。老师批评后，他就不进教室。他的衣服脏，有异味，同学们不想和他同桌。

二、成因分析

我在和他的奶奶交谈后了解到：小华的父母一直在外打工。而且小华的爸爸和妈妈刚离婚不久，爸爸又做了违法的事情，在牢里待了半年才回家。父母长期不在小华身边，小华思念父母，心理压力大；再加上爸爸做了违法的事，觉得自己在小伙伴面前抬不起头。原本开朗的乖孩子，现在看到爷爷、奶奶也一声不吭。孩子在家不开心时，就用头往墙上撞。通过和孩子的奶奶交谈，我明白了他之所以会有这样的表现，是因为小华遭遇到一些心理困扰。家庭的突然变故，使他的心理失去原有的平衡，他感到天都塌下来了，这是高度焦虑症状的消极表现。

三、辅导方法

1. 倾听心声，了解学生的需求

离异家庭子女在学习态度上表现为：贪玩、放任、逃学、不按时完成作业等。作为教师，首先要明确单亲孩子的这些行为是他们心理自我免疫的表现，我们不能一味地去责怪，而是要了解孩子内在的需求。其实他们比完整家庭的孩子更需要关爱，更需要集体、朋友。我蹲下来和小华聊天，他说他很想弄清楚爸爸为什么去坐牢？爸爸妈妈为什么要离婚？每到节假日，好想爸爸妈妈能带他去玩，他还说很想和同学们一起去操场踢足球，很想把他在家里偷偷画的画给同学们看。听到这些，我的心里也很难受。小小年纪的他虽在默默承受着孤单，可是他内心的那片阳光依然鲜亮。

2. 情感沟通，找到生活的支点

为了孩子的健康成长，我主动联系了小华的父母，告诉他们无论他们的关系怎样，孩子是无辜的，他既需要父爱，也需要母爱，要让孩子感觉到父母虽然离婚了，但对他的爱没有变。建议他们每周和小华电话联系至少一次，如果孩子需要，最好第一时间出现在他面前。尽量多与孩子谈心，倾听孩子的心声，关注他的思想变化，及时了解他在学校里遇到的困难并帮助解决。为了引导小华感受身边的爱，我还要求小华的爸爸妈妈，定期将各自在工作、生活中的照片发给我，我来找机会和小华一起观看，给他讲述父母工作的趣事和背井离乡的艰辛，鼓励小华树立远大理想、发奋读书，让他明白，爸爸妈妈都是爱他的。

利用各种机会找他谈心，了解他的动向和内心世界，当他遇到困难时，帮助他解决困难，包括每天课后问他哪里没有学会，及时给他辅导。在与他交流的过程中，我发现小华的内心非常孤单，他特别希望能有几个知心朋友，于是我就私下动员几个品学兼优的学生去主动和他玩耍，给他辅导作业。

我细心地观察小华的种种表现，定期与家长沟通，了解他在家的表现。在辅导中，我以多鼓励为原则，他在与我的互动过程中很开心，小华的脸上渐渐地露出了灿烂的笑容。心灵的交往、热情真实的鼓励，温暖着单亲孩子幼小的心灵。

四、评估反思

看到小华的变化，我从心里感到高兴。一些单亲家庭的孩子，会因为各种不同的因素，表现出一些不健康的心理、不健康的行为。在辅导过程中，我向他们付出更多的爱心、耐心和细心，帮助他们学会学习、学会生活、学会做人。

单亲孩子缺少的是父母的爱，作为教师也可以尽我们的努力去弥补。我默默地观察他们，处处关注他们生活中的细微之处，挖掘并放大他们的闪光点，并给予鼓励。爱的力量真的太神奇了，它真的能驱赶一切阴霾，找回生活的支点。

用心期待，静听花开

沙洋县十里铺镇十里小学　代晓娜

一、案例描述

轩轩（化名），男，6 岁，小学一年级学生，调皮淘气中透着可爱，智力、想象力一般。新冠肺炎疫情期间，他在家用手机上网课，对手机产生了过度依赖。做事无持续性，自我约束力差，课堂上如果没有老师的叮嘱，他是从来都不听讲的，爱惹事生非，许多同学经常受到他的攻击。但据我观察了解，这个孩子的种种行为并不是有意而为之。有些时候，这个孩子不自觉地就做出了你意想不到的行为，注意力严重不集中，这都属于多动症的表现。比如：

（1）不管是什么时候，即使是很严肃的时候，他也总是漠视你的批评，好像什么也没发生，什么都不在意，陶醉于自己的天地中；

（2）对学校的一切制度都熟视无睹，从来不参加学校的活动；

（3）上课经常在抽屉里摸东西、讲话，严重影响教学秩序；

（4）经常打人、骂人，常常把同学弄哭；

（5）作业几乎不写，即使写也是一塌糊涂。

家庭比较特殊，父母离异，父亲在外打工，常年不回家，只有奶奶在家。奶奶对他太过溺爱，满足他的一切要求，不管是合理的还是不合理的，因此他比较任性，在家根本不听奶奶的话，奶奶感到束手无策。疫情后他更加自由散漫，每天放学后只想玩手机，网瘾很大，不给他玩手机，他就大吵大闹。

二、成因分析

童年的家庭环境造成了轩轩自由、放纵、天马行空的性格。他从小父母离异，失去妈妈的爱护，爸爸又忙于自己的工作很少有时间陪伴他，于是，物质上的满足，精神上的匮乏，导致他开始出现一些偏差性行为。

轩轩在学校渴望与他人相处，但不知如何用友好的方式与同学建立良好的关系，于是想方设法搞一些恶作剧以引起大家的关注。因为他经常在班级同学之间搞一些恶作剧，引起同学们的强烈不满，影响了班风建设，承受着同学的指责、老师的批评，他的行为变得更加顽固不化，更加放肆。

三、辅导方法

（1）与轩轩交朋友，老师要经常给予关爱，让他感受到老师一直都很关注他。在生活上给予关心，没有本子给他买，雨天给他带雨具，天冷提醒加衣服等。另外，安排比较活泼的孩子和他同桌，安排他参加班级的各项活动，让他感受到在班级中大家都是他的朋友，建立温暖感。

（2）持续、不断地进行表扬、鼓励，并采用"奖星制"的方式给予激励，培养其自觉完成作业的习惯，逐渐改掉写作业拖沓的毛病。

（3）与家长联系，交流教育孩子的方法，使家长建立教育孩子的正确理念和方法。同时针对孩子注意力不集中的问题，与家长一齐商量对策，通过合理的途径，采用有效的方法积极予以治疗，以辅助孩子身心健康成长。并且做到定期与家长联系，及时反馈孩子的在校情况，指导教育孩子的方法，以配合老师完成对孩子的转化工作。

四、评估反思

这个案例，让我得到了许许多多的启示。我们在平时的教学中一定要对孩子有更多的关爱、呵护，不能训斥、指责，一棒子打死。老师要用爱心去滋润孩子幼小的心灵，细心捕捉孩子的闪光点，让孩子在温暖的环境中成长。经过我的努力，以及他的爸爸的帮助，孩子的行为终于有所收敛，自我约束力有所增强，但时常还会犯毛病。我想这也是正常的。正如外国一位哲学家的木桶理论，用长短不一的木板箍成一个木桶，当你倒进水后，水会从最短的木板处流出来。是呀，一个班级中总有这样那样的孩子，我们认真对待每一个学生，相信任何问题都是有解决的方法的。

下一步我打算继续采用激励、表扬的方式跟踪辅导，直到他能够真正跟上班级发展的步伐。

仙人掌也能开出花朵

京山市实验小学　金芳　王蒙

一、案例描述

刘某是一位成绩中上游的女同学。她性格外向、活泼，总是一副笑脸，看上去很好相处的样子。其实她的脾气特别大，发起火来完全像变了一个人，情绪波动比较大。她还爱在老师和同学面前做一些夸张甚至是有些过激的行为来引起关注，得到老师的关心后还会特别高调地告诉其他同学。其实在她这些看似充满童趣的行为背后，我们也可以看到她又有着一颗比同龄孩子更为成熟的心。

因为上课注意力不集中，还特别爱打扰周围的同学上课，她的成绩慢慢下滑。

二、成因分析

通过对她的了解，我认为她目前要解决的最主要的问题是人际交往问题、情绪控制问题和学习适应性问题，具体分析如下。

1. 人际交往问题

通过观察，我认为刘某在人际交往问题方面与她的过激性行为密切相关。比如，有时在老师面前假装"扑通"一声摔倒，换来老师上前关心检查一番，她却像根本不曾摔过一样高高兴兴地离去。这些过激行为，某种程度上来说的确引起了同学和老师的"注意"，满足了她想更加有存在感的愿望，但大家只会觉得这个人有些奇，不愿意去和她成为好朋友。

2. 情绪控制问题

刘某的家庭比较特殊，她6岁时爸爸因意外去世，后来妈妈因为工作问题无暇顾及她，只能让她跟着外公外婆。她的妈妈由于内心觉得对女儿有所亏欠，便事事由着她，外公外婆也事事顺着她，但凡有不合心意的事情她便闹脾气。这也导致她越来越不会控制自己的情绪。

3. 学习适应性问题

她本身有较好的学习基础，可以排除智商因素，虽然成绩下降了，但可能是发展过程中的适应不良表现。当务之急就是让她学会如何把情绪和学习分开，提高上课效率。不能喜欢这个老师，便认真上课完成作业，不喜欢这个老师，就故意捣乱，和老师对着干，完全让情绪成为自己的主人，没有意识到来学校的目的是学知识，而不是像在家一样耍脾气。

三、辅导方法

1. 家长的配合

刘某情绪波动大，很大一部分原因在于家庭教育的环境和方式不当。与刘某妈妈多次沟通，让妈妈和外公外婆不要一味地迁就孩子，不能满足她的非正当要求，不能因为她哭闹就妥协。还提醒她的妈妈注意分清场合，适合孩子去的地方才能带孩子去，当孩子说些不合适的话语时要注意引导；当孩子有所进步时，家长要及时发现、及时给予表扬和激励，从正面对孩子的行为予以肯定。

2. 教师的教育

我积极和孩子交流，让她明白同学们一时的关注并不能说明大家愿意和你成为朋友，要想让大家主动成为你的朋友，你必须把你的优点展现在大家面前：不再乱发脾气，行为习惯好，成绩优异，积极参加班级活动，同时我也和其他孩子沟通，让他们明白刘某只是想和大家成为朋友才故意吸引大家的注意，并鼓励大家主动和刘某接触，让她感受集体的温暖。

四、评估反思

通过辅导，刘某在学校和同学、老师的关系渐渐缓和了，课间的过激性行为也逐渐变少了，课下也有了几个一块玩的小伙伴。刘某的妈妈也和我反映，她现在能好好地和家长沟通了。

对于刘某的心理健康教育无疑是成功的。这也让我更加明白，针对类似刘某这样的学生要循循善诱，不可操之过急。要先查清病源所在，再对症下药，使其一步步放开自己的心绪，慢慢地转变看待周围事物的错误思想，将自己融入到集体中去，让仙人掌也开出美丽的花朵。

初中生心理健康教育案例

高新区·掇刀区白石坡初级中学　龚秀琴

一、案例分析

陈某某，是在分班时分到我所任教的这个新班级的。到了新班不久我就接到陈某某妈妈的电话，说她每天回家都不高兴，嘴里提到老师们都不喜欢她，不重视她，觉得她是原来班的班长，是老师的得力助手，但在新班级的老师们心中没有原来那么重要了。这些不良情绪导致她出现了异常行为。

新冠肺炎疫情复课后，陈某某的学习落后了一大截。课堂上，当老师讲解基础知识时，她觉得简单，就做自己的事，还不时与同学窃窃私语；做作业时，爱对答案。网课期间学习的很多知识点她都没学透彻，而且也缺乏以往的那股冲劲，听讲不认真，作业甚至有抄袭的痕迹。这些不良习惯，除了影响自己学习外，还会影响课堂纪律。当我批评她时，她满脸通红但却会带着笑意，还故意与同学聊天。此时正值中考前的冲刺阶段，而她却呈现出似要放弃的状态。

二、成因分析

1. 家庭原因

自从第一次接到她妈妈的电话后，我就觉得这个孩子心中有坎，需要我更细致地做工作。我多次与她谈心，了解到在她读初一时，父母给她新添了一个小弟弟，家中的重心全移到小宝宝那里去了，这让十多年来一直身为独生女的陈某某倍感失落。而期间奶奶的去世，更是给了陈某某巨大的打击，本来她就觉得自从弟弟出生后，奶奶是唯一还爱她的亲人，而奶奶走了，她的一切努力都没有意义了，她就放弃了。

2. 自身原因

初中生正处于青春发育期，是个体从幼稚逐渐走向成熟的过渡时期，由于此阶段学生的生理与心理都迅猛变化，所以他们大都敏感而多疑，情绪变化大。

正是如此，父母对弟弟的重心转移让她敏感而产生猜忌，进而对同学、老师的言行产生怀疑，总觉得身边的人在嘲笑自己。

三、辅导方法

1. 加强家校联系

陈某某最大的心理障碍来源于家中新添的弟弟夺走了关爱，所以我经常与她的父母沟通，让他们在照顾小宝的同时关注大女儿的变化，每天放学后要与她交流，听她讲学校里的事情。另外让他们也跟大女儿讲讲家中趣事，讲讲小弟弟的进步与糗事，周末带两个孩子出去玩耍，让她感受到父母并不会因为弟弟而忽略她。

2. 当好倾听者

在了解到陈某某有多疑、敏感的状态后，我多次与之谈心，倾听她内心真实的想法。对于她认为老师不重视她的情况，告诉她老师对每一个同学的爱都是一样的。当她诉说父母的冷落和奶奶去世时，我让她在办公室大哭了一场，再指出告慰奶奶最好的方式就是考上奶奶生前一直希望她能考上的高中。这样的交流，有效地舒缓了她内心的烦闷，让她的情绪得到了及时的排解。

3. 多表扬，多赞美

对陈某某的优点与进步，及时地加以肯定，培养她的自信心。当然，挫折教育也不能少，该批评的要批评，但在批评之余，我也会及时地给予她正确的引导，让她感受到老师对她的信任与尊重。

4. 多途径解压

陈某某总想证明自己处处都优秀，所以心理压力大，我帮她列举了许多的解压措施。如周末与同学们到公园逛一逛，也可以相约去参加一些社会实践活动等。再如写日记、画画、唱歌，多与家长、同学、老师倾诉等。

四、评估反思

通过多途径的辅导，陈某某恢复到以往活泼开朗的状态了。她变得更加积极向上，与同学们相处融洽，对父母不再抱怨，对小弟弟的喜爱溢于言表，对老师的批评也能欣然接受并积极改错。在复课后的两周内她迅速重回刻苦学习状态，终于取得中考大捷，完成奶奶的遗愿。在国庆放假时，她还与班上十多名同学一起来看望我。

缺爱的孩子

京山市孙桥镇初级中学 张福兰 许朝银

一、案例描述

何某，女，14 岁，单亲留守儿童，跟随外公外婆生活。目前为九年级学生，父母在其 9 岁时离异，后来父亲再婚，又生了一个女儿，现在 5 岁多，母亲至今单身。七年级时班主任就注意到这个学生，她体弱多病，每次生病后总是哭哭啼啼的，直到外婆来到学校后才有所好转。在学校时，一下课就到办公室找班主任报告，说受到同学们的歧视与嘲笑，在办公室找不到班主任，就到学校各个地方寻找，班主任见此学生的情况十分不稳定，非常担心。

某周二，班上有同学在教室与班主任发生争执，这个学生除了与老师大声争吵之外，还想动手打老师。这一情况，使何某受到了惊吓，甚至吓哭了。她主动给我写了纸条，由于没有时间，我没有及时处理，第二天她又给我写了一张纸条，表达了想和我谈一谈的强烈愿望，由于课程安排紧凑，我在纸条上留下"周一到校后找你"的信息，以下是我和她交流的内容。

师：你为什么找到我？

生：我姑妈也是您的学生，她说您是个好老师。

师：这次同学吵架与你无关，为什么你却有如此强烈的感受呢？

生：我看到他们吵架，马上就想到我的父母吵架，他们每次吵架，我就感到非常无助，他们有时会扔东西，有时会打架，我感到非常害怕，而且我现在的家里外公外婆也是经常吵架。

师：那他们对你怎么样？

生：我和他们没什么话说，学习上他们不懂，其他事情他们更是没什么关心的。

师：或许他们表达爱的方式不是那么直接。但是他们在生活方面还是很关心照顾你的，不是吗？

生：是的，但是有好多事我不能和他们说，他们也帮不上我。

师：好，不要担心，老师会帮助你的。

师：国庆节你想表演的节目——演唱《说唱脸谱》，我听了，虽然唱得不错，但还是有点小问题，因为你不够自信，声音没有从胸腔打开。站在台上表演时，如果你唱得不好，有的同学会喝倒彩，或是嘲笑你，你会怎么办？

……

二、成因分析

这是一个典型的缺乏安全感的孩子，由于父母关系不好甚至离异，她从小就缺少安全感。长期生活在一起的外公外婆也是经常吵架，以致孩子虽然 14 岁了，仍然极度缺乏安全感。再加上性格孤僻，没有朋友，使得她无人倾诉，缺少关爱，极度孤独，极度敏感。

三、辅导方法

1. 结交朋友

学生太孤独，让她学会与同学相处，有心事可以向同学倾诉。如果她自己找不到合适的朋友，可以让班主任找一个品质良好的学生，给予她帮助，成为她的知心朋友。

2. 做和事佬

鼓励她勇敢走出来，父母、外公外婆在吵架时，积极劝架，克服胆小的心理。

四、评估反思

当前我国的高离婚率导致家庭中孩子缺乏关爱而走向极端，这必须给予关注和重视，我们每一位教育者都应该有这份责任和担当！

教育应该充满智慧

高新区·掇刀区白庙小学　郭远艳

一、案例描述

王某，男，聪明，知道很多课外知识，但是控制力差，逆反心理严重、个人主义严重。在少数他喜欢的课堂上会比较配合，但在其他课堂上，他会表现出不认真听讲、做小动作、讲话等影响其他同学的行为。不合群，在他身上时有欺负同学的事件发生。当有事情不顺心时他就会立即爆发，甚至出现咬老师、拿板凳砸老师的行为。

二、成因分析

1. 家长太过溺爱、放任孩子

王某的爷爷奶奶对孩子过于袒护，而孩子的爸爸妈妈忙于工作，很少管孩子。很多时候，老师跟家长沟通孩子在学校的表现，回家后妈妈就是一顿暴打。奶奶呢？看见孙子挨打就心疼，当着孩子就数落妈妈、指责老师，根本不问自己的孙子有没有错，错在哪里。久而久之，孩子就越来越放肆，稍不满意就在地上打滚。

2. 学生看问题片面，有时不顾后果

这是青少年特有的半幼稚半成熟的特点，他们看问题容易产生偏见，以为与老师对着干很勇敢，是一种英雄行为，因而盲目反抗，不计后果，拒绝一切批评。还有的孩子是为了引起老师更多的注意，实现被关注的愿望。

3. 老师没有正确对待学生所犯的错误

部分教师不懂得学生的心理特点，不能正确对待他所犯的错误，处理方法不当，就会使冲突日益恶化起来。另外，部分老师缺乏耐心地沟通，对学生说教多于疏导，惩罚多于宽容，看缺点多而不注意挖掘闪光点，在一定程度上伤害了学生的自尊心。

三、辅导方法

1. 采取以柔克刚的教育方式

当学生犯错后，他们也会很快意识到自己的错误，内心感到不安，期望能够得到他人的谅解。如果老师公开点名批评，学生的自尊心就会受到伤害。对待王某，我避免直接批评，不与他发生正面冲突，注意保护他的自尊心，采取以柔克刚的教育方式。当他犯错误时，不当着全班同学的面点他的名字，而是在与他交谈时动之以情，晓之以理，耐心帮助他分清是非，让他意识到自己的错误。

2. 充分发挥激励教育的作用

每个孩子内心深处都渴望得到别人的赞扬。赞美是一种鼓励，它是植入内心的信心和力量，播下进步的种子。我认为，只要多鼓励一次，孩子就会少一次离经叛道。至于严厉的批评，则更适得其反。我鼓励王某充分利用优势，使他把大部分心思转移到他感兴趣的事情上。并对他的点滴进步予以及时表扬。老师的激励教育使他的态度发生了很大的转变。

3. 充分利用"爱"的效应

在了解了王某叛逆的原因后，我就给予他更多的"偏爱"，经常留意观察他的情绪变化，经常与他交流、沟通，深入了解他的内心世界，帮助他解决心理问题。此外，我利用晨检、班会对学生进行教育，让王某知道，我们这个班，就像一个大家庭，家中的每个人要相互帮助、相互关心。慢慢地我们之间建立了深厚的友谊，他和班上其他同学也能和睦相处了。

4. 充分发挥家校共育的作用

我通过家访、电话联系、家长到校面谈等多种方式，对王某家长的教育方式提出合理的建议。要求家庭多给予孩子温暖，多抽时间与孩子交流，对孩子的进步给予及时的鼓励。另外，爷爷奶奶和父母在教育孩子的问题上意见要达成一致，共同做好转化工作。爸爸妈妈在管孩子的时候，爷爷奶奶绝不能护短。

四、评估反思

通过努力，王某的逆反心理已逐渐消除，和父母、老师的紧张关系也得到缓解。学习比以往更认真了，成绩也有所提高了。是啊，"没有阳光染不绿的小草，只有阳光照不到的角落"，只要我们有心，很多所谓的"问题小孩"都是可以改变的。只要做到对症下药，尊重学生，以理服人，加上耐心细致地做好各种思想疏导和教育工作，学生中的逆反心理是完全能够克服的。

厌学及特异心理学生的转化

京山市三阳中学　周存平

一、案例描述

张敏（化名），15岁。在新冠疫情复课后第二天，对寝室长及班主任实施暴力。原因是当晚回到寝室后，该生把卫生用品丢到了地上，寝室长要求其捡起放到垃圾桶里，双方发生争执。张敏把寝室长按在床上揪住头发就打，后来寝室长躲进厕所，班主任闻讯赶到制止。期间该生竟一巴掌把老师的眼镜打落后用脚猛踩，还用指甲狠狠掐住老师不放，结果造成寝室长受伤，班主任手臂多处受伤。事后，学校通知家长，要求把该生暂时接回去教育，可家长百般推诿，直到半夜才极不情愿地来校把张敏接回。

二、成因分析

1. 家庭原因

单亲家庭，父母离异。她随父亲生活。生母在外地组织了新的家庭，没有能力管她。她父亲也再婚生了孩子，可是两年后继母就离家出走了。他的父亲常常在家里酗酒，喝醉了就骂孩子。据她爷爷讲，张敏在家里不听话，很懒惰，什么事都不想做，还经常与家人吵架，这让他们也不喜欢她。有些读书费用，家里也不愿意为她交。缺少家庭温暖和教育，让她压抑叛逆，打同学、打老师是她内心积怨不满要发泄于外的表现。

2. 学生自身原因

对老师的话常常漠然不理，还经常和老师顶嘴对着干，什么作业都不做，也不读书，课堂上还常常与人讲话。她的所作所为常常把班主任气得直流眼泪，对校纪班规也没有敬畏之心，自然就导致了这次事件的发生。

三、辅导方法

关于这个学生的心理疏导，首先是让她感受到老师对她的关注和关爱，然后逐渐改善师生关系，让她接受老师，再对她给予正确引导。心理辅导策略确定后，我开始关注这个学生的行为表现，我发现语文课上她大多做自己的事：看些无关紧要的书，写点什么，玩她自己的东西。我就安排几个同学与张敏多交往，了解她的一些情况。

九月有几天连续下雨，天气有些凉。早自习上，我发现张敏只穿了短袖，就走到她面前，对她说："你要多穿点衣服啊，下雨天不要着凉了。"她没有半点表情。开学后的一段日子，班上有不少人感冒了，要求学生戴口罩，可她一直没有戴口罩，我就给了她几个口罩说："要戴口罩啊，不要感冒了！"她接过口罩望着我笑了一下。以前，我常叫坐在窗户边的学生开窗透气，她总是坐在那里纹丝不动，之后，我再说开窗户时，她会自觉伸手把窗户拉开。一次我检查学生的家庭作业，其中竟然有张敏的本子，写了一些生字，作业虽然没有全部写完，但在我的印象中，这是她第一次交作业。借此机会我在她本子上写上一些鼓励的话："你做得不错，请坚持！只要你努力，一定会有进步……"在后来的一些日子里，张敏开始写一些语文作业，有时她还站在组长那里背古诗，见此情景，我就询问她几句，看看她写的东西，主动和她说几句话。

前段时间，我发现张敏与其他同学的交往开始多了起来，脸上也有了以前少有的平静和阳光。在接下来的日子里，我继续关注她，只要发现她有一些进步，我都恰当地给予肯定。班主任在晚上查寝时也会问候她一两句。让人感到意外的是，有一天下楼梯时她竟对我说了一声："老师好！"这让我感到很欣慰。

四、评估反思

在两个多月的心理辅导过程中，老师和学生彼此都开始接纳对方，也发生了一些变化：老师开始以一种尊重的态度来寻找、发现她闪光的地方；她也没有再和老师产生对立。我感觉，她的厌学心理有了转变。回望该生过去的行为表现，我认为有很多值得思考的地方：当家庭因素导致学生存在诸多问题时，作为老师要勇于补位，担起更多的责任，多关注、多了解学生，平等对待学生。对学生青春期逆反心理要有理解包容之心；要像春雨润物细无声一样，用爱感染学生。教育学生，要用科学理性的方法提高我们的教育能力，改变学生厌学现象，促进学生心理健康发展。

依赖性留守儿童心理案例

钟祥市磷矿实验学校 张浩 吴帆

一、案例描述

小王，女生，父母常年外地经商，性格十分内向，脾气犟不好沟通。在家不服爷爷奶奶管教；在校孤僻不合群，下课不和其他同学一起玩耍；成绩不拔尖，父母希望老师对她给予更多关注。

二、成因分析

1. 性格内向，心事沉淀在心里

小王不愿与父母以外的人进行交流，甚至对于爷爷奶奶的管教，都是采取抵触的方式应对；老师与之交流，很少得到回应；同学也没有发现她有要好的伙伴，多数时候她都是独来独往。

2. 极度渴望父母的陪伴

父母在身边时，她的学习表现明显不同，学习积极性较高，作业质量高；父母一出门，她就情绪低落，课堂上心不在焉，作业质量下降。前后表现差别明显。

3. 没有安全感，希望父母以自己为中心

她把父母的外出看作一件大事，压在心底，同时也把脸上的笑容一起藏了起来。

三、辅导方法

其母在开学初就和我交流过她的语文成绩不太好，希望我多帮助她。经过几天的观察，我发现该生性格内向，我有意安排她做语文小组长，帮助我收发作业，并告诉她组长有时候还需要教组员完成作业，所以作为组长的她一定要认真学习才行，以此鼓励她学习的积极性。刚开始几天她的表现还不错，但等她的父母离家后，她就出现了上课走神、不能按时完成作业的情况。我非常生气，告诉她如果再犯我就要换掉她的小组长职务，并且告诉她作为小组长不仅要帮老师收发作业，还要完成好自己的学习任务，给组员做榜样。结果没几天她又故态复萌，我说到做到，换下了她的小组长职务。之后我试图在课间与其进行交流，但因为她问三句不回答一句的态度，沟通效果不佳。我也不想多占用她的休息时间，于是和其母的交流就更频繁了，我建议其父母人在外地无法陪在身边的情况下，就多利用现代化的通信工具与其进行交流，交流时不要每次都问学习情况以免小王出现抵触情绪，可以多聊一聊生活情况，如学校有没有发生有趣的事，家里有没有发生什么特别的事，等等。

一开始，小王对于父母不顾自己的想法依然要外出经商很生气，经常不愿意接父母的电话或视频。慢慢地，对父母的思念之情占胜了自己的犟脾气，她与父母开始了隔空交流。然后我建议其父母可以在不经意间把他们在外务工的一些事情讲给小王听，让她慢慢体会到父母的不易。后来，我重新任命她为小组长，她的学习积极性明显提高了很多。同时，我还安排了班上几个性格活泼外向的女生接近小王，在课间玩耍的时候叫她一起活动，希望通过同龄人对小王的性格进行潜移默化地引导。

在网课期间，学生的作业都交在群里，小王的作业字迹工整，我也经常以此为契机表扬她。然后我就发现在每次的口语交际中（学生和家长配合进行口语交际的表演），视频里的她变得主动且大方活泼了。在一次和其母的交流中，她感觉小王有心理问题，因为小王希望疫情持续下去，这样她就可以一直在父母身边。这也从侧面反映了小王比其他留守儿童更加渴望父母的陪伴。我建议其母可以在适合的情况下，带着小王一起去工作，让她亲身体会父母工作的辛苦，从而慢慢转变对父母无法陪伴在身边的行为的抵触情绪。

现在，通过我和家长共同探索试验教育方法，总结教育经验，她的学习习惯变好了，人也变得开朗了许多，她在班里找到了相处愉快的小伙伴，做小组长也更认真负责了，我们也终于在她的脸上看到了纯真的属于孩子的笑容。

四、评估反思

在家校密切合作下，小王的心理状况稳定了下来，她在班里交了几个好朋友，也能够全身心投入学习生活中去。其父母也更重视小王的学习和心理活动，并在我的多番交流和建议之下，全家决定，父亲继续出门经商，母亲留在家中陪伴小王的低年段学习，帮助她打好学习基础，培养好学习习惯，逐步改变小王的心态，以期在未来父母无法陪伴在身边的时候，小王能够表现得和父母陪伴在身边一样的自律和开朗。

心理问题不能当品德问题对待

京山市钱场镇龙泉中心小学 裴吉峰

一、案例描述

莘莘，女，9岁。父母亲在外地开公司，家庭条件非常好，现在随奶奶生活。父亲认为只要满足孩子物质需求就是爱，不了解孩子的真正需要。奶奶年纪大，由于重男轻女思想，对孩子的关心和教育比较少，对待孩子的态度比较粗暴，说服引导少，无法指导孩子的学习。

因此，莘莘行为懒散，极端厌学，学习成绩差。上课要么去招惹别人，要么只管自己做小动作。不愿完成作业，没有朋友，经常拿同学的东西，用偷拿到的钱买很多东西送给别人，希望有人能喜欢她，跟她玩。

二、分析成因

1. 缺少父母的爱

由于父母常年不在家，与父母的沟通少，感觉不到父母对她的爱。缺少父母的爱是她形成一些不良行为习惯的主要原因。

2. 自尊心受创

孩子奶奶因为年纪大，不能辅导孩子的学习，而且经常打骂孩子，埋怨孩子笨，让孩子的自尊心受到了极大的伤害，以至于产生了严重的逆反心理。

3. 缺乏自信

由于学习成绩差，缺乏自信，她担心同学们瞧不起她，不敢跟同学们交流，一个朋友也没有。因为心思不用在学习上，她就总是琢磨着怎样才能偷拿别人的东西，想引起别人的注意。

三、辅导方法

1. 母亲陪伴孩子，努力成为孩子的朋友

我建议莘莘妈妈回家陪陪孩子，多跟孩子沟通，拉近彼此之间的距离，让孩子感受到父母的爱。

2. 用关心、信任、理解架起沟通的桥梁，使其恢复自信

最初我们沟通时，苒苒并不诚实，经常编造一些幼稚的谎言来欺骗我。当谎话一次次被拆穿，老师仍然不言放弃时，孩子心头的冰开始融化了。随着时间的推移，我赢得了她的信任，从我经常找她谈话过渡到她会主动跟我分享快乐，有时也倾诉苦恼。她开始愿意听取我的建议，并努力配合。

3. 努力创造机会，增进和同学之间的沟通

我特意在班队会上为苒苒打造了一次和同学沟通的机会，首先让她诚心诚意地向同学们道歉，请同学们帮助和监督。当苒苒说"对不起，请原谅"的时候，有的同学不好意思，有的同学惊呆了，还有的同学落泪了，他们不敢相信自己的眼睛和耳朵，这个曾经让同学们讨厌、老师头痛的苒苒能做出如此举动。有几个热心的同学提出愿意和她交朋友，帮助她学习，这些同学以好的行为习惯影响她，让她慢慢走出了心灵的阴影地带。

4. 培养学习兴趣，摆脱厌学情绪，努力提高学习成绩

上课时，多提醒她认真听讲，鼓励她大胆回答问题，用眼神肯定她的做法，抓住她语文成绩较好这一点大力表扬，逐步提高她的学习兴趣。

四、评估反思

1. 心理问题别当作品德问题来看待

"人之初，性本善"，每个孩子都是善良的、单纯的，他们没有所谓的道德观的约束，自己想做就做了，对于这样的孩子，要加以正确的引导，让孩子认识到这种做法是不对的，并逐渐改掉不良习惯。在班主任的工作中，我们往往重视学生学习成绩的高低、品德的优劣，而忽略了对学生全面素质的培养，尤其甚少注意到对学生的心理健康教育，甚至把心理问题当作品德问题来看待，用解决思想问题的方法来解决心理问题。

2. 面对学生不仅要倾注爱心，还要持有一种研究的心态

面对孩子出现的问题，老师不仅要有良好的师德，还要有真正的专业水平、科学的思维方式。在社会发展日趋多元化的今天，孩子也会受到各种各样的心理困扰，我们不能等闲视之，而要以对学生终身发展高度负责的精神来重视其心理教育，及时发现他们的心理问题，当好心理医生，增强承受各种心理压力和处理各种心理危机的能力，提高心理素质，以迎接未来社会的严峻挑战。

愿心理健康问题不再被当品德问题对待，让学生都能健康成长。

做孩子心灵的引路人

东宝区浏河幼儿园　唐寒念

一、案例描述

宸宸，幼儿园小班，一个刚入学的 3 岁小男孩，他一直没有哭着要家长，反而像个大哥哥一样帮我们安慰其他小朋友，他还一本正经地说"不要哭啦，放学了妈妈就来接你啦"，与众不同而又格外惹人喜爱。一段时间后，我发现了小家伙身上的问题，比如：

（1）他认为自己懂得多，所以在自己感兴趣的活动中还能集中注意力，但在其他活动中总是不能遵守规则，坐椅子也都是半躺着，喜欢跪在地上，不太喜欢和小朋友交朋友，总是故意做出一些事情来引起老师的注意。

（2）他的自理能力差，不愿意自己动手完成生活中的小事，如穿鞋子、提裤子等，都以"我不会，你来帮我弄"为借口。

（3）坐椅子总是抢第一排的位置，如果没抢到，就会不开心噘着嘴并持续很长时间，或者直接和坐在第一排的小朋友起争执。

（4）不能接受对他否定的评价，不然就会哭到必须给他一个台阶或者抱着他安慰才肯罢休。

二、成因分析

1. 聪明伶俐，让人心生欢喜

宸宸聪明，让人喜欢。除此之外，宸宸的家庭条件也十分优越，他在爷爷奶奶的手心里长大，吃的用的都是最好的，这也滋长了他虚荣自傲的心理。

2. 他人过度的夸奖

宸宸听到的都是夸奖与表扬，就认为自己身上没有缺点，产生了自负的心理。

3. 生活中缺少"挫折"锻炼

宸宸未入园前，生活中不缺少任何东西，遇到困难也有家长挡在他的前面，替他解决，他从来没有体验过挫折与失败。

三、辅导方法

1. 耐心引导

宸宸年龄小，在自我认知方面出现偏差很正常。在幼儿园，我耐心引导他认识到每个人身上都有优缺点，要正确地评价自己。在他遇到问题时教导他不要着急，在他付出努力完成任务后，给他微笑鼓励。适当提供一些对他有难度的事情并鼓励他完成，即使不能完成，过后也要单独和他分析，让他慢慢明白生活中有许多挫折与困难，我们不能逃避。

2. 家园合作

在入园前，因为爷爷奶奶的过度包办，宸宸自理能力特别差。他习惯了自己不做，而当他必须自己动手完成时，他很不情愿，但又接受不了这样的挫折，因此就形成了恶性循环。我和他的妈妈沟通，建议他们多放手让宸宸去做，在宸宸拒绝接受挑战的时候不纵容，鼓励他，使他养成良好的行为习惯。

3. 给孩子适当的批评

在对孩子的教育中，适当的批评必不可少。在宸宸故意犯错时，我们不能视而不见，要客观地指出他的不足。在不伤害孩子自尊的前提下，帮助孩子正确认识自己。

4. 奖励孩子适可而止

宸宸的自负多半源于自己生活的富足，过多的物质奖励会让他沾沾自喜、忘乎所以，甚至会不思进取。所以我们在日常生活中要时刻提醒自己，奖励孩子要有度。

四、评估反思

宸宸是一个非常聪明的孩子，对于我们平时正面和侧面的引导他接受得很快。他虽然年龄小，但学习能力较强，也喜欢深入思考问题，能从绘本故事中探究道理。在家园合作下，他从一个"衣来伸手饭来张口"的"懒少爷"转变为后主动做自己力所能及的事情的孩子。因为他的自尊心比较强，我会悄悄安排一些孩子午休后等他一起叠被子，让他不会急躁，并在他完成后适当表扬他。看得出他在慢慢改变自己，平时也不会总抢着当"火车头"或占第一的位置，因为他知道做一个友好的小朋友才可以交到更多的小伙伴。他的妈妈也表示宸宸在家会主动要求自己动手，要做一个"全能宝贝"，他变得比以前讲道理了，不会总用"哭"来要挟。

　　宸宸的改变让我们非常欣慰。孩子还小，可塑性非常强，不能因为一些小问题就戴上有色眼镜去看他们。孩子心灵成长的路上需要引路人来为他们照亮前路，驱散阴霾。

后疫情时期厌学心理辅导

湖北省荆门德艺学校南校 刘子烨 闵继权

一、案例描述

小周，男，13岁。父亲常年在外工作，他跟母亲一起生活，家中还有一个妹妹。小周的成绩位于班级第十名。他平时比较懒散，但是头脑聪明，比较懂事。在父母和老师监督比较到位的时候，能按时完成作业。但网课期间因为沉迷游戏，成绩一落千丈。本学期上学一周后，小周开始拒绝上学。

二、成因分析

1. 错误价值观的误导

该生的父亲常年在外经商，家境殷实。父母常会有意无意地说到会为孩子安排今后的人生，这导致他认为学习好坏无所谓，因此对学习失去兴趣。

2. 电子产品的诱惑

因疫情期间网课需要，该生父母给孩子配置了一部手机，本意是用好手机上好网课的，却不曾想，该生沉迷手机游戏，常常从白天玩到晚上。

3. 被忽略的家庭情感

自从妹妹出生后，母亲把更多的心思放到了二宝身上。再加上疫情期间母子二人经常因为游戏的事情争吵使得家庭关系变得更加紧张。

4. 被误解的教育方式

小周母亲会经常向孩子妥协，因为无法走进孩了的内心，母亲总是在尽一切努力讨孩子欢心，但是在这种纵容型家庭教育环境中成长的孩子没有责任感和担当能力，抗挫折能力弱。他们觉得身边的人为自己付出是理所当然的，缺乏分辨是非的能力。在学习上遇到困难的时候该生就倾向于选择逃避和退缩的态度。

5. 教学模式影响兴趣

目前的初中阶段的课堂教学普遍存在教师讲述比例过高的现象。该生在课

241

堂上很少与老师互动，从不举手，缺少参与感。

6. 青春期性格不稳定

八年级的学生一方面在意老师、同学和家长对自己的评价；另一方面，在老师、家长面前又要表现出成人感，喜欢挑战成人的权威。该生极其不愿意和他的家长交流，即使回到家中也是房门紧闭。在学校对老师的要求也是故意"反其道而行之"，与同学交往容易冲动，不主动交流，认为同学与他为敌。

7. 学习内生动力不足

该生没有认识到学习的重要性，缺少对学习的兴趣，他并没有将学习看作是个人成长成才的内在需求，总觉得学习是为了父母而学。

三、辅导方法

1. 家庭方面

我与该生母亲进行了交谈，并提出一些指导性的建议。第一，尊重孩子，加强与孩子进行有效的沟通交流。每周放学后带两个孩子进行户外活动，每周带两个孩子与父亲进行视频通话。不把孩子当成自己的附属品，理解尊重他们的行为与想法。第二，与孩子制定游戏规定，周五玩两个小时游戏，周六玩一个小时游戏，如果违规，制定惩罚措施。第三，改变教养模式。在家里，父母应给孩子设定明确的界限，要求孩子遵守规则。同时，父母应倾听孩子关心的事情，给予孩子更多的自主选择权，对孩子的要求做到有节有度的满足。

2. 学生方面

与该生一起制定学习计划，强化学习动机。根据该生的个人能力，与他制定本月的学习目标，并根据最后的综合评价给予适当的奖励和惩罚。

正确归因，提高学习能力，努力让该生在学习上找到比在游戏中更强的存在感。每周三帮助该生总结学习方法和技巧，比如，掌握如何课前预习，课堂上的听课方法和做笔记的技巧，课后如何高效复习并完成作业等。

努力培养该生形成阳光心态，养成积极性格，全班编排座位，让该生和一名积极外向的男孩子成为同桌，两个人在学习和生活上结成互帮互助的搭档。

四、评估反思

厌学情绪是疫情结束后我班遇到的重大心理问题。但是在实际辅导上缺少方法，没有真正走进学生心里，没有在短时间内获得学生信任。

后疫情时代中学生网瘾疏导

京山市三阳镇初级中学　张　华

一、案例描述

S同学，女，她上课整天精神恍惚，听课时注意力完全不集中，据科任老师反映，她各科作业都错得一塌糊涂，下课了也经常伏在桌子上睡觉，与同学交往很少。我在学校查了一下她上学期的期末成绩，当时可是处于班级前十名。只过了半年，她就沦为了班里学困生。

二、成因分析

我利用周末时间家访，得知S同学原来乖巧懂事，也爱学习，有时还帮家里做家务、带妹妹。父亲长期在广东打工，由于没有技术，工资较低。爷爷奶奶在三年前出了一场车祸，一直以来都不能做重活。妈妈主要在家里照顾老人和小孩，有时在家附近打零工。今年四月，疫情一解封，S同学的父亲就回到广东上班去了，由妈妈监督她上网课。由于上网课需要手机，刚开始她只是趁妈妈不注意偶尔偷偷玩一下游戏，后来她的大部分心思就不在学习上了，她的妈妈也很着急，说过她多次，但不奏效。再后来她完全无心思上网课了，从早到晚抱着手机玩，晚上十一点了也不肯放下，有时甚至玩到凌晨一两点钟。成绩也是一落千丈，期末考试她由原来的年级第二十几名跌到第一百多名。仅仅半年，原来爱学习、爱劳动的她像变了一个人。

三、辅导方法

1. 关爱学生，树立战胜自我的自信心

我首先肯定S同学是一个好孩子，再指出她的错误，她沉迷网络游戏，从她自身找原因是自制力差，自控能力不强。针对她在家里及学校里存在的种种不良表现，我并没有粗暴地指责训斥，而是耐心地告诉她："每个人都有缺点，关键是要勇于承认错误，改正错误。"我用信任的眼光看待她，用真诚的言语激励她，及时了解她的想法，与她建立起良好的师生关系。

2. 多一些理解沟通的谈话

我抽出自己的业余时间，以平等的姿态多跟她谈心。在平日里，我利用课间操时间和中午休息时间找到她，询问她最近的学习和生活状态，了解一下最近她心里的波动，这样她自然感受到我对她的关爱，一开始她还不愿意跟我说出她的心事，一段时间之后她消除了对我的防备心理，渐渐地，她说出了很多自己的心事和生活中、学习上及人际交往过程中存在的问题和疑惑，经过我们共同努力，过了一个多月她在各个方面都取得了不同程度的进步。

3. 家校合力，改善教育方法

心理学研究表明：父母对子女的教养方式可直接影响孩子的身心健康。因此，家校配合，是改善孩子健康心态最有效的方法。我经常与她的妈妈联系，告诉她的妈妈孩子之所以这样，是因为长期缺少与家人的沟通。而在虚拟世界中，她们可以与陌生人无话不谈，放飞心灵，从而减轻生活和学习带来的压力。因此要加强亲子沟通，家长在与孩子交谈时，切忌简单粗暴。希望家长创造良好、民主的家庭环境，和孩子交朋友，合理对待孩子的需求，不挫伤她的自尊心，尊重她、信任她，利用亲情来感化她。

4. 适时地进行评价，培养自信

在教育过程中，用激励的方式使其扬长避短，我让她自主设立了自己的成长档案，每月评一次，让她通过自评、小组评，把自己所取得的进步记录下来。她从别人的肯定中得到了满足、获得了自信；在自我批评中，她学会自我反省，逐步完善自己。每个月我都把她突出的个人事迹在班集体中、家长会上进行表扬，从此她变得更加自信。

四、评估反思

S同学的进步，让我更加认识到激励的作用。我们在教育的过程中，不要把注意力集中在孩子的不良表现上，要更多地关注孩子的优点和特长，循循善诱，不可操之过急。日常教育教学中，教师要给孩子更多的关爱，尤其是对班里的部分学生，要使之一步步敞开心扉，慢慢地转变看待周围事物的不正确思想，将自己融入集体中去。

总之，只有教师用爱心换取学生的信任，更多地关注他们，家校通力合作，才能让学生彻底摒弃不良习惯，学会做人，热爱学习，健康成长。

用心呵护，发掘优势

高新区·掇刀区望兵石学校　徐红艳

一、案例描述

周某某，男，7 岁。从入学第一天我就看出他与其他的孩子有所不同。通过一段时间的观察我发现：他上课能安静地坐在椅子上的时间不超过十分钟，要么蹲着，要么跪着或者是趴着；在课堂上故意做一些怪动作、发出怪叫声，引起全班同学哄笑；学习做事不注重细节，粗心大意，经常丢失一些常用的学习用具，集体荣誉感差；他安静的时候，不是在书本和作业本上到处画一些鲨鱼、蜘蛛、蝎子等动物，就是把整只手伸进口腔吮吸，或拿着铅笔在橡皮擦上不停地扎，或是做啃纸、啃衣服、啃铅笔等不良动作。

二、成因分析

我和家长多次沟通、交流，了解到周某某的家庭基本情况。周某某几个月大的时候父母离婚，父亲外出打工，只有过年才回家，母亲再嫁，基本上也没管过他，可以说他是由爷爷奶奶一手带大的。

因为周某某父母的不闻不问，爷爷奶奶的怜悯溺爱，周某某在成长的过程中极度缺乏安全感，爱做一些出格的事情引起别人的关注，不知不觉中养成了上述不良行为习惯。

三、辅导方法

1. 环境干预，控制言行

由于周某某注意力容易分散，任何视觉和听觉的信号都会转移他的注意力，我就选择几位自律性比较强的孩子坐在他的周围。当他在课堂上注意力不集中、开小差或做一些怪动作的时候，周围孩子就会友善地提醒他。

2. 营造氛围，感受关爱

在课间刻意引导一些性格开朗、阳光、善于交流的孩子，主动接近周某某，和他一起玩耍、游戏、做朋友。用他们的言行感染他、影响他，让他感受到集体的温暖和同学的关爱。

3. 倾听心声，正面引导

找机会与他多沟通，做一个耐心的听众，让他敞开心扉倾诉自己的喜怒哀乐，及时了解他的情况和心理承受能力，以及心理的变化。

4. 诚恳激励，树立自信

从积极心理学来说，当前学校心理健康教育不应该过分关注学生的心理疾病和心理问题，应着重培养学生积极的心理品质，帮助学生了解自身的优势。这意味着我们作为教师应该更加关注学生积极向上的自我力量、自身的性格优势，引导学生借助这种积极向上的力量对抗心理困扰，消除问题行为，建立抵御挫折心理创伤和障碍的预防机制。虽然周某某有很多缺点，但也有很多闪光点。例如：上课回答问题声音响亮；遇见老师非常有礼貌地打招呼；当别人有困难的时候，愿意伸出援助之手。上课时，我有意识地多让他发言，当他的回答有新意或响亮的时候，及时地进行表扬，让他尝到成功的快乐。如果他回答得不够理想也要给予肯定，培养他的自信心，激发他的学习兴趣和积极性。学校有集体活动时，多给机会让他参加，让他在活动中体验到团队的力量，培养他的集体意识和集体荣誉感。

5. 家校共育，双管齐下

要想解决他的不良习惯，离不开良好家庭环境的影响。我从家庭入手，首先找家长谈心，帮助家长提高思想认识、转变观念，推荐相关家庭教育方面的书籍。其次走进家庭了解孩子学习的环境，提出科学的、合理化的建议。再次指导并鼓励家长运用科学的方法培养他独立的能力。最后对于一些不良行为习惯有针对性地进行矫正，采取必要性的手段。

四、评估反思

冰冻三尺，非一日之寒。经过一年多时间的家校共同努力，周某某在各方面都有了明显的进步，但还需坚持才能达到预期的效果。学生需要爱，教育呼唤爱。关注未成年人心理健康教育，从根本上解决孩子的心理健康问题，光有爱是不够的，还需要我们拥有专业的理论知识和实践经验。所以我们需要不断地去学习、去实践，充实自己。

爱融化一颗心，笑漾出一朵花

东宝区马河镇实验学校　宋云飞

一、案例描述

第一次上课，我就注意到了 A，因为她一直苦着脸。起初，我以为她只是不喜欢上语文课。后来，通过与其他任课老师的交流，我才知道她上所有的课都是这样的表现。通过观察，我发现生活中的她沉默寡言，几乎不主动与任何人交流，当同学们与她搭话时，她也只是简单地答复，回答的声音如蚊子嗡嗡一样小。

二、成因分析

1. 个人因素

她小时候曾经发过高烧，脑部受到一定影响，在学习上比较吃力，接受新知识较慢，学习成绩自然就不太理想。久而久之，她产生了很大的挫败感。再加上她身体瘦弱，营养不良，身体素质不太好，所以她在体育运动方面也比较落后，慢慢地她就产生了自己干什么都不行的心理。当别人与她交流时，她要么回答声音很小，要么干脆说"不知道"，这是自卑的表现。

2. 家庭因素

妈妈不愿意听她在学校的这些事，她倒是愿意跟她爸爸交流，可爸爸常年在外打工，　年也就回来几次，平常主要靠电话沟通。后来，妈妈也随爸爸出去打工了，家中只剩下她和奶奶。虽然她与奶奶关系不错，但奶奶毕竟年纪大了，所以，她就学会了把心事藏在心里。

3. 学校因素

学校里的老师和同学倒是很愿意帮助她，但她心里的那扇门不是那么容易打开的。老师们鼓励她，同学们帮助她，可效果不太明显，一段时间后，大家也就放弃了。

三、辅导方法

1. 同学关怀

我主要从她"亲近"的人着手，如她的室友和同桌。我私底下找了她们寝室的人，让大家尽量多帮助她，主动关心她；我还询问了她，在她心里比较亲近哪位同学，因而在座位上特意将这位同学安排在她的旁边。她所在的 401 寝室，每天晚上开座谈会，主要是与她聊天，一步步去开导她，教她如何与人沟通，让她融入 401 这个集体。当然，有时候她也不知道怎么回答室友的问题，这种情况下，大家会比较迁就她，尽量找一个她感兴趣的或者她能交流的话题。

2. 老师鼓励

我多次找她聊天，询问她的困难，告诉她她身上的闪光点，鼓励她尝试去融入班集体。当我第一次看到她的笑容时，我的心都漾出了一朵花，并立即告诉她："你笑起来真好看！"在学习上，只要她有一点进步，我都会表扬她！比如说，做选择题时，她只要知道哪个选项哪里错了，就会在旁边改过来，因此我会当着全班的面表扬她学习很认真。渐渐地，她越来越信任我，也向我敞开了心扉。

3. 家长关心

我会和她的爸爸交流她在学校的表现，并希望他们能够多关心孩子。家长确实也尽力去做了。一方面，他们会趁她放假时给她打电话询问她的情况，关心她的生活；另一方面，她在学校时，他们也会给我打电话了解她在学校的表现或者请我转告给她他们的问候。比如说，中考前她爸爸特意给我打电话，让我转告孩子，考试时不要紧张，尽力就行了。虽然他们相距千里，但亲人之间的这种关爱却没有中断。

四、评估反思

在大家的共同努力下，她终于有了些许改变，她渐渐融入了班集体，也愿意与人交流了，声音也大了许多。她最大的变化或许就是笑容多了，听到笑话她笑了，与同学们交流她笑了，遇到老师她也笑了。最后，我只想说：功夫不负有心人，愿每个孩子心里都有一片阳光！

自我中心型心理案例分析

京山市石龙镇王集小学 蔡芳 范小凤

一、案例描述

杨某，男，独生子，父母、爷爷长期在外打工，现在跟奶奶生活。他戴着一副眼镜，走路总是蹦蹦跳跳，身子总是歪歪扭扭，没有安静下来学习的时候。有一次，一位同学的水杯摔在地上，他没有捡起来，而是用脚踢了几下。当时正好被我看见了。私下里我问他有没有踢水杯时，他却不承认。这就是不善于对自我的行为进行分析和自我批评的表现。他还是我们班的"告状"大户，总是不分场合地告状且每次都是一些小事。比如，上课时大家都在认真听讲，他会冷不丁地大声叫出"XX又转过头来拿了我的橡皮擦"，这就是典型的以自我为中心表现。

二、成因分析

1. 个人因素

以自我为中心作为一个人个性特征，显然它的产生是符合学生身心发展规律的且随着个性的发展而形成，是自我意识发展的畸形产物。因此，以自我为中心是该学生在现阶段面临的问题。

2. 家庭因素

杨某是家中的独生子，其父母和爷爷常年在外务工。突如其来的新冠肺炎疫情，让难得共处的三代人在一起生活了几个月。在这段共处的口子里，杨某享受着爷爷奶奶的过分保护、娇宠溺爱。而其爸爸妈妈觉得自己平时只忙着事业，缺少对孩子的关心和陪伴，对他心怀愧疚，存在补偿心理，想借这一共处机会好好补偿他，因此，对于他的某些"霸道行为"不闻不问，或者采取"睁一只眼，闭一只眼"的态度。这就为他形成不良习惯种下了"恶源"。

3. 社会因素

突如其来的新冠肺炎疫情所采取的居家隔离措施，导致长时间不能与同龄人交流和相处，再加上在家可谓是"集万千宠爱于一身"，杨某似乎已经忘记了该如何去与其他同学相处。

三、辅导方法

（1）我们采取一对一的形式与杨某细心交流，主要针对其"告状"的习惯对其进行正确的引导，以此来帮助杨某认清自己身上的不足，树立改变自我的信心和决心。

（2）给予家长必要的指导，寻求家长的合作。让杨某在家里帮爷爷奶奶做一些力所能及的家务事，并对此行为进行肯定和表扬，让他感受到帮助别人的快乐。

（3）结合课堂学习，指导杨某人际交往的原则和技巧，提高其交往能力。在课堂中，我们采取小组合作的形式来学习，首先引导杨某完成3—4人的小组合作任务，并对其进行肯定和赞赏，让其感受到合作的乐趣。接着逐步完成更多人的小组合作任务，直至与全班同学完成合作任务，使其认识集体规则，培养集体荣誉感，逐渐学会在集体中与同伴和睦相处。

（4）课下有针对性地开展课外活动。杨某平时喜欢玩"两人三足"的游戏。课下我们就将学生组织起来进行比赛。由于各组的组队成员都是随机安排的，所以在一段时间的游戏过程中，杨某几乎和所有参加此种游戏的同学都组过队了。在组队游戏的过程中，他逐渐学会了在游戏时与不同的小伙伴采取不同的合作方式，获得游戏的快乐的同时也得到了其他同学的认可，增进了同学之间的友谊。

（5）在平时的生活和学习中，我们会指导和帮助杨某树立正确的自我观念，提高自我认识能力，使其对自己的认识比较接近现实，能正确地接受自己，调整自己，形成健全统一的个性。

四、评估反思

经过两个月的辅导，杨某慢慢地调整了心态，能认识到自己的错误和不足，对于爱"告状"的行为也改善了不少，与同学们的关系更加融洽了，朋友也越来越多了。在家也能够帮助奶奶做力所能及的家务事了。

通过对杨某的辅导，我们发现如果形式单一，或者仅仅依赖于学校的单方面努力，实际效果和预计效果将会相差甚远。只有共同实施课上与课下的有效结合、家校间的良好沟通，同学之间的友好相处等多种举措，才能更好地解决学生的心理问题。

先调整情绪，再教育学生

京山市三阳镇初级中学　付艳

一、案例描述

学生小泉，特别"好动"，上课基本上不听讲，不停地说话、玩乐，偶尔交上来的作业也是空白的。

二、成因分析

从案例中，我们不难发现小泉自制力差，所以上课总是做与学习无关的事情。在学习上表现不突出，但他又希望能得到老师和同学的关注，所以就在课堂上以扰乱课堂纪律的方式来吸引老师和同学的注意力。

三、辅导方法

1. 全面了解找突破

通过与班主任的沟通，我了解到小泉之前在课堂上一直都是这样，学习成绩也跟不上。

2. 整理好自己的情绪，引导他承认自己的错误

一天上午，刚开始上课时他就像往常一样在做小动作，我给了他一个警告的眼神。但接下来，他和同桌却越讲越热闹了，严重地影响了我正常讲课，班上其他同学也都把目光投向了他俩，于是我对他们说："你们两个，站起来！"他们磨磨蹭蹭地站了起来，我又平静地对同学们说："同学们，先不管他俩，我们继续上课。"下课后我把他们两个叫到了办公室，准备好好地教训一下他们。

来到了办公室，我发现他俩还在说悄悄话，笑容满面，一点紧张悔改的迹象也没有。"那就先晾一下他们吧！"我让他们先在办公室靠墙站着。听说让他们靠墙站，他突然变得有些无所适从，不过，他很快反应过来，笑嘻嘻地离开了我的办公桌站到了墙边。过了几分钟，我看下节课要开始了，就走到他们面

前，严肃地说："马上要上课了，我不耽误你们的上课时间，但是下课之后还要来办公室找我。"等到第二节下课，我亲自到教室将他带到办公室，仍然让他靠墙站着，我发现这次他的脸上没有了上节课课间时的笑容了，这说明他是不想来办公室站着的，那我就有办法了。在第二节课课间快结束的时候，我走过去对他说："下节课我不去教室叫你了，你自觉来站着！"等到第三节课下课，他没有来，直到第四节课下课，办公室也没见他的影子。

我找到他问："如果下课不想来办公室那你应该怎么做？""上课守纪律下课尽情玩。"小泉回答说。听到这个回答，我很严肃地问他："上课怎样才算是守纪律？"他一边想一边说："上课认真听讲，不讲话，还有，听老师的话。"听了他的回答之后，我开心地说："原来你都知道呀，那为什么不那样做呢？"他感到很不好意思。我又语重心长地对他说："你看你现在已经是一个十几岁的大男孩了，很多是非观念自己都懂的。你之前在课堂上的表现你也肯定知道那是不对的吧？"他听到我的问话，点了点头。

3. 找准时机，在充分尊重学生的前提下提出要求

我接着说道："我之前给过你很多机会，尽量不在课堂上当着同学们的面批评你，因为我觉得你现在已经这么大了，有很强的自尊心了。老师尊重你，所以不在教室里批评你。根据你刚才说的，其实你知道上课应该遵守课堂纪律，但是为什么就是不去遵守呢？那么聪明的一个大男孩把上课时间用在玩上，真是可惜了！"听到这里，他惭愧地低下了头。我说："现在给你两个选择，上课遵守纪律下课后玩或上课说话下课来办公室陪我，你选哪个？"他果断地答道："我选上课认真听讲下课好好玩儿。"

4. 当他有改错之心时，选择相信他的改错能力

听到他的回答，我开心地说："老师相信你，男子汉大丈夫说到做到，之前的事情我们就一笔勾销，对你今后的表现老师拭目以待，好吗？"他开心地说："好。"谈话进行到这里，我觉得他的心扉算是打开了。

四、评估反思

通过这个案例，我深刻地体会到作为老师在教育学生的时候，首先，要调整好自己的情绪，用一种平和的心态，去分析学生的心理，找到解决问题的突破口，耐心引导学生去认识、承认自己所犯的错误。其次，我们应当学会尊重他们，平等地同他们交流沟通，选择相信他们的改错能力，这样不仅能让学生及时改正，也能构建良好的师生关系，达到教书育人的真正目的。

让阳光洒满心田

钟祥市龙山实验学校　刘　坤
钟祥市磷矿实验学校　沈雪萍

一、案例描述

小林（化名），女，能歌善舞，成绩中等，性格孤僻，给人一种高冷的感觉，部分同学都不敢去看她的眼神。有两件事引起了我的注意：开学家庭信息登记时，她在妈妈的姓名栏写了"不知道"，一天中午双胞胎姐姐拿了一瓶六个核桃送到教室给她喝，她说不敢喝，怕有毒。她的父亲突发心脏病离世，自此她迷恋上手机玩游戏，不爱学习，我还在她的胳膊上发现了数十条密密麻麻的划痕。

二、成因分析

1. 思想观念认知错误

小林的妈妈在小林很小的时候就已离家出走。在小林奶奶的言语中，小林对妈妈恨之入骨，以至于在家庭信息母亲姓名一栏填写"不知道"。

2. 家庭教育的缺失

小林与双胞胎姐姐大林在初一时，发生了因分篮球不和的事情。他们的爸爸说大林是姐姐，应该让着妹妹，于是大林拿了一个旧篮球，小林拿了一个新篮球。但之后大林在家和小林大打出手，把盛菜的盘子都摔碎了，这就导致小林不敢接受大林的饮料，感觉大林想加害于她。

小林的爸爸离世以后，70多岁高龄的奶奶对于她们的管教力不从心，只能任由她们发展。同时，奶奶的个性也比较强势，对她们的管教也只限于言语上的责骂，这种管教方式加剧了她们之间的矛盾。

三、辅导方法

1. 加强家校联合，全面了解学生

班主任多次与家长沟通，了解小林在家的生活、学习情况，同时建议家长多心平气和地跟孩子沟通，多向孩子传递一些正能量，还要适时地跟孩子说一些关于孩子妈妈的事情，让孩子的内心能对妈妈产生一定的亲情感。

2. 春风化雨，坚持疏导教育

告知小林亲情的重要性，不管什么时候，妈妈和姐姐都是最亲的，像爸爸和奶奶一样。父母给予了我们生命，并把我们养大，妈妈虽然离开了，但那是上一辈的事情，她肯定有不得不离开的原因，从一些常识中也可知道，妈妈怀胎十月是多么辛苦。姐妹之间有些争吵实属正常现象，不要过于敏感。

3. 给予孩子更多的关心和爱护

为了避免小林感觉孤独，班主任特地安排小林最好的朋友——小周和小贾每天跟她一起学习、一起玩耍，时刻关注她的心理动向，周末他们也在一起学习，一起写作业，相互帮助，相互辅导。

自从她的父亲离世以后，班主任私下叫上班长小丁以及小林的好朋友小周、小贾，跟他们说明了小林的现状：父亲离世，跟着唯一的70多岁的奶奶生活，奶奶无工作，没有经济来源。针对这种情况，班主任打算让班里的学生一起帮助她：每周每个学生从自己的零花钱中捐助一元给小林，班里代课老师每人每周捐赠十元，学期末一起给她买一些新衣服，留点零花钱。小周说小林的自尊心比较强，可能不会接受。于是班主任和语文老师商量，语文老师把小林叫到办公室谈心，班主任在教室跟其他老师说明情况，班里学生都积极响应，每周日到校后直接把钱交给小丁，然后小周做记录。同时，班主任向学校反映了小林的家庭情况，申请给小林免去生活费，对于这种帮助方式，小林欣然接受。

四、评估反思

自小林接受同学们的爱心捐助后，脸上的笑容逐渐多了起来，学习也更加认真了，最终考取了我市的普通高中。初三毕业后的暑假，小林能够利用假期打工挣取生活费与学费。高一放月假时还能到校来看望以前的任课教师。

离异家庭的留守孩子还有很多，他们大多数人的心中都对父母亲存有怨气，同时又因为跟爷爷奶奶居住，与爷爷奶奶的沟通存在困难，大多数孩子内心消极，所以班主任就是孩子和父母之间最重要的沟通桥梁。由此可见，教育工作者关注学生的心理健康何其重要，尤其对于"特殊家庭孩子"的教育引导更应该加以重视。

农村留守女孩：在蜕变中成长

京山市绀弩小学　刘雨诗

一、案例描述

　　小宇转到我班上时刚满 10 岁，性格胆小内向、满脸愁容，几乎从来不笑，这些是一开始她给我的最深印象。她坐在教室的角落里，上课时总是低着头，一节课要提醒很多遍才会看黑板，从她的眼神中可以看出她在走神。由于是转学，新的学校离她家有点远，所以她理所当然地成为学校里为数不多的寄宿生中的一名。作为寄宿生，每个周五她也是最后一个被家长接走的。她爷爷来时总是匆匆忙忙，说一句"哎呀老师，我要先去幼儿园接小的（她的弟弟）才能来接她"，说完便拉着她走了。一个月之后，我发现不管是学习成绩还是行为习惯，她都存在很大的问题。

二、成因分析

　　从以上描述中我们可以看出小宇同学的性格十分内向，不愿与外人交流；虽然上课不讲话不乱动，但经常出现走神的情况，因此学习上也存在很多知识点的漏洞。后来通过与她妈妈的沟通才了解到小宇的爸爸妈妈长期在外务工，她跟着爷爷奶奶一起生活，爷爷有"重男轻女"的传统思想，在家中她经常被忽略，得不到关爱。

三、辅导方法

　　1. 在生活上走近她、了解她

　　趁一天放学之后，其他学生都回家了，只有两三个寄宿生在教室，我便找到她，在她的对面坐下。刚开始她显得十分局促，为了能缓和交谈氛围，我便问她和另外一名学生："你们没转学以前是一个班上的同学吗？""是的，我们还是好朋友！"在旁边的一名学生回答了我。"新学校还适应吗？"两人面对这个问题都没有回答，我想可能由于太小就寄宿在学校刚开始是难以适应的吧！"走，我带你们下去买点零食吃。"我拉着她们来到楼下小卖部，给她们买了点零食，一边走一边吃。放学后的校园很安静，只有三三两两的寄宿生在操场上玩耍。"爷爷只喜欢弟弟，只给钱让弟弟买吃的，不给钱让我买。"在一旁沉闷了很久的她终于开口了。"那你的爸爸妈妈呢？""都在外面打工，我跟着爷爷生活，爷爷只喜欢弟弟，不喜欢我。"她说的时候很生气，而我听着很伤心。我告诉她："弟弟还小，不仅需要爷爷奶奶的关爱，更需要姐姐的关爱。爷爷奶奶年纪大了，每天要工作还要照顾你们的生活，他们很辛苦。你现在来到了一个新的学校，有了更多的同学和老师，大家都十分喜欢你，期待与你成为好朋友，你愿意先与老师交个朋友吗？"她不好意思地说："愿意。"在后来的日子里我总是找她聊天，慢慢地她和我越来越亲近，无话不谈。

2. 在学习上帮助她、鼓励她

自从与她成为朋友，我再去上课的时候她不再低着头，看得出来她在努力地听讲，想要把我讲的知识听明白。但是由于以前的基础太差，作业还是有很多问题，每一次发作业她都有些不好意思。因此我把她的座位从最后一排调到第一排，在离我最近的位置，之后她上课更认真了。有一次我惊喜地发现，她在用自己的本子抄我刚刚在课堂上讲的重要题型。我开心极了，当即就拿起她的本子在全班进行了展示，表扬她进步很大，现在已经学会做笔记了，这是一个很好的学习习惯，希望全班同学向她学习。我的表扬让她开心了一个星期，每一次在学校里碰见她，她都会跑过来跟我打招呼，然后再开心地跑开。

3. 与监护人沟通，为她争取更多的关爱

小宇的问题显然不是出自内因，而是缘于外因。由于长期在家里得不到平等的关爱，让她懊恼苦闷甚至每天都不开心。作为班主任我不仅定期会与她的妈妈沟通她的情况，让妈妈多和她联系、多关心她，还会在每周五放假的时候提前给她的爷爷打电话，告诉她的爷爷她最近在学校表现很好，又得到了老师们的表扬，让她的爷爷也为自己的孙女感到骄傲。

四、评估反思

通过一段时间的努力之后，科任老师们都会来跟我说小宇的变化好大，现在上课也敢举手回答问题了，作业情况也比以前好，虽说还不够优秀，但相比以前，她正在一点点地进步，平时在学校里碰到其他老师也会打招呼。听到这些话我很欣慰，在学校里看着她越来越开心的样子，我知道她的心门打开了，童真回来了！

用爱浇灌，助力成长

东宝区子陵铺镇子陵初级中学　赵文丽

一、案例描述

倩倩（化名），女，14 岁，八年级学生，学习名列前茅，智力很好，反应很快，也非常勤奋，平常自控能力很好，可以说是老师、家长都为之骄傲、同学都为之羡慕的一名学生。

新冠肺炎疫情期间，所有同学都只能通过网课进行学习，尽管缺乏老师面对面的监督，但是倩倩在网课上展现出了惊人的自觉性，每次作业都提前、高标准完成，各科老师不止一次地夸赞。但是，疫情期间几次心理健康网课后，在与倩倩的交流中，我还是感觉到她在学习上越来越力不从心，甚至出现了焦虑的心理。

2020 年秋季学期，学校正式复课，一开学，我就找倩倩面对面地谈了一次话，从聊天中能感觉到这个勤奋、乐观、积极的孩子出现了前所未有的不自信，她感觉半年的网课学习效果并不太好，感觉有很多同学都学得比她扎实，年级第一的名次估计不保了。

复课第一周的一次英语测试让倩倩的这种消极情绪彻底爆发，因为没有拿到优分，她非常懊恼，回家后开始跟家长哭诉自己压力太大了，学习状态很糟糕，找不到方向了，家长迅速将情况反馈给我，并寻求我的帮助。

二、成因分析

1. 家庭教育方式不当

从初次跟倩倩家长接触，就明显感觉到家长对她的要求非常高，每次在校的作业，家长都会仔细检查，并一一询问，她心理负担是比较大的。加之疫情期间，网课的监督都落在了家长身上，这对本身处于青春期叛逆期的学生来说，无疑是雪上加霜。

2. 个别老师不懂得学生的心理特点

老师不能正确地对待学生成绩上的得失，处理方式不当，使矛盾和冲突日益恶化。尤其是复课后，老师们在教学上的要求更加严格，在言语和行为上对学生追得很紧，这无疑加重了学生的心理负担。

3. 青少年本身处于青春期

这个年龄段的学生具有半幼稚半成熟的特点，使得他们看问题容易产生偏见，容易把一些细小的问题放大化。他们有时会把家长以及老师对他们的关爱和鼓励，偏执地认为是在给他们增加压力，使得有些沟通无法顺利进行下去。

三、辅导方法

1. 家校合作效果好

孩子每周的在校情况我会及时跟家长反馈，周末的情况也让家长记录下来反馈给我，并长期坚持。此外，我还指导家长阅读一些教育孩子的书籍，观看一些教育视频，帮助家长更新理念。我建议家长周末多抽时间带孩子到大自然中呼吸新鲜空气，设计一些温馨而有意义的家庭活动，让学生感受爱的氛围。

2. 心理疏导长坚持

倩倩出现焦虑情绪，主要是对自己目前的学习情况不了解，出现了前所未有的恐慌，而且同学之间缺乏沟通和比较。每周，我都会抽出时间和她一起到心理咨询室寻求沟通，鼓励她多和同学进行沟通交流。

3. 自身努力多调整

我还指导倩倩多注意自我调整，我会隔段时间给她推荐一些书籍，让她在文字中找到前进的力量。我听说倩倩想参加英语口语的培训，但是迫于学习压力有点犹豫，我和倩倩家长沟通，让他们支持她去学，培养自己的兴趣爱好，让她在兴趣爱好中找到自己的闪光点，增强自信心。

四、评估反思

通过辅导，倩倩的焦虑情绪有所缓解，尽管学习压力依然存在，但这是八年级学生所必须面对的现实问题，好在经过一定时间的沟通之后，倩倩已经能比较理性地分析自己学习上存在的问题，并且愿意主动向老师请教问题，主动和家长分享在学校的事情，整个人也变得乐观起来。

以爱之"钥"开启心之"锁"

京山市永漋镇第一初级中学　郭明娇　刘成刚

一、案例描述

庞某，男，15 岁。他平时上课就趴在桌子上睡觉，下课就追逐打闹，喜欢动手动脚。作业经常不做，书写也相当潦草，痴迷上网打游戏。疫情过后这些现象变本加厉，玩游戏一次性花掉上千元，甚至开始偷拿家里的银行卡。

二、成因分析

庞某从小父母离异，母亲另组家庭，父亲常年在外打工，一直跟爷爷在老家生活，很少见到父母，对父母缺少依恋。父亲与儿子很少交流，也几乎不关心儿子，偶尔回家时对庞某所做的错事常常是简单粗暴地打骂，而这也就造成了他的固执和任性。爷爷无原则地宠溺，对他言听计从，千方百计满足他。老师要么不闻不问，要么批评责骂他，没有顾及他的感受。通过与他多次交谈，我发现他学习的信心基本丧失，认为自己不是读书的"材料"，总觉得被人瞧不起；同时他又用自尊营造可怜的保护层，躲藏在痛苦之中。此外，庞某意志薄弱，不愿学习，上课注意力不集中，不爱动脑筋，学习成绩落后，在学习中遭到多次失败后，就产生了厌学心理。

三、辅导方法

1. 家人的真心关爱

和庞某的父亲长时间沟通，我劝导他不可用简单粗暴的方法对待儿子，要多和儿子相处、交谈，用温情和儿子沟通，让孩子感受到最关心自己的人还是父母，过一段时间，等父子的关系缓和了，再慢慢往学习上引导。当孩子的坏习惯逐渐改变时，家长要及时给予表扬，并给予一定的奖励，从正面对孩子的行为予以肯定，让他品尝成功的喜悦，增强进步的信心和动力。

2. 集体的关心与包容

让一个责任心强、学习成绩好、乐于助人的同学跟他成为同桌，给予学习和思想上的帮助；安排几个责任心强、自律性强的学生与他同住一个寝室，督促、引导他，并且告诉他，生活在一个班集体里，就应该融入这个大家庭里。真心爱护是相互的，同学找他玩，真心地帮助他，他同时也应在别人需要帮助的时候，真诚地伸出援助之手，让别人感觉到他的真心并感到温暖。这样，别人才会愿意和他做朋友，他才会获得更多的朋友。此外，让他明白"交流"是一件很重要的事情，有朋友在身边更是一件非常幸福的事。如果遇到他和同学都解决不了的问题，老师也愿意提供帮助并解决。这样做能让他对自己的未来充满信心。

3. 对自身的正确剖析与认识

首先，对他表示信任和喜欢，告诉他老师不会因为他的学习成绩差就不喜欢他，老师很愿意帮助他。其次，罗列他的优点，让他看到原来自己不是一无是处，自己也有过人之处。最后，鼓励他努力培养学习兴趣，摆脱厌学情绪，在学习上对他严格要求，如上课时，多提醒他认真听讲，鼓励他大胆回答问题，并肯定他的做法，让他慢慢地在学习上尝到甜头，产生学习的动力。

四、评估反思

在老师的建议下，庞某的父亲专程从外地赶回家与儿子进行了一次长谈。而正是这次长谈打开了庞某的心结，让他明白父亲一直爱着他。现在的庞某和他的父亲时常通电话、微信聊天，心里话也愿意说给父亲听，父子相处融洽，庞某明显开朗乐观了许多，也自信了许多。庞某主动摒弃了一些不良习惯。比如：不玩游戏了，主动把手机交给老师或家长，只周末使用，并且主动要求家长监督；不偷拿别人的物品，并开始帮助别人了。他的学习兴趣明显提高了，每天都能完成作业，新学的知识掌握得也不错；与同学的关系也明显改善了。

孩子的不良习惯不是一天养成的，所以要想改正也肯定需要漫长的时间，中间还可能出现波折反复，这需要我们老师拿出更多的爱心、耐心与信心。

以爱之"钥"开启心之"锁"。相信我们携起手来一定会找到每一把爱之"钥"，开启每一把心灵之"锁"，播下希望之种，送来赏识之风，捧起关爱之情，使每一颗纯洁的心灵都能沐浴在爱的阳光之下，茁壮成长！

春风化雨润心田

钟祥市第五中学　熊莉

一、案例描述

一场突如其来的新冠肺炎疫情，不仅扰乱了所有人的正常生活，也给处于青春期的孩子们带来了巨大的困扰，活泼好动的小宁（化名）被疫情困在了家里，不能跟朋友出去聊天散心，不能正常地跟同学在一起上课讨论问题。更糟糕的是，整日待在家里的父母也经常吵个不停，学习不太自觉的她上学之后的第一次考试排名竟然从以前的前五名下滑到了班上第三十多名，开朗的她也变得沉默了，上课总是心事重重的样子。

二、成因分析

1. 父母的影响

狭小的空间本来就让人心情压抑，小宁父母在家的争吵无疑是雪上加霜，给孩子带来了巨大的精神压力，父母不断地争吵让她没有了安全感。

2. 环境的影响

小宁因为疫情被封闭在家中，活动受到了限制，不能与朋友一起开展各种活动，时间长了就产生了一种焦躁的情绪。

3. 自身的影响

上了一段时间的网课后，很多学生没了老师的监督，没了学校和课堂良好的学习氛围，学习成绩一落千丈。

三、辅导过程

1. 掌握技巧，寻找根源

对于小宁同学，我为了清楚地了解她这段时间的情况，不止一次地找她聊天。第一次聊天我把地点定在了操场上，我觉得一个心情郁闷的人，先要让她的内心的情绪发泄出来。所以我一开始并没有直接进入主题，而是先邀请她陪我跑了两圈，跑完之后我们在跑道上慢慢地走着，我问她跑完之后有什么感觉，她说感觉轻松了许多，我接着她的话说："当一个人压力大或者有心事的时候，可以找一种合适的发泄方式，这样可以释放自己，你这段时间有很大的变化，可不可以把你的烦恼跟老师说说，让我看看怎样来解决。"她沉默了几分钟后说："老师，我不想学习了，因为疫情在家的我根本没有好好上课，现在老师讲的内容我都听不懂了，我觉得自己好差，我怕老师批评我，怕同学笑话我。"听完她的话，我把她带到了办公室，把疫情前她的考试成绩都一一拿给她看，然后告诉她她是有实力的，并且有很好的基础，这段时间学习的内容不是很多，如果想把成绩赶上来不是没有可能，只要她肯努力，老师也愿意帮助她。

2. 盯紧看牢，奖惩有度

想让一个学生彻底改变，仅仅通过一两次的沟通谈心是不可能做到的。这需要老师长期的关注和引导，小宁在前几次交流之后的改变很明显，学习上劲头很足，但是经历了两次测验失败后，她的情绪很快又低落了。按照我和她一起制定的计划，我改变了处罚的内容，我把罚做十道题的处罚方式改成了让她搜集疫情期间报道的一些感人事迹，并让她读给我听，读完后我让她谈感受，引导她再次树立信心。

3. 家校沟通，优化关健

在一段时间的交流之后，又一次聊天时，小宁主动跟我谈起了疫情期间没有认真学习的原因，父母隔三差五地吵架，让小宁感到很苦恼，心情很郁闷，也有很多担心，怕父母因此离婚，自己成了没人要的孩子。看着伤心无助的小宁，我安慰她说："疫情给很多人带来了困扰，成年人的世界要担心的事情比我们多得多。比如，不能出去做事，你们一家人的生活怎么办？现在疫情结束了，你可以作为一个调合剂，经常调节他们在一起的气氛。你这么可爱听话，他们一定不会离开你的。"听了我的话她开心了许多。在合适的时间，我把她的父母一起邀请到学校，跟他们讲清楚孩子的变化和问题，作为父母他们也意识到争吵给孩子带来了困扰，并且承诺以后一定注意。有了父母的关心，小宁也变得活泼了许多。

四、评估反思

家庭和学校一起营造一个积极、健康、向上的教育环境，才能培养学生一个人格健全的"我"。只有为青少年的成长建立一个全社会的"保护网"，过滤社会有害物质，还青少年一个洁净的生活空间，同时加大社会对青少年健康的心理宣传和教育，这样才能培养和造就21世纪人格健全的创新人才，促进社会的进步。

因父母离婚而拒绝父母的她

沙洋县后港镇西湖中学　蔡梦莹　王永芳

一、案例描述

李同学，女，15 岁，八年级学生。她原本是一个开朗、活泼的小姑娘，与父母的关系很好，沟通交流完全无障碍，一切多么的美好。可是，事情就是那么的突然，一切都改变了。有一天，她回家找东西，无意中发现了父母的离婚证，时间是好几年之前的。从此以后，差不多三四年的时间里，她不再与父母交流，不再对他们敞开心扉。回"家"了，她就自己做自己的，到饭点了就吃饭。原来的欢声笑语不再有，一家人也陷入了痛苦之中。尤其是她的母亲，她特别自责，她后悔早该告诉女儿，而不是让女儿在无意中发现。

二、成因分析

青少年在成长的过程中遇到的问题可分为三种：发展性问题、人为性问题、突发性问题。突发性问题是指青少年在正常成长中遇到了突然的、很难接受的事情，如目睹车祸等而引起的心理问题。不同的问题，需要通过不同的方法来辅导。

很显然，此例中李同学的问题——因父母离婚而引起的问题，属于突发性问题，也是现如今很常见的一种问题。她从爱笑、健谈、开朗变为沉默、郁郁寡欢，这样的转变，是由那张离婚证引起的。在此之前，她从未觉察到父母之间的交流互动有什么变化（或者说她就算有察觉，也不会往那方面想）。如此大的心理落差，让她无所适从，也想不通为何会如此，产生"被抛弃感"。所以在此后的时间里，她拒绝父母，不再与他们交流，主动与他们隔离。

父母的离婚，对孩子造成的伤害是毋庸置疑的。夫妻关系无法进行下去时，他们选择了离婚，但又想把对孩子的伤害降到最低，总认为要找一个合适的时间或者等孩子大一点再说，这样对他的伤害就会低一点。殊不知，孩子自己无意中发现后受到的伤害会更大，走出来所花的时间会更多。那么，在孩子走出伤痛的这段路程中，父母需要给予孩子更多的关心、耐心与爱护，让孩子感受到"父母并没有放弃自己"，让孩子充满信心，认为"自己是值得被爱的"。

三、辅导方法

1. 建立关系，明确辅导目标

良好的关系是辅导效果的有力保证。通过倾听、共情、接纳、无条件积极地关注，让她对心理辅导产生信任感，对辅导老师产生信任感，毕竟"相信"的力量是无法估量的。

2. 收集资料

如她的基本信息，她对父母关系的认知，她对父母的看法的变化，社会支持系统等。

3. 放松训练

该生在辅导过程中有些紧张，与她一起用腹式呼吸法进行放松训练，使身体放松下来。

4. 采用表达性绘画艺术疗法

引导学生画《我与我的爸爸妈妈》九宫格漫画，引导她表达出自己的看法，引导她感受"父母对自己的爱是否有变化"，引导她理解三种关系（夫妻关系、父女关系、母女关系）中夫妻关系的变化是否会对另外两种关系产生影响，引导她在表达中体悟、接纳"不完整"等。

5. 跟踪随访

随访中，发现此学生在慢慢地打开心结，接受了现实，与母亲恢复到之前的那种无话不谈的状态。

四、评估反思

此案例中，通过表达性绘画艺术疗法，达到了本次咨询的目标。该生之后的变化也有目共睹，她的心结打开，能接纳这样的事件，能理解父母做出的选择，与母亲之间的关系得以恢复。这种关系维持得如何，后期还需继续追踪。

反思这次咨询可得知，倾听与共情，需继续加强；辅导过程中的一些细节性问题可以处理得更好；辅导的方法，可以更加精进。现今社会，"因父母离婚而造成心理问题"的学生，数量不少，那么我们有没有更加行之有效的方法帮助他们呢？个体咨询与团体辅导的结合，可以有效解决。当然，在整个过程中，"爱"与"接纳"也是学生非常需要的。

一个自卑胆怯的孩子

京山市坪坝镇晏店中心小学　刘蕾

一、案例描述

三年级的辰辰（化名）同学，平时在学校里总是低着头，话不多，学习成绩也不太好。他在上课听讲时，不愿意做笔记，学不进去，各科作业也不能按时完成，数学不会，语文、英语不愿意写和读。在班上，同学们都不愿意跟他玩，他极度缺乏自信，当老师跟他讲话时，他总是点头，很少表达自己的观点。

二、成因分析

1. 个人因素

就个人因素来说，辰辰有极强的自我保护意识，在面对他人时，他的自卑心理让他处处防备，以防别人伤害自己，所以，他对老师的批评有抵抗情绪和行为。

2. 家庭因素

从家庭方面来说，母亲由于智力有障碍，无力管教他。父亲种田补贴家用，平时也没有时间来管教孩子，辰辰从小是由爷爷带大的。母亲昂贵的医药费导致家里的开销巨大，家里仅靠父亲一人打工补贴家用，辰辰家庭的生活拮据。爷爷喜欢打麻将，没有给辰辰创造良好的生活、学习氛围以及温馨的家庭环境，导致其出现自卑、胆怯的心理。由于家庭环境的影响，辰辰总是感觉自己低人一等，下课也不与其他同学玩；由于家庭经济的拮据，平时看到好吃的和好玩的，他也不敢问家长要。家庭的不幸因素给辰辰留下了很大的阴影，爷爷奶奶由于文化知识的缺乏，心有余而力不足，辰辰没有明确的学习动力。

3. 学校因素

辰辰在学习上缺乏主动性，没有恒心，承受挫折的心理素质低。在学校里，辰辰经常因为学习成绩不理想、学习习惯差、不按时完成老师布置的作业等受到老师的批评，进而产生了想要逃避的心理。

三、辅导方法

1. 寻找"根源"，用爱传递信息

教师要时刻以"学生为中心"，时时关心和爱护学生。对待学习有困难的学生，尤其在他们有一点点进步的时候，教师要多鼓励、多赞美，这样他们不仅能感受到爱的力量，也能明白只要通过自己的努力，所有的困难都会迎刃而解。

2. 加强家校联系，帮助学生摆脱负面心理因素

我经常用课后时间到辰辰家进行家访，帮助他做好他父亲的思想工作，希望他承认现实，面对现实，并树立起对生活的信心，我告诉他："越是不幸的家庭环境，越要积极和努力改变现状。"在我的关注下，辰辰的父亲更加关注辰辰的生活和学习了，他经常鼓励辰辰学习，帮助他培养正确的学习态度，形成良好的学习习惯。在不断的努力下，当家校合作发生作用时，辰辰的心理逐渐发生了微妙的变化：他终于不再选择逃避，渐渐地，他变得愿意跟同学们交往了，学习成绩也有了较大幅度的提升。

3. 及时沟通，对学生要做到一视同仁

在辰辰这样缺乏爱的家庭里，教师要倾注更多的心血和精力。针对辰辰的这种情况，课下我会主动与辰辰谈话交流。抽一点时间，用平等的姿态来跟学生谈谈心，这样才能知道学生的心里到底在想些什么，也能知道他们最担心的是什么。

4. 利用集体活动，消除内心的胆怯

在课下，我们组织开展一些主题班队教育活动，利用集体力量，让辰辰感受到集体的关爱。比如，在课后，我会让辰辰的同桌多陪辰辰聊天，多开导他，同龄人之间更好沟通一些。慢慢地，我发现辰辰的表情有了变化，他不像以前那么木讷了，渐渐地露出了一丝向往。

四、评估反思

经过了一段时间的心理辅导后，我发现辰辰自卑、胆怯的情况逐渐有了好转，他现在对自己的学习也越来越有信心了。家长也反映他不再自卑、胆怯，能主动和父母沟通了。

教育是一项长期而艰巨的事业。我们不能只关注学生的成绩，而要更加注重学生的心理问题，及时地发现、及时地疏导，帮助学生健康快乐地成长。

野百合也有春天

东宝区石桥驿镇盐池小学　范亚婷

一、案例描述

小宇（化名），男，一年级学生，该生成绩属于中下等，活泼好动，上课时喜欢开小差，讲小话，前后乱动。小宇的父母在外做生意，由爷爷奶奶在家照顾他，小宇的家庭条件一般，家长溺爱程度较深。

二、成因分析

1. 主观原因

（1）心理缺失

一年级学生刚进入小学渴望得到他人关注和赏识的心理强烈。小宇喜欢做一些小动作，如把头转到后面、蹲在座位下面等来引起老师的注意，老师提醒后才会改正。

（2）自控能力差

小宇上课时就喜欢做小动作，在老师的提醒下只能安静一会儿，一节课下来需要老师再三提醒才能改正他的小动作。而在写作业的时候他一边玩一边写，所以他写作业拖沓，在班上交作业总是最后几名。

（3）学习习惯差，没有形成课堂规范意识

小宇在学习过程中因为缺乏学习兴趣，没有形成良好的学习习惯，也不遵守课堂规则，想干什么就干什么。有一次，他上课吃东西被别的学生举报，下课后我把他带到办公室问他，他告诉我他不知道上课不能吃东西，这说明老师强调课堂规则的时候他并没有听进去，依然我行我素。

（4）自身性格因素

小宇性格外向，粗枝大叶，比较好动活泼。不管在学校还是在家里，他都比较调皮。所以，他上课时不太喜欢遵守课堂规则，总是发生外向型课堂问题行为。

2. 客观原因

客观原因方面主要是家庭因素。小宇是农村常见的留守儿童，父母在外忙于工作无法管教孩子，只能拜托年迈的爷爷奶奶照顾孩子。隔代的溺爱容易形成以孩子为中心的教养方式也使他形成了以自我为中心、任性的性格。家长不太注重他人格的培养、品德的塑造，小宇在家的学习和生活习惯不好，他并将这种习惯带到了学校。

三、辅导方法

1. 制定适当的课堂规则

我在课堂上规定学生听见上课铃就必须进教室，桌子上只能留书本和文具，上课不能讲小话，不能吃东西，手放平、身坐正，两眼看黑板，要认真听老师讲课。一年级的学生由于年龄太小还需要老师每天强调。对于小宇，当我反复强调了课堂规则和采用奖励的制度后他也有了遵守课堂规则的意识并对其充满积极性。

2. 加强课堂行为管理

（1）教师运用积极的评价方式

有一次，上课要当堂背诵课文。没有几个同学能自信地流利背诵，小宇上课举手次数不多，但是这次也举了手，于是我叫了他。出乎意料的是他背诵得非常流利，我在全班同学面前表扬了他，并让全班同学把掌声送给他。在之后的课堂上我看得出他举手的次数比之前多了，并且上课的积极性也提高了。

（2）教师采用有效的课堂调节方式

在对小宇的教育中，我一直坚持以说服教育为主、惩罚为辅，当其出现严重的问题时，正面严肃的批评教育对他还是有一定效果的。有时学生间发生冲突和矛盾，可以劝他们离开课堂，等其情绪平复时再解决。

（3）发挥同伴和家庭的积极作用

一年级学生的可塑性极强，可以通过榜样示范法去引导学生。我在编排座位的过程中将小宇和班长安排在一个小组，让班长在学习上多帮助他。通过观察，我发现，小宇有了同伴的激励和帮助，上课回答问题变得积极了。

在走访过程中，我了解了小宇在家庭中的情况，建议小宇的爷爷奶奶在家里不要一味地溺爱他，在有些方面要严格要求，尽量以说服教育为主，当他遇到不懂的家庭作业的可以请教附近高年级的学生，或者带到学校问老师。

四、评估反思

学生课堂上出现问题，想要解决需要一个长期的过程，这就需要老师、家长和学生通过共同努力才能完成。此研究虽然是个案，但是具有一定的代表性。在一定程度上可以推广到对其他课堂问题的研究。老师扮演着"传道、授业、解惑者"的角色，要放下姿态，关心学生，关注学生的全面发展，我们始终相信野百合也有春天。

精心引导学生远离网络游戏

京山市永兴镇初级中学　董知刚

一、案例描述

九年级学生徐某，原本是一个思想活跃、反应敏捷、纯真活泼，学习成绩比较优秀，很受老师和同学们喜爱的孩子。新冠肺炎疫情复课以来，他却像变了一个人，上课注意力不集中，经常面露倦容；下课后也不太活动，不像以往一样与同学到室外闲聊放松，学习成绩更是一落千丈。

二、成因分析

（1）自制力不强，无法抗拒网络游戏的魔力

（2）成长目标不明确，不能正确地处理学习与娱乐的关系

不顾一切买了手机后，他一头扎入网游的怀抱，从开始的喜欢网游到沉迷网游，将学习抛之脑后，独宠网游。

（3）家庭教育不到位，让孩子有隙可乘

父母离异，他跟着母亲生活，母亲对他很严厉，他有些害怕，娱乐类的话题自然就避而远之；他与父亲聚少离多，自然是失之于宽。徐某近期常常要求关上书房门做作业，美其名曰不想受打扰；晚上睡觉一反常态地天天反锁房门，精神不济时又说是早上起床太早的原因，种种反常的迹象没有引起家长足够的警觉，致使其偷玩手机至上瘾达一个多月之久。

（4）学校教育没有深入人心

网络教学期间，学校专题组织了疫情防控知识网上培训、文明绿色上网主题网络班会、疫情期间的心理健康辅导等，但网络教学的确难以管控。问起小徐同学沉迷网络游戏的危害，他也能头头是道地讲几条，可当自己真正沉迷了，他却乐在其中。

三、辅导方法

1. 交心谈心，明确求学目标，加强自律

一是班主任展开谈话。徐某天资聪颖，如果能沉下心学习，未来不可限量。我根据他自身的特点着重为他描画了努力后的远景，又真诚地分析了他继续沉沦的严重后果。二是家长展开谈话。孩子的父母分别与他进行了多次谈心，效果较好。三是科任老师展开谈话。他与英语老师特别亲近，我就请英语老师找他，重点对他偷买手机玩游戏这一严重违规行为进行了心理疏导。

2. 建立民主型家庭，形成良好的亲子关系

这一次徐同学的家长深刻认识到在他们孩子教育方法上存在的问题，主动与孩子交流沟通，形成了平等友好的亲子关系，紧张的九年级生活之余的娱乐话题在轻松和谐的气氛中进行。徐同学喜欢阅读、骑行，还有一个吹笛子的才艺。休息时家长带孩子骑车、看书，并将暂停的横笛培训继续了起来。徐同学的课余生活一下子丰富起来，他兴致盎然，注意力被彻底转移，逐渐走出了沉迷网游的阴影。

3. 有针对性地开展活动，建立和谐的同学关系

疫情复学后，我班像徐某这样沉迷网络的不在少数，为解决这种情况，我在班级召开"青春无悔，奋斗毕业季"的主题班会，在班级形成九年级紧要关头奋斗拼搏的良好班风，让少数"弃学习、爱游戏"的学生无生存氛围。随后学校开展"戒网瘾，还我阳光风采"自警活动，小徐同学主动站出来请求同学们监督，并邀请曾有网瘾的几个同学一起立下誓言，远离游戏，潜心学习，共同成长。

4. 严格班级管理，让网游无立足之地

在班级我强调了"禁带手机"这一班级公约，同时通过家长的微信群告知家长：网络教学已结束，学生不得以学习为借口专门配备手机、平板电脑，并要求家长严格管控家里的电子产品。

四、评价反思

经过认真分析、精心引导，一系列辅导方法行之有效，徐某已逐渐脱离对网络游戏的依赖，他学习兴趣渐浓，阳光自信重现，人生目标明确，前进脚步坚定。通过这个个案，我们也要深刻反思：

第一，学校教育不能单一地以学习成绩作为评价标准，特别是九年级，不能再强调"分分分，学生的命根"，要多元化地评价学生，让每一名学生都充满自信、有追求。

第二，多培养学生的兴趣爱好，丰富学生的课余生活。学生如同一块肥沃的土壤，你不让他开满鲜花、长满大树，他便只能荆棘丛生了。所以，良好的兴趣爱好能转移学生对网游的注意力，并且有助学生早日形成积极向上的人生观、价值观、世界观，增强自律。

爱之泉

届家岭管理区实验小学　黄中瑜

一、案例描述

黄某，男，11 岁，小学六年级学生，性格孤僻、冷淡、粗暴；喜怒无常，情绪波动很大。在学校里，自己不愿受一点委屈，但又经常欺负比自己更弱小的同学；不爱帮助他人，很贪玩，特别是内心思想活动与正常的孩子不同。近期，黄某把自己反锁在家里，不来上学。

二、成因分析

经过和黄某姑姑的交谈，了解到他的父亲是一个简单粗暴的人。在他年幼的时候，父母就离婚了。黄某觉得自己在同学面前抬不起头来，于是就把自己反锁在家里，不去上学，采取有意回避的态度，压抑自己。

通过家访，我了解到他不上学的原因是受到心理上的困扰。由于家庭的变故，使得他变得更加焦虑不安，日常感到孤立无助，继而逃避现实，这是一种高度焦虑症状的消极心态。如果这时候家长和老师对他不闻不问，或批评责骂，不仅不会消除这种不健康的心理，反而会增强这种心理。长此以往，黄某的认识就会更加片面，心理的闭锁就会更加牢固，最终导致对任何人都以冷漠的眼光看待，更加孤立自己。

三、辅导方法

1. 加强与家庭联系，说服家长改变教育方法

每个问题孩子，都能从家长身上找到原因。家长是孩子的第一任教师，家庭的影响对学生心理品质的形成具有重要作用，家长的一言一行直接影响子女的心理品质。我认识到造成他心理不健康的原因主要在于家庭。因此，我加强与其家庭联系，让其姑姑认识到家庭教育的重要性，姑姑把黄某接到了自己家

里，把他当成自己的孩子来抚养。我几次用课余时间进行家访，和黄某姑姑一起探讨教育孩子的方法：在生活上要锻炼孩子的生活自理能力；在学习上也需要多过问、多关心、多辅导。经过一段时间的努力，孩子的心理发生了微妙的变化，待人处世的态度有了一定的转变，对学习也有了一定的兴趣。

2. 架起爱的桥梁，感受集体温暖

我尽量把班集体营造成一个温暖的、充满爱心的大家庭，对黄某同学给予更多的体贴和关怀，常与他进行交流谈话，谈理想，谈未来，谈人际交往，拉近师生之间的距离。

比如，要求班长和他成为同桌，学习上时刻帮助他。有活动时，同学们拉着他，一起参与。生活上，我时不时地给他买点小礼物：钢笔、本子、围巾、手套等，让他感受到家的温暖。

3. 遇到冲突，坚持冷处理

虽然他在很多方面有了较大的改变，但他依然不能像其他孩子一样在集体中快乐地生活，他的情绪还是时有波动。

遇到这种情形，我大多时候采取冷处理的方式，等到他的情绪稳定了，再找个恰当的机会，与他交谈，他会马上认识到自己的错误，有时还会主动地向老师或同学道歉。

四、评估反思

心理健康是人体健康不可分割的一部分。小学生不健康心理的形成，有着诸多方面的原因，其中学校教育和家庭教育起着至关重要的作用。

我们教师要有爱心、有耐心、有恒心、有信心，对于问题学生要给予更多的关心、更多的帮助。要转变一个问题学生，首先应找到问题的根源，其次确定辅导策略。在这一系列行动中，一定要做到多尊重，多表扬，少批评，多鼓励，少训斥，让其慢慢转化。

学生需要爱，教育呼唤爱。爱像一团火，能点燃学生心头的希望之苗；爱像一把钥匙，能打开学生心头的智慧之门；爱是洒满学生心灵的阳光，能驱散每一片阴霾，照亮每一个角落，融化每一块寒冰。爱是一汪清泉，滋润着每一位学生的心田。

愿每一位教师、家长不光有爱，而且善于爱。

"小刺头"的转变

东宝区青山小学 王亚慧

一、案例描述

张开（化名），不爱学习、懒惰、自卑、爱撒谎。

二、成因分析

父母离异，张开跟随母亲生活。一年级时跟随爷爷奶奶在乡下上学，过惯了乡下"无拘无束"的生活，眼看孩子就要"荒废"了，母亲将其接到了身边。因为母亲一个人要养家糊口，经常早出晚归，顾不上他，所以又将其送到了辅导班，晚上等他写完作业后才接回家。

三、辅导方法

1. "爱心"启航

俗话说，爱能给人温暖，爱能给人力量。首先，我要让他懂得母亲的辛苦，生活的不易，心怀感恩。我要求他每天为自己的母亲做一件事并且第二天来到学校在班上与同学分享，起初他很不情愿，但因为我每次都对他提出表扬，他也坚持了下来。渐渐地，班上的同学也都被他带动起来，都争先恐后地想与大家分享自己为父母所做的事。两周之后，我发现他分享时的声音洪亮了，头也抬得高了。

2. "友谊"为伴

为了让他尽快消除不适应感，我在班级中引导每位同学都与他交朋友，到学期末他愿意跟哪些同学做朋友，哪些同学就会被评为"友谊之星"。别说，这招还真管用，下课做游戏时，他的身边总是充满欢笑，而他的脸上也开始洋溢起笑容。

3. 舍得"赞美"

课堂上，我时刻关注他。简单的问题，我就找他起来回答，回答对了马上给予表扬；作业完成了，只要有所进步也马上给予表扬；课下，我也时常找他谈心。一开始他还有点抵触，什么都不愿意说，不久后他开始向我敞开心扉，让我对他内心的自卑、惶恐更加明了，也让我发现其实每个孩子都很天真。

4. 智慧"育人"

师者，传道授业解惑。"教书"与"育人"，二者并重。对于自制力较弱的孩子，当冷静对之，不可操之过急，冷面相向。相传宋朝丞相文彦博年幼之时，为了修身，找来两个罐子，做错事就放黑豆，做善事就放红豆，每天自查。日积月累，黑豆越来越少，红豆越来越多。由此，文彦博改掉许多不好的习惯，躬身实践，终成一代名相。可见一个人要想不断进步，一个很重要的因素是看他是否具有自省能力。为了让张开进入竞争状态，我在班上针对几个"小刺头"实行了这一策略：让这几个"小刺头"各自回家备好瓶子，但凡表现突出或进步显著者，便可得一红豆，反之发一黑豆。师者应当是修身自醒的典范，我也为自己准备好瓶子，放在讲台显眼处，如有对他们怒吼、咆哮，则由班级"御史"行使权力，放进黑豆，以示警醒。一开始，他们一脸不屑，经过数次"渲染"过后，他们开始开始动摇，继而对象征"荣誉""道德"的红豆心向往之。一豆难求，他们开始争先恐后表现自己，然后小心翼翼地把红豆放进瓶子里；偶尔不小心违反纪律，则不情愿地接过黑豆，一脸沮丧。课余，张开会和其他"小刺头"围在班级评比栏下，看着柜子上的一排排瓶子，兴奋地数着里面的豆豆。小豆子带着孩子们的期盼，一天一天发生变化。数着豆子的"小刺头"也在悄然发生着变化。上课认真了，作业能按时完成了，不撒谎了，小手干净了……张开也开始执着于自己的豆子了。

四、评估反思

开学至今已有两个月，张开的母亲打来电话，诉说着他的点滴进步，语带惊喜。她还收到张开留的小纸条："妈妈，您辛苦了，我一定好好学习。"她很感谢我。是的，张开在转变，他不再自卑了——课堂上能看到他高高举起的小手，下课能看到他跟同学嬉戏的身影，作业里也能看到他的名字。但他的自省能力、学习习惯还需要进一步转变。就这样，原本让我提心吊胆的"刺头"也渐渐走上了正轨。我忽然意识到，"育人"从来不是高高在上，它应当是一种"智慧"频生的活动。一颗豆子，一句赞美，一个微笑……不经意间就成为一颗种子在孩子心中生根发芽，草叶舒展、葳蕤、蔓延，开出美丽的花儿……

用激励点燃孩子信心

高新区·掇刀区掇刀石小学 邓子勇

一、案例描述

新学期开学后，王 X 同学变得沉默寡言，不愿与其他同学打交道。刚开始我以为是由于新冠肺炎疫情期间学生居家时间较长，普遍形成的一种焦虑情绪。我以为随着学校学习生活恢复正常，学生的行为也会逐渐正常。但经过一段时间的观察后发现，王 X 同学并没有改变。

她性格胆小、自卑、不爱动，在交往方面的主要问题有腼腆，不太合群，平时不愿意跟别人打交道；上课闭口不言，即使老师提问，她的声音也小得像蚊子声；做作业速度很慢，质量不高，学习成绩也一直停滞不前。

二、成因分析

通过观察，发现该生长期受自卑、羞怯、焦虑和恐惧等负面心理影响，过重的心理负担使她不能正确地评价自己的能力，一直怀疑自己的优点，即使在偶尔的成功面前也难以体验成功的喜悦。

三、辅导方法

1. 树立信心，激起学习动力

通过上课有意识地请她发言，进行激励性鼓励，我发现她慢慢大胆起来了，开始有上进心。有一次课上我提出一个问题，同学们都陷入了沉思，忽然一只手举了起来，原来是王 X 同学。虽然还是比较犹豫，但她说出了正确答案，大家都感到很意外，这个时候她腼腆地说："这个知识老师在上次讲过了。"只是老师偶尔提到的知识点，她却记住了，这让同学们由衷地发出了感叹声，我抓住这个机会，对她进行了表扬，她第一次在同学们面前有了开心的笑容。从此她变化很大，对其他的课程似乎也有了一定兴趣。

2. 深入家庭，进行家教指导

首先，我找家长谈心，帮助家长提高思想认识、转变观念。交谈中向家长提出："凡是孩子自己能做的事，让她自己去做，不要一味地包办，培养孩子的主动学习能力。"

其次，走进家庭，了解孩子学习的环境。当我了解到她生活在一个大家庭中，每一天都是在人多的客厅里做作业时，我似乎找到了孩子做作业心不在焉的真正原因。我推荐家长为孩子设计一间书房，或在孩子的卧室里配置书桌和书架，给孩子一个独立的空间，使孩子有一个安静学习的小天地。

最后，要求家长督促孩子完成家庭作业，经常查看孩子的作业。作为家长，每天应抽出至少半个小时的时间来陪伴孩子，与孩子交流，了解学校里发生的事、老师布置了什么作业等，营造良好的家庭学习氛围，帮助孩子养成自觉学习的态度。

3. 进行多元评价，促进其自信

开展形式多样的评比活动，用激励的方式使其扬长避短。采用自评、小组评的方式，在小组评价中她从他人的肯定中得到了满足，获得了自信；在自我批评中，学会反省，逐步完善自己。

4. 参与各项管理，不断促进自信自强

在班级中，我提倡进行"值日班长"活动，让学生充分自主，自我管理。她在每一次轮值时都非常认真地完成工作，同学们都觉得她是一个认真的学生，同时她对自己、对同学、对事情的看法有了明显的变化，她不再沉沦在自卑之中，展现出来的是一种自信。

四、评估反思

进行了一段时间的心理辅导后，王X同学的人际交往自信心明显提高，课堂作业能按时有质量地完成，上课时也开始举手发言，在校内能和老师进行交流，下课有时还会主动问老师问题。以前她孤独不善交往，现在有了自己要好的朋友，下课经常和朋友一起做游戏，人开朗了很多，家长反映她在家也活泼了很多。

面对王X同学的变化，我更加认识到激励的作用、集体的力量。因而，针对类似的学生要循循善诱，不可操之过急。老师不要把注意力集中在学生的不良表现上，要更多地放大孩子的闪光点，使之能主动敞开心扉，慢慢地转变看待周围事物的不正确思想，自己融入集体中去，一点点地感受大家的善意。通过多元评价、活动参与，使其自信自强，从而将自己的注意力转移到父母、老师、同伴上来，最终消除与所有人的隔阂，乐于接受教育者的教育。

陪孤独的小蜗牛散步

京山小学乐滋幼儿园　李琼

一、案例描述

小四班的俊俊（化名），和别的小朋友不太一样。好像不会说话也听不见，而且不和小朋友玩，也不到自己的小椅子上去坐。

二、成因分析

1. 缺少父母的照顾

俊俊是一个二宝，父母在广州打工，从 8 个月起就交由奶奶照顾，父母平时基本上不管俊俊。他在家表现有点调皮，三岁多了，不太会说话，只会发单字音，听力没有问题，只是不愿意搭理人，吃饭不会用勺子，都是用手抓。

2. 缺乏沟通交流的生活环境

人在幼年的时候，虽然不会说话，但是生命体本身已经在感知这个世界。可惜，俊俊的父母把他交给了奶奶，错失了教育孩子、呵护孩子心灵成长的最佳时机。奶奶照顾两个孙子还有爷爷，平时生活起居有些吃力，基本上很少陪俊俊玩，哥哥上小学了也不和俊俊玩，还经常打俊俊，所以俊俊基本上自己一个人玩。就这样，俊俊在一个没有人说话、没有人交流、没有人玩耍的环境中失去了交往、沟通的能力，变得自闭、自卑起来。随着年龄的增长，不知道如何与同龄人说话、交流，更不知道如何与老师沟通、交流，遇到问题就变得特别焦躁、害怕，甚至是敌对，无法轻易接受别人，认同别人。

三、辅导方法

对于这种症状的幼儿，时间是宝贵的，因为年龄越小得以纠正的概率就越大。于是，我针对俊俊的问题，做了以下解决方式的尝试。

1. 让老师和俊俊拉近距离，得到信任

让老师在活动中多单独陪俊俊玩游戏，发现他的喜好，多陪他玩，尝试做他的玩伴，从默默看着他玩，变成跟他一起搭积木，玩小汽车。慢慢地，老师发现他对汽车特别感兴趣，不管是大汽车还是小汽车，拿在手上可以玩一个小时不撒开。

2. 生活中多给予他特殊的照顾，给他温暖

让保育员老师在生活中多照顾他，给他温暖，如陪他一起吃饭、陪他午睡等。最开始老师说午睡、洗手、上厕所时，俊俊不让老师帮忙穿脱衣物，后来吃饭的时候，老师总是特别关照多给他一个鸡腿、鸡蛋、蛋糕之类的。慢慢地，他不再那么排斥老师，愿意让老师给他穿脱衣服了。

3. 加强家园沟通，获得支持

父母的陪伴对于孩子而言是无可替代且至关重要的。我建议俊俊父母抽出时间陪伴孩子，多带俊俊出去玩，示范、引导他如何与人交往。比如平时在小区里，爸爸妈妈要主动和其他小朋友及其家长打招呼，每次出去玩的时候带上玩具，可以和其他人交换或者分享。如果碰到有小伙伴不友好或者动手打人的情况，家长要注意正面引导，让他知道大多数小朋友都是友好的。千万不要小题大做，将自己的负面情绪和担心传递给孩子。节假日还可以约其他家长一起外出或者聚会，让孩子感受与小伙伴一起玩耍的乐趣。

四、评估反思

经过三个多月的家园合作教育，俊俊发生了很大变化，他越来越正常地开始学习、生活和与人交往。语言表达能力有了进步，他会简单地表达自己的喜好，能参加集体教学活动（虽然坚持时间不长），能听得懂老师说的话，愿意和小朋友一起玩。经历了今年的疫情宅家与爸爸妈妈又相处了大半年后，已经5岁的他上大班了，在动手能力、情商方面有了很大的进步。只不过俊俊的关注力还不够持久，比较好动，有些淘气。在以后的学习生活中，俊俊还可能出现不同阶段的不同问题，我们应该一起做好思想准备，帮助他去解决，去面对。

教师在幼儿成长过程中应承担什么角色？应如何针对每个孩子进行个性化引导？我们对处于"自闭症"边缘的俊俊进行为期两年多的个案追踪与指导，希望以责任、爱心与坚持，陪孤独的小蜗牛散步，鼓励小蜗牛早日成为一个开朗、有自信、快乐健康的孩子。

学生逆反心理教育尝试

沙洋县高阳镇高阳小学　　方东

一、案例介绍

邓某是六年级的一名学生，聪明伶俐，活泼好动，性格外向，爱好广泛，如打篮球，听音乐，上网玩游戏，读武侠小说。智商较高，成绩中上游，但逆反心理较重。

据邓某父母反映，邓某在家中对父母的抵触情绪明显增加，父母让干的他偏不做，父母禁止反对的他偏要尝试。在生活上不愿意父母过多地照顾干预，甚至产生厌烦情绪。对一些事物是非曲直的判断不愿听从父母的意见，并有强烈表达自己意见的愿望。

邓某在学校不服管教，课堂上不守纪律，课外惹是生非；面对错误，要么沉默，死不认错，要么表面认错，背后捣鬼；对抗老师，对抗班干部。

二、成因分析

邓某随着年龄的增长，知识的增加，思维能力的发展，社会实践能力的增强，对周围环境和事物有了更强的控制欲和认知感，他的独立性越来越强，自我意识和自尊心也越来越强。当他受到干预或者伤害时，便产生了逆反心理。

三、辅导方法

（1）家庭教育与学校教育结合，形成合力，减少家庭中的逆反行为。首先，建议家长理解邓某的逆反心理，懂得孩子逆反心理的产生是孩子成长过程中的必经阶段，对于孩子的逆反心理和逆反行为应当给予更多的理解和正面引导，而不是严厉苛刻的管教。其次，建议家长营造家庭民主氛围，给予邓某一些自由发展的空间，主动与他交流学习生活情况，教育时应当以民主的态度和商量的语气，启迪他接受什么或不做什么，注意倾听他的意见，尊重孩子独立自主的愿望，不粗暴地训斥打骂。

（2）召开形式多样的主题班会，让邓某在班会活动中接受教育，认识错误，转变观念。我选取的主题有"克服逆反心理""关注心理健康，从沟通开始""如何面对批评"等。通过这些主题班会，邓某认识到逆反心理的危害，明白要正确地对待老师、家长的批评教育，也学到了一些克服逆反心理的方法。

（3）建立民主、平等、和谐的师生关系，改变专横、粗暴、简单的教育方式，不在大庭广众面前批评他，尊重他的人格，保护他的自尊心，减少敌对情绪，建立信任感。当他做出逆反行为时，克服以往的急躁情绪，先冷处理，过后再多一些和风细雨般的说服教育。

（4）学会欣赏，换一种眼光去看他，发现他的长处，给予鼓励，让他发挥自己的正能量。细致观察他的点滴进步，及时表扬，让他真切地感受到老师对他的关注与关爱，拉近师生之间的距离，使他接受老师，认可老师。

四、评估反思

经过家长与老师的共同努力，邓某的心理开始向健康的方向发展。家长反映他与家长的交流多了起来，还能做一些力所能及的家务。减少了上网时间，丢掉了武侠小说，阅读了更合适的课外书籍。在学校端正了学习态度，上课守纪律，做作业也认真了许多。与同学交往能主动退让。与老师关系得到改善，学会尊重老师。

在辅导过程中我认识到：家庭环境是不可忽视的重要因素，家校达成共识，协调教育方法统一教育要求，是小学生心理健康发展的重要保证。所以老师要多与家长联系，及时反馈情况，共商育人计策，解决学生心理问题。把个别学生放在全体中一起进行教育，施以集体的帮助，是改善问题学生问题的一种方法。因为他们周围有大量的中等生优等生，通过这些同学好的方面去影响、去感染他们，潜移默化地解决他们思想上和心理上的问题，使他们和同学融为一体，顺集体潮流而上。还有，要解决学生的心理问题，要解决老师的问题。老师要有一颗宽容心，要能够接纳问题学生、关爱问题学生；要调控情绪，纠正过去的不当教育方法，因材施教，灵活多样，及时调整方法，这对教育起到事半功倍的效果。当然，只有持之以恒地跟踪辅导，邓某才会真正拥有健康心理。

基于师生冲突的案例剖析

钟祥市磷矿初级中学　张兴春

钟祥市长寿路学校　李红萍

一、案例描述

上午九时许，我在办公室备课，年轻的音乐教师怒气冲冲地出现在我的办公室门口，后面跟着一个男生。老师说："主任，音乐课我没法上，他竟然在课堂上起哄，还想和我打架，要不是其他同学拉住，今天的场面就不可收拾！"

"我没有起哄，我只是叫他们不要吵。"学生气势汹汹地反驳。我冷静地听着双方各自带着强烈情绪的诉说。

我到教室找了和这位同学临桌的多位同学出来，进一步了解事情真相：这是九年级一班，由于临近中考，学生不重视音乐课学习，课堂纪律一直不好，由于音乐老师很年轻，学生根本不把他放在眼里。今天，音乐老师上课已有十多分钟，下面依然乱哄哄的，由于早已习惯了学生的吵闹，音乐老师提醒学生保持安静、认真听课，然后自己讲课。突然，有个学生大喊一声："不要吵。"音乐老师终于忍无可忍，抬起头，很生气地问："谁喊的?"王同学毫不在乎地站了起来："我!"王同学是全校出名的"坏学生"，"三进三出"政教处，他让老师们伤透脑筋，经常故意向老师发难，班上的很多同学也反感他。

一看是王同学，音乐老师异常恼怒，觉得他是在明显起哄，明显挑衅。音乐老师无法容忍王同学的行为，大声说道："你给我出去!"听罢，王同学"啪"地坐下，大有一副"我也给你点颜色看看"的样子，这位年轻的音乐教师更加被激怒，走到王同学身边，严厉地喊道："出去。"王同学不予理睬，但看老师愤怒了又有些害怕，面对全班同学的目光，又不想向老师示弱，便不予理睬。这时老师伸手去拽他，王同学觉得不出去不行了，突然"腾"地站了起来，大步流星地向教室外走去。音乐老师愤怒的情绪无法平复，径直向学校政教处走去，王同学似乎看出老师要做什么，也跟着老师一道来到政教处。

二、成因分析

（1）音乐老师不问青红皂白的处理方式，引起学生的抵触情绪。在师生你来我往的互动中，火药味越来越浓。

（2）师生冲突一旦发生，对于冲突走向，教师起着决定性的作用，是事态演变的主导者，而教师言行"出格"直接导致了师生间一般性冲突的激化。

三、辅导方法

1. 与王同学访谈

（1）充分共情，引导他说出被老师误解的感受；

（2）行为调整，让孩子意识到表达内心不满的方式有多种，同时学习如何用语言表达情绪；

（3）看回事件，承担责任，向老师致歉对他的不尊重。

2. 师生和解

我把音乐老师请进办公室，音乐老师的情绪已经完全平静了下来。我向他说明了刚才我和王同学的谈话情况，王同学愿意在班级公开检讨，希望能获得原谅。音乐老师听完后说："公开检讨就没有必要了，其实我也有错，情绪太冲动，这一点我也愿意向王同学道歉！"王同学听老师这么说大感意外，非常感动，向老师深深鞠了一躬说："老师，我保证以后上课认真听您讲课。"看到这种场景，我也感到很欣慰。

四、评估反思

化解师生冲突的关键在于教师要善于检视自己的教育策略，具体如下：

1. 建立和谐的师生关系

教师要真正地转变传统的"师道权威"教育观念，把其"权威"建立在充分尊重学生和信任学生的基础之上。

2. 拓展师生之间沟通的渠道

在处理师生之间的冲突时，教师多倾听，少训斥，与学生真诚坦率交谈。有些事情师生之间不方便直接面对面沟通，可以通过书信沟通，这样教师可以直面学生的内心世界，而作为学生也会得到教师更为完备的帮助和指导；通过周记沟通，会起到意想不到的效果。如写一段鼓励性的语言，提出几点具体的要求，讲讲作为教师的一些感受等，都可能引起学生的共鸣；通过电话沟通，一声问候，能够拉进师生之间的距离。

"小炸毛"变成"小暖男"

高新区·掇刀区掇刀石小学　邓凤玉

一、案例介绍

小宇（化名），男孩，8 岁，就读二年级，智力正常，家庭经济状况一般，父母离异，目前跟随父亲生活，奶奶农闲的时候会来照顾他、农忙的时候住在附近的伯伯一家会帮忙照看一下他。父亲为一般工人，下班较晚，有时候周末也要加班，平时没有什么时间陪伴他。母亲因为离异，平时对他也是不闻不问，小宇对母亲持敌对态度，偶尔母亲打个电话过来，他也不愿意接。小宇平时有些顽皮，放学后经常和小伙伴在小区院子里面玩耍，不写作业不读书，而且脾气暴躁，旁人稍微一批评他就"炸毛"，发脾气。最近一段时间，他不想上学，爸爸把他送到学校门口，他总是磨磨蹭蹭不愿意进校门。有一天他竟然趁着老师不注意，偷偷溜下楼，跑到学校院墙跟前，想翻院墙跑回家，结果被学校保安及时发现，把他抱了下来。第二天，他死活不愿意来学校，爸爸打他也不愿意来，高喊着："我要奶奶，我要奶奶……"

二、案例分析

小宇从小没有得到过妈妈的关爱，几个月的时候妈妈就抛下他远走他乡，而且这么多年以来，很少关心他。小宇爸爸很木讷，平时不太说话，也不知道该怎么跟他交流，遇到小宇调皮捣蛋、不写作业就是一顿打，所以，小宇很害怕爸爸。小宇小的时候跟着奶奶住在乡下，现在大了，到城里上学，奶奶还要忙乡下的农活，不能一直在小宇身边陪伴。小宇孤单、烦恼，不爱学习，唯一开心的就是和小伙伴玩游戏，因为这些可以让他忘记孤单、忘记烦恼。对于八岁的小宇来说，在城里虽然生理需求得到了满足，但是安全需求和情感需求得不到满足，更别说尊重与自我实现。奶奶是小宇内心情感的寄托，奶奶来到身边他还好，奶奶一回乡下，他就会感到孤单害怕，心都不知道往哪里安放。

三、辅导方法

首先，与学生家长联系。我去走访了小宇的家庭，了解了小宇的生活环境，并且带去了同学们和老师对小宇的问候，希望让小宇感受到班级的温暖。

其次，与学生家长达成共识。跟小宇爸爸了解小宇成长的细枝末节，帮助这个粗糙的爸爸理解孩子的内心世界。一句"小宇哪里是不想上学这么简单，而是在找爱、在找心里的那个家"让小宇爸爸潸然泪下。我向小宇爸爸科学宣教了正确的教育理念和教育方法，并且从细节上跟小宇爸爸做了探讨。比如，下班以后尽量早点回家，陪伴孩子完成作业，带孩子去做户外运动，给孩子讲故事等。另外，敦促小宇爸爸主动与小宇妈妈联系，做小宇和妈妈之间的"粘合剂"，而不是"切割机"。每个人都是有父母的，都需要有父母的爱，我们相信，小宇的妈妈也一定是爱小宇的。

再次，在班级内让小宇担任班干部，承担管理班级的责任，并且抓住小宇的优势，创造机会让小宇展示出来，及时表扬他、鼓励他，帮助他建立自信，让他融入集体，对班级有归属感。

最后，我经常会有意识地用一些肢体语言对小宇表达关心和爱护，经常和他聊一点学习之外的事情，从小时候乡下的生活，到与院子里小伙伴的游戏，再到最喜欢吃爸爸烧的什么菜，慢慢地过渡到对妈妈的感受，适时地向他灌输"妈妈也是爱他的"思想。

四、辅导效果

经过一个学期的辅导与关注，小宇从原来那个执拗、暴躁的"小炸毛"变成了一个爱笑、好脾气的"小暖男"。以前写的歪七扭八的字也变得越来越工整，这个学期还报了一个书法班。学习成绩也有了大幅上升。最让人欣喜的是前一段时间，他悄悄塞给了我一颗巧克力，说是妈妈给他寄来的生日礼物。说话的时候，他的脸上泛起了薄薄的红晕，透着一丝羞涩与甜蜜。也许他还不是特别习惯接受妈妈迟来的爱，好在他没有再推开。

看着这个"小暖男"脸上的笑容，我的心中会涌起一丝心疼，但更多的是欣慰。希望每个孩子都能被这个世界温柔以待，希望每个孩子都能享受他们应得的"爱"。

离异家庭的"网瘾"学生

东宝区石桥驿实验学校　彭淦

一、案例描述

小杰（化名），男，15 岁，由于父母离婚，小杰的行为习惯发生了巨大的变化。

对父母产生憎恨心理，向父母索要金钱，认为谁给的钱多谁才是真的爱自己，花钱无节制，拿很多钱来给同学充游戏，不断向老师和网吧老板借钱，上网时间不断延长，每天起床后就想打游戏，整天想玩游戏找新鲜，人际关系淡漠。

对学习毫无兴趣，干什么事情都没有积极性，作业几乎天天不交，老师找他谈心总是低着头，嘴上说"好"，离开办公室就忘了。

二、成因分析

1. 重视物质的补偿，忽视小杰的心理感受

小杰的父母认为离婚对不起孩子，觉得小杰很可怜，总担心小杰受委屈，于是从物质上给予过多的补偿，处处维护小杰的利益，竭尽全力满足小杰的一切愿望。

2. 情感的缺失，导致网络成瘾

情感因素是小杰网络成瘾的主要原因之一。比起投入精力和时间在学习和人际交往上，小杰更愿意待在有文字、声音的网络环境中，最起码游戏水平的提高，可以让自己获得"成就感"。

三、辅导方法

1. 多给予小杰鼓励,保护其自尊心

小杰身上的自尊心就像幼芽那样稚嫩,他的内心比一般的孩子更为复杂和敏感,老师的某种疏远、冷落或嫌弃,都会损害他的自尊心,使他自暴自弃。而老师一个满意的微笑、一个鼓励的眼神、一个赞赏的手势和一个轻轻的抚摸都可以拯救他的自信心,打消他的自卑感,消除他低落的情绪。

2. 提供小杰宣泄的机会、场所和氛围

离异家庭,和谐的气氛相对比较少,小杰害怕与父母沟通,也不愿意与同学交流,更胆怯于和老师交谈。小杰的心灵就像只"闷葫芦",与人隔绝,把所有的苦闷都压在内心。学校创造条件,建立心理辅导室为孩子创设轻松、愉快、温馨的环境,在心理辅导室,小杰可以自由地表达受压抑的情感,发泄内心的不快,疏散内心的积郁,更好地排除心理障碍,消除心理压力,恢复心理健康。

3. 开展集体活动,让小杰在活动中体验欢乐

小杰由于常常遭到周围人的歧视,他不愿参与集体活动,与群体接触存在恐惧心理。因此,我有意识地组织丰富多彩的活动,引导他积极参与活动。因为气氛活跃的集体活动可促进人际关系,能使小杰忘却痛苦,消除孤独感,从而全身心地体验欢乐。

4. 重视心理健康教育,指导小杰正确地认识自己、评价自己

学校是小杰从家庭走向社会的过渡机构,我们根据他的心理发展特点以及在学习、生活中出现的问题,有针对性地开展心理健康教育,使其能够正确地认识自己、评价自己。

四、评估反思

经过半学期的辅导,小杰也渐渐地发生了变化,他变得更加自信了,他所爆发出的问题行为,得到很好的转变,学习上更加努力。但由于学习基础较差,只能慢慢地转变他各方面的缺点,使其成为一名好学生,好孩子。

当然,想要帮助像小杰这样的孩子真正走出"单亲家庭""网瘾少年"的阴影,是一个任重而道远的过程,需要整个社会都来关注,只有家庭、学校、社会的共同协作,才能使得这些孩子快乐健康地成长。

巧引妙拨，润物无声

湖北省荆门德艺学校南校　龙艳红　王金路

一、案例描述

小杰（化名），男，15 岁，初三学生，父母长期在外务工，基本上是和爷爷奶奶一起生活。2020 年春因为新冠肺炎疫情，学生在家上网课。在复课的前一个月，我发现小杰上网课总是迟到，经常点名不在线，复课后发现他和过去判若两人：健谈的他变得沉默寡言，神情诡异；平时一向朴素的他变得格外注意穿着打扮，上课走神。有一次晚自习，我发现他时而盯着一个女生，时而在一张小纸条上写字。当我把手伸向他时，他神色慌张地收起纸条——小杰早恋了。

二、成因分析

生理因素：15 岁正处在青春期，生理上的悄然变化促使他对异性产生好奇心。

家庭因素：因为父母长期在外工作，小杰从小与爷爷奶奶一起生活，与父母缺乏有效沟通，对异性的好奇心越来越强。

三、辅导方法

1. 投其所好

小杰喜爱运动，尤其羽毛球打得好，我就决定以此为切入点，正面接触，成为他的朋友，简洁而自然。

2. 打开心扉

出乎意料，收到小杰的纸条：

老师，我的确有一件事需要您的帮助。网课期间，我加了我们班的小雅（化名）为好友，每天都和她聊天，看她的朋友圈，觉得每天充实而快乐。后来，我也不知为什么，一天不和她聊天，就感觉浑身没劲。有一天，小雅在朋友圈发了一组自拍照，我被她的一颦一笑迷住了。我想向她告白，又怕她拒绝。我无心上课，内心处在极度矛盾中。一连几天，我晚上睡觉都是翻来覆去，经常熬夜到天亮。终于，我鼓起勇气，通过微信向她表达了爱意。可是直到现在，我也没有盼来她的回复。

这是我与他的第二次接触，我知道他已向我敞开了心扉。

3. 直面现实

我不敢怠慢，机不可失啊！我立即给他回了一封信。

小杰：

感谢你对我的信任，同时也祝贺你。因为你已经开始用自己的大脑来思考人生了。在我的学生时代，老师也有过像你这样的经历。它让我与211大学失之交臂。情窦初开很正常，但保持距离的东西会更美。我想以过来人的身份告诫你：在还没有给彼此造成伤害之前，尽量搁置这段感情吧！

这是我与他的第三次接触，我知道我的坦率会让他直面现实。

4. 直抵心灵

一切都朝着我预期的方向良性发展，我趁热打铁。

两天后的一个下午，我在学校心理咨询室值班。小杰让我看到了一首他"失恋"后为了发泄内心的痛苦而写出来的小诗："天涯何处无芳草，何必要在六班找，本来数量就不多，况且质量也不高。"

看了诗的内容，我引导他一起来改写这首诗，我将第一句"天涯何处无芳草"改为"天涯何时无芳草"，第二句改为"何必非要现在找"。接着我从抽屉里拿出一个青苹果要他吃一口，并且问他感觉如何。他说："老师，挺涩的。"我又递给他一个红苹果要他咬一口，他回答："好甜、好脆。"接下来他把后两句改成了"本来学业就很紧，况且年龄又很小"。读着这首诗他开心地笑了。

四、评估反思

（1）信任和宽容是打开早恋学生心扉的金钥匙。

（2）以赞美来代替批评，巧引妙拨，润物无声，艺术性地化解矛盾是帮助学生认识错误的法宝。

用支持陪伴孩子度过动荡期

高新区·掇刀区掇刀石小学　丁雅

一、案例描述

来访学生是 14 岁的一个初三男孩，偏胖，在妈妈精心编织的善意谎言下走进咨询室。来访的主要原因是复课后面对扑面而来的压力，焦虑不安，学习动力不足。

二、成因分析

父母、老师的高期待、严要求，向孩子传递扭曲的价值观，只有学习好才能被重视。暂时的成绩下滑，父母老师的不接纳，造成了男孩内心的恐慌，一方面渴望之前的好成绩，另一方面摆脱不了压抑太久的情绪，学习就只能疲于应付。

三、辅导方法

1. 正向反馈，为孩子赋能

听到男孩讲述中不断发出的叹息声，我没有和男孩聊他的困惑，而是直接发问："通过刚才你的表达，你欣赏自己哪些方面？"这样跳出常规的发问，让男孩有些吃惊，沉默了几分钟后，男孩说他欣赏自己敢于表达内心真实的想法；欣赏自己学习滑落仍然没有放弃，就像两次摔倒，不管多疼，他都坚持爬了起来；欣赏自己的沉稳，有责任心。我向男孩竖起大拇指，也表达了我对他的欣赏与感受。真诚地表达让迷茫的男孩脸上有了些许笑容。我有意识地向上延展脊柱，让自己坐得更挺拔，无声的带动，男孩不知不觉跟随，感受到男孩的敏感度，也感受到男孩的信任与配合。

2. 隐喻故事，探索潜意识

接下来的辅导从一个隐喻故事开始，一个 3 岁小男孩，他特别想要妈妈抱抱，可妈妈坚持让他自己走，"扑通"一声，小男孩摔倒在地，大哭了起来，妈妈赶紧转身，生怕他摔疼了，抱起来安抚小男孩，几秒钟后，小男孩擦干眼泪，开始给妈妈讲幼儿园小朋友的故事。启发男孩觉察，故事中小男孩摔倒的目的是想要得到妈妈的抱抱。那么你摔倒两次，可能隐藏其中的目的是什么？聪明又很有悟性的男孩，他说"也许是想要得到老师、同学的关注吧！"我继续追问"这份关注你得到了吗？"男孩不好意思笑笑说"得到了，但好像不是我想要的，这样的关注让我感觉很尴尬。"又问他："摔倒还有其他可能性吗？"男孩说："可能近段时间太累想要停下来休息吧"我为男孩又一次竖起大拇指，肯定他的领悟能力。接着问："那你觉得如何可以得到老师、同学正向的关注呢？"这次男孩回答很快："一点一点向前进步。"就这样当把无意识的表达意识化，男孩好像更看清了自己的现状，也更清晰该如何用合理的方式来表达自己的需求。

3. 切断链接，重建行为模式

面对男孩目前的现状，在探讨中了解到，男孩之前是属于早到校的同学，每次都是自己先进入学习状态，同学们才陆陆续续到校。而面对成绩下滑，老师批评指责后，越来越不愿意上学，越来越害怕上学，早上闹钟叫不醒，上学总是踏着铃声进教室。每次踏上六楼，沿路走过，有几个班的同学还在外面玩，感觉他们很轻松，而他们班旁边的好班和他们班都是埋头苦学的学生，特别从后门走进去，看见的都是低头学习的同学和坐在讲台上批改作业的老师，紧张压力感就让他想退缩而失去了坐下来学习的勇气。为了找到刺激反射点，经过讨论我们将其定在"上学要早到"，并一步步制定具体的措施，合理安排起床、吃饭收拾、到校的时间，也就是比之前提前二十分钟进教室。让他慢慢找回之前早到校的感觉。就这样逐步细化并模拟行动感知，在想象中一次次体验，重建新的行为模式。

四、评估反思

此刻的男孩就像站在悬崖边缘，何去何从，男孩正在和内心较量。还好，在男孩还能够支撑的时候，妈妈及时把他带进了咨询室。一次的辅导虽然不可能让他马上改变，但至少多一份理解与看见，多一份肯定与支持，让逐渐下沉的男孩多一份向上爬的勇气与力量。

送走男孩，又和妈妈进行了交流。这是一位正在学习家庭教育的妈妈，我鼓励她继续学习，肯定她的学习改变也是孩子此刻能够支撑下来的力量，只有去读懂孩子行为背后的需求，才能更深入地理解孩子。心灵的相遇，才能生发真正支持的力量，陪伴孩子度过这段动荡期。

男孩加油，妈妈加油，学习道路上并不拥挤，我们一起并肩前行！

敞开心扉，拥抱生活

京山市杨集镇初级中学　桂少军　韦风

一、案例描述

小黄（化名），是今年我班刚毕业的一名普通女生，个头不高，长相普通，成绩偏下。平时在学校，小黄就喜欢独处，很少说话，几乎不与同学交往，与老师也没有任何交流，她就像一棵毫不起眼的小草，在教室的角落里孤独地生长。线下复课后返校，小黄变得更加孤僻，久而久之，她成了我班上一个独特的存在，孤独、沉默似乎成了她特有的代名词。

二、成因分析

十四五岁的花季少女，正是火热青春、美好年华，却关紧心门，让孤独成为生活的主调，的确令人奇怪。我经过多方了解和分析，认为有以下三个方面的原因。

1. 特殊家庭环境的影响

根据家访得知，小黄的家庭环境比较特殊：在她几岁的时候父母就离婚了，父亲为了赚钱养家长年在外打工，小黄跟着爷爷奶奶长大。自小缺乏父爱和母爱的小黄比同龄人要显得木讷。爷爷奶奶文化水平不高，在家以种地为生，对于她更多地是解决吃穿和温饱，对于小黄的内心需求几乎没有关注。另外小黄家处在大山深处，地广人稀，玩伴极少，只能与大几岁的哥哥说上几句话，身世颇为可怜。新冠肺炎疫情期间"与世隔绝"的生活，常人不能忍受，小黄却非常习惯。这种独特的家庭环境让小黄自小养成了孤僻的性格，不爱与人交往，对于"外人"也不太信任。

2. 学校心理教育的缺失

小黄从小学读书开始，面对自由开朗、活泼大方的同学，无形中产生了自卑心理。加上学习成绩不好被调皮的同学取笑，小黄更加不愿与人交往，对于成绩不好的小黄，老师也没有给予过多的关注。农村学校的老师大多对于心理健康课程的重要性认识不够，学校心理健康课程并没有真正落到实处，因此，像小黄这样的同学没有得到有效的心理疏导，内心更加孤独，性格变得更加孤僻古怪。

3. 学生思想认识存在偏差

像小黄这样由于从小性格孤僻，不愿主动与人交往的孩子其实并不少，但他们很多在进入学校后，积极与同学和老师交流，逐渐变得自信和开朗起来。在与小黄的聊天中感知到，小黄极度缺乏自信，认为自己什么都不如别人，错误地觉得其他同学瞧不起她，不可能也不愿意与她交朋友，为避免尴尬，索性关闭心房，总是一个人独来独往。

三、辅导方法

鉴于小黄的情况，我主要采取了以下措施：

1. 赞扬鼓励，唤醒信心

小黄孤僻的性格，除了环境影响之外，我认为小黄极度缺乏自信心也是其中的一个重要原因。树立信心，唤醒小黄紧闭的内心才是帮助小黄走出孤僻，融入集体的重要一步。赞扬和鼓励是进行德育教育，亲近他人，赢得他人认可的最好方式。学习上，小黄有些许进步，我就不吝表扬，哪怕不会，也总是轻声鼓励。生活上，多次主动找小黄谈心，劝勉她不要把同学和老师当成老虎，要勇敢自信地与同学和老师交流。同时鼓励其他同学帮助她树立信心，走出孤僻的泥潭。一段时间后，小黄渐渐有了笑容，开始和同学交流，学习成绩也有了进步。

2. 家校合作，唤起动力

为了更好地帮助小黄，疫情缓解后，我多次前往小黄家进行家访，指出小黄存在的问题，肯定小黄在校的进步表现。与其家长沟通，让小黄的爷爷奶奶多关注小黄的内心，家人的关心和鼓励是最好的良药，经过爷爷奶奶的关心和哥哥的鼓励，小黄逐渐有了与人交往的内生动力，在学校小黄终于开始主动与同学交往，逐渐恢复了青春少女的风采。

四、评估反思

经过不断的努力，小黄现在明显活泼多了，学习有了进步，脸上多了笑容，生活有了朋友……一个曾经孤僻、喜欢独处的女孩渐渐远去，一个活泼开朗的女孩正在苏醒，一个青春女孩焕发活力。小黄的改变，让我切身体会到只要我们用爱走近，相信无名的小草，也会开出绚丽的花朵！我们终会看到山花烂漫时，她（他）在丛中笑。

爱让她成长

东宝区子陵铺镇中心小学　陈诚　杨兆荣

一、案例描述

李金雨（化名）是一个脾气不好、沉默寡言、有主见的女孩，学习成绩一般，但通过一段时间的观察让我看到了这个女孩内心深处其实隐藏着强烈的自卑感。印象最深刻地是在一次语文课上，老师请她起来复述课文内容，只见她慢慢地站起来，低着头，站了很久，迟迟没有发声。不敢在他人面前表现自己，我想这和家庭环境以及教育理念有极大关系。家长和老师过多关注了学生的成绩，而忽略了学生的心理教育，然而成绩好并不代表什么都好。所以，当她遇到自己不擅长的方面时，就会显得焦虑不安。此时强烈的自尊心会让她非常在意别人对她的看法，因此，只好用各种回避行为逃避众人眼光。

二、成因分析

父母离异随母亲生活，基本上都是奶奶在管孩子，所以未能及时发现孩子身上存在的问题，而当他们发现问题时问题已经很严重了。同时他们对孩子的期望值又过高，希望通过一两次的教育就让孩子改掉不良习惯，这显然是不现实的。

家庭的教育方式存在严重偏差。母亲对她很严格但是没时间教育，而她的奶奶对她则比较溺爱，不注意方法，不知道怎么和她交流，家庭教育观念的不一致使她的不良行为习惯未能从根本上改变，久而久之毛病就越来越难以改正。

三、辅导方法

1. 营造爱的氛围

我主动和她做朋友，让她慢慢地平静下来，再共同探讨其中的原因。帮助她树立信心，融入集体。针对平时的每一个小进步都给予表扬，让她体会到从未有过的喜悦，逐步树立自信。通过丰富多彩的课余，增加她与老师、同学接触的机会，通过"传帮带"活动，让她得到学校、老师、同学更多的关心与帮助。让她在集体中成长，经常动员她参与课余集体活动，充实业余生活，多与大家沟通交流，慰藉她那残缺的心灵。在集体生活中，鼓励她与其他同学多交流，多些机会让她参与互动活动，感受集体生活的快乐。融洽的集体是学生成长的催化剂，集体的感化和温暖对一个学生的成长具有极其重要的作用。为此，我利用开运动会的机会，让她主动报名参赛，全班同学为其加油助威。在运动会上她获得了女子立定跳远第三名的好成绩。当她第一次拿到奖品时，既收获了成功的喜悦，又感受了集体的温暖，真是一举两得。

2. 增加爱的力量

我积极与李金雨的妈妈取得联系，建议她采取不同的方式加强与孩子的沟通。在沟通时以讲道理为主。寒暑假尽量把孩子接到身边。这样，亲子互动与沟通的时间就比较多，并且具有一定的连贯性。在沟通的内容上，我还要求她的母亲不能只谈学习和考试成绩，要更多地关心她的心理变化，更多地关注孩子的所思、所想、所做，让她在爱的氛围中健康成长。我鼓励李金雨多与爱学习、守纪律、行为习惯良好的学生交朋友，有心里话可以向朋友倾诉，从而缓解因缺少家庭温暖而出现的孤僻心理。

3. 转变爱的方式

我努力改变家长的教育方法，经常和孩子的奶奶联系，告诉她的奶奶一味地娇纵孩子会造成怎样的不良后果，要对她的无理取闹说"不"。当孩子有错要及时批评教育；让孩子的妈妈经常和她谈心，关心她的学习、生活，让她感受到自己和其他小朋友一样拥有爱。

四、评估反思

一段时间后，李金雨同学主要的变化是她能主动和同学交流了，脾气也变好了，在课堂上不再发呆，可以集中精力听老师讲课。原来在课堂上的小动作少了，成绩也有显著提高。

面对李金雨同学的实例，让我更加认识到中高段学生的激励作用。针对这样的学生要有充分的耐心，不可操之过急，我们不能把注意力仅仅放在孩子的不良表现上，要更多地关注孩子的优点，使她正确地认识自己，慢慢地改变，通过各种活动的参与使其意识到自己的进步。从而将自己的注意力转移到学习上来，最终养成认真学习的好习惯。

挫折磨砺出坚强

京山市坪坝镇中心小学　陈婷

一、案例描述

天天（化名），男孩，性格活泼、成绩优异，因在英语课上回答问题不够完整，情绪低落，自信心下降，心理承受能力太差。

二、成因分析

为了探究天天抗挫折能力弱的成因，我通过课下与其谈心交流、电话与家长沟通、查阅资料、反思日常教学等方式进行归因分析，主要将成因分为环境因素和个人因素两大类。

1. 环境因素

（1）家庭环境方面，家长教育方法不得当，"望子成龙"的高要求容不得天天在学习上有一丝马虎。天天从小活泼聪明，家人对他寄予了深厚的期盼，尤其是妹妹出生后，父母更是要求天天时时处处做妹妹的表率。家长对他的高期待值给他带来了巨大的心理压力。

（2）学校环境方面，一是学生评价体系过于单一，在评优表先方面，学习成绩往往起决定性作用。这就导致学生过分看重自己的学习成绩以及与学习相关的表现，无形中加重了成绩在学生心目中的至上地位；二是教师在日常教学中更多地注重学科知识的传授，而忽视了学生的身心健康教育，导致学生心理健康教育知识匮乏，遇到不良情绪时不会采取合适的方法去调节、排解。

2. 个人因素

当前社会，家庭和学校过分重视孩子的智力开发和学习技能的掌握，忽视了非智力因素的培养，导致我们的孩子人生观、价值观、品格和能力都较缺乏。平常活泼乐观的天天在面对学习上遇到的挫折时却很"玻璃心"，这和他日渐形成的心理品格有着很重要的联系。

三、辅导方法

1. 转变教育教学观念，多元化客观评价学生

面对天天不同寻常的表现，我也在反思自己教育教学中的不足之处。首先是课堂教学学科知识本位的观念应向学科核心素养本位转变，注重知识结构背后学生价值观、品格及能力的培养。不论是课堂评价还是评优表先都应淡化以成绩为主导的表扬模式，采用多元化的方式评价学生，更加注重学生的全面发展，尤其是培养学生积极健康的心理素质。

2. 搭好家校沟通的桥梁，使育人成效最大化

当发现天天一反常态的负面情绪后，我及时打电话和家长沟通，与家长一起探讨了孩子抗挫折能力差的主要原因，我从三个方面给出了建议：一是生活中让孩子自己多动手多尝试，在困难和失败中锻炼其独立意识和战胜困难的勇气；二是常与孩子谈心，了解其心理负担及心理需求；三是表扬与批评双管齐下，家长应该摒弃一味无原则地夸奖孩子，当孩子做得好时给予表扬，当做错事时也要给予适当批评，并帮他分析原因给出合理化建议。

3. 乐于做学生的倾听者，授之以渔

当觉察到天天的不良情绪后，课下我找他去心理咨询室聊天。

当我问他是不是对今天英语课上的表现不满意时，他的情绪又一次失控了，眼泪止不住地流下来。我给他递了纸巾，"没关系，想哭就哭出来吧，哭完和老师说一说，说不定我可以帮帮你。"他慢慢地平复了激动的情绪，"老师，英语课上我非常用心地在跟读，您点我名的时候我很高兴，因为我相信自己一定可以出色地完成朗读任务。可是……"接下来，我告诉他，课堂上你认真学习的样子老师都看在眼里，但并不是所有的努力都会有一个好的结果，所以这些都是很正常的。我让他把日记本当作倾诉者，让坏情绪有一个宣泄口；学习生活中要试着享受过程，淡化结果。

四、评估反思

经过一个学期的心理辅导，天天遇到挫折时的"玻璃心"有了很大的转变，学习生活遇到不如意时，他不会再轻易地哭鼻子了，他学会了正视自己的不完美，也学会了调试不良情绪的方法，还将自己的一些小妙招在班会课上与同学分享。科任教师们都说，天天的活泼、自信、开朗洋溢在脸上了。

爱要相互分担

荆门市石化中学　董志慧

一、案例描述

小静（化名）坐在沙发的一瞬间，我看见她眼泪滑落了下来。我轻声说了一句："想哭就尽情哭吧！"我话一说完，她的眼泪就像决了堤的洪水，一发不可收拾。我在旁边一直静静等待，直到她完全平静下来，我说："把你的压抑和苦闷说出来吧！"

"我爸妈老吵架，我讨厌他们吵架，每次我帮我妈时，我爸就连我一起骂，说我跟我妈一样，什么也干不好。我觉得，自从有了妹妹之后，我爸更不关心我了。"

我问："你想要个弟弟和妹妹吗？"

"我不想要，但他们说为我好，想给我找个伴。"

"能跟我具体说一下你爸爸的情况吗？"

"我爸是上门女婿，我跟我妈姓。爸爸的妈妈很早就去世了，他还有一个从小就有小儿麻痹症的妹妹，一直靠轮椅生活，爷爷前些年也中风在床，家里还有个90岁的太奶奶，我爸经常要去照顾他们。"我的眼眶有些湿润了，我能想象一个中年男人的苦。

我问小静："你觉得爸爸苦吗？"

"种田很辛苦，现在农忙，他天天半夜才回来！"

"那你能理解爸爸为什么和妈妈吵架吗？"

"不明白，他们经常为一点点小事吵架，有什么好吵的！"

"爸爸一个人种几十亩地，要挣钱给你读书，给妹妹买奶粉，妈妈要带妹妹，还要照顾中风在床的爷爷和瘫痪在床的姑姑，还有一个90多岁的奶奶要他养老送终。所以爸爸心累的时候，只能冲着最亲的人发脾气来释放心中的压力，外人不会容忍爸爸的坏脾气。"

"最亲最重要的人，才更不应该吼她们啊！"可见我说的话，孩子不能完全体会，也难怪，孩子还小。

"那爸爸有不好情绪的时候应该找谁发泄?"

小静沉默不语。

二、成因分析

1. 个人的原因

由于孩子年龄比较小,她看问题容易产生偏差,不能全面地理解父亲的真实感受,因而心生怨恨。况且,孩子单纯地认为爸爸有了妹妹,就不关心她了,把爱都给了妹妹。

2. 家庭的原因

由于父母的文化层次不高,不太关注孩子的心理健康,没有意识到夫妻之间的争吵会对孩子造成心理上的影响。

3. 压力导致冲突

经济的压力、生活的压力都会让孩子爸爸的情绪受到很大影响,从而导致他和妻子不断发生争吵,这种情绪也会迁怒到孩子身上,所以孩子觉得爸爸不够爱她,不关心她。

三、辅导方法

1. 情绪宣泄

小静比较内向,不爱表达,喜欢用眼泪宣泄情绪。此时我引导她情绪宣泄的正确方式,合理应对和处理当下的情绪,给予孩子尽可能多的安抚。

2. 认知矫正

纠正小静不合理的认知,引导她进行正确的认知。

3. 换位思考

设身处地地体验小静的处境,感受她的情绪,理解她的痛苦,同时也有意识地让她进行换位思考来理解她父亲的感受,并鼓励小静和父母进行沟通。

四、评估反思

爸爸过度的批评和指责深深地伤害了孩子幼小的心灵,在生活中,我们在看到孩子缺点的同时,也要发现孩子的优点,对于孩子的缺点我们要及时指出,对于孩子的优点也要适度地表扬与肯定,那是孩子认为你爱她的一种方式。通过交谈与沟通,小静渐渐地认识到父亲的不易,慢慢地能理解了父亲的一些做法和情绪。同时小静决定好好学习,让爸爸看到自己的进步,让爸爸觉得他所有的辛苦和付出都是值得的。小静也决定和妈妈沟通,鼓励妈妈多关心爸爸。相信通过小静的努力,一家人的关系会得到改善,成为真正相亲相爱的一家人。

后疫情时代的感恩教育

京山市坪坝镇初级中学　王才雯　晏桂玲

一、案例描述

小明（化名），初二男生，疫情过后产生了不良的心理健康问题，主要表现在以下三个方面：第一，在学习上产生了焦虑心理；第二，和家长的关系如履薄冰；第三，缺乏感恩之心。小明心理健康问题急需得到正确引导，进而才能怀有一颗感恩之心，树立正确的人生观和价值观，以积极向上的心态去面对学习和生活。

二、成因分析

1. 社会因素

一方面，新冠肺炎疫情态势迅猛，所有人纷纷将学习和生活"转战"到了家中，长时间的居家学习与生活，对于正处在青春期的小明来说，非常容易出现焦虑的心理状态。另一方面，小明在居家学习和生活期间，迷上了手机里的游戏，进而产生了厌学心理。

2. 家庭因素

小明是留守儿童，常年与父母分隔两地，彼此相处时间较少。而疫情期间，小明和父母朝夕相处数月。针对小明不良的作息习惯和学习习惯，父母采取了不恰当的教育方式，比如，打骂、没收手机等。这种不良的相处模式加剧了小明的焦虑心理，加剧了青春期叛逆心理，且恶化了亲子关系。

3. 学生自身因素

经过了解得知，小明产生心理问题的一部分原因在于自身。首先，他缺乏一定的自制力，容易受到外界不良因素的影响，加之处在青春期的学生好奇心强，所以难以逃离网络的"魔爪"，进而沉迷于互联网，产生了厌学心理；其次，小明对新冠肺炎疫情的认知较少，居家期间，几乎不会关注时事新闻，这也在一定程度上导致了他对本次疫情不以为然，对每天处在生死一线的工作者们漠不关心。

三、辅导方法

帮助小明养成积极的学习态度，培养其感恩之心，走上积极健康的人生之路，这是一个长期的过程，需要教师细心、耐心地指导，循序渐进。针对小明的不良心理状况，我主要从以下这三个方面展开辅导。

1. 充分利用课堂教学渗透感恩教育

首先需要让小明清楚地认识到本次疫情的严重性，从而珍惜现在来之不易的生活。授课期间，我利用多媒体为同学们播放在本次疫情中坚持在一线的"英雄"故事。在观看视频的过程中，小明眼睛湿润了。

2. 规划学习方法

无论是受到厌学心理的影响，还是家庭教育方式的不当，都对小明的心理健康产生了不良的影响。长时间的不学习，导致孩子已经无法赶上教学进度。所以我为他精心制作了学习任务和学习小目标，在课上也是采用分层次教学，循序渐进地引导小明步入学习的正轨。并且在小明完成小目标后，及时给予他鼓励和表扬，并告知家长孩子的点滴进步，为缓解亲子关系奠定基础。

3. 从抗疫的点滴中感受父母的爱心，从而学会感恩父母

我收集了在疫情期间的一些故事，如大人们奔波买菜的情景、每天排队买口罩的情景、每天用消毒水清洁家中每一个角落的情景等，讲给小明听。让他感知英雄其实就在我们身边，并切身体会抗疫的艰辛和困难，以及所有人都坚持不懈、不畏牺牲、承担责任的品质，从而激发小明心中的感恩之情。

现在，小明知道了要珍惜现在来之不易的生活，学习也逐渐步入了正轨，并拥有积极向上的心态。小明家长反馈，小明最近回家开始主动做家务，能心平气和地与他们沟通，亲子关系和谐很多，懂得了感恩。

四、评估反思

初中生正处在青春期阶段，容易出现不良的心理健康问题，教师应该时刻关注学生，从细节处及时发现问题，用爱心、细心和耐心慢慢深入学生的内心，究其根源，有针对性地展开辅导，帮助学生培养感恩之心，形成积极向上的人生观、价值观和世界观。在感恩中学会坚强，学会独立，逐渐形成自己独立的人格，从而为自己的人生之路打下坚实的基础。

害怕上学的女孩

高新区·掇刀区望兵石学校　赵璇

一、案例描述

小糖（化名），女，13岁，性格内向，平时由爷爷奶奶照顾其生活，父母在城里工作很繁忙，偶尔节假日会与小糖相聚。小糖身材矮小，她说话带着浓重的乡音，有时候"F""H"的发音分不清楚，经常闹笑话。上学的第二周，上了三天课的小糖就没有再来上学，持续了十天之久，整天待在家中，足不出户，情绪不稳定，经常生闷气。父母在家中采用各种方式劝说小糖回学校上课，可她就是不愿意来学校。

二、案例分析

小糖是一位自尊心极强的学生，由于刚转学到一个新的环境，缺乏主动调适能力。恰巧在第二周第三天的第一节课上，老师向她提问，问题是答对了，但是声音很小。老师鼓励她大声再回答一遍时，她一着急，"F""H"音不分的毛病就出来了，老师一遍遍地纠正"刮风了"，但她还是一遍遍地说成"刮烘了"，引来同学们的一阵阵哄堂大笑。她感到非常害怕和羞耻，当场哭了起来，然后就再不敢开口讲话了。小糖从小和爷爷奶奶生活在一起，平时习惯了说方言，家里人也没有放在心上。再加上父母长期不在身边，使本来就性格内向的她更加胆小。进入青春期以后，她很关注自己的形象，可瘦小的身材、黝黑的皮肤让她感到自卑。现在，同学们的嘲笑让她更加无地自容，因而就不敢来上学。可见，小糖的这种恐惧心理源于心理承受的压力严重超负荷，而不去上学则是一种逃避现实的行为，也是一种自我保护的方式。

三、辅导方法

1. 家访

首先遵循平等、尊重的原则，努力和她建立平等的朋友式关系。在小糖不敢来学校上学的日子里，我去她家走访，与小糖及其父母交流，一方面，全面了解小糖的成长经历，准确地找出她害怕上学的症结所在；另一方面，通过谈话使小糖对我产生信任感和亲切感。

2. 激发上学积极性

双休日的时候，安排班上的班干部邀请小糖一起到学校玩，帮助班上办黑板报，让小糖熟悉学习环境，消除对陌生环境的恐惧感。同时，让同学们边玩边向她讲述学校和班上最近发生的趣事，增强其上学的欲望。最后，她勉强答应来上学。

3. 提升安全感与融入感

小糖重返学校后的前三天，我都会走过去悄悄地对她说几句鼓励的话。还专门同班上的所有任课老师商量好，暂时不在课堂上提问她，让她安心听课，不再担惊受怕。同时组织班上与她同路的学生，每天邀请她一起上下学，让她有一种安全感和融入感。

4. 让其参加集体活动，融入新环境

老师把班级的清洁区交给她管理，带领同学们一起打扫清洁区，增强她的自信心，也增强她与同学间的交流。

5. 帮助其进行朗读训练，消除自卑感

针对其乡音较重的情况，鼓励她加入播音社团，在专业老师的带领下进行训练打卡。

四、评估反思

在老师与同学们的共同帮助下，小糖从害怕上学、勉强上学到主动上学，自卑感明显减弱，还经常积极主动帮助班级做事；课堂上也敢举手发言了，就连朗读课文也不在话下。最重要地是她从那个胆小、孤独的女孩变成了一个热心的、积极的女孩，而且有了很多好朋友。每个人都不是一个独立的个体，他时时刻刻都在与周围的人发生着各种关系，当这些关系出现问题的时候，周围人形成联动一起来帮助他，就能达到事半功倍的效果。

从心灵入手关注学生的发展

钟祥市第五中学　陶天

一、案例描述

范小明（化名），男，他号称"自由大王"，调皮捣蛋，上课说话，管不住自己，寝室里也最不老实，甚至故意损坏学校和他人的财物，最让人伤脑筋的就是沉迷于电脑游戏。

二、成因分析

从学生自身来说，该生正值青春期，自控能力差，但自尊心强，不能正确地对待来自他人的批评和建议。成人意识强烈，逆反心理表现明显。从家庭情况来说，他的父母因忙于麻将馆的生意，很少过问其学习、生活、交友等情况。他主要跟着爷爷奶奶生活，生活自理能力也比较差。

三、辅导方法

1. 正面突破

范小明是老师、家长、同学眼中的差生，大家并不太喜欢他，他自然对家长、老师产生了逆反心理，要消除这种心理，首先要让他愿意亲近家长、相信老师。结合掌握的情况，我制定了分阶段实施计划：第一阶段帮助学生正确地认识自我，明确自己的优点和不足，确定启动的起点和方向；第二阶段创造机会，以培养学生兴趣为主，启动学生的动力系统，让学生动起来。

在施教过程中，我和老师、家长、学生共同挖掘他的优点，及时给他鼓励，哪怕是点滴的进步，如少看一次电视、少玩一次游戏、按时完成作业、上课答对了一个问题等都及时给予鼓励或表扬，并提出更高一些的要求，循序渐进，慢慢进步。

针对范小明爱上网的问题，我知道简单地说服与禁止是不能从根本上解决问题的，于是我从电脑入手。我经常跟他一起讨论喜欢的游戏，给他讲计算机领域突出人物的故事，引导他正确对待网络，发挥出他潜在的能力。我还教他一些电脑的基本知识，和他一起讨论计算机的奥秘，从而激发他强烈的求知欲，使其善于思考，勇于创新。他爱好体育，我就让他担任班级的体育委员，让他组织班级学生参加学校运动会，并适时地鼓励他：要相信自己，不要高估别人。设身处地为他着想，让他感受到"老师喜欢我，信任我"。

2. 旁敲侧击

我曾多次找范小明的父母谈心，告诉他们钱是有价的，孩子却是无价的，希望他们多关心自己孩子的成长。使他们转变观念积极配合学校教育，并与他们共同制订了一套科学的教育方案，使范小明能够健康成长。在班级中，我也私下召集班干部开会，要求他们转变态度，积极帮助范小明改正身上的缺点。对那些被范小明欺负过的同学，我也多次找他们谈心，不断消除同学之间的隔阂。同学们都表示能够理解，慢慢地接纳了范小明。

四、评估反思

在施教过程中，范小明取得了较大的进步。上课讲话的次数少了，举手发言的次数多了，在班级中也能与同学们友好相处了，有时候还会主动帮助他人。他作为班级体育委员，认真负责，干得很出色，被学校点名表扬，为班级争得了荣誉。

心理学研究表明：学生的心理系统包括程序系统（智力因素）和动力系统（非智力因素），在程序系统相差不多时，学生表现好坏主要是取决于动力系统，动力系统与程序系统失调会导致教育对象在学习上缺乏自信，意志力不强。我认为成功的教育目标应始终放在开发学生内在动力系统上，只有动力系统被了解并且被开发，才能称为成功的教育。

我经常在日记里素描我的学生，用真实的笔触记录他们鲜活而又略带歪扭的脚印。看到他们的点滴进步，我体会到成功的喜悦。我始终认为他们不应是教育的死角，他们应更多地享受阳光、春风、雨露，因为青春期的成长变化，将决定他们的素质、能力，甚至他们一生的幸福。

行为背后看不见的秘密

高新区·掇刀区掇刀石小学 李琴

一、案例描述

一位妈妈带着五年级的孩子来访,缘由是孩子在班上和同学发生冲突,老师批评了孩子,孩子感觉老师处理问题不公平,内心感到很委屈,告诉妈妈后,妈妈不但不帮忙还向着老师说话,孩子感到很气愤,就干脆不上学了。

妈妈说她也很无奈,因为孩子在班上总是招惹同学,老师已经多次找家长,家长在家批评打骂都用了,可孩子照样我行我素。

二、成因分析

1. 父母不恰当的引导造成孩子的认知偏差

孩子从小不好好吃饭,个子又小,父母因担心孩子吃饭影响长身体,所以就经常说孩子:"如果你不好好吃饭,个子小力气小,和别人打架都打不赢,走到哪里都会受别人欺负。"父母对孩子潜移默化的暗示,在孩子内心播下了"个小就会受欺负"的种子,激发了孩子的好胜心。或许在孩子内心深处还有一个声音:"即使个子小力气弱,我也一定可以打败你们。"所以,父母看似是为了激发孩子好好吃饭的动机,却暗暗在孩子和同学之间竖起了一道进攻的防线,导致孩子在学校和同学之间冲突不断。

2. 父母、老师的不接纳造成孩子的过度防御

每一次孩子与同学冲突,回家父母的回应方式就是这样的:"谁叫你不好好吃饭,不长个子同学欺负你活该。"每一次孩子向老师寻求支援,老师都是这样回应的:"个子小还招惹别人,你这是自作自受。"

父母的不理解,老师的不接纳,强化孩子行为过度反应。孩子成了老师、同学心目中的坏学生,同学告状老师,家长找到老师,老师再把所有的怒火还给孩子和家长,家长又把丢失的面子一股脑儿算到孩子账上。实在不堪重负的

孩子终于败下阵来，背起书包逃避了。

三、辅导方法

1. 善用资源种心锚

利用妈妈作为资源。妈妈身高超过一米七，我拉着孩子的手问他："你相信你未来就是一个个子小的孩子吗？"孩子毫不犹豫地点点头。我看看孩子的妈妈，又打量一下孩子，说："你看你妈妈个子这么高，你将来长成大个子的可能性还是很大的，只是每个人生长的年龄阶段不同而已。"

利用咨询师自身作为资源。为了增加可信度，赢得孩子的信任，我站起来问孩子："你觉得李老师个子高吗？"孩子看向站着的我，说："有点高。"我告诉孩子："我小时候就是矮个子，初三那年突然就长高了。或许，你我都是一样，长高就在关键几年。"

谈话中，孩子越来越放松，脸上有了笑容，不知不觉为孩子解除了设限，种下了"我有长高的可能性"的心锚。

2. 调整认知多选择

"不好好吃饭就真的个子小力气小吗？"让孩子不断重复这句话，并挑战妈妈为孩子种下的固化信念，最后讨论的结果是：长高，首先有遗传的因素，然后才是饮食、运动、睡眠等，孩子更坚定了他长高的信心。

3. 行为训练重整合

消除了孩子心中的疑虑，再回到和同学、老师的关系上，孩子没有了刚开始的愤愤不平。我们讨论：如何重新和同学建立良好的关系？根据讨论的结果，妈妈扮演同学，我扮演老师，我们反复练习，同时设置不同情境强化孩子新的行为方式，在游戏中孩子用身体感受、体验，慢慢卸下防御的盔甲，孩子信心满满地背着书包走进教室。

四、评估反思

所有行为背后一定有看不见的秘密。给孩子一个安全的环境，给孩子一个敞开的怀抱，打破限制，改变认知，重整资源，掀下压着孩子喘不过气的包袱，让怨气出来。只有内心通透，桥梁自然而然就会架起来，关于爱的河流才会自然流动，永不停息。

爱的滋养，心的灌溉

东宝区石桥驿镇盐池中心小学　刘晓

一、案例描述

小睿（化名），男，8岁。父母忙于生意对他关心甚少，长期跟爷爷生活在一起。他自制力差，不能认真完成作业，虽然善言谈，但与同学相处得并不融洽。

二、成因分析

经过多方了解后，我认为他之所以会有这样的表现，主要有以下三方面的原因。

1. 个人因素

通过观察，我发现小睿长期受焦虑、自卑等负面情绪的影响，过重的心理负担使他不能正确地评价自己的能力，一直不认可自己的优点。即使在成功面前也难以体验成功的喜悦，从而陷入失败的恶性循环之中。

2. 家庭因素

父母是孩子的第一任老师，父母对他的关心较少，只会训斥，缺少沟通，平时他只能与爷爷相伴，这样就造成他敏感，自尊心强，情绪波动较大，问题越积累越多。

3. 学校因素

长期以来形成的不良习惯，没有得到及时的纠正。在以前的学习中，有些不良的习惯和做法，老师只要通知家长，便免不了遭受父母的打骂训斥。由于习惯不好，人缘关系差，同学时常漠视他的存在，越是这样，他就越想证明自己的存在，比如，课堂上故意拿别人的学习用品，故意碰别人。长此以往，同学们非常反感他。当他在学习中遇到困难的时候，大家也不愿意去帮助他。久而久之，他在班级的朋友越来越少，成绩也越来越差，他自己也失去了学习的乐趣和动力。

三、辅导方法

通过一段时间的观察，我发现小睿的记忆力还是很不错的，课堂上只要给予他表扬和鼓励，无论是回答问题还是写作业都会完成得很好。针对小睿的情况，我做了以下解决策略。

1. 营造温暖的集体环境

小睿爱劳动，我抓住小睿的这一闪光点，让他担任劳动委员，在吃完早餐、午餐后为班级打扫卫生，他特别高兴，也打扫得很认真。我还经常让他为班级做些小事，比如，关灯、擦黑板等。每当他有了点滴进步时，我就在班级及时表扬，让全班同学改变看法，愿意和他做朋友，更好地帮助他和同学建立起良好的关系。我会经常利用课余时间与他交流，使他能感受到学校有老师的关怀。同时我做好班干部的工作，让他们接纳他。在学习上安排小助手，每天和他一起读书，通过同学之间的互帮互学、相互交流，让他在潜移默化中得到帮助。

2. 与家长沟通、达成共识

教育家苏霍姆林斯基曾经说过："没有家庭教育的学校教育和没有学校教育的家庭教育都不可能完成培养人这一极其细微的任务。"因此，我鼓励家长对他多一些关心，能多与他交流，不要只顾着忙生意而忽略了孩子的成长。同时也把他在学校有进步的各种表现反馈给家长，使家长对他的教育更有信心，同时也听一听家长的心声，相互理解。在家配合老师，监督孩子按时完成作业，当他有进步时，就给孩子发一张贴画，让孩子带到学校交给我，我也给予表扬，让孩子尽快成长起来。

3. 适时鼓励

只要在上课时小睿能举手发言，认真完成作业，我就给予表扬，使他主动学习的意识增强。通过表扬，帮助他树立自信心，让他有追求更高目标的意愿。平时，我也特别注意捕捉小睿的闪光点，找理由鼓励他。

四、评估反思

老师的关心，同学的帮助，再加上家长的关怀，使他心中充满温暖，更加积极向上。他已经不再抱怨家长的漠不关心，学习上也认真了许多，字迹有了很大的进步，注意力更集中了，也爱发言了。只有这样用爱灌溉孩子的心灵，才能使孩子健康成长，更好地突破自我。

走向阳光，从心开始

高新区·掇刀区十里牌小学　蔡云锦

一、案例介绍

小文，7 岁，她留着一头乌黑的寸发，打扮得比较中性，黑黑的小脸上看不出孩童该有的那份纯真，显得格外成熟。她寡言少语、性格孤僻，不合群，缺乏自信心。

通过家访我了解到：在她 3 岁时，母亲出车祸去世，父亲接受不了突如其来的打击，把自己关在房里自闭长达两年。可怜的小文被奶奶抚养长大，家里没有固定收入，只能靠奶奶打工赚钱养家，生活的苦难让天真、活泼的孩子渐渐变得沉默寡言，对她的心理也产生了严重的影响。

二、成因分析

通过多方面的观察和了解，我认为造成这些心理问题的原因主要有以下三个方面。

1. 亲情的缺失

由于母亲去世早，孩子的幼小心灵遭受了严重的打击。再加上母爱缺失，父爱长期缺位，使小文难以感受亲情的温暖，以至于她自卑封闭、孤僻寂寞，不愿主动与他人沟通、交流。

2. 社会安全感的缺乏

小文没有父爱、母爱作为情感依靠，缺少了健全家庭提供的情感支持，逐渐对周围世界产生了怀疑，感到无所适从，从而丧失了社会安全感。

3. 隔代教育的无力

老人永远代替不了父母的角色。隔代教养的方式在一定程度上很难促进孩子身心健康发展。同时，由于老人步入晚年，可能会伴随情绪不稳定等负面心理，孩子与其长期生活，容易产生自卑厌学、人际交往恐惧等轻度心理障碍。

三、辅导方法

根据小文存在的心理问题和产生的原因，我开始寻找良策"对症下药"。

1. 用爱呵护，突出情感关怀

由于小文从小缺乏母爱，自卑、孤僻，需要更多的爱去呵护和滋养。抓住这一点，我在课余时间经常主动找她谈心。记得有一次课间休息，她独自一人坐在座位上，我问她："小文，你有哪些兴趣爱好呀?"她低声说："我喜欢跳舞，但又害怕跳得不够好。"在我的鼓励和帮助下，她顺利地进入了啦啦操兴趣小组。

2. 持续激励，培养自信心

小文的学习成绩还不错，但在课堂上从不主动举手发言。为了调动她的课堂积极性，增强自信心。在一次课堂上，我主动点名让她回答问题，虽然她声音不大，但回答得特别流利，那节课我在全班同学面前表扬了她。从那以后，每次上课我都有意地让她回答问题。随着被表扬的次数越来越多，小文的信心越来越足，学习积极性也越来越高，学习成绩有了明显的进步。

3. 融入集体，创设良好的氛围

集体生活的快乐和温暖能驱散她心中的阴霾。我平时创造各种机会让小文多参加集体实践活动，扩大她在集体中的正面影响。有一次，班里举办元旦晚会，我有意安排几个会跳舞的女孩和她一起排练节目，她们在一起每天刻苦训练，共同成长进步，最后表演得非常成功。集体活动让她收获了成功的喜悦和感动，也收获了友谊带来的快乐，小文渐渐变得越来越活泼、开朗。

4. 重视家庭，强化家校合作

我多次和她的家长交流孩子在学校的情况，指导他们如何正确地帮助孩子解决生活、学习中遇到的困难，并建议他们改变现有的教育方式，积极参与孩子的成长过程，给予孩子更多的关爱和帮助，让孩子的心理逐渐走向阳光。

四、评估反思

经过长时间耐心的教育和引导，小文终于实现了完美蜕变，从之前的孤僻、自卑到现在的开朗、大方、活泼。爱是通往成功教育的桥梁，只有温暖心灵才能培育良才。小文就像一颗等待发芽的种子，而老师和家长的爱犹如和煦的阳光，用爱温暖她、滋润她，她的心灵之花定会绽放。

小故事大能量

京山市坪坝镇晏店中心小学　杨行斌

一、案例描述

小 W，男，10 岁，个性比较活泼，但是学习态度不端正，上课时经常低着头玩，不按时完成教师布置的课后作业，做事拖拖拉拉，而且不良行为比较多，比如，乱写乱画、毁坏文具等。老师批评他时，认错态度很好，但是稍过不久还会再犯，总是出现和同学之间小打小闹、互相推操拉扯的现象，和同学的关系比较紧张。

二、成因分析

经了解，小 W 的父母忙于工作，平时很少有时间管教小 W，孩子长期与爷爷奶奶生活在一起，爷爷奶奶的溺爱导致小 W 产生了以自我为中心的心理，在学习方面，爷爷奶奶的文化程度低，无法辅导孩子功课，因此，小 W 的学习态度不端正，不愿意学习甚至厌恶学习。

针对小 W 的情况，结合孩子的年龄特点，我决定采用讲故事的辅导方法去帮助他。

三、辅导方法

1. 故事导入，引发共鸣

针对小 W 不认真学习，毁坏文具的问题，在辅导小 W 时，选择贴近他日常生活的小故事，既有深刻意义，又便于理解和接受。比如，《橡皮擦的苦恼》这则故事——在一个寂静的夜里，橡皮擦哭着对铅笔说："我们的小主人把我的外套弄丢了，每天都好冷呀，而且他总是用小刀在我的身上一刀一刀地划来划去，不仅疼而且样子也是怪怪的。"铅笔听完后，长长地叹了口气："主人也是这样对我的，记得之前他还会爱惜我，用我写作业，得到了老师不少的夸奖，可是后来不知什么原因，他就开始不学习了，把我扔在一边，整天被小主人摔来摔去，也许某一天主人就会把我们扔掉，然后再去买新的橡皮和铅笔。"在讲完故事之后，小 W 表现得非常内疚，向老师承认了自己的错误，下定决心以后要认真学习，爱惜自己的文具，纠正自己的错误行为。

2. 故事赏析，感悟体会

为了帮助小 W 树立起珍惜时间的意识，为小 W 讲解《小布叮木偶剧》的故事，让他从小布叮的梦游故事出发，随着小布叮开启奇妙的旅程，在故事中引导小 W，让他了解时间如流水，再也不复返，使其懂得珍惜时间的重要性，进而帮助他养成珍惜时间的良好习惯。

四、评估反思

通过辅导，小 W 逐渐摆脱了过去的不良习惯，学习的态度更加认真，在课堂上不再与其他同学打闹，成绩进步非常快，已经成了班里的学习标兵，经常在学习方面帮助其他同学，也收获了真挚的友谊。在家庭中，小 W 主动承担自己力所能及的事务，放学后合理安排时间，认真完成老师布置的课后作业。

故事教学法可以激发学生的兴趣，将枯燥的理论蕴藏在趣味的故事当中，便于学生的理解和接受，让他们在情境体验和切身感受中有所收获，有利于提高心理健康教育的有效性，推动学生的进步与发展。

"幼苗"需要用爱去浇灌

东宝区仙居乡中心小学　曲来霞

一、案例描述

小Y，男，父亲去世，母亲改嫁，与年迈的爷爷奶奶一起生活。在学校里也很少和老师、同伴沟通交流，课堂上不发言或者低头回答，声音小而且脸涨得通红。小Y有厌学情绪，在家里不听爷爷奶奶的劝告，长时间沉溺于手机游戏。

二、成因分析

家庭的变故对他造成了巨大打击，他觉得自己不如别人，自卑的心理使得他缺乏勇气、缺乏安全感。爷爷奶奶不懂教育，只能保证他的基本物质要求，缺乏对他精神上的帮助和引导。新冠肺炎疫情期间，由于自制能力较差，他没有认真学习，而是沉迷于网络并将其作为心灵的寄托。

三、辅导方法

1. 家校合作，寻求方法

由于小Y特殊的家庭情况，我与孩子的姑妈取得联系，齐心协力做他思想的转变工作。我建议小Y的姑妈平时多鼓励他，多找时间同他谈心，掌握孩子的心理动向，有利于减轻孩子与亲人交往时的紧张感，增进家人间的亲情与温暖。另外，我让小Y姑妈和孩子一起制订学习计划，帮助他建立良好的学习习惯。

2. 心理辅导，打开心扉

采用聊天、说秘密的方式，与孩子先建立信任关系，再针对他的问题进行辅导。经过一段时间的心理疏导，在家长和老师的共同帮助下，他逐渐放开自己，开始融入学校生活。

3. 树立信心，激发向上的动力

记得有一次，班级举行小组间的演讲比赛，胆小的小Y被所在小组选上了，我知道这是小组成员给他的机会。刚开始他不愿意，最后通过同学和老师的鼓励，他接受了这次展现自己的机会，而且表现得还不错，班级响起了热烈的掌声，他第一次在同学面前有了开心的笑容。从此，他对很多课似乎也产生了兴趣，成绩也有了很大的提高。

4. 耐心引导，重视鼓励

在平时引导教育他的时候，可以采用激励性语言让他感受到我对他的关爱，从而增强他的自信心。

例如，有一次课上进行认字比赛，我问同学们："哪位同学先来挑战？"我竟然在人群中看到了小Y高举的手以及坚定的眼神。

5. 多样评价，获得自信

开展形式多样的评比活动，用激励的方式使其扬长避短。为了调动他的自我教育意识，每周我都会给他以正确的评价，把他突出的进步告诉他的爷爷奶奶，使其家人对他更有信心，同时从家庭方面给予他积极的心理暗示。这样充分调动了他的积极性，使他在评价中获得自我激励，迸发个人力量，不断自律、自信、自强。

四、评估反思

老师反映他上课主动回答问题，认真听讲，学习自觉性提高了，作业能按时完成，课后乐于与同学们一起玩。

家长反映孩子在家比以前懂事了，有时也能帮爷爷奶奶做点家务，周末在家，能坚持先写作业后看电视，能按规定时间玩手机。

同学反映他越来越喜欢和同学一起玩耍，不会的问题及时与同学讨论交流。

通过对小Y的辅导，让我感受到用一颗宽厚真诚的爱心去教育他们，必能使他们走出暂时的心理阴影，步入人生灿烂的阳光地带。同时，只有用爱心去感染这样的学生，家校合作，让孩子发现自己的优点，从而建立自信，在自信中认识错误，改正错误，才能逐渐健康成长起来。

以爱为梯登上自信的台阶

湖北省荆门市德艺学校南校　王园园　王倩云

一、案例描述

去年我接手了一个新的班级，上课时我发现了一个不一样的孩子——小毛（化名）。每次我一提问题，最先举手的总是他，手举得高高的，生怕别人看不到他，刚开始我点他回答了几次问题，可是他每次都回答得牛头不对马嘴，所以我就没再点他回答问题了。他后来在课上就开始自言自语，嘴巴一直嘀嘀咕咕的，小动作不断，同学们都盯着他，每当这个时候就开始大喊。同学们都用鄙视的眼光看着他。上课要是讲到和他名字有关的字，他就格外激动。他也从来不参加学校举行的大型活动，如运动会、元旦汇演等，他说他觉得这些活动很没有意思。

二、成因分析

小毛的父母关系紧张，小毛从小生活在父母争吵的阴影下，只要他一犯错，家长就会采取粗暴的教育方法。父母离异后与母亲居住，母亲不准其父亲看望小毛，加重了其对人际交往厌恶的心理，加之小时候与奶奶一起生活，受老人性格影响，与人交往较少，特别是疫情过后，长期封闭在家，造成现在与人交往有严重的障碍。在学校时他很想得到老师和同学的关注，所以总喜欢发出奇怪的声音，自言自语，但是其他同学很不喜欢他这样的做法，很厌烦他。在学校他没有一个朋友，同学都疏远他，他总是觉得别人瞧不起他。

三、辅导方法

1. 获取他的信任，倾听他的心声

每周两次，让小毛来找我聊天，说一说他想表达的想法。同时，提出我对他的一些建议。比如，怎样和父母相处。他从来不和妈妈一起走亲戚，他感觉别人看他的眼神很奇怪，他宁愿自己一个人在家吃饭。我告诉他，别人看他是因为太久没见过他，如果他经常见见他们，每次聚会都参加，而且主动和别人打招呼，别人肯定不会再盯着他看。后来的一次生日宴他尝试去了一次，回来后和我分享了他愉悦的心情。

2. 让他喜欢读书，阅读会使人快乐

让他一个人在家的时候可以看看书，如《唤醒内心巨人》《一生的资本》《谁动了我的奶酪》，看完一本书后最好写出自己的想法，把不想说的话通过文字表达出来，这样会让心情好很多。

3. 给他表现自我的机会，对自己有自信

上课时我会引导他回答一些简单的问题，多让他有表达的机会，只要他稍微有一点进步，就及时给予他肯定、增加他的信心。考试只要有进步我就会在班级上表扬他。和他同宿舍的舍友进行沟通，特别是那些正直友好的孩子，希望他们能慢慢地接纳他，帮助他，比如，帮他一起铺床，中午吃饭后一起回宿舍等。

4. 引导他学好自己的优势科目，重塑自信心

他特别喜欢上语文课，虽然语文成绩不好，但是他很喜欢写文章，鼓励他多去和语文老师沟通学习方法，提高自己的成绩。

5. 帮助他改善与父母的关系

鼓励他放假在家多和父母聊聊天，讲一些学校发生的有趣的事情或者是伤心的事情，改善和父母之间的关系。

四、评估反思

通过辅导，小毛上课的一些奇怪行为有所改变。人际关系方面，和父母的关系有所缓解，已能正常地与人交往和参加各种活动，还交上了几个特别要好的朋友；自言自语，大喊大叫的毛病改了；经常在上课时埋头做题，学习成绩有了一定的提高。现在看起来是个比较积极向上，有爱心的孩子，后来还考上了一所自己喜欢的学校。

在为孩子们提供优越生活环境的同时，作为家长更应关注孩子的身心全面发展，特别是青春期的孩子，他们敏感，心思变化大，应时刻关注。作为教育工作者应该教会学生如何合理地、科学地、健康地安排自己的闲暇时间，积极客观地面对生活，遇到问题应及时加强和父母老师的沟通。做既会学习，又会积极面对自我的人。

后疫情时期网瘾戒断的辅导

京山市曹武镇初级中学　刘庆　童若松

一、案例描述

小华（化名），男，14 岁。他原本是一个阳光、上进的学生，学习名列前茅，还担任班长职务。然而新冠肺炎疫情期间，他沉迷于网络游戏，复课后，他整天精神恍惚，成绩一落千丈，父母想尽一切办法不让他上网，然而严格的管控不但没有把他从"网瘾"中拉出来。相反，让小华产生了严重的逆反心理，甚至有时候逃课去网吧。

二、成因分析

（1）疫情影响了父母的生意，家庭氛围不和谐因素对他的情绪影响很大。

（2）他的父亲解决问题的方式主要是打骂。这种教育方式使正值青春期的小华逆反心理更加严重，成了网瘾的"助力因子"。

（3）缺少家人关注，在游戏中寻找存在感和成就感。

三、辅导方法

结合小华的实际情况，我从家庭、学生个体、学校等多方面考虑，制订了辅导方案如下。

1. 认知疗法

（1）认知重建：让他认识到现实生活远比虚拟的网络世界精彩。

（2）自我警醒：告诉他网络成瘾的危害，让他知道如果长时间上网，视力会慢慢下降，且身体素质越来越差，这些带来的后果不堪设想。

（3）自我辩论：想象上网成瘾后的种种弊端，自我辩论到底该如何改善。

（4）自我暗示：有想上网的念头时让他反复暗示自己可以去做各种有趣、有益的事情。

2. 行为治疗法

制定学习计划，根据表现给自己一些小小的奖励或惩罚，请老师、同学、家长协助执行。

3. 行为契约法

为了使网瘾行为的矫治顺利进行下去，我指导小华和他的家长制订为期三个月的"家庭公约"，主要内容如下。

（1）从周一到周五，每天上网的时间不超过一个小时。

（2）周六、周日，每天上网的时间不超过两个小时。

（3）任何时间都不得去网吧。

（4）任何一次上网都必须先征得父母的同意。

监督执行标准：

（1）如果违反了以上标准，则在违反规定的第二天起，连续一周不能上网。

（2）如果能连续一个星期遵守规定，周末可以奖励延长一个小时。

（3）如果能一天不上网，父母就发给一个事先准备好的奖品。

四、评估反思

为期三个月的行为契约，小华做得很好，他已经能够正确地认识网络游戏，能够很好地分配学习活动时间和上网时间，小华的改变得到了父母更多的关爱与奖赏，他对自己的现实生活变得更加自信。他上课的精神状态明显好转，无旷课逃学行为，有事也愿意和父母沟通，心理健康辅导初见成效。

爱的教育

高新区·掇刀区团林铺镇黄岭小学　申永莉

一、案例描述

小强（化名），在小的时候就诊断出有心理问题，成绩中等，性格内向，上课从不主动举手发言，也不愿意与同学交往。春秋季节和天气炎热时，他会情绪失控，自言自语，无缘无故殴打同学，甚至出现自残行为。

二、成因分析

自卑胆怯的心理尤其严重，究其原因，主要有以下两个方面：

1. 个人因素

通过观察，我发现他长期受自卑、羞怯、焦虑和恐惧等负面情绪的影响，过重的心理负担使他不能正确地评价自己的能力，严重影响身心健康发展。

2. 家庭因素

他的父母很早就离异，把他寄养在外公外婆家，长期缺乏父爱、母爱，使他缺乏自信，干什么事情都唯唯诺诺。

三、辅导方法

我进行了"班级是我家，管理靠大家"的活动管理实践，通过这段时间的努力，我惊喜地发现小强的情况明显好转。我主要是从以下五个方面帮助小强的。

1. 激励教育，给予关爱、关心和鼓励

根据小强的家庭情况，我知道他最需要的是爱、关心与鼓励。因此，每当我遇到他时，我便拉着他的手或搭着他的肩，抚摸他的头，亲切地问："小强同学，你吃饭了吗？谁送你来上学呀？今天开不开心呀……"最初，他很不习惯，急着挣脱也从不答话，慢慢地他不再抵触我接近他。班上其他同学看到我的做法也学得有模有样，师生之间好像无形之中有了一种默契。

2. 及时鼓励，帮他重拾自信

有一次，我正上着课，突然听到有人在唱歌，我循声而去，发现是小强同学在旁若无人地唱着，而且还唱得很不错！我灵机一动，这不正是建立他自信心的时候吗？我示意班上的同学安静下来静静聆听，他唱完以后，教室里爆发出雷鸣般的掌声。这时，他才从自己的世界里回过神，羞涩地低着头笑了。

3. 重视家庭，提高沟通能力、自理能力

我经常和小强妈妈沟通他在学校的情况，也把他的点滴变化和进步跟他的妈妈分享。于是，小强妈妈也开始重视对孩子的教育，她一有时间就回来看小强，陪伴他。同时，我让小强的外公外婆在家多与孩子沟通，并让他学着分担家务。比如，有客人来到家里，让他为客人端茶、拿水果等。适当地让孩子做一些力所能及的家务，以提高孩子的自理能力，从家务劳动中锻炼与家人交往的能力。

4. 在自评与他评中肯定自己

开展形式多样的评比活动，用激励的方式使其扬长避短。我引导小强自主建立成长档案，每月评一次。让他在自评和他评中学会反省，逐步完善自己。

5. 参与管理，帮助其增强自信

通过自主管理，将更多的自主空间给了学生，在班级中，我们提倡"班干部轮换制"，在经过一番鼓励之后，小强也积极加入各项自主管理，从班级的小组长开始，他对自己、对同学、对事情的看法有了明显的变化。看到自己取得的成绩时，小强脸上露出了笑容，从此他的行为变得更加自律，态度更加积极，学习更自信，也很少与同学发生矛盾了。

四、评估反思

经过一段时间的辅导后，小强不再总是形单影只，校园里经常可以见到他嬉戏玩耍的身影；他不再一言不发，面对别人的问话，他会简短的回答；他的学习成绩有了提高，上课能举手发言且声音洪亮。家长也反映他在家学习主动，还乐意帮家长做些家务。

通过对小强的教育，看着他一点点的变化，我庆幸没有放弃他，我庆幸我用自己的爱心感化了他，更感染了一群幼小的孩子。我更深刻地感受到老师的责任不仅是传道授业解惑，更是要在学生心中埋下一颗爱的种子。

开启心灵之门

京山市杨峰中学　李娟　方俊

一、案例描述

小雨，14 岁，成绩较好，性格内向，在课堂上不敢回答老师提出的问题，一回答问题就脸红，结结巴巴，总是担心回答不正确，会被大家笑话。她从小就胆小，独来独往，甚至与同桌都很少交流，人际关系欠佳，很少参加集体活动。

二、成因分析

小雨的父母在外打工多年，很少回家。小雨严重缺乏父母的关怀与教育。她主要和祖父母居住，但与祖父母之间的交流很少。放学后小雨经常一人独自待在房间里，把所有的烦恼全部憋在心里。由于小雨长期缺乏父母的关心，造成了她性格孤僻、胆怯，不愿主动与人交往，对同学冷淡，伙伴们也不敢与她接触，所以人际关系不佳。

三、辅导方法

1. 给予理解，以爱感化

只有把爱的情感投射到学生的心田，才能收到良好的教育效果。我对她的性格报以尊重和理解，给她笑容与耐心。我主动找她聊天，让她把不开心的事情都对我说，我倾听她的每一句话，细致地帮她解答每一个问题，逐步解开她的心结。

2. 鼓励同学与她交流

让班上老师介绍热心肠且性格活跃的同学和她交朋友，让他们互相交谈，引导他们互相取长补短，激励她变得越来越积极；让同学们平时多主动跟她打招呼，在学习和生活上多帮助她。

3. 与家长沟通达成一致的教育方法

针对其父母常年在外的情况，通过电话联系，及时把小雨的情况反馈给他们，要求小雨父母定期给孩子打电话，给孩子自信、乐观的能量；让其祖父母多以快乐的心情、热情的语气与小雨谈心，经常带她出去玩一玩。

4. 培养自信意识，克服社交恐惧

她很自卑，对自己的表现不是很自信。我告诉她每一个人都不可能十全十美，人人都是平等的，并搜集一些案例和视频让她了解。许多人比她更缺乏父母的爱，却知道自己想要什么，目标是什么，每天活得十分充实而富足，坚强而勇敢。

5. 心理暗示法

教她每天早上起来对着镜子说："加油，你是最棒的!"每天把自己的想法和收获写在日记本上，每周进行一次自我反思和自我评价。

6. 课外兴趣小组的融入

为了让她更加自信、更加快乐和充满热情，我帮助她加入了她喜欢的舞蹈兴趣小组。每次排练，她需要跟其他队友共同练习动作，互相学习。有时，还有同学向她请教，她都努力鼓起勇气，像一个小老师一样，耐心指导，她的脸上逐渐露出了灿烂的微笑。

四、评估反思

通过这些措施，小雨的胆怯心理逐渐消失，性格方面有了很大的改变。她经常出现在集体活动的人群中，积极参加学校组织的活动；在课堂上也积极举手，能较顺畅地发言了；在学习上也进步很快，与班上许多同学成为朋友。

教育家马卡连柯曾经说过："爱是教育的前提，没有爱就没有教育。"在对小雨的辅导中，让我更加认识到作为留守孩子，从小就缺乏足够的温暖与爱护，老人再怎么尽心地照顾，也比不上父母陪伴在旁。他们最主要的不是缺乏物质，而是缺乏心灵的沟通、语言的理解、行为的动力，缺乏一个安全又默契的依靠。这样的孩子，更需要社会、学校、老师的关心。

愿社会、学校给予留守孩子更多的爱与呵护，给予留守孩子家长更多的家庭教育知识的宣讲，让大家都能以恰当的方式、良好的心态，共同关注留守孩子的健康成长，让他们的微笑成为众多孩子中最美的花。

错位的性角色

高新区·掇刀区望兵石学校 蒋巧莉

一、案例介绍

M，女，17 岁，从来不穿裙子、不披头发，时常戴一顶棒球帽，在校经常为女生出头，跟男生打架。M 不喜欢和男生玩，认为男生都非常粗俗。在校经常为上厕所而烦恼，学校厕所的蹲位没有门，看到女同学脱裤子就特别尴尬，所以，每次总在快上课的时候，才匆匆跑去厕所，或是憋着回家再上。M 发现她喜欢女孩子，跟女生在一起会有心动脸红的感觉，为此时常魂不守舍、烦躁不安。一方面为未来感到担忧，另一方面又极力地排斥男生。她向父母坦白了这件事，由父母陪同来咨询。

二、成因分析

M 的父母亲是中专同学，结婚不久生下 M。M 三岁左右时，经常因睡觉踢被子而生病，所以，母亲便一直和她睡在一个房间，方便照顾，直到现在。父亲脾气不好，特别是喝酒后会发脾气、砸东西。M 从小目睹父亲酒后发脾气，甚至砸门砸窗户，所以十分同情母亲憎恶父亲。M 记事起就不爱玩女孩子的游戏，她与父亲关系疏远，几乎没有交流。M 从小就把自己摆在了母亲保护者的角色上，对父亲厌恶、敌对。从精神分析的角度来看，其性角色错位是一种心理防御，而家庭三角关系的错位则加剧了 M 的性角色错位。

国内外不少心理学家认为处于青春期的少男少女，不仅会自然萌生出对异性产生特殊的好感，有时也往往会把这种情感倾注在同性伙伴身上，很多时候，他们自己也分不清楚这到底是一种什么样的关系。

三、辅导方法

1. 建立信任的关系

以接纳、开放的态度对 M 的倾诉给予积极倾听、及时共情，建立彼此信任的咨询关系。

2. 性心理宣教

从心理理论的角度向 M 诠释可能导致其性角色错位的一些因素，引起 M 的自我觉察。

3. 家庭辅导

首先，向 M 的父母了解情况、收集信息，感受家庭中每一位成员的不容易，与所有的家庭成员结成咨询同盟。其次，向 M 的父母做心理宣教，普及与性别角色错位相关的心理知识。然后以家庭沙盘为工具，向他们呈现家庭中的互动模式以及三角关系，引起 M 父母的觉察，打破之前固有的模式以及信念。再次，引导家庭成员积极调整相处模式。让妈妈认识到孩子长大了，应该让孩子独立，应该从孩子的房间搬出来。让爸爸也认识到自己太粗暴，以后要少喝酒少发脾气，多陪伴家人。M 也表示，愿意与父亲重新培养感情。

4. 自我探索

用意象对话浅催眠，带领 M 了解自己的心理状态以及亲密关系、亲子关系。通过潜意识，让 M 了解自己的心理防御模式，同时抚平童年的创伤。在与 M 的沟通中，更多地引发其对性别角色的思考。

5. 给予人际关系上的辅导与支持

用焦点解决问题的模式，引导 M 在生活中找例外，打破其"男生都是粗俗的"错误认知。

6. 复盘并对学习、生活重新树立目标

引导 M 向前看，将注意力更多地回归到学业中来，以更加积极和灵活的方式面对学习和生活。

四、评估反思

通过一段时间的辅导，M 可以正常上厕所了，虽然觉得大部分男生还是很讨人厌，但和个别男生相处得还不错，和女同学相处也更加坦然了。

悦纳自己，善待他人

东宝区仙居中心小学 刘洋

一、案例描述

王超（化名），男，9 岁。该生学习成绩一般，性情怪异，很难与同学相处。人际关系非常恶劣，总以强者的形象出现，无缘无故地欺负周围的同学。

二、成因分析

1. 父亲错误的引导方式

王超由于从小个子比其他人矮，在上低年级的时候总是被其他人欺负，父亲怕他吃亏，就教他回击欺负他的人，渐渐地，他由一个受他人欺负的学生转为一个欺负他人的学生，令老师极其头疼。

2. 生活环境的影响

疫情之后，迫于生活压力，王超父母外出打工，将他交给家中爷爷奶奶看管，由于很少能见到父母，对父母缺少依恋，爷爷奶奶出于内心的愧疚，对他也是言听计从，不计条件地满足他，渐渐地养成了蛮横任性的性格。

3. 群众的排斥

王超在班里总是很显眼，上课做小动作，下课喜欢欺负同学……久而久之，同学歧视的目光和老师严厉的批评导致了他对学习的厌恶，他对自己也失去了信心。作为一个 9 岁的孩子，不能被他所向往的群体接纳，不能得到正常的伙伴之间的交流，内心的感受是可想而知的。

三、辅导方法

孩子所有的外在表现，是其内心的反应，所以，教育要从心入手。

1. 加强与其家庭的联系

人们都说父母是孩子的第一任老师。经过和王超父母长时间的沟通，在如何教育王超的问题上，我们逐步达成共识。我劝导孩子父亲不可用简单粗暴的方法对待孩子，要多和儿子相处、交谈，用温情和儿子沟通。引导家长和孩子看一些既有教育好处，孩子又喜欢的书报、视频。当孩子的坏习惯逐渐改变时，我又建议他的父母及时给予表扬、激励，从正面对孩子的行为予以肯定。

2. 架起爱的桥梁

开始，同学不愿意与他玩耍，他对老师的询问也是一问三不答，故意装作不明白。我知道这是他防御心理的表现，其实其内心还是渴望得到别人的同情和关心。于是我主动和他靠近，慢慢缩短心理距离，消除他内心的焦虑和冷漠。

我告诉他如果一周内没有发生攻击性行为，就能够选取自己喜欢的方式对自己进行奖励，如成为光荣的升旗手，在班级上公开表扬等。让他充分体验成功的欢乐，不断进步。

3. 挖掘"闪光点"

我发现王超虽然欺负同学，但他依然有向上的愿望，他身上还是有很多的"闪光点"，比如，上课认真听讲时会积极发言，活动中乐于表现自己……

上课时，我有意多让他发言，当他的回答有新意或声音响亮时，积极表扬，让他尝到成功的快乐。当回答得不够理想时，我也予以肯定，培养他的自信心。

每当学校举行比赛，只要是他擅长的比赛项目，就鼓励他参加。同时，教他一些参赛的方法，让他感受到老师的关心。在班级活动中，也多给他表现的机会，比如讲故事、唱歌、表演课本剧等，因为他的主动参与会使他觉得自己也是班级的一份子，从而获得更多的存在感。

4. 参与班级管理

因为参与了班级管理，他的积极性也充分调动了起来，课后不再没事就和同学打闹了。另外，因为他的职务涉及记录，需要写一些表述性的文字，遇到不会写的字他就请教别人或者查字典，也对他的学习有所帮助。

四、评估反思

（1）学生的不良习惯，都是日积月累逐渐形成的，而教师在工作中要化被动为主动，在平时的工作中要及时发现，及时辅导，以促进其尽快转变。

（2）在辅导过程中要向学生倾注更多的爱，努力构建起师生之间信任的关系。加强教师与家长的联系，共同督促营造良好的氛围，这样的教育和辅导就会起到事半功倍的作用。

为孩子点亮一盏心灯

高新区·掇刀区望兵石学校　张丽

一、案例描述

吴XX，男，13岁，父母离异，跟随母亲生活。由于母亲常年在外打工，想管教他，也鞭长莫及，尤其是疫情期间的网络教学，吴XX沉迷网络，无法自拔，更是无法保证其上课的效率。目前吴XX跟爷爷奶奶一起生活，可是爷爷奶奶年纪较大，身体又不好，对他的教育也有心无力。吴XX没有学习目标，比较自由散漫、孤僻，拖延症相当严重。他对老师的教育也常常抱以漠然的态度。

二、成因分析

因为是单亲家庭，一方面，母亲为了弥补吴XX父爱的缺失，对孩子过于溺爱，生怕孩子受一点委屈，让孩子按照自己的意愿成长。这种披着爱的外衣的"放养"会让孩子跟不上学校和社会的脚步；另一方面，因为母亲长期不与吴XX共同生活，爷爷奶奶只能给他提供一日三餐，思想方面的教育严重缺失。吴XX因此有自卑与自负等矛盾心理。

三、辅导方法

孩子所有外在的表现，都是其内心的真实写照，因此，我认为教育就要从孩子的内心入手，为孩子点亮一盏心灯。

1. 加强家校沟通

因为吴XX的母亲常年在外打工，我们的家校沟通主要是通过电话和微信的方式来进行。每周末孩子母亲休息时，我就会把孩子这一周在学校的表现以照片或视频的方式发给她，让她了解孩子在学校的真实情况，让她明白虽然因为生计原因不能陪伴在孩子的身边，但与孩子之间必要的交流沟通是必不可少的，要经常打电话或通过微信等工具关心孩子现阶段的学习、生活以及和同学之间的相处情况，让孩子感受到妈妈是爱他的，并没有抛下他，让他有安全感，摆脱心理困境。另外，我也会与家长交流更有效的教育方法。在家校紧密配合下，吴XX的心理发生了微妙的变化，变得愿意与人交流沟通，也不那么孤僻了。

2. 在班级中创设良好的育人环境

环境可以造就人。良好的班级文化、正确的舆论教育和积极的人际关系可以减少很多的心理问题。吴XX与同学们一直相处得不是很好，对老师的话当耳旁风，我知道这是他自我保护的一种方式，他那些奇怪的想法和怪异的行为，其实都是想得到老师的关注，引起同学们的注意，也是想体会被爱的感觉。我尽自己最大的努力在师生间、同学间架起爱的桥梁，使他感受到集体的温暖，从而在集体中找到自身的价值。我还让同学们尽可能地在生活上多关心他，邀请他参与班级事务。我也主动与他谈话，设身处地为他着想，替他排忧解难，渐渐地，他也能主动接受老师的建议了。

3. 抓住契机及时表扬激励

对学生而言，老师的注意力就像阳光，注意力所及之处就会成长，忽略了就会枯萎。我主动与各科任老师沟通，力争同他们合作，共同来帮助吴XX走出困境。让他们在课堂上多创造一些表现的机会给他，让其体验到成功的喜悦，帮他树立自信，激励他不畏艰难，勇攀高峰。同时我也告诉他，如果自己今天表现得好，也可以对自己进行奖励，例如，奖励自己一颗棒棒糖，给自己半小时的时间玩电脑放松等。近段时间的网课学习也有了很大的进步，能按时参加网课学习，课堂上也能积极回答老师的问题，作业上交的主动性也增强了不少。

四、评估反思

孩子的点滴进步，折射的是老师的辛劳。当今时代，物欲横流，孩子的心理健康尤为重要。我愿用更多的爱心、耐心与信心为孩子点亮一盏心灯，陪伴他们健康成长。

与心相伴戒除网瘾

京山市永兴镇屈场小学 周全国

一、案例描述

小周，11岁，因为小时候父母在忙碌时总是用手机去安抚他的情绪，所以养成了一停下来就要玩手机的坏习惯。在新冠肺炎疫情期间，全市学生要在家上网课，手机就成了学习的必需品，小周同学顺理成章地迷上了网络游戏。

二、成因分析

小周的爸爸是单位职工，母亲开着一家便民店，平时两人都很忙，根本没时间和儿子沟通，对孩子的教育显得力不从心。小周头脑灵活，可知识体系分散，有些知识一学就会，但也忘得快，毫无积累。学习总是在大人的"严防死守"下，大人觉得累，他觉得更累，总感觉生活在大人的监督下。

小周有参加集体活动和与人交往的愿望，但缺少积极性，再加上学习自觉性不够稳定，主动性较差，所以克服困难的信心不够坚定。由于父母忙于工作，缺少对他的监护，再加上社会上不良东西的影响，因此，手机就成了他的玩伴，伴随而来的是与人沟通变少，集体活动不愿意参加，学习成绩严重下滑。

网络之所以能让他沉迷其中，是因为这个年纪的孩子，恰好有些心理特性可以通过网络得到满足，其中有以下两个方面的主要原因。

1. 认知需求

孩子在成长的过程中，往往对周遭的事物充满好奇。而网络的便利和自由的特性，恰好为他们提供了一个了解外部世界最好、最便捷的方式。

2. 自我实现的需求。

孩子都希望能发挥自己的潜能，喜欢得到别人的肯定，这就是所谓的"自我实现需求"。孩子在学校的成绩不够优秀，与伙伴相处得也不够融洽，情绪上总是很低落，缺乏自我实现的满足感。而在他们玩网络游戏时，相对而言较容易体验成功的快乐，况且游戏输了，可以自己作主，不断地重复，生活却不能如此，这些都大大满足了他们自我实现的需求。

三、辅导方法

根据沉迷网络的原因，我制订了以下方法：

（1）让父母改变与孩子的互动模式，建立一个轻松、和谐的家庭氛围。家长和孩子要像朋友一样相处，少打骂，多尊重，让孩子有积极的情绪，愿意回到现实生活当中来。

（2）从新的角度去看待孩子，给足孩子内心需要的东西。父母试着去理解孩子玩游戏的原因，了解孩子内心的真实想法，体会游戏给孩子带来的快乐，反思自己的行为并加以改进。这也会帮助孩子从新的角度去认识自己，激发孩子内在的力量，建设性地发展，给他价值感和归属感。

（3）设法构建远离手机的场所，让小周参与学校的各项集体活动，培养他的特长等，使他的兴趣发生转移，培养他积极向上的思想品质。还可以通过引导让他服务班级，争当德育先进，增强他的集体责任感与现实荣誉意识。

（4）教育孩子掌握一些自我控制、自我约束、抵制诱惑的方法，以此提高个人对手机的免疫力。对他采用定时法，也就是引导他自己制订一个手机使用时间的计划，如每天只玩二十分钟至三十分钟，习惯后再调整，逐步减少玩的时间，直到能完全控制自己为止。在坚持戒网瘾的过程中，要给予精神和物质上的奖励，以促进巩固的效果，消除网瘾复发的可能。

四、评估反思

经过一段时间的辅助，小周变得活力四射，上课精神饱满，认真听讲，积极发言。回家后也能帮助大人做一些力所能及的事情，俨然一副小大人的模样，学习成绩也进步不少。

教育是一项社会、学校、家庭紧密联系的复杂育人工程，任何一个环节的缺失，都将会对个人的成长带来不可估量的伤害。通过这个案例，我感受到教育孩子就是要用关爱去感动、感化他们，并且家庭、学校、社会教育一定要环环相扣，这样我们的教育才是真正意义上的教育。

新视角下的心理健康教育

东宝区子陵铺镇中心小学 张明 姚顺爱

一、案例描述

小林，男，12 岁，成绩较差。性格胆怯内向，在课堂上不敢回答老师的提问，容易脸红，说话偶尔会结巴，经询问得知是担心回答出错引同学笑话。据小林父母反映，小林同学从幼年起就十分胆小内向，一直不能经营好人际关系，对集体活动能避则避，几乎不主动参加。在上网课期间小林表现得很差，课上经常偷偷玩游戏或是看电视剧。

二、成因分析

1. 家庭因素

小林同学的父母开店做生意，每天十分繁忙，早出晚归，几乎将全部精力放在赚钱上。小林从小跟随爷爷奶奶生活，爷爷奶奶对小林关怀体贴，有求必应，但仅限于物质方面，小林和二位老人的交流也很少，放学后一般会将自己关在房间玩游戏、看电视剧等，父母提供的生活费充裕，还为他买了一台高配置的手机，但对他的生活不够关心。

2. 学校因素

小林在学校也不主动和同学交流，独来独往，没有关系很要好的朋友。无论是在课堂上还是在活动过程中都不是很活跃，小组讨论时总是沉默不语，因此，也没有学生会主动亲近他、同他交流。久而久之，他便养成了孤僻内向的性格。

3. 新冠肺炎疫情影响

疫情居家只能采用线上教学，由于长时间没受到学校教师的面对面教导，小林同学放松了对自己的要求，在课堂上不认真听讲。

三、辅导方法

1. 家校互联，共同教育

首先，我与小林的家长取得联系，通过多次深入沟通，帮助家长认识到孩子如今存在的问题和可能导致的后果，了解孩子性格形成的原因。引导家长重视与孩子的沟通和陪伴，不要只顾赚钱，尽量腾出时间关心孩子的成长，与孩子进行深入交流，了解其心理需求。若有条件的话，可将孩子接回自己身边共同生活，哪怕平日店里生意繁忙，也应让孩子切身体会父母的不易。此外，我剖析了小学生拥有手机会带来的各种问题，在上网课期间，小林不止一次被发现上课时玩游戏，请家长与孩子沟通后约法三章，若小林不能严格遵守，就将手机收回，由家长代为保管，根据其表现决定是否归还。家长十分配合我的工作，并保证会严格要求孩子自身的行为，据了解，他们将小林接回一起生活，在目睹父母起早贪黑，辛苦挣钱后，小林主动表示承担一部分家务，变得十分懂事。

2. 师生协力，共同陪伴

良好的周边氛围也能够逐渐感化一个人，填补其内心的空虚，恢复心理平衡。我与小林的同班同学、任课教师进行了深入沟通，请他们帮助小林，让他体验被关心的感觉，感受集体的温暖。同学们都十分积极配合，每天都会安排人去主动邀请小林参加集体游戏或者一同吃饭、回家等。起初，小林对此无动于衷，每次都会拒绝邀请，但一段时间后，同学们的热情感染了他，他开始第一次接受邀请，和同学一起打球，在那次活动中，他技惊四座，得到了同学们的认可与夸赞，他本人也难得地露出了笑容。此外，任课教师也对小林给予更多的关注，注意他在课堂上的表现，并让他回答一些基础性的问题，及时表扬、鼓励，使他恢复自信。

四、评估反思

疫情期间，网络授课的方式缺乏对学生的有效监管，有一部分学生不可避免地出现了思想上的懈怠，其原因是多方面的，小林同学只是其中的一位。想要保障学生成长过程中的心理健康，为其保驾护航，必须集合学校与家长之力，两者合作，建立密切联系，并构建和谐的班级、学校氛围，使学生养成积极向上、开朗活泼的性格。

花开应有时

——初中生"早恋"心理健康案例

京山市曹武镇初级中学　李方元　谢亚琼

一、案例描述

王同学是一个活泼开朗、自信美丽的女孩,她从小就是学校文体活动的积极参与者,成绩虽居中,但其乐观向上、朝气蓬勃的精神面貌总是能给同学和老师留下深刻的印象。随着年龄的增长,青春期萌动也悄然到来,步入初中后的王同学与异性交往密切且十分注重个人穿着打扮、言谈举止,上课也时常走神。特别是此次新冠肺炎疫情后学生返校,由于长时间没有与同学见面,近期的王同学越发表现明显,上课也出现了与异性传纸条、讲话、肢体接触等现象,不仅影响了自己的学习,也在班级造成了不好的影响。

二、成因分析

1. 个人原因

王同学本身是外向型性格,乐于与人相处,善于展示自己,且个人魅力强,这些优点既能够吸引人注意,也能带来不少困扰。初中生正处在世界观、人生观走向成熟的阶段,很多问题似懂非懂,再加上初中是寄宿制,脱离父母的关注和正确引导,此时的学生很容易盲目效仿、一时冲动,任性妄为,此时急需家长、老师帮助他们战胜自己。

2. 家庭原因

王同学父母离异,常年缺少父亲的关爱,母女平时交流较少,这种家庭情感的缺失,是造成"早恋"现象的主要原因。

3. 学校原因

由于农村学校缺乏专业的心理健康教师,导致学生无法正视与异性的相处,要么"一刀切"拒绝与异性相处,要么把异性之间的好感、友谊当作爱情来对待,同学间的交往出现偏差。

4. 社会原因

由于网络的普及以及社会的开放，学生通过电视、手机及其他各种渠道获得许多描写爱情的信息，这些信息的诱惑力、感染力对青春期萌动的学生是十分致命的，他们会产生联想和模仿的欲望，对学习和生活都会造成巨大的影响。

三、辅导方法

针对王同学的问题，我采用的辅导方式是旁敲侧击，全班重视；逐个击破，重点解决。具体方法如下。

1. 集体认识早恋、正视早恋

初中生早恋问题一定不是个例，我利用班会时间，开展了一次以"早恋弊大于利，还是利大于弊"为主题的辩论会，让学生联系自己日常生活来明辨是非，畅所欲言。看似不经意的辩论会，实则是在给学生们提醒。辩论结束后，进行适度总结，分析现实生活中的案例，让学生自己总结早恋的危害。活动最后，和大家一起观看心理健康教育视频，听听专业心理老师探讨早恋话题。

2. 家校联手，开展一封家书活动

通过家长会等方式，教师与家长联手讨论早恋话题，让家长通过一封家书的形式与学生讨论爱情，避免正面交流的尴尬。信的内容可以是通过父亲与母亲恋爱的过程教育孩子"爱"是建立在一定基础上的，要首先做一个对自己负责的人才能成为一个对别人负责的人。王同学的家长在此次活动中也积极参与，明显感觉到母女之间开始有说有笑地交流了。

3. 晓之以理，动之以情

肯定王同学在学校体育、艺术方面的成绩，进而让她规划一下自己美好的未来。简短的交流后，王同学陷入了沉思，也明确表示自己会努力学习，把握好与异性同学交往的距离。

四、评估反思

王同学的案例反映了现阶段初中生普遍存在的早恋问题，在处理早恋问题时，首先，教师要与学生拉近距离，建立信赖的关系，正视早恋，这样才能敞开心扉，接受教师的帮助，听取教师的建议。其次，要时刻尊重学生，顾及学生的"面子"，尤其是处理早恋问题时，要避讳点名道姓地当众批评，避免学生产生叛逆及过激行为。最后，在心理辅导中要注意保护学生的隐私，不要将学生的心理问题公布于众。多让学生自己去感去悟去体会，只有自己想明白了才能彻底摆脱心理困扰。

唤醒内心的能量

高新区·掇刀区望兵石学校　冯健

一、案例描述

小明（化名），男，13 岁。刚从小学进入初中，由于初中的学科逐渐变多，在小学时期学习优异的小明到了初中无法跟上学习的进度，也没有找到适合自己的学习方法。在这样的情况下，面对初中的考试，小明感觉非常焦虑，他也不愿意和老师沟通，平时在班上沉默寡言，没有自己的朋友，就是埋头学习。回到家中又总是听到母亲责备他学习不够认真，成绩又落后了。小明渐渐产生了严重的心理压力，一听到考试就非常紧张，也不愿和他人沟通。

二、成因分析

小明这个典型的心理问题是在初中阶段很多学生都存在的问题，他们对学习没有找到正确的方法，所以产生了学习压力，无法有效学习，加上父母不理解，进而心理出现严重的问题，自己对这些问题无法理清，无法采取有效方式加以解决，所以问题越来越严重。

1. 家庭层面

小明表示自己学习明明已经很努力了，但是一旦出现落后的情况，回到家中就要忍受父母喋喋不休的批评，在这样的批评下，他会产生抵触的心理。没有一个良好的家庭氛围，对他的学习和人际交往都产生了严重的不良影响。当学生在学习和人际沟通中出现问题时，家长要鼓励学生、帮助学生去发现问题，引导他解决问题，而不是一味地指责和批评。这样的指责和批评，已经无法适应初中学生管理教育的需求，反而会让学生产生抵触的心理。

2. 学校层面

小明在学习中出现了问题，找不到正确的学习方法，导致学习越来越差。在人际交往中，由于他的性格特点和其他因素，导致他无法在学校找到可以沟通的朋友，致使他出现严重的心理问题。从小学到初中，学习环境会发生极大的变化，首当其冲就是学习科目的增多，学习难度也会增加，如果没有找到有效的学习方法，学习起来就会非常吃力。久而久之，这些问题恶性循环积聚在学生的心里，就会带来严重的影响。

3. 社会层面

伴随着经济的飞速发展，信息化社会各种信息传递非常便利，在这样的情况下，功利思想、拜金主义等不良思想会对中学生造成了一定的影响，这种思想严重危害了学生的心理健康。同时在整个社会层面对中学生的心理问题关注度有限，虽然近年来越来越多的初中学生由于心理问题出现各种意外事故登上新闻热搜，然而在社会层面还是缺少有效的途径去帮助学生解决心理问题。

三、辅导方法

1. 家校合作

为了有效地解决他存在的各种心理问题，要和家长相互合作来帮助他。通过与小明父母的沟通，让他们明白教育方式不能过于严厉和直接，如果继续采取绝对控制法对孩子进行教育，反而会让他产生抵触和逆反的心理，要学会理解和信任小明，给他一些空间，不过分干预他的生活和学习。

2. 用心呵护，重视沟通

发现小明身上的优点，并对这些优点放大鼓励，让他能够对学习和生活充满信心，积极地面对生活中的困难。利用各种有效途径和小明进行沟通交流，比如，召开班会，带领学生从事各种实践活动等，在这个过程中引导小明逐渐打开心扉。

四、评估反思

经过一段时间家长和老师的共同辅导和激励，小明的心情愉悦了许多。面对当前初中学生普遍存在的心理问题，要利用正确的途径和方法帮助学生解决。家庭和学校密切沟通，帮助学生正视自己的问题，用心陪伴学生，帮助学生健康地成长。

蜕变

东宝区子陵铺镇中心小学　严小春　余克美

一、案例介绍

阳阳（化名），8岁，活泼好动，对学习毫无兴趣，对于老师的批评教育总是一脸的不屑。总以强者形象出现，受不得半点委屈，别人稍微触犯他，就会恶语相向，甚至报以拳脚。父母离婚，阳阳跟着母亲生活。由于母亲要去工作，没有精力来照顾他，于是他三岁时就被寄养给外公外婆抚养。外公外婆家里还有个孙女，比阳阳大。在感情上外公外婆并没有真心地爱护过阳阳，还经常被外公外婆的孙女欺负。因此，阳阳极度缺乏家庭的温暖。

二、成因分析

1. 学习习惯问题

阳阳从小就被寄养在外公外婆家，外公外婆只是给了孩子生活上的照顾。由于在家缺乏学习上的监督，学习时间无法保障，作业经常完不成，更不用说培养学习习惯了，这就是他学习成绩差的主要原因。

2. 攻击性问题

阳阳的"攻击性行为"最初的形式是防御，为的是"不被伤害"，因为从小看到妈妈被爸爸打，在外公外婆家又被姐姐欺负，所以在观念中形成了这样的推理：受到别人的欺负时不一定要躲开，必须要通过自己的力量和武力来保护自己。他就像一只刺猬，竖起满身的刺，并不是为了扎别人，而是为了保护自己，不让自己受到伤害。

3. 人际交往问题

阳阳的人际交往问题与他的攻击性行为密切相关。攻击性行为的出现一方面是他本人为了少受"欺负"，另一方面也是为了报老师"处事不公"的怨气以及让同学们都"关注"到他。然而阳阳的这些行为却构成了他在别人眼中的不良形象：动不得，说不得，品质差……长此以往，周围的同学谁还愿意和他接近呢？

三、辅导方法

1. 搭建爱的桥梁

我经常有意无意地找他闲谈。上课时尽量多关注他，给他表现和发言的机会，若是在课堂上他违规违纪，我总是悄悄地提醒他，从不点名批评他。下课了，我跟他一起跳绳，还经常让他帮我做些小事情。这样做一来让他感受到老师是真心地关心他，老师是可以信赖的；二来帮助他树立自信心，找到一些成就感。

一年级下学期，学生们都在家里上网课。阳阳和妈妈一起待了半年，妈妈看到阳阳的表现非常着急，于是我每天和阳阳妈妈电话沟通，鼓励她要有耐心，挖掘孩子身上的闪光点，及时表扬，针对问题及时纠正，不能操之过急。

现在二年级了，同学们都返校开始正常上课了。阳阳也不得不离开妈妈回到学校。从阳阳的眼神里，我知道阳阳特别舍不得妈妈。于是我就跟他的妈妈约定：每天一定要跟孩子通视频电话，聊生活学习，尽量多地鼓励阳阳。阳阳在得到妈妈的鼓励之后，母子间的感情有所亲近，且孩子对学习兴趣也一点一点提升了起来，他在同学们心中的形象也慢慢地发生了改变。

2. 构建爱的港湾

在密切接触的过程中，我遵循一条原则，无论是认识还是情感，我都是以真挚的态度来对待他。每当阳阳遇到困难时，我都会告诉他人的一生不可能一帆风顺，总会遇到这样或者那样的困难与挫折，只有坦然面对，笑对人生，才能保持乐观向上的精神状态，才能从容地克服困难。

四、评估反思

两年来，经过老师、家长、同学的帮助，阳阳脸上的怒气少了，微笑多了，学习成绩稳步提升，和同学的关系也在一天天地改善，虽然阳阳取得了一定的进步，但是远没有结束。孩子的不良习惯不是一天养成的，所以要改正也肯定需要漫长的时间，中间还可能出现反复的情况，这就需要我们的老师给予孩子更多的爱心、耐心与信心。

高中生手机成瘾个案分析

湖北省京山市第一中学　钟燕华

一、案例描述

小 C，男，17 岁，高三年级学生。由于父母忙于工作，很少过问他的生活和学习情况，更谈不上经常看望，其一切生活均由爷爷奶奶照料。小 C 对亲人的了解很少，连父母从事什么工作也不清楚。疫情防控期间，小 C 在家进行线上学习接触手机后一发不可收拾，从此沉溺于手机无法自拔。当重新返校学习后，小 C 用积攒的零花钱购买了一部手机，上课时将手机藏在课桌里，趁老师不注意时翻看，尤其喜欢看玄幻类小说。

二、成因分析

小 C 手机成瘾并不只是表面上的缺乏自制力或某些环境因素造成的。其手机成瘾的真正原因是其现实生活中出了问题。由于父母在外忙碌，小 C 从小就缺乏来自父母的关爱。小学阶段，爷爷奶奶只能保证小 C 吃饱穿暖，并不能真正地走进小 C 的精神世界里。高二期间，小 C 经常对着课本发呆，课间休息也只是坐在教室里默不作声，很少与其他同学交流。小 C 内心希望改变成绩不好的现状，并做出了努力与尝试，他想证明自己的实力与能力，但都没有如愿，为此他曾在一段时间内感到焦虑。新冠肺炎疫情期间小 C 接触到手机，通过浏览手机中的玄幻小说，小 C 找到了成就感。玄幻小说的思想内容往往幽深玄妙、奇伟瑰丽，不受科学与人文的限制，也不受时空的限制，励志热血，小 C 被深深地吸引了，并从此沉溺其中无法自拔。

三、辅导方法

1. 沙盘游戏法

沙盘游戏法可以帮助小 C 改善人际关系方面的问题。因为人际关系是影响个体主观幸福感的主要因素之一，并可能进一步影响个体的学习、生活质量。所以，通过沙盘游戏可以让小C了解自身的不足，并找出与他人的差异，从而逐步改善人际关系。

2. 绘画法

让小C利用绘画这种非语言工具，将潜意识内压抑的感情与冲突呈现出来，并在绘画过程中获得纾解与满足。同时，进一步让小C用手中的笔和纸创作一份"放下手机后的生活计划"，绘出自己对未来的憧憬。

3. 激励法

在辅导过程中辅导老师要密切关注小C身上的发光点，并给予肯定，从而唤起小C对成功的向往，使其回忆起过往的成功经验。借助发光点挖掘小C的心理潜能，并鼓励小C自己创造条件去实施。

四、评估反思

帮助学生戒除手机成瘾不是辅导几次就能成功的，而是需要家长的积极参与和配合。因此，加强家校合作很重要。家长可以允许孩子使用手机，但需要在成年人的监督与指导下使用。其实，这种监督指导本身也是一种对孩子的陪伴，可以拉近亲子关系。另外，家长应该从一开始就给孩子选择具有教育意义的手机应用软件，积极引导孩子使用。值得注意的是，家长一定要严格控制手机使用的时间，这样可以较好地解决孩子手机成瘾的问题。通过家长的正确引导和控制，孩子可以借助先进的信息技术进行学习和娱乐，并逐步具有一定的数字信息化媒介的素养。

班集体是学习和生活的主要阵地，班主任必须主动起到一个牵线架桥的作用，在师生间、同学间架起爱的桥梁，使小C感受到集体的温暖，恢复心理平衡。可能一开始他并不愿意开口说话，对他人的关心也视而不见。此时，我们需要多一些耐心，主动地去与小C接触，慢慢地缩小彼此之间的心灵距离，逐渐消除他内心的焦虑和冷漠。班主任还应该协同各科任教师，在课堂上多给小C提供尝试的机会，让他能够体验到成功带来的喜悦和荣耀，从而激发小C的上进心和自信心。

通过心理辅导以及从家庭和班级两方面入手，小C的手机瘾已经得到了一定的改善。但是，孩子的不良习惯不是一天养成的，所以要改正也肯定需要较长的时间，中间还可能出现反复的情况，这需要我们家长和老师们相互配合，付出更多的爱心、耐心与信心。

"宅"时光中的亲子共成长

东宝区象山小学 邓艳菊

一、案例描述

这天，接到一位家长向我求助的微信，内容是："老师，我好焦虑啊。我家孩子每天上网课不专心，不及时完成作业，整天惦记着刷抖音，聊 QQ，看微信。看到他这个样子，真是难过。说两句了，他嫌我啰嗦，说我烦；不管吧，自己都觉得憋出内伤了！再这样下去，我都要抑郁了。"

二、成因分析

亲子冲突主要有言语冲突、情绪冲突、身体冲突三种表现形式。国内最新研究证明，青少年与父母冲突最多和最激烈的三个方面依次为学业、日常生活安排和做家务。

心理学认为，旧的行为只能带来旧的效果，只有新的行为才能带来快乐的可能。常见的没有效果甚至会带来负面影响的做法，就是冲着孩子恼羞成怒。

家长烦琐又讲大道理也是原因之一。因为烦琐只会让孩子心理上感到厌烦，当他忍无可忍的时候就会跟你发生冲突，而我们家长在烦琐的时候经常只会重复讲一些大道理，如"要认真学习""学习要保持专注"。其实关于学习这件事情，孩子可能比家长擅长得多。

三、辅导方法

运用"冰山智慧"化解爱的冲突包含的详细的点如下。

描述事实：我看到，我听到……

分享感受：我感到，我的心情是……

表达需要：我认为，我觉得……

说明请求：我希望，我期待……

不用这种表达以及使用这种智慧表达的例子分别罗列如下。

母亲：一天到晚就知道玩手机，还要不要学习了？

母亲：我看到你还在玩手机（描述事实）；我有点不满，也有点担心（分享感受）；我觉得你需要更多时间投入学习（表达需求）；我希望你现在放下手机去写作业或看书（说明请求）。

当母亲这样表达时，也许孩子会说："妈妈，你说的我听到了，你这样说话我有点难过、烦躁，我刚刚是在上网课，现在才拿着手机放松一下，我玩十分钟就去写作业。我希望你让我自己来安排学习。"

通过这样的对话，让父母理解孩子，孩子也理解父母。

四、评估反思

孩子与父母相处时间越长，越容易"爆发"亲子冲突。当发生亲子冲突时，家长可以这样做。

1. 看见需求，有效沟通

家长意识到发生冲突后，马上停止教育和讲道理，好好想一想刚刚的冲突是什么引起的？作为家长自己的需求是什么，而孩子的需求又是什么。只有清楚地看到彼此真正的需求，才能更好地沟通。

2. 就事论事，尊重孩子

改善需要循序渐进。如手机使用时间的情况，最好不要直接完全克制孩子使用手机。你可以问问孩子每一天想要花多长时间打游戏？要放在一天当中的哪个时间段？以孩子意见为主，让他自己来决定。家长如果发现有什么不妥当的地方，可以向孩子提出自己的疑问和担忧，或者提供更为妥善的建议。

孩子可以这样做：

1. 调节情绪，冷静释放

当察觉到爆发性情绪即将来临时，可以暂时把自己关进"小黑屋"——暂时隔绝与外界的交流，让自己冷静下来。同时不要积压情绪，可以去做运动、听音乐等，也可以找自己的好友、老师倾诉。

2. 表达需求，积极沟通

我们可以尝试和家长表达自己的需求，耐心和家长说清楚自己的想法，只有自己积极沟通，需求才能被看见。

家庭中的亲子关系，彼此就是对方的一面镜子。只有看见我们对彼此的爱和责任，学会双向思考，才可以做出对的选择，才有助于构建更加良好的亲子关系。

好动的孩子

京山市直属机关幼儿园　陈锡琳

一、案例描述

小昀（化名），一个好动、急躁的小男孩。喜欢一个人在教室里游荡，一个人在区域拿玩具玩；总是不爱参与集体教学活动，是一个"坐不住的孩子"；有时因为他"骚扰"周边的小朋友，从而打断教师正在进行的活动；在参与同伴的活动时，常常因为不恰当的方式而被同伴拒绝。但是，小昀又是一个聪明的小男孩，对感兴趣的活动能坚持较长的时间，例如，唱儿歌、做律动、玩玩具等。

二、成因分析

1. 家庭因素

爸爸妈妈比较忙，小昀长期与爷爷奶奶一起生活。爷爷奶奶比较溺爱孩子，常常习惯性默许孩子的做法。新冠肺炎疫情期间，为了孩子的安全，爷爷奶奶长期让孩子一个人在家玩耍，没有与其他小伙伴接触，因此孩子缺乏与同伴交往的能力，养成了喜欢独处的习惯。

2. 个人因素

小昀入园后想与小伙伴接触，但他会因不适应的行为，被其他孩子误解并拒绝。面对同伴的排斥，小昀显然受到了一定程度的伤害。

三、辅导方法

1. 建立良好的家园关系

积极主动与家长沟通，让家长意识到家庭教育的重要性。与家长达成一致的教育观念，帮助孩子树立常规意识，培养孩子的人际交往能力。

2. 把抽象的要求具体化

首先，仔细留意小昀的一日活动，对小昀的不正确行为，及时进行制止，并明确地告诉他错在哪里，应该怎么做。其次，教育孩子时采用适应孩子年龄的简单易懂的语言。最后，将教育融入一日生活之中，让孩子潜移默化地接受。

3. 形成规则意识

针对小昀时常因为无规则意识，违反了班级纪律的行为，一方面多告诉他上课的时候要认真听讲，不可以离开座位做其他的事情；另一方面采取目标激励法，答应小昀，在他认真听完老师的课之后，可以和其他小朋友一起玩新玩具、做新游戏。

4. 善于发挥集体的作用

将集体力量用到积极的方面，鼓励孩子们帮助小昀取得进步。让大家一起监督小昀，在小昀取得进步时，为他鼓掌加油；在他犯错误时，指出错误之处，并帮助他改正。让小昀体会到集体的温暖、同伴的友爱，逐渐被新集体同化。

四、评估反思

一个月后，小昀有了明显的进步。在集体活动中，他能做到坐在凳子上保持一段时间，不在上课期间随意走动。他开始和小朋友交往，学会了一定的交往技能。与小朋友发生冲突时，他学会了克制自己，不用手去推拉同伴。能做到分清男女，听从指令和小伙伴一起排队如厕。反思如下：

（1）坚持以人为本，尊重每一位学生。对于小昀这样的孩子，我们要亲近他，以关爱之心来触动他的心灵，用爱去温暖他、用情去感化他、用行动与语言相结合去说服他，从而使他主动认识并及时改正错误。

（2）发挥集体的力量，用同伴之间的友情去感化他。老师应树立正面的榜样并帮助孩子交朋友，让他感受到同伴对他的信任，让他感受到同伴给自己带来的快乐，让他在快乐中学习、生活，通过同伴的帮助和感染，加强规则意识和交往能力。

（3）落实因材施教，循循善诱的指导方法。把孩子看作是发展中的人，以辩证的、发展的、长远的眼光来看待孩子。以孩子能接受的方式，一点一点地纠正孩子的行为，更好地促进孩子健康、全面地成长。

用独立自主的方式带孩子改掉拖拉的习惯

荆门市直属机关幼儿园　刘双双　吴吉群

一、案例描述

点点，女，年龄在班级偏小一点，做事拖拉。上学经常迟到，就餐时也是磨磨蹭蹭，吃一口饭玩一会儿，总是最后几名吃完，老师一提醒就开始跺脚抱胳膊，嘴里还要发出"哼"的声音，有时还要通过大哭大闹来拒绝吃饭。

二、成因分析

1. 家人的妥协

通过和点点家人的沟通，了解到点点每天早晨都要赖床，起来了还要通过哭闹的方法表示反抗，点点一哭闹，妈妈就没有办法，只能在家让点点吃了再送到学校。长此以往，她形成了不良的习惯。在幼儿园也是慢悠悠的，老师一提醒，或者一批评，点点就开始哭闹，希望老师也可以像家人一样妥协，但是在幼儿园的老师不会像家里人那样什么事都顺着她，所以她会显得比较焦虑，哭闹次数也更多一些。

2. 长辈的溺爱

点点是家里的独生女，家人都很宠爱她。在家里吃饭慢的时候，家人干脆就喂着吃。因为年龄也偏小，所以家里人对她的一些不当的行为也就会过于宽容。在与点点的家人进行沟通时，他们总是将"孩子还小，以后会懂的"挂在嘴边。

3. 时间观念差

点点的时间观念差也是她喜欢迟到，做事拖拉的重要原因。

三、辅导方法

1. 转变家长教育观念，不再妥协与包办代替，培养幼儿自我服务能力

与家长进行谈话，让家长意识到一味忍让孩子与包办代替只会让孩子养成

拖拉的习惯，让孩子觉得自己做什么事情都不行，长此以往，自信心会受到严重影响。

2. 营造一种独立自主的氛围，为孩子创造独立做事情的机会

在幼儿园，老师将幼儿放在主体地位。在活动中也让孩子去自主选择，不多加干涉。在家里，家长要和老师的目标一致，孩子自己完成的事情就让孩子自己去做，绝不妥协忍让。

3. 表扬与批评相结合

少一些批评，多一些表扬。当孩子做得好的时候多表扬，让孩子体验成功的喜悦，这对孩子树立自信心很有帮助，也有利于孩子的心理健康发展。

4. 培养时间观念

培养时间观念的方法有很多种，首先做的就是让孩子认识时间，明白时间的重要性。老师通过给孩子讲关于时间的绘本故事以及名人小故事等，让孩子对时间的重要性更加明了。在进行活动的时候，老师下指令也要更加清晰，用"10分钟后收玩具"的指令代替"再玩一会儿就收"这样的模糊指令，这样孩子不仅有了时间观念，也会在心理上更好地接受这件事，不会因为突然收玩具而感到不高兴从而大吵大闹。在家里时，家长和孩子共同制订作息表，增加孩子的参与感。还可以通过放沙漏或者是定闹钟的方式让孩子对时间的长短有更加清晰的认知。

5. 发挥榜样的作用

以身作则，反思自我。家长和老师都从自身做起，在日常生活中注意自己的言行举止，成为孩子的榜样。在幼儿园的时候，要发挥同伴的积极作用，让做事情利落不拖拉的小朋友和点点一起合作学习和游戏，让点点在这个过程中受到影响。

四、评估反思

一段时间后，点点有了很大的进步：从一个星期迟到三四次，到一周最多一次；吃饭速度提高，能在规定的早餐时间内吃完早餐；在班上发脾气的次数也减少了，又交到了三个好朋友。

虽然点点有了进步，但是在以后的生活和学习中，无论是老师还是家长，都应该将以上的一些方法继续用下去，继续巩固，为了孩子的长远发展继续努力。

爱是洒满学生心灵的阳光

屈家岭管理区实验小学　李玲莉　蒋艳

一、案例描述

邓某某，女，7岁，小学一年级学生，单亲家庭。她和母亲一起生活。作业经常少做，甚至不做。母亲、老师批评后，就把自己反锁在家里，不上学，不说话，砸东西，逃避别人。

二、成因分析

经过和她母亲的交谈了解，原来她的父亲是一个简单粗暴的人，在她年幼的时候，就经常受到父亲的打骂，但是，当父亲心情好的时候，又会满足女儿一切合理与不合理的要求，这就造成了她既胆大怕事又固执任性的性格。一年前，父母离了婚，她受到了很大的打击，加上母亲常常在女儿面前哭诉自己的不幸，她的情感更加脆弱，心理压力更大，干脆就采取有意回避的态度，压抑自己。

三、辅导方法

1. 加强与家庭的联系

说服其家长要尽到做父母的责任，使她摆脱心理困境。我多次用课余时间进行家访，做好她母亲的思想工作，希望她树立起生活的信心，尽量不要在女儿面前哭诉、埋怨，因为这样于事无补，反而会增加孩子的心理负担。我还设法联系到孩子的父亲，说服他多抽时间回来看看孩子，尽到一个父亲的责任，不要让家庭关系毁了孩子。经过多次推心置腹的交谈，他们接受了我的建议。通过家校共同努力，孩子不再逃避，也愿意跟同学们交往了。

2. 给予较多的情感关怀

教师给予较多的情感关怀，可以收到明显的治疗效果。

（1）多一些理解沟通的谈话。教师抽一点儿时间，以平等的姿态，多跟学生谈谈心，能较好地了解学生内心的想法。

（2）多一些一视同仁的关心。教师对每一个学生都要做到一视同仁，尤其对心理素质欠佳、单亲家庭的学生。

（3）多一些宽厚真诚的爱心。孩子有点儿脾气是正常的，教师如果能以一颗宽厚真诚的爱心去教育他们，必能使他们走出暂时的心灵阴影，从而步入人生灿烂的阳光地带。

3. 在师生间、同学间架起爱的桥梁

我主动与邓某某接近，缩短心理距离，想用集体的温暖来消除她内心的焦虑和冷漠。班级同学知道这种情况后，主动利用放学后的时间，陪她聊天，给她讲学校组织的各种各样的活动……此后，她瘦弱的身影出现在了教室里。但我并不满足于此，一直寻找让她重新振作的契机。我多次为她提供挑战成功的机会，让其体验成功的喜悦和荣誉，增加良性刺激，使她摆脱自闭心理，激发自信心和上进心。

四、评估反思

在班主任工作中，我们往往注重的是学生学习成绩的高低、品德的优劣，而忽略了对学生全面素质的培养，尤其很少注意到对学生心理健康的教育，甚至把心理问题当作品德问题来看待，用解决思想问题的方法来解决心理问题。这样做，让班主任工作的实际效果大打折扣，也培养不出学生对学习与生活的积极的态度。班主任工作的成效，有时是取决于对心理健康教育的认识程度和理解程度。加强对青少年心理健康教育，也是走出传统德育困境的需要。要提高德育的实效性，必须要注入心理健康教育的新鲜内容。

学生需要爱，教育呼唤爱。愿每一位教师、家长不光有爱，而且善于爱。

戒除网瘾，健康成长

东宝区石桥驿镇盐池小学　　郑捷

一、案列描述

轩轩（化名），男，11 岁，小学五年级学生，单亲家庭，留守儿童。轩轩是一个很聪明的孩子，但是学习的自觉性很差，成绩起伏也很大。不过疫情期间还是能按时完成老师布置的任务。开学后我发现他有点不适应学校的生活，上课注意力不集中，容易走神，作业也不能按时上交。老师和家长批评后，他就把自己锁在家里不愿意来上学。

二、成因分析

经过和他奶奶的交谈，我了解到他的父母在他很小的时候就离婚了，离婚后妈妈只回来看过他两次，爸爸为了养家不得不外出打工，可以说是奶奶一手把他带大的。奶奶在家只能管好他的温饱，对于他的学习不能给予帮助，导致轩轩的学习自觉性差，情绪、行为不够稳定。居家学习期间爸爸专门为他买了一部智能手机并在家里监督他学习，所以他的作业都能按时上交。解封后，爸爸又出去打工了，缺少了爸爸的监督，加上奶奶的溺爱，轩轩渐渐沉迷于手机游戏，这一玩就是一个暑假，完全把学习抛在脑后。

三、辅导方法

1. 加强家庭教育

我认识到他染上网瘾的主要原因还是在于家庭，在孩子最初接触网络游戏的时候，作为家长没有及时做好引导。孩子沉溺网络之后，他们容易在网络中进入一个虚拟世界，尽情宣泄自己的情绪，这个时候再对孩子进行引导，其实已经不容易了。在任何情况下家长都不要和孩子发脾气，要用行动和言语去感动孩子，走进孩子的内心世界，尝试做心与心的交流。最应该注意的是，任何情况下都不能使用极端的方式，如夺走手机、取消上网之类的。因为极端的方式可能导致孩子感觉家长与自己是对立的，孩子极有可能做出过激的行为。所以，及早地纠正孩子的行为才是关键。

2. 建立良好的学习习惯

建立良好的学习习惯。例如，帮其家庭制订明确的规定；鼓励家长帮孩子建立独立学习、生活的自我管理表，自我制订学习计划等；建议家长多采用鼓励式教育，教会孩子掌握一些自我控制、自我暗示、抗拒诱惑的方法，以提高自我约束的能力。

3. 设法转移注意力

让轩轩多参加学校组织的各项活动，使他的兴趣发生转移，培养积极向上的思想品质。如多参加体育锻炼，增强体质，多读课外读物开拓视野，从而产生对学习的兴趣和热情，渐渐消除对手机的依赖。

4. 同学的关心

首先为他营造一个平等友爱的学习环境。我安排了一个外向、活泼、乐于助人的班委成为他的同桌。当他有困难时，同桌热情地帮助他恢复对学习的兴趣。放假的时候让住在周围的同学约他一起参加户外活动，减少他在家里玩手机的时间。

四、评估反思

进行了一段时间的心理辅导后，轩轩变化很大，在校内，能和老师进行交流，下课有时还会主动问老师问题，现在有了一群知心朋友，平时也能主动去帮助同学。在家里，能主动和父亲谈学习上的事，玩手机的时间也逐渐减少，学习上也专心了许多。

学生的不良习惯，都是日积月累逐渐形成的，而教师在工作中要化被动为主动，在平时的工作中要及时发现，及时辅导，以促进其尽快转变。在辅导过程中要向学生倾注更多的爱，努力构建起师生之间信任的关系。加强教师与家长的联系，共同督促形成良好的氛围，这样的教育方法才会起到事半功倍的效果。

我不想上学了

东宝区子陵铺镇中心小学　李进　丁玉梅

一、案例描述

小平（化名），男，五年级学生。居家学习期间，刚开始还能参加学习，后来不学了，也不交作业。九月开学一周后，他便不上学了。

小平成绩中下等，学习自觉性和学习习惯很差，性格孤僻、冷淡，与同学关系不够融洽，逆反心强。

二、成因分析

小平不想上学的想法应该是由来已久，只是疫情期间的放纵促使他下定了决心。他的心理问题，既有自身成长的因素，也有外部因素，是内因和外因综合作用的结果，归纳起来主要有以下四个方面。

1. 身心成长的失衡

因为父母离异，从小缺乏母爱，小平变得敏感多疑，性格孤僻。当他受到批评或委屈时，总会觉得这是有意针对他，就会生气、愤怒。疫情在家期间，习惯了爷爷奶奶的溺爱，父亲的放纵，自然不愿回到有纪律约束的学校。

2. 家庭环境的影响

爷爷奶奶的溺爱，让他变得以自我为中心，自视清高，看不起别人，受不得半点委屈和批评。疫情期间，对老师反映的不交作业的问题，其父亲口头答应会加强监督，但没落实到行动当中。小平深知父亲不会深究，所以有恃无恐。父亲对其学习的不重视，是他不想上学的重要原因。

3. 学校教育的失误

小平所表现出来的不良心理问题缺乏正确的引导。老师原本想帮助他，但由于他逆反心强，不愿接受别人的帮助，老师便没了耐心。对他的关注减少，他便产生了失落感；同时，他又不甘寂寞，便表现出一些反常的行为来宣泄。

4. 社会环境的影响

他受社会不良风气影响，在学校向低年级的同学放过"高利贷"，还曾将共享单车推回家。疫情期间，更是与一些社会青年混在一起，这对他的人生观、价值观都产生了很多的负面影响。

三、辅导方法

1. 加强与家庭联系，说服家长改变教育方法

他心理不健康的主要原因在于家庭，因此，我与其父亲取得联系，让其父亲认识到家庭教育的重要性，担起一个父亲应尽的义务和责任。经过多次交谈，他父亲的教育方法也发生了比较大的变化，并说服小平重新来上学。经过大家的努力，小平的心理发生了微妙的变化，待人处世的态度有了转变，对学习也有了一定的兴趣。

2. 架起爱的桥梁，感受集体温暖

我尽量把班集体营造成一个温暖的、充满爱心的大家庭，对小平同学给予更多的体贴和关怀，常与他谈理想，谈未来，谈人际交往，拉近师生之间的距离。班级活动我会经常给他创造机会表现自己，增加他与同学们交流的机会，增强他的自信心。

3. 遇到冲突，坚持冷处理

虽然他在很多方面有了较大的改变，但他依然不能像其他孩子一样在集体中快乐地生活，他的情绪还是时有波动。遇到这种情形，我大多时候采用冷处理，等到他的情绪稳定了，再找一个恰当的机会，与他交谈，他会马上认识到自己的错误，有时还会主动向老师或同学道歉。

四、评估反思

小学生不健康心理的形成，有着诸多方面的原因，其中学校教育和家庭教育起着至关重要的作用。目前，农村中小学大多都没有配备专业的心理咨询师或心理医生，这是学校心理健康教育的一大缺憾。此外，如何发挥家庭教育的重要作用，也是当前开展心理健康教育过程中必须予以高度重视的问题。

如果各级行政部门和教育主管部门能更多地关注学生的心理问题，强化师资培训，正常开放家长学校，帮助家长确立正确的教育观念，心理健康教育一定会走上正确的轨道。

卑微男孩变形记

高新区·掇刀区麻城中学　官艳华

一、案例描述

志文（化名）是我班一个非常腼腆的大男孩，进入初中已经两年了。说实话，作为班主任和心理健康教师，我对他的关注，连我自己都感到惭愧——他实在是太不惹人注目了。

课堂上的他很少举手发言，偶尔被老师点中，哪怕会答，也是面红耳赤，磕磕巴巴；课后的他，除非同学主动来找，不然永远都是安安静静，独来独往。他的作业，一手瘦金体的字，刻意地张扬却难掩拘谨；页面永远干干净净，整整齐齐，他的作业质量永远让人挑不出多大的毛病。

他优秀的学习成绩，让人省心；他安安静静的性子，让人安心。可一次偶然的作文，却让我看到了这个俊朗的男孩子内心深处的孤独和卑微，让人怎么也放不下心。

二、成因分析

"我每天都过得战战兢兢，生怕自己做出了什么出格的事情，或迈错了步子……"读到志文作文中的这段话，我仿佛看到了一把名为"自卑"的心理枷锁压在他的身上，已经将他压得喘不过气来。

志文太在乎别人对他的态度，害怕别人对他的指指点点，害怕别人对他的批评，进而发展到封闭自己，害怕和别人交往。这是一种由自卑引发的社交恐惧症。

三、辅导方法

鉴于志文情况的严重性，我前期通过家访首先分别与志文和他的妈妈进行沟通，综合获取了志文家庭的基本资料。在对志文的心理辅导中通过游戏疗法，舒缓志文的情绪。在后续的心理咨询调整中，我通过认知疗法、游戏疗法让他切身感受人际交往的方法；通过家庭治疗，化解他与妈妈的矛盾，让他了解妈妈对他的爱与不易，建立起良好的亲子关系；同时采用行为疗法，创造和设计各种机会，让他尽可能多地参与学校活动（如让其担任我的语文学科科代表，充当我与同学之间的联络员；让其担任辅差组小组长，负责辅导两名同学的学习；给他压担子，让他担任关注度较高的校级足球队守门员；让老师们在上课时尽可能多地给他提问的机会，并给予其鼓励性的评价……）通过这些办法提升志文各方面的能力，树立自信心。

由于他在人际交往中有心理恐惧感，同时还伴有焦虑、紧张的情绪，所以我在对其进行疏导的同时，辅之以交互抑制松弛训练和躯体放松术，诱导志文缓慢地暴露焦虑的情绪，通过放松心理状态来对抗焦虑情绪。当社交恐惧感出现时，能自然地与之进行对抗，以一种新的刺激替代当前的思维活动。让他在假想的空间里，模拟发生社交恐惧症的场景，不断地练习重复发生症状的情节。每天做2至3次想象——放松训练，即想象最想见又最怕见的人（妈妈），想回避又回避不了的人（班主任）突然出现在自己面前，体察自己的反应，然后放松，使情绪和肌体产生由紧张到松弛的反应，最后产生意向上的适应并扩展到现实行为中。

经过一段时间的放松训练和情景想象的治疗，志文已经在人际接触过程中的抵触敏感心理和焦虑症状已经得到缓解，可以进行正常的社交活动，具备了自信的心理。

四、评估反思

志文自述对人际交往已不再感到恐惧和焦虑，能积极参加学校和班级组织的各项活动。由于其在校足球队担任守门员的优异表现，他已成为校队中的灵魂人物，不仅收获了队员们对他的尊敬，还收获了不少女同学粉丝的追捧。他已能用轻松自信的态度和人交往，不再消极回避。我观察到志文在咨询的收尾阶段，已表现出正常的人际交往能力，态度平静、积极，情绪良好。通过 scl - 90 自评量表对志文进行复查，他的各项分数指标均已恢复到常模水平。

经历了对志文进行心理疏导的过程，我深深感受到，原生家庭对一个人影响太大，特别是父母中有一方特别强势的情况下。

每天面对着那么多可爱的孩子，展望前路，我觉得我作为一名光荣的心理健康教育老师，任重而道远！

洒扫精神庭院，让心住进阳光

沙洋县曾集镇曾集中学　李红艳

沙洋县教学研究室　陈志涛

一、案例描述

晚自习我在教室巡查，发现了蓉和倩写的一张小纸条，就顺口说了一句："舟（化名），你对这件事怎么看呢?"她低下了头，沉默……

中午舟来向我承认错误，我吃了一惊，我确实不知道她帮忙传过纸条，我是看她注意力不集中借此提醒她，没想到她如此敏感。舟哭诉道："老师，我只有她们两个朋友，我不帮忙传纸条，怕她们不理我了。我好累呀，我爸爸在外打工，妈妈在家种地，很辛苦，我姐姐的婆家人都欺负她，她还把孩子交给我妈妈带，这个孩子不听话，我和妈妈都管不了她，我妈妈的头发都白了很多，我的学习成绩又不好，怎么办呀! 我老是睡不着觉，吃不下饭。"从她有些语无伦次的叙述中我意识到这个孩子心理压力太大，背上了沉重的思想包袱。我决定先着手摸清孩子现在的具体情况，再一步步引导她，帮她走出阴霾。

二、成因分析

1. 家庭环境让她形成巨大的心理压力

舟家庭贫困。她的姐姐有轻微的智力障碍，因此在姐姐 14 岁时，爸妈又生下了她，把整个家庭的希望都寄托在她身上。由于农村观念落后，舟的姐姐 18 岁就嫁人了。她担心姐姐，心疼妈妈，又无力改变。时间一长，造成了她孤僻、自卑、封闭的性格。

2. 性格软弱让她形成讨好型人格

性格内向的舟朋友很少。蓉和倩是她的左右邻桌，渐渐成了她的朋友。她格外珍惜这两个朋友，生怕惹她们生气，总是对她们有求必应。时间一长，她的软弱，她的这种讨好型人格就被蓉和倩拿捏住了。舟是一个敏感的女孩，有很多事她不喜欢做，可她又害怕拒绝后就会失去朋友。现在蓉和情的友谊已经成了她沉重的心理负担，让她变得敏感又脆弱。

3. 家庭的过高期望让她不堪重负

全家对舟的期望值很高。家庭环境的影响和来自各方面的压力让舟近乎崩溃。她为家庭忧心忡忡，她对朋友失望怀疑，很自卑与迷茫。内分泌也有些紊乱，例假都变得不正常了，她需要帮助，需要尽快进行心理疏导，让她清除心理障碍。

三、辅导方法

1. 家校联手成合力，去除包袱放轻松

我耐心地和舟的父母沟通，让他们以后再也不要说"你是全家的希望"这类的话给孩子压力了，多说一些"只要你努力了就好，爸爸妈妈不怪你""读职高也不要紧，选一个好专业，照样能有出息"之类的话，让孩子放松下来。

舟的爸爸妈妈和亲家沟通好，让他们把孙女接回家去带了。久违的家庭温暖给了孩子足够的安全感，慢慢地，舟心里紧绷的那根弦松开了，脸上有了笑容。

2. 以情动人除心结，寻求独立变强大

舟之所以被朋友的事困扰，归根结底还是精神不独立，是典型的讨好型人格。她不懂得拒绝，心存依赖害怕失去。要引导她认识什么是真正的朋友，怎样在交友的过程中把握界限感，亮明自己的底线，这样才能有尊严地去交朋友。

我私下里找蓉和情谈了一次话，告诉她们不可以利用朋友的善良和懦弱，要学会换位思考。后来蓉和情向舟道了歉，把以前花舟的钱还给了她，三人重归于好。拍毕业照的时候她们亲热地靠在一起，笑得很甜。

3. 多方引导塑自信，悦纳自己展笑颜

"自己独立强大了，才能帮助姐姐，照顾爸妈。现在的担心和忧虑一点用都没有，反倒影响你的身心健康，你说是吗?"我说着说着，舟的眼里泪光闪动，她真的被打动了。

四、评估反思

所有的孩子都会因为不同的原生家庭，不同的成长环境形成不同的性格和心理。作为老师，有责任帮助孩子走出心理困境，让他们的心里住进阳光。

舟一天天地活泼起来。后来报考了护理专业，她说："老师，听说护理工作很辛苦，可我不怕，我有信心去做好。"

那天，天上太阳正好，温暖的阳光洒在她的身上。

重组家庭中孩子的心理调适

沙洋县曾集中学 贾玲丽 官虎

一、案例描述

李娟（化名），女，初三学生。小升初以第一名的成绩进入初中，她活泼开朗，担任班长，有一定的组织能力，受到老师和同学的喜欢。由于父母离异，父亲再婚，初三上学期，李娟随父亲到广州某校，就读半年又转回原学校就读。回到原班，与同学疏远隔阂，成绩下滑，自卑心理严重，甚至产生过轻生的念头，有焦虑、失眠等症状。

二、成因分析

家庭结构的突然变化，造成亲子关系的不和谐；学习环境的突然变化，产生不适应；学习成绩的下滑又产生极大的心理落差。当外界环境和心理发生变化时，由于个体缺少亲友的沟通和支持，内心就会产生孤独、无力感，长期压抑，产生一定的心理障碍。

三、辅导方法

有爱才有教育，对于离异重组家庭的子女，老师更要倾注无私的爱去抚慰他们受伤的心。

1. 用友爱唤醒快乐，融入集体的怀抱

每个学生都希望获得同伴的支持和认可，特别是对于生活在特殊家庭中的孩子，他们总觉得自己和其他同学不一样，会被排斥。这种排斥不是来自其他同学，而是来自自己心理的敏感和落差。针对李娟同学的情况，我特意找来班长和女生委员，要求她们多帮助李娟，和她交朋友。如把她们分在同一个学习组和劳动组；让她们每天陪伴李娟一起去食堂，跟她聊天；每天利用餐后散步时间，交流学习、生活等。同伴的细心热情打开了她的心扉，让她找回了以前和同学融洽相处的感觉，她逐渐变得爱说爱笑了。曾经自卑的她，现在已经能积极参加集体活动了。

2. 用亲情温暖心灵，拥有安全的港湾

家庭环境对孩子成长起着至关重要的作用。针对李娟同学的父亲不善于和孩子沟通等问题，我们多次进行家访，使家长的教育观念发生了变化，并配合学校完成帮扶计划。

考虑到李娟和母亲感情深厚，我们建议李娟随母亲生活，并告诉她的母亲要积极正向引导孩子，切忌在孩子面前说其父亲的种种问题。平时多注意观察孩子，了解思想动态，和她交朋友，多鼓励表扬，少批评责骂。建议父亲保证与孩子沟通的频次，合理对待孩子的需求，心理上安抚孩子，让其感受到父爱。父母做到尊重孩子，关注孩子，孩子才有安全感。有了亲情的滋润，孩子心中的敌对情绪和自卑感都逐渐减轻了。

3. 用评价反观内心，塑造强大的内心

我们还注重引导李娟同学自己学会调整心态，因为一个人的成长终归靠自己内心的强大。我与其制订了一个"自我鉴定"计划。计划分为"过去的我""现在的我""最好的我"三个部分，该生对"三个我"进行自我评价，找出不足和优势。每周她都会主动和我分享她的乐事，交流她的得失，把自己困惑的事情记录下来，我们一起解决。我肯定近段时间她的变化，并很诚恳地指出需要改进的地方，这个过程使她形成了自我反省、自我督促、自我修正的意识，内心也渐渐变得坦然、坚定和强大了。

四、评估反思

当前的教育，我们往往重视知识的传授，却忽视对学生心理方面的引导和教育。通过上述案例的分析，我们认识到在重组家庭且亲子关系紧张的环境中生活，孩子更容易出现心理问题，父母和教师更应该关注这些孩子心理上的细微变化，引导孩子形成阳光心态。呼吁社会，尤其关注特殊家庭孩子的心理健康问题。同时学校也要相应地推动心理课程教育计划的实施，解决学生的心理问题，为学生营造一个温暖、健康的成长环境。

她变了

屈家岭管理区第一初级中学 樊雪慧 邱格香

一、案例描述

初中三年级学生小文（化名），女，性格活泼开朗，学习成绩较好。自疫情返校后她像变了一个人：上学总是迟到，疫情返校后的"中考模拟测验"成绩直线下滑。

二、成因分析

小文疫情后返校的异常表现属于疫情防护过激行为。疫情期间，中学生容易出现情绪上的反应，如烦燥、压抑、孤独、郁闷、恐慌、担心、焦虑等。同时也会有行为上的反应：如在疫情期间频繁刷屏查阅疫情信息、反复过度清洗双手、注意力无法集中、坐立不安、懒散等。

三、辅导方法

1. 第一次辅导：建立良好的咨询关系

小文初来学校心理辅导室，戴着口罩和手套，身上散发着阵阵洗手液的味道，不肯坐下，精神状态不太好，始终低着头不敢直视我。

师：我觉得你的防护措施做得很好，现在气温逐渐升高，好多人出门都不愿戴口罩了，更别提戴手套了。我都热得想吃雪糕了！

小文：（抬起头望着我）那您吃呀！

师：哎！想想还是不敢吃，怕吃了感冒、发烧，被调查、被隔离。

小文：（微笑地看着我）也是。

师：你想不想吃？

小文：我也想，但跟您一样也害怕。

师：哦，原来"有贼心没贼胆"的不止我一个人啊！（我俩相视一笑）

2. 第二次辅导：了解消极情绪和过激反应的源头

这一次，小文依然戴着口罩和手套，开门后自然地坐下。

师：今天想请你帮忙分发洗手液，你是否可以代劳？

小文：没问题的。

师：哎哟！这帮孩子真是的，洗手液用得太快了。

小文：没有浪费，都是大家洗手用了，我每节课下课都会去洗手啊！

师：（夸张且面带笑容地看着她）你每节课都洗？

小文：是啊，怕有病毒感染。

师：现在大环境已经很好了，在学校，相对而言是很安全的。

小文沉默不语。

师：你每节课都用洗手液洗手，你的手受得了吗？

小文：受不了，手都起皮了。

师：那可以少洗一下的。

小文：（带着哭腔大声……）我宁愿手烂也不愿意被感染……我表姐在武汉当护士就是因为接触了感染的病人，没有及时洗手，到现在还没有痊愈。

师：对不起！我只知道你频繁洗手，却不知道是这个原因。上次看你手破皮了，这是我给你准备的药膏。

小文望着我不出声，转身离开咨询室。

经过这次沟通，我了解了小文频繁洗手的真正原因是亲属感染新冠肺炎带给她的冲击。这正是她消极情绪的来源。

3. 第三次辅导：压力源消除，传递积极情绪

第二天，一大早我远远就望见小文站在咨询室门口等我。

小文：老师，跟你讲个好消息，我姑姑打电话说，表姐痊愈出院了。

师：（高兴而大声地）恭喜啊！

小文：老师对不起，昨天是我情绪太激动了，误会了您一片好心。自从表姐感染后，家里的气氛就特别压抑，家里人告诫我，要多洗手，所以……

师：理解！理解！

小文：老师，我能和您握个手吗？

主动伸手……

三周后，在班主任处了解到小文上课已经不迟到了，同时也没有频繁洗手了，和同学、老师的交流也积极主动了许多。

四、评估反思

针对疫情复课后的心理辅导，首先，辅导老师要和来访者建立良好关系，给予心理上的理解，让来访者放下心理包袱，释放压力。其次，学校可以通过丰富的集体活动为学生减压，缓解疫情带来的紧张情绪。

学习焦虑情绪的辅导策略

高新区·掇刀区麻城镇麻城初级中学　王婵　苏瑞

一、案例描述

萌萌（化名），女，九年级毕业班学生。复课后，她的成绩由年级前十名滑到年级前三十名，积极开朗的她，变得闷闷不乐，很少跟其他同学说话，偶尔半夜会从她的蚊帐里传出隐隐的抽泣声，并且她很冷漠地拒绝朋友的帮助。

萌萌自述感到很焦虑，想到中考非常恐慌，有时还会失眠。她感觉很无助，情绪越来越压抑。

二、成因分析

1. 个人因素

萌萌的考试焦虑很大程度上是新冠肺炎疫情期间在家没有认真上网课，学习任务落实不到位，复习不扎实引起的。

萌萌性格好强、敏感，自尊心较强。她一直头顶"尖子生"的光环，考试动机和考试期望相比同龄的孩子较高。这种性格的学生往往对外界刺激较易产生紧张反应。考试难易程度的变化，复习状态的改变，家长、老师态度的转变，皆在无形中影响她的情绪。萌萌情绪表达比较含蓄，兴趣爱好单一。每每遭受挫折，她都因找不到合适的宣泄途径和排解方式，而积郁在心里较长时间。

2. 家庭因素

萌萌会因为害怕失去父母的爱而更加在意考试结果。她感觉妈妈自从有了弟弟，对她就没有耐心了，她怕自己没考上好高中，父母会放弃她。

3. 学校因素

很多学校为了片面追求升学率，会对学生进行成绩排名。同时，大多数教师偏爱学习成绩好的学生，学生也总希望自己能考出好成绩来获得教师的赞赏。这种期待心态，无疑会给学生带来一定的心理压力。

4. 社会因素

"考不到好高中，上不了重点大学，就找不到好工作"的观点愈演愈烈，很多学生会极端地认为如果中考、高考发挥不好，以后的人生将会一塌糊涂。

三、辅导方法

1. 引导学生自助，改变学习的观念和方法

教师应该引导学生建立正确的考试观：考试是对过去所学知识掌握情况的一种检验，有助于我们更好地查漏补缺，对"症"下药。

很多同学反映：面对考试，易产生紧张情绪，继而造成记忆模糊，思绪短路，文字表述混乱等状况。针对这些问题，一方面要练好扎实的基本功；另一方面要加强自信心的训练，经常做一些积极的自我心理暗示……同时，教师应该教给学生科学的应试技巧，如仔细审题、冷静思考、先易后难、稳中求快等。

2. 引导学生学会生活，做到科学地管理时间

教师应该指导学生科学地管理时间，合理用脑，劳逸结合，适当增加一定的娱乐活动，有意识地进行自我放松，增加身体的愉悦感。

3. 重视家校共育，持续提供成长的动力

家长应加强与孩子的沟通交流，多倾听他们内心的真实想法和感受，及时引导孩子合理地宣泄考前焦虑情绪，并积极与老师联系，关注学生在校动态。

学校应给学生预留充足的时间消化知识，减轻学习负担，同时密切关注学生心理健康状况的变化，若出现问题，及时与家长配合，进行有效干预。学校也需要通过定期开展"心理专题讲座"以及"考前动员大会"等活动，有效预防考生各类心理问题。

四、评估反思

心理学研究表明，考试焦虑心理是可控的，可改变的。因此，在中学课堂中开设心理健康课，对于预防和矫正学生考试焦虑心理具有十分重要的作用。

关注心灵健康，抚平疫情创伤

京山县孙桥镇初级中学　王锋　魏玉红

一、案例描述

小洛（化名）是班里有名的"大喇叭"。可自新学期开学之后，这个"大喇叭"却突然失声了。大部分的时间，他都缩在自己的座位上，不与同伴和老师交流，闷闷不乐。他还会在课堂上偷偷玩手机，学习成绩直线下降。

二、成因分析

1. 个体习惯不良

小洛是一个自制力不强的孩子，平时有老师的监督和提醒，所以学习成绩还不错。但新冠肺炎疫情期间，学校实施网上授课，小洛的父母比较忙，很少监督其学习。于是，小洛同学"放飞自我"，在课堂上名目张胆地打游戏、刷视频，学习成绩一落千丈，个人自信心也丧失了很多。

2. 亲子关系紧张

升入初二之后，小洛的父母对小洛的学习要求变得更高。在孩子成绩下降后，小洛的父母经常会指责孩子，还曾强行没收小洛的手机。这让小洛出现了很大的心理落差，于是，小洛对游戏更加迷恋，网瘾不断增强，其性格也变得越来越孤僻、越来越叛逆。

3. 疫情带来的焦虑

小洛对疫情非常忧心，态度十分消极。

三、辅导方法

1. 点赞互动，营造积极的氛围

为了改变小洛的消极心理，我组织了"为伙伴点赞"班级活动，并找来与小洛熟悉的同学来扮演我的"托儿"，给小洛点赞。在第一次点赞活动中，小洛在听到有人给他点赞后有些诧异，而我也趁机评价道："我也很喜欢我们班的'大喇叭'呢，活泼开朗，无忧无虑，真让人羡慕。"小洛看了我一眼，没有说话，我则给了他一个肯定的眼神。几次活动过后，小洛的心理状态有了明显的改变，在班级活动上也积极了很多。到第五次点赞活动时，小洛还主动发言给同桌点赞。

2. 家校沟通，凝聚合力

我多次与小洛的父母联络，我们就小洛的问题交换了看法，一起给小洛订立了一个自我约束计划。计划首先从戒除网瘾开始。每天给小洛规定一定的上网时间，并要求小洛在上网前写好计划，若按照规定的时间完成计划任务，则可以获得一定的奖励。接着，我们慢慢地增加约束的内容，将该方法普及开来，渐渐地小洛的自我约束和自我管理能力有了很大的提升，网瘾问题基本解决了。

3. 陪伴沟通，纾解心中困惑

我还用陪伴、沟通的方式接近小洛。慢慢地走进小洛的心里，及时地给他一些成长的意见和鼓励。同时，我也常常会分享一些积极的疫情动态给小洛，和他交流对疫情的看法，小洛对疫情的恐慌慢慢减轻，不再恐惧。

四、评估反思

我本着个性化辅导的原则，从对学生心理问题出现的原因进行了解入手，首先走访调查了解学生。然后，以积极教育理念为依据，联合家长、同学等多方力量，给小洛营造了一个积极的、健康的成长氛围。小洛同学对未来、对当下的看法有了明显的改观，处事态度逐渐积极阳光了，因心情压抑而出现的不当行为也在心理郁结得到缓解的同时慢慢消失。

这是一个成功的心理辅导过程，也是教师消除疫情对初中生负面心理影响的正确教育方式。在后疫情时代的班级管理中，我们还会遇到更多的难题，作为教师的我们应总结经验、继续努力，将更多的精力投入对学生心灵创伤的抚平之中。

例谈留守儿童的心理疏导

东宝区子陵铺镇中心小学　代玉梅

一、案例描述

瑞康（化名），男，五年级学生。父母离异，自离婚后各自远走他乡，杳无音讯。他跟爷爷一起生活，爷爷对其百依百顺。该生聪明，但缺乏自信心，性格孤僻、执拗，容易动怒打人。他情感冷漠、自卑懦弱、自制力较差，人际关系比较紧张。学习吃力，作业不能按时按量完成。

二、成因分析

1. 爷爷的溺爱

爷爷的娇宠、迁就，导致瑞康任性、蛮横、不讲道理，老人对其顽劣行径也舍不得严厉管教。

2. 父母的缺位

瑞康的童年少了父母的陪伴与关爱，父母很少注重与他的情感交流和心理沟通。一方面，瑞康没有安全感，产生自卑的心理，他自暴自弃，不求上进，靠打人引起人们对他的注意。另一方面，他总是在躲避别人指责、轻视的目光，压抑着内心的情感。

3. 同伴的疏离

面对瑞康同学的表现，同龄孩子觉得他很讨厌，无法深层认识和了解瑞康，这也加重了他的自卑和苦恼，于是遇到问题容易动怒并采取武力的方式解决。

三、辅导方法

1. 指导家长学沟通技巧，帮助家长树立信心

我与瑞康的母亲和爷爷联系，引导他们与孩子沟通。希望母亲每周和孩子视频通话一次，建议母亲一个学期回来一次，寒暑假把孩子接到身边，增加互

动频次，保持交流的连贯性。

在沟通的内容上，我还要求他的母亲不能只谈学习、考试成绩，要更多地关心他的生理、心理与情感状况。在一次语文单元测试中，瑞康出人意料地得了88分，这着实让他高兴了好几天。他把这个好消息告诉了母亲。他的母亲也主动打电话和我联系，共同分享孩子进步的快乐。

2. 用心营造温暖氛围，引导学生明礼践行

我主动和瑞康亲近，和他做朋友。当他调皮时，不直接批评，先调查清楚，搞明白原因，然后适时转移话题，让他慢慢地平静下来，再探讨原因。

我鼓励他参与文体娱乐活动，与大家沟通交流。我利用学校开运动会的机会，让他主动参与进来，全班同学为其加油助威。他获得了男子200米第三名的好成绩。当他第一次拿到奖品时，既感受到了集体的温暖，又尝到了成功的喜悦。

3. 制定阶梯式规则，引导学生自省自助

学生能自省自助才是真正的成长。我和瑞康一起制定阶梯式规则，规则由易到难，鼓励他自己执行，分享落实规则的感受。同学和老师及时肯定他的进步，就这样，"小步走、不停走"地引导，瑞康的成绩从以前的三四十分慢慢地升到七八十分，这些进步让他体验到了前所未有的成就感。

我还让他做纪律委员的助手，负责检查班级中的违规行为，他非常激动和负责。一开始，他把违纪同学带到我身边时，我让他自己负责教育他们，告诉他们错在哪里，应该怎么做。一段时间下来，我问瑞康："当你看到同学们违纪时，你心里怎样想的？"他说："我看见了非常难过，非常着急，很想快点让他们转变。但就是不知道让他们怎么做才能转变。""对，其实老师和你的想法是一样。老师不会真正讨厌违纪的孩子，只是希望孩子们都能懂规矩，会做人。老师相信你能让同学们对你刮目相看的！"听了我的话，瑞康低下了头，什么话也没说……

四、评估反思

通过以上几个方面的努力，瑞康易怒现象变少了，学会恰当地表达自己的情绪了，人际关系变好了，自信心也增强了，参加活动的主动性也提高了，为人处世能注意礼节了。

隔代教育中的学生的心理问题

沙洋县拾回桥小学　刘春溪

一、案例描述

汪小海（化名），男，14 岁。该生父母离异，家庭经济状况一般，在奶奶的陪伴下成长。母亲改嫁，父亲外出务工，无暇顾及孩子的学习生活。在这种环境下长大的他表现出以下问题。

1. 自卑心理严重，与同学交往困难

该生沉默寡言，独来独往，不愿与同学、老师交流，自卑心理严重，偶尔流露出想和同学们交往的想法，但在众人面前常常不知所措。

2. 思想行为懒散，厌学的情绪严重

该生学习上有畏难的心理，在学习、生活上对家长过分依赖，缺少自觉性与主动性。上课无精打采，老师布置的作业从来不做，还经常撒谎说作业被忘记在家。对班级活动漠不关心。

二、成因分析

通过多次家访以及与汪小海本人的交谈，长时间观察他与同伴的交流方式，我分析得出以上问题主要来源于三个方面。

1. 隔代监护人的溺爱

奶奶对汪小海十分迁就，平时面对孩子的无理要求也不忍严格批评教育。

2. 父母的亏欠心理

由于该生父母觉得内疚，因此对孩子处处补偿、事事迁就，对孩子有求必应，而忽视了和孩子在思想上的沟通，对学习更是不闻不问。

3. 自身的迷茫和自卑

以前的他，性格开朗而又活泼，自父母离异后他心神不定，成绩直线下滑，总觉得自己是个特殊的孩子，没有安全感。内心深处的自卑感使他害怕竞争、害怕失败，所以逃避一切，将自己包裹起来，并远离集体。

三、辅导方法

1. 引导家长形成正确的教育观

我利用与汪小海的父母多次交谈沟通的机会，让他们意识到孩子身上存在的问题及问题的严重性，使他们明白：钱不能弥补自己对孩子的歉意，无节制的物质满足是在害孩子，会使孩子滋生许多生活上的恶习。

我通过讲隔代教育中成功和失败的案例，告诉奶奶该如何面对孙子的一些不良习惯，引起奶奶重视。奶奶也逐渐对孩子严格要求，配合学校工作，一起帮助孩子。

2. 给予学生"三优"政策

优先发言、优先辅导、优先批改作业，并充分利用"结对子帮扶法""谈话法""主题班会法""田径运动会"等活动帮助该生树立自信、自强的信念，使其能融入集体，体会与人交往的乐趣。

3. 树立榜样鼓励学生进步

让班上优秀的同学主动接近汪小海，在思想品德、行为习惯和学习等方面帮助他，鼓励他融入集体生活。通过讲述一些伟人的坎坷经历来鼓励他调整自己，走出自卑的阴影。

四、评估反思

隔代家庭教育中的学生问题是社会普遍问题，更是学校的热点问题，只有抓好学校教育这一重要的环节才能更好地教育好隔代教育中的学生。

学校理应是隔代教育中的学生的第二个家，老师是隔代教育中的学生的第二父母。我们要对他们给予更多的关爱和照顾，使其享有平等的受教育权利。要像对待自己的子女一样对待他们，让其感受到父母的温暖。

另外，社会各界要统一思想，认识到隔代教育中的学生是一个需要关爱的群体，有与其他学生一样完整的人格尊严，要给予他们学习、生活上的关心与帮助。学校力争为隔代教育中的学生创建积极健康的校园氛围和良好的学习和生活环境。

用爱心唤醒沉睡之心

屈家岭管理区实验小学　刘慧　马龙

一、案例描述

张某，小学三年级学生，头脑聪明，之前在校表现较好。但新冠肺炎疫情网课期间从未在学习平台上出现过。复课后，害怕上学，很少与同学、老师沟通交流，每天消沉无力。课堂上注意力不集中，作业书写潦草且不按时完成。

二、成因分析

1. 家长疏于管理

父母没时间管孩子，让孩子一人上网课。但孩子自制能力较差，其实根本没有学习，反而沉迷网络。

2. 父母教育观念冲突

父亲采用棍棒式教育，而母亲对孩子较溺爱。父母教育观念的冲突致使家庭氛围紧张，孩子喜欢独自沉迷于网络的虚幻世界中，久而久之，孩子变得不爱表达。

3. 个体努力意识不够

孩子个体自觉性差，基础薄弱，返校后跟不上学校的课程，没有主动寻求帮助的意识，产生自卑心理和厌学心理。

三、辅导方法

1. 坚定信念，不放弃、不抱怨

我采用"晓之以理，动之以情，践之以行"的科学方法。与该生的家长一起做好孩子思想的转变工作。孩子的这种顽固的逆反心理不是一两次说服教育就可消除的，要反复抓，经常与他交流、沟通。

2. 指导家长，变思想、学方法

建议家长对孩子多鼓励、少批评，多关心、少打骂，为孩子营造一个温馨、和睦，充满爱的家庭环境。指导家长和孩子一起建立合理的规则。激发孩子独立学习、生活的自我管理潜力。引导家长参加一些家庭教育方面的专题学习，运用科学的方法去教育引导孩子。

3. 指导学生，树信心、常反思

我教育该生不要把坏脾气带到学习上，用名人成长的故事激励他。

指导该生写"我的反思日记"，在记录生活、反思生活的过程中，发现自己的快乐，发现生活中的善意。我还及时对该生思想上的困惑进行疏导，不让他陷入烦恼的漩涡。让该生慢慢地学会认识自我，认识环境。

鼓励身边的同学去关心他，和他一起进行体育运动，让他感受集体生活的朝气和活力。在班上安排他做图书管理员，引导他在工作中感受为班级服务的快乐，找到自己存在的价值感。让该生的兴趣慢慢地由沉迷网络转移到健康有意义的事情上。

四、评估反思

（1）师生反映：该生学习自觉性有了一些提高，学习习惯明显好转，课后乐于和同学们一起玩了。

（2）父亲反映：该生比以前懂事了，能帮父亲做点家务。

（3）学生自己：现在不怕来上学了，上课也不再觉得无聊了，觉得上课还是很有意思的。而且也能跟上课程，作业能独立完成。

"如果没有爱就没有教育"，家校合作，用爱去唤醒学生，只有当学生精神有力量，才会发现自我的潜能，并激发潜能，从而建立自信，不断完善自己。

学生的不良习惯或学习困难，都是日积月累逐渐形成的。教师要循循善诱其改正，不可操之过急。要及时发现，及时辅导，以促进其尽快转变。

要关注孩子的优点和特长，多鼓励表扬。加强教师与家长的联系，共同督促形成良好的氛围，这样的教育和辅导才会起到事半功倍的效果。

后疫情时代的中考焦虑

京山市雁门口镇初级中学　张寒潇　刘恒

一、案例描述

小李（化名），九年级学生，在疫情之前，成绩处在班级前三名。新冠肺炎疫情网课学习期间，学习有些落后。尤其是同桌的成绩超过她后，她感到很失败，上课无法集中精力，一听到考试就害怕、烦躁。

二、成因分析

1. 分析焦虑症状的程度

焦虑主要有轻度、中度以及重度三类。在学习生活中，轻度焦虑指的是因为考试而产生的一种紧张、担心的消极情绪，但是这种情绪不会对学生的睡眠、饮食、身体健康等造成负面影响，并且还会随着考试的结束而结束。中度焦虑指的是经常心神不安、缺乏自信，有时会导致失眠。重度焦虑指的是在很长时间内出现自信心不足、失眠多梦、食欲不振、心悸盗汗、脾气不好等现象，对学生的学习效果、身体健康都产生了极为不利的影响。由上面的信息来看，小李属于重度考试焦虑症状，必须给予及时、恰当的科学指导。

2. 分析考试焦虑的原因

（1）学生过分看重分数和名次。小李将考试成绩、名次作为衡量自己优秀与否的唯一标准。这在无形之中给自己戴上了一道沉重的思想枷锁，她必定会因为过于担忧而无法将全部精力集中到对试题的分析之中。

（2）家庭和学校教育观念的影响。学校、家长过于重视学生的排名，在他们看来，学习不好就没有好的未来。学校也经常对学生施以"苦情式教育"，使学生的心理负担愈加沉重。小李是一个非常要强的人，经济一般的父母为了她的学习煞费苦心，不仅在生活中不让她过多参与家务，还在每个月给了充裕的生活费。因此，一旦考不好，小李就会陷进一种自责、愧疚之中，从而滋生了考试焦虑。

（3）个体好胜但内在抗挫折能力弱。由于被一向不如自己的同桌反超，小李觉得连不如自己的人都比不上，陷入了一种更加强烈的自我否定之中。对于同桌的好心安慰，她觉得难以接受。再想到此前自己对同桌的安慰时，她的心里便更加焦虑。与此同时，小李并未意识到，在九年级的总复习阶段，学习难度有所提升。由于难以适应这种难度的提升，她才会在考试中手足无措，出现了重度焦虑的症状。

三、辅导方法

1. 引导她正确看待别人的评价

小李非常在乎家人、老师以及周边同学对自己的评价，背负上了沉重的心理包袱。其实，别人的评价并不一定都是正确的，我们应该根据自身情况具体分析，并在摒弃负面、消极评价时也能从中采纳一些有利于自身发展的意见和建议。

2. 指导她掌握克服考试焦虑的技巧

我们在心理辅导期间对小李实施积极自我暗示法。比如该生总担心不如自己的同学都超过自己，我们以如下暗示帮助她减轻或者克服心理焦虑——"人外有人，天外有天，虽然你永远都不是世界上最强的，但是却可以在逐步克服困难的过程中促进自身的提升，成为自己的英雄。"

3. 帮助她调整学习方法

首先，让小李根据自己的具体情况，确定学习目标，制订计划，使她在由易到难的学习过程中逐步夯实基础知识。其次，进行了一系列的梳理，帮她整理出科学的复习思路。最后，我提出要她严格遵守学校的作息时间，不要熬夜复习功课，保障充足的睡眠和学习精力，从而提高大脑的学习效率。

四、评估反思

经过连续的心理辅导后，小李的学习状况得到了很大的改善，其学习效率也得到了明显的提升。在以后的教育教学工作中，我希望每一名班主任、家长等都能够给予学生更多的关心和爱护，使他们坚强地度过这段颇为艰难的应考时期。

与自卑握手言和

高新区·掇刀区掇刀石小学 吴舒婕

一、案例描述

裴裴（化名）是我班上一位五年级的男同学。他性格内向，可是课堂上偶尔又能看到他高高举起的手。他说话腼腆，可是每次与他谈话的时候他又能大方交流。新冠肺炎疫情期间裴裴变得沉默寡言，上课也不再主动举手发言了，双眼也变得黯淡无光，课堂上总是发呆，他课后也很少跟同学一起玩。课间操的时候，他也总是不想做操。

二、成因分析

1. 个人因素

我了解到裴裴在疫情期间感到非常焦虑和恐惧。父母没有安抚他，反而对他责备，使他有过重的心理负担，因此不能正确地评价自己的能力，开始对自己产生怀疑，出现不安、烦恼、孤独、离群的现象。

2. 家庭因素

裴裴是家里的独生子，父母都是打工族，他们也于无形之中将他们没达到的期望值附加在了裴裴身上。平时父母与孩子的接触相对较少，亲子之间的问题不是很明显。但在疫情期间，大家都隔离在家，父母与裴裴朝夕相处，因此那些平时没关注到的问题凸显出来，父母放大了孩子的问题，简单粗暴地解决问题。而四年级的孩子有了一定的自我意识，往往会出现逆反心理，这就加重了亲子之间的矛盾。

3. 网课因素

因为上网课，师生很难达到面对面交流的效果，也很难及时发现问题，及时开导孩子。当学生面对自己的焦虑、恐惧心理而又得不到支持时，就容易对自己的评价偏低。长此以往，这些学生便逐渐产生失落感。

三、辅导方法

1. 交流鼓励，唤起信心

为了让裴裴克服自卑心理，我在课余经常找裴裴闲谈。不公开点名批评他，当他有所进步时及时表扬，我对同学们说："看，我们裴裴的作业真工整！"在不断的被认可中，裴裴的脸上开始出现笑容。

一次，我牵着狗散步的时候碰到了裴裴，他老远就跑过来跟我打招呼，还蹲下身子跟狗狗说话。我问他："你喜欢它吗？""喜欢，因为他会听我说话。""那以后老师也听你说话，如果有什么烦恼就跟老师讲讲，好吗？""好！"渐渐地，裴裴会时不时地溜到我的旁边与我说话，我也看到了他在课堂上慢慢举起的手。

裴裴的表姐也是我班上的学生。她文静大方，我让裴裴的表姐多多帮助他，同时鼓励裴裴和表姐比赛。用榜样的力量影响裴裴，裴裴渐渐地融入了集体。

2. 家校共育，提高能力

裴裴心理上的自卑，很大一部分原因在于家庭的教育环境与表达方式。因此，我把他的父母请来，与他们积极交流，共同商量解决孩子不良心理状况的办法，建议家长选择适当的教育方式和良好的沟通方式。比如可以让他为客人沏茶、切水果等。同时，适当地让孩子为家里做力所能及的事情。

3. 自评互评，促进反思

在班级开展形式多样的评比活动，用激励的方式使其扬长避短。我让每个学生自主设立了自己的成长档案，每月通过自评、小组评，把自己所取得的进步记录下来。通过小组评价，裴裴能从他人的肯定中得到满足，获得自信；在自我批评中，学会反省，逐步完善自己。当裴裴有了正确的自我评价时，他有了自信。

四、评估反思

裴裴的学习成绩有了起色，下课也能主动与同学交往、做游戏了，课堂上能举手发言，在家主动学习，会帮助家长做些家务，彼此之间也能愉快地交流了。

自卑的孩子往往是因为对于自己的某个地方不满意，老师的表扬与鼓励就像一束光，能够照亮他们心里那个黑暗的小小世界。当老师用爱去感化学生时，他们也会慢慢地打开自己的心扉，用积极的眼光去看待身边的事物，与自卑握手言和。

回归的爱

京山市宋河镇小学　邱艳华

一、案例描述

吴某，男，12岁，单亲家庭，留守儿童。该生晚上沉迷于网络游戏，白天趴在桌子上昏昏沉沉，无精打采，无心听课。开学一个星期还能正常完成各科作业，但是一周后经常少做，甚至不做作业。老师批评他，在外地的父亲也批评他，于是这个孩子就把自己反锁在家里，不上学，不说话，砸东西，撕碎学习用的课本，甚至用剪刀剪碎了床单。

二、成因分析

由于父母不合，各自重组了家庭。受新冠肺炎疫情的影响，2020年4月到8月期间，父亲把吴某接到了深圳度假。父亲觉得亏欠他，一切物质上的要求都满足他。

吴某在交流中倾诉：跟着继母觉得受气，最不喜欢父亲，觉得父亲不爱他，是父亲将亲生母亲赶出了家门。

父母离婚，使他受到很大打击，情感更加脆弱，心理压力更大。他感到孤立无助，于是他采取一系列消极的方式来抗争、逃避，引起父母关注。

三、辅导方法

1. 密切联系家长，使他摆脱心理困境

为了帮助吴某打开心结，我设法联系到他的父亲，说服他业余时间多回来看看儿子，给儿子多点关心，尽到一个父亲的责任，不要让家庭关系毁了孩子。改善父母与孩子的紧张关系，努力成为孩子的朋友。

取得了家庭的配合，父母就能协助老师做好心理辅导。我建议他的父亲多跟孩子沟通和交流，拉近彼此之间的距离，让孩子感受到最关心自己的人是父母。因为这个孩子比较厌学，刚开始聊的内容尽量不要谈学习，就随便聊，孩子想说什么，就跟他聊什么，等过一段时间，父母跟孩子的关系缓和了，再慢慢往学习上引导，问问今天学的是什么，在学校有什么开心的事，老师有没有表扬等。指导家长抓住契机表扬孩子，让他品尝到成功的乐趣，增强进步的信心和动力。

2. 接纳学生的情绪，搭建尊重理解之桥

在与该生的谈话中，我开诚布公地谈起了在语文课堂上因睡觉而批评他的事。提及此事时，他委屈地哭了，并且向我说了他当时的感受，看到他的反应，我觉得我的教育可以有效地进行下去了。我表达了自己对他在学习上、生活上的期望，让他感受到老师对他的信任和关注。他也接纳了作为班主任的我，愿意和我交朋友。

我主动与之接近，缩短心理距离，想用集体的温暖来消除他内心的焦虑和冷漠。慢慢地，他的表情没有那么呆板了，露出了一丝笑容。上课时，我提出一个问题，很多同学不会答，我用鼓励的眼神望着他，亲切地对他说："老师相信你一定能行的！"后来他讲得很流利，在热烈的掌声中，他的脸上露出了久违的笑容。

此后，我还多次为他提供尝试成功的机会，增加良性刺激，使他逐渐走出自闭心理。

3. 师爱里融入母爱，呵护学生受伤的心

该生长期得不到母爱，心里难免会苦闷、焦虑，敏感脆弱，自尊心极强，性格内向，甚至有些偏执，脾气有点"怪"。所以，在学校中，我对他的衣食住行格外留意。日常交流中，我丢掉老师一贯的威严，用发自内心的爱去疼惜他，照顾他。每次交流，我的语气会温柔点，表情更亲切温暖，让他在心理上获得踏实感，放下戒备心理，打开心扉。在师爱里融入母爱，这份爱需要真实、真诚。走进学生内心，才是打开孩子的另一个世界的法宝。

四、评估反思

（1）心理问题不可当作品德问题来对待。

（2）教师做好学生的"心理保健医生"。

（3）教师和家长需要持续学习，了解新时期学生特点。

认识偶像，理智追星

高新区·掇刀区团林铺镇团林中学　潘晶

一、案例描述

张一（化名），女生，曾经成绩优秀，后来成绩直线下滑，且在穿衣打扮方面也比以前更加另类夸张。该生特别痴迷于某明星，房间里贴满了该明星的海报，在直播间给她喜欢的明星送礼物更是家常便饭。该生花在学习上的时间越来越少，对明星偶像的着迷和痴狂着实令家长担忧。

二、成因分析

1. 学生身心特点

青少年进入初中阶段，身体和心理都快速发展。他们在心理上开始寻求独立自主，认为自己能够独当一面，迫切希望摆脱父母的束缚。而对自己真正想要什么非常迷茫，他们会寻找一个具有自己欣赏特点的人物作为追随目标。一部分影视歌坛偶像们光鲜的外表、个性化的服饰等都成为他们所追捧羡慕的东西。青少年通过追随偶像，指导自己怎么做，用偶像做自己的精神寄托，弥补自己的个性或生活中的缺陷。

偶像是中学生业余生活的主要话题之一。没有喜欢的偶像，甚至会被同学取笑。谈论偶像，可以找到与同伴谈话的话题，也因为崇拜同一明星，更能帮助自己找到"知心朋友"。这是他们情感上的需要。

2. 课业负担过重

初中生进入中学，学业负担加重，考试竞争激烈，课间娱乐时间有限，他们便通过追星，表达对偶像的崇拜来释放自己的压力，舒缓自己的情绪。通过追星，他们可以暂时卸去身上的紧迫感，尽情地呐喊，无拘无束地谈论自己对偶像的感受。

三、辅导方法

1. 分享我和偶像的故事

首先让该生明确，追星并不是丢人的事情，老师也有自己崇拜的偶像。给她展示我的偶像"中国女排"的照片，分享我喜欢中国女排的原因。他们顽强拼搏、团结协作、勤奋扎实，正是这些精神激励着我在工作岗位上兢兢业业，勤勤恳恳。让她明白，喜欢偶像，不应该只是在外表上与明星保持一致，更要学习偶像的优秀品质。同时也要让她明确，人无完人，即使是光彩照人的明星，也会有缺点。所以，我们在崇拜偶像的时候，不能盲目，要"择其善者而从之，其不善者而改之"。

2. 寻找与偶像的异同

让该生思考，自己与崇拜的明星有哪些相似之处。该生说，"我在艺术方面有天分，我要在不影响学习的前提下，更加积极地投入到舞蹈排练中，争取在学校元旦晚会中成为我校的'Super Star'"。

教师给予正确的引导及鼓励。让学生明白偶像会认真地准备每一次演出，了解他们在舞台下面挥汗如雨，尽自己最大的努力把最好的效果呈现给观众。我们在平常的学习中，也会有想放弃的念头，但是一想到自己的偶像是那么执着和努力，我们就不能放弃。

3. 探寻偶像成长之路

我与该生一起在网上搜索她崇拜的明星的成长之路。他们在成功之前，都做了哪些努力。让她明白，偶像的成功不是一蹴而就的，而是付出了很多的辛劳和汗水。他们也有受伤，也有苦和累，但是仍然坚持自己的梦想。正是他们不轻言放弃的精神和坚韧不拔的意志吸引着我们，燃起我们的崇拜之情。

四、评估反思

青少年追星，是一种非常正常的心理现象，不应该强制扼杀。几乎每个人都有过自己喜欢并崇拜的名人明星，但是，要让学生明白，我们喜欢偶像，不应该只是喜欢他们站在聚光灯下光彩照人的那一刻，而更应该去学习他们为了实现自己的人生理想付出汗水和努力的精神。

通过多次交谈，该生意识到自己盲目追星，花费了过多的时间和精力，打乱了自己的正常学习和生活节奏，她明确了要正确对待偶像，理智追星。青春路上，相信有偶像同行，有偶像精神的激励，自己将能更加勇敢地迎接未来的风浪！

他为什么不取下口罩

屈家岭管理区第一初级中学　邱格香　樊雪慧

一、案例描述

小兵（化名），八年级学生，性格外向，思维活跃，表达能力强，班级号召力强。新冠肺炎疫情后复课期间，他每时每刻都带着口罩。而且小兵每天都会在课间向大家播报疫情情况，在班内引起了恐慌。同学们在他的这种宣传之下纷纷戴上了口罩。

二、成因分析

2020年的新冠肺炎疫情，让许多学生感受到生命的可贵，对于关心社会生活、具有社会责任感的小兵来说，这是一个较强应激源。另外，连续几个月带着口罩生活，"戴口罩"已经成为他的习惯。

三、辅导方法

1. 第一次会面

小兵戴着口罩来到心理辅导室，他看到我戴上口罩后才选择了一个距离我较远的位子坐下。

小兵：老师，我知道您为什么找我。

师：（惊讶）啊，好吧，那你来说说。

小兵：（微笑）是不是有老师跟您反映，我在班里散播谣言、蛊惑人心，感觉我心理有毛病，来让您瞧瞧。

师：哈哈……不过你只是说对了一点点，老师并没有说你是"散播谣言，蛊惑人心"，而认为你关注时事，自控能力好，班级号召力强。

小兵：哦，那您就没必要找我啊？

师：（微笑）让我找你，是怕你过度关注疫情，从而产生紧张不安的心理，影响你的学习生活，我是来打预防针的。

小兵：（无奈一笑）有什么区别？

师：当然有，我只负责预防，不会治疗啊……

这是一个机智的来访者，会将被动变成主动。面对这样的来访者，我们应当采取更加积极主动的态度去辅导，首先要表示对来访者的认可，同时也要表达老师的关心与担忧，从而初步取得他的信任。

2. 第二次会面

小兵再次来到咨询室时我已经戴好了口罩。

小兵：老师，您今天怎么主动戴口罩了？您上次戴口罩明显是戴给我看的。

师：（赞许）你可真是个细心的人啊！上次确实是戴给你看的，这次我是刚刚从校园外面回来。我听说戴口罩时间长了会造成轻微的缺氧，因为戴口罩时，呼吸过程会受到一层阻力，空气流通不畅。

小兵：戴口罩时间长了，会降低身体对自然界的适应能力。

师：偶尔忘记戴口罩，可能会因为对外界空气的敏感而发生感冒。

小兵：每天戴口罩，面部形成了相对封闭的环境，皮肤潮湿造成细菌滋生，会引起皮肤问题。

师：你懂得真多！长期戴口罩也有害处！那你整天戴着口罩会很难受吧？

小兵：长时间沉默不语。

3. 第三次会面

小兵戴着口罩，表情严肃，见到我，只是挥手打招呼。

小兵：（极其痛苦）老师，我强迫症了！我知道现在很安全，但我还是会想一些乱七八糟的事情，就不得不戴口罩。

师：你不是强迫症。强迫症的基本特征是认为自己的行为是没有必要的，也是违反自己意愿的，而无法控制，反复去想去做。你无需过度担心和恐慌，也不要随便给自己贴上"强迫症"的标签哦。

小兵：（非常激动地）老师，真的吗？

师：真的，你明天就可以不戴口罩进教室的。

四、评估反思

学生盲目地戴口罩，主要还是该生给自己贴了一个"强迫症"的标签，觉得自己得了强迫症。随随便便给自己贴标签，这也是现在中学生中存在的一种普遍现象。

打开心扉，扬起自信的风帆

沙洋县十里铺镇九堰小学 杨再萍

一、案例描述

王志（化名），男，13 岁，小学六年级学生。该生沉默中透着智慧，想象力丰富，记忆力极好，学习认真。但是他不爱说话，偶尔说话，也好像周围什么也没有，喜欢自言自语，陶醉于自己的天地中，总是下意识地逃避别人的眼光。

二、成因分析

1. 缺少亲情的滋养

经过家访与该生的爷爷交流后得知，他的父母在未婚同居时生下他，父亲在他不到一岁时就外出打工，至今未归，杳无音讯，不给家里打电话，也不给家里寄钱。母亲在他三岁多上幼儿园时，也离家出走，至今也杳无音讯。由于家庭的变故，他从三岁就跟着年迈的爷爷奶奶生活，爷爷奶奶为了生计，每天要下地劳动，把他一个人放在家里，从小就没有什么人和他说话。于是，渐渐地他就将自己孤立起来，不愿和任何人说话交流了。

2. 生活环境单调

该生从小很少与外人交往，缺乏丰富和适当的刺激，导致他习惯独处，在学校和其他陌生环境中，会有不适感。

3. 自卑心理的影响

家庭结构的特殊性让该生产生强烈的自卑心理，他羡慕别人有父母相伴，但现实却如此残忍。幼小的他不擅长表达，种种委屈、失望、孤独等感受压抑在心中，自卑感加深。

三、辅导方法

1. 稳心态、多等待，给学生成长时间

孩子胆怯也不是一天就造成的。很多性格特征都是随着年龄的增长、家庭的影响逐步形成的，所以，让孩子变得大胆自信也不是一朝一夕就可以做到的。作为老师，心一定要平静，一定要遵照循序渐进的原则，耐心引导。如，指导该生的爷爷陪伴该生去买东西，让他熟悉购物流程，在购物的过程中，引导他主动地去购买东西或者买单等。指导其爷爷在家为其安排一些劳动任务，促进祖孙俩多交流。在学校，当他不爱说话时，不强迫他说话，而是等他想说时，再与他交流。让他心里有安全感，而不是紧张感。

2. 多尊重、多爱护，给学生温暖陪伴

胆小的孩子一般心里都是比较敏感的。当众指责他会增加他的受挫感和压力，让他更加地害怕在人群面前表现自己。在交流中，我以理解尊重为基本原则。我几乎每天都抽出一点时间，用平等的姿态跟该生进行推心置腹的交谈，了解他心里在想什么，知道他担心的是什么。

3. 扩圈子、多尝试，提高沟通的能力

在班级开展户外拓展活动，带全班同学参加社会实践，如参加一些公益活动，去养老院看望孤寡老人，为福利院儿童送去衣物和玩具，参加环保出行的倡议行动等。让该生习惯去跟陌生人接触，就不会那么排斥人际交往了。让他的爷爷带他到公园玩，或者去邻居家串门，这样可以做到每周每天接触不同的人。

在每次参加活动的过程中，我都特别关注他的表现，对于每一次突破我都给予鼓励和表扬。同学们也主动邀请他玩游戏、打球、聊天、吃零食等，渐渐地，他和别人说话时，能大胆地看着对方，表情也生动了许多。

四、评估反思

从某种意义上来说，教育的过程也是教育者和受教育者平等对话、双向交流的过程，我们在教育学生的过程中要放下师者自尊的架子。我们要倾听学生说话，并且还要为学生创造自由宽松的氛围，同时还要信任他，尊重他，在这种条件下，学生才能对教师完全消除隔膜，敞开心扉。教育因此将成为一种非常美好的享受。

不上数学网课的女孩

屈家岭管理区第一初级中学 郑燕

一、案例描述

小月（化名），初中生，新冠肺炎疫情期间上网课，小月硬是不愿意上数学课，还跟妈妈闹得很不愉快。她故意不写数学作业，理由是"不会"。小月小学时成绩一直保持在班级前十名，数学略差一点。妈妈给小月报了数学补习班，但是，数学成绩并没有明显提升，好在小月自己很努力，一直在尽力学数学。上了初中后，小月的数学成绩越来越差，现在只能考三十多分。

二、成因分析

1. 自身原因

小月从小学到初中，一直在补习数学，结果成绩没提高，到初中反而更差了，孩子努力之后却没有收获，于是灰心了。小月觉得自己其他学科还不错，反正数学学不好了，把其他学科学好还是可以取得好成绩的想法，让她更加不在意数学这门学科。不断的考试，不断的失望，让小月不断地受到打击，于是对数学课更厌倦了。

2. 家庭原因

四年级时，妈妈生下了妹妹，对小月的关注不如从前多了，小月认为"母爱被夺"，又因为数学成绩经常被妈妈唠叨，小月与妈妈渐渐产生了隔阂。小月的爸爸是个"甩手掌柜"，对家务、孩子一律不管，教育孩子都是妈妈一个人的事。烦琐的家务让妈妈没有耐心和小月沟通。

3. 特殊时期

在疫情隔离时期，孩子们的正常生活被打乱，活动空间狭窄，只能在家上网课、写作业，还要被父母全天候监督，孩子们很容易产生厌烦情绪。

三、辅导方法

1. 与妈妈沟通——理解孩子

我对小月的妈妈介绍小月在学校里的表现情况，让她知道小月在学校里是一个很乖巧的孩子，老师和同学们都很喜欢小月。小月在学校里学习很努力，数学成绩不好不能一味地埋怨孩子，孩子是真的尽力了。让小月的妈妈明白孩子也想把数学考好，可是她努力了还考不好，作为妈妈这个时候不应该埋怨、批评孩子，而是应该拥抱一下孩子，好好地安慰她。利用居家隔离这个特殊时期好好陪伴小月，让小月明白妈妈对她的爱一点儿不比妹妹的少。

2. 与学生交流——做最好的自己

首先，让小月明白数学的重要性。告诉小月她是一个非常优秀的孩子，理应上好高中，好大学。如果中考数学考不好的话，这一切都只能是梦。她需要数学，不管她喜不喜欢，都需要数学帮她提分！

其次，做最好的自己。告诉小月，提高数学成绩并不是一下子要提高到多少分，而是说只要比昨天的自己有进步就好。细心分析数学试卷的分数和难度设置，指导她制定目标，有计划地去分解目标，打消她的畏难情绪。

引导小月多与妈妈、老师交流。告诉小月，妈妈对她的爱和对妹妹的爱是一样的，不同的是方式。毕竟她和妹妹一个是学龄前儿童，一个是初中毕业班的学生，要求不一样而已。所以，告诉小月，要多换位思考，注意说话方式。

四、评估反思

经过几次语音视频通话，小月能按时上数学课，作业也能按时、保质地完成了，单元测试进步明显。母女关系明显好转。最让人欣慰的是，小月的中考数学成绩考了 76 分！比之前的三十多分进步了很多！

这个案例也让我有了一些反思：

（1）良好的亲子关系是孩子健康成长的第一步。

（2）良好的师生关系对孩子的成长至关重要。

用爱温暖孤独的心

京山市永兴镇屈场小学　　邓平

一、案例描述

方圆（化名），男，11 岁，五年级学生，沉溺于手机游戏，成绩中游，性格孤僻、自私、冷淡、粗暴、易怒。

二、成因分析

1. 个人因素

通过观察，我发现该生长期受冷淡、焦虑、易怒等负面情绪影响，过重的心理负担，使他没有形成正确的价值观。不能正确处理家人、同学之间的关系，严重影响了他的身心健康发展。

2. 家庭因素

方圆 3 岁时，父母离异，他的父亲回到江西老家，他由母亲抚养。由于母亲在外地务工，他长期与外公生活在一起。方圆的母亲对他娇生惯养，只要他提出的物质上的要求，都会想方设法满足，但很少与他直接沟通。外公没什么文化，只能在生活上给予照顾，教育方式简单粗暴，如果听到老师或其他同学的"告状"，就不分青红皂白，对他轻则破口大骂，重则拳脚相加。长期以来，方圆逐渐形成了这种孤僻、自私、冷淡、粗暴、易怒的心理。

3. 教师因素

在该生以往的老师眼中，他是一个问题学生。在新班级，了解他情况的老师刚开始都非常同情他，想帮助他，但由于他冷漠、粗暴、易怒，情绪波动大，很多老师都对他失去耐心和信心。他在老师那儿得不到关爱，得不到温暖，便逐渐产生失落感，就会故意做出一些出格的事，想要引起老师的关注。

三、辅导方法

1. 加强与家庭的联系，让他感受家庭的关爱

家长是孩子的第一任老师，家长的一言一行都直接影响孩子的心理品质。方圆之所以存在心理障碍，与他的家庭有很大有关系。因此，我分别多次与他的家长沟通交流，告诉他们孩子也有自己的思想，要及时与孩子沟通，及时了解孩子的心理状况，正视孩子存在的问题。在生活上，要锻炼孩子的生活自理能力，让他帮助家人做一些力所能及的家务活；在学习上，要多关心，不要只给孩子一部手机或一台平板，就对他不闻不问。

经过一段时间的共同努力，方圆觉得家人是爱自己的，家庭是温暖的，他的心理发生了微妙的变化，待人处世的态度有了一定的转变，学习态度也有了一定的转变。偶尔忘记上线学习时，只要老师或家长一提醒，他就会马上上线，改掉了以前经常不肯上线学习的毛病。

2. 尽快融入班级，让他感受集体的温暖

通过班会、个别谈话等方式，说服同学们主动去关心、帮助方圆，让他感受集体的温暖。当他做值日时，同学们主动帮助他打扫卫生；当他在学习上遇到困难时，同学们主动帮助他解决。经过一段时间的融合，他也能主动帮助其他同学打扫卫生，还能为班级做一些好事，和班上大多数同学的关系非常融洽。

3. 及时发现"闪光点"，让他感受老师的关注

当方圆取得了一点点小成绩，发生了一点点小转变，我都会及时在班上对他进行表扬，让他感受到"自己还是很优秀的"。我还经常与他交心谈心，了解他的生活状况、心理状况、学习状况，一起探讨网络游戏对青少年的危害，让他感受到"老师还是挺关心我的"。

四、评估反思

经过近一个学期的工作，方圆改变了很多，变得活泼、开朗、自信、阳光，能主动与同学、老师、家人交流，学习成绩也有了提高。

（1）家长和老师要密切配合，给孩子创造温暖健康的成长环境。家长在教育中的作用非常重要，学校教育也必不可少，只有家庭、学校携手努力，才能让每一个孩子都健康成长。

（2）教师要有爱心、有耐心、有恒心，对问题学生给予更多的关怀、关爱、关注，尊重他，把他当作朋友，多表扬、鼓励，少批评、训斥，才能慢慢地感化他、改变他。

由"刺猬"到"暖男"

沙洋县后港镇西湖中学 时问明 李必秀

一、案例描述

张某某，男，15 岁，九年级学生。该生经常旷课，和一些社会青年交往，穿着时髦，时常制造一些事端，像一个刺猬，"扎"得身边的人苦不堪言。学校领导对他进行了多次教育，效果不明显。对在课堂上批评过他的老师有极端抵触情绪，即使老师在课后单独与他沟通，他也不能理解，更不接受。

二、成因分析

经过走访，我们了解到，该生父母常年在外务工，与孩子沟通较少，生活起居均由爷爷奶奶照顾，隔辈教育使得他从小就比较任性冷漠，以自我为中心，爱发脾气。很显然，该生在家庭生活中，缺乏适当的指导和帮助，再加上外界诱因影响，学生自我调节困难，产生一系列的行为问题，逐渐发展成为所谓的问题学生。

三、辅导方法

1. 找准时机，做好沟通

在又一次与老师发生冲突之后，我对他说："其实我知道你也不想顶撞老师，可那一刻你特别委屈，觉得老师没有理解你，你就没忍住，顶撞了他，是吗？"他扭过头望了望我，然后轻轻地点了点头又低下头。他的迟疑、点头都让我看到了进一步与他沟通的希望。我趁热打铁："你很想得到老师的理解对吗？如果将自己的心门关得紧紧的，老师怎么能走进你的心呢？试着将它打开，告诉我们，你有哪些委屈和难过，老师陪你好不好？"就这样，他慢慢地开始了他的讲述。他讲了他的家庭，讲了友谊，讲了自己对学习的渴望，也讲了他对父母的抱怨。

那个浑身是刺的男孩在这个时候，显得特别的柔弱无助，而我作为心理老师，看到的是他敢于敞开自己心扉的勇气和力量。

2. 唤醒学生，树立自信

唤醒，不是粗暴地指责训斥，而是耐心地告诉他：遇到问题，除了可以用刺扎伤别人，还可以用温柔的方式去解决。当他能够认识到自己的不良行为，"唤醒"的契机就来了。因为此时，他的对抗、逆反心理在渐渐消除，可以慢慢引导他理性地看待自己的错误，并且帮助他树立战胜自我的信心。课余时间我陪他读了一些中外科学家刻苦研究、忘我工作，为人类文明和进步事业做出重大贡献的故事。他逐渐明白，人应该活得有意义，他也悟出：人的潜力是无穷的，只要充满信心，努力奋斗，就能实现目标。至此，健康向上的个性心理与品质逐渐形成。

3. 家校结合，改善教育方法

通过与其父母沟通，向他们介绍一些心理健康知识以及教育孩子的方法，说服父母降低对该生的要求，多从孩子的角度考虑，给予理解。帮助他们缓和家庭气氛，改善教育方法。我们还与其祖父母沟通，告诉他们约束对孩子成长的作用。通过沟通，我们获得了两辈家长的配合，对该生在学校或家里的表现，及时地给予肯定和鼓励，为孩子形成正常的心态和增强心理承受能力奠定了坚实的基础。

4. 表扬激励，促使其发扬优点改正错误

在家访过程中，我们发现了一个细节，年迈的奶奶下台阶时差一点摔倒，他一个箭步跑过去扶起奶奶，甚至还要背奶奶下台阶。我们不失时机地给予了表扬，夸他是一个能照顾奶奶的"暖男"，他有点不好意思地低下了头。得到了老师和家长的认可，该生在学校的表现也有了转变，他开始爱帮助同学，开始与同学真诚地交流，厌学与抵触心理有了极大的转变，学习也有了很大的进步，成了老师和同学们眼中不折不扣的一枚"暖男"。

四、评估反思

教师的理解能换取学生的信任，教师的鼓励能唤起学生的自信，教师的肯定能让学生赢得自尊。如果教师能以一颗宽厚真诚的爱心去教育他们，必能使他们走出不良习惯的束缚，步入人生灿烂的阳光地带。

家校共育阳光之花

京山市三阳镇小学　董佩　王茜

一、案例描述

小成（化名），男，10岁，四年级学生。该生爸爸、爷爷常年在外务工，妈妈工作较忙，对孩子的管教较少，他的一切均由奶奶负责。爸爸妈妈几乎没与校方有过任何沟通。

新冠肺炎疫情之前，小成虽然朋友不多，但喜欢运动，尤其喜欢打篮球、踢足球；成绩也是中等偏上，遇到感兴趣的内容能积极主动思考，主动举手发言。

自从四年级返校，小成下课常常一个人用双手撑着脑袋在座位上发呆，基本没有笑容，不主动和同学交流、交往；对老师的关心也是沉默不语，课堂上也总是走神发呆，作业敷衍了事，字迹潦草，有时甚至不交作业。

二、成因分析

（1）疫情期间，网课带来的自由感、放松感、无拘束感对学生的影响太大，小成无法在短时间内从网络授课模式及时地转变为正常的上课模式。

（2）疫情期间小成的妈妈忙于照顾刚出生的小妹妹，本就对小成关爱不够的妈妈更无暇顾及小成。这给了小成散漫的"温床"，也让他产生深深的被遗弃感。缺少了监管的小成坠入网游一发不可收拾，对现实的一切都很漠然。

（3）受疫情对家庭收入的影响，奶奶现在每天要在外工作，唯一一个关心小成在校表现、能跟老师交流沟通的奶奶不能够再像以前那样关心小成，这更让小成缺少了来自家庭的关注。

（4）小成唯一的好朋友A同学于9月开学前举家搬迁转学外地，好友的离开让他失落，更感到无助。

三、辅导方法

1. 分析原因，找点切入

通过对学生各种表现的分析，我们发现，影响该生情绪及行为等变化的因素主要体现在父母平时对他关心不够。疫情期间，家庭里新增成员，家长将重心全部转移至新生儿及母亲身上，这对于一个未成年的孩子来说，是很难过很无助的事；疫情期间的隔离，使他缺少与同伴的交往，他的难过和无助难以疏解，心事无人倾诉，一直在心理积压；小成还承受着学习方面的压力，一方面想好好学习，一方面却又被新鲜事物所左右，不能自控，导致最终自相矛盾，无法化解，只好逃避。

2. 家校合作，以爱共育

第一，加强与其家庭的联系。告知家长新冠肺炎疫情前后孩子的不同表现，以引起家长重视。让家长认识到家庭教育的重要性，同时教给他父母一些教育孩子的方法，正确处理好亲子关系，让小成逐步摆脱心理困境。我约定让小成爸爸每周六主动跟孩子微信视频通话，同时约定每周五由妈妈到校接孩子，家校双方交流孩子在学校和在家的点滴表现，交流对孩子的教育方法。

第二，架起师生爱的桥梁，感受学校的温暖。刚开始，小成对教师的询问一声不吭，我也不着急，而只是主动与之接近，慢慢地缩短心理距离，消除他内心的焦虑。同时还与其他各科教师商量，在课堂上多创造给他表现的机会，让其体验成功的喜悦，增加良性刺激，激发自信。

第三，发动班上同学主动接近小成，和他做朋友，邀请他一起打球，推荐他进入学校足球队。

第四，多次谈心，巩固效果。为了防止刚刚打开的心门重新关闭，刚刚养成的好习惯再次变坏，我每天都会有意识地观察小成的表现，同时通过其他学生了解其情况，和他反复谈心，以巩固转化效果。

四、评估反思

如今经常能在操场上看到小成活跃的身影；课堂上也时常能看到他举手发言，作业质量也有所提高；在学校有了朋友，在家里也能和父母融洽相处了。

小学阶段的孩子对外界事物充满了好奇心，渴求更多的知识，更渴望得到周围人更多的关注和关爱，因此关注小学生的心理健康，有的放矢地对他们进行疏导和教育，应成为我们教师关注的一个方面。家庭也要化作一股强力，和学校教育拧成一股绳，共同促进学生心理健康发展，让他们绽放出阳光之花。

爱的教育

高新区·掇刀区高新学校　张宁

一、案例描述

我第一次走上80×班教室的讲台时，全班同学起立后喊"老师好"，从角落却传来了一个拖得很长的非常刺耳的声音"老——师——好——"。我循声望去，发现在教室墙角坐着一个男生，他双臂交叉放在胸前，背靠着墙，两腿呈"八"字形分开直挺挺地伸到过道，并且还有节奏地晃动着，脸上露出得意的笑容，他就是小刚（化名）。

此时我的气不打一处来，他也太不尊重老师了，于是我在80×班上的第一节课就罚小刚站着听课。谁知道让他站起来就是个错误的开始，上课时我回头在黑板上写了几个字的功夫，他嘴里就叼上了棒棒糖，趁我不注意他又踢了前面同学一脚，一会儿又和旁边的一个同学聊得火热……整整一节课我都在无休止地批评他，而他始终是一张笑脸回应我。

二、成因分析

我找到了班主任，提到小刚的名字，班主任直摇头，成绩不好就不说了，行为习惯太差了，班主任也是拿他一点办法都没有。他的爸爸妈妈在他上小学的时候就离婚了，各自成家，除了每月按时付生活费之外谁都不管他，他跟着爷爷奶奶长大。由此看来，他在课堂上各种怪异的表现应该是为了引起老师的关注。

接着，我又陆续找了几个学生了解情况，班上没有人喜欢和他玩，而他每次都是硬凑上去。他还特别喜欢捉弄同学，有一次把一只毛毛虫丢到一个女生的身上，结果把人家女生吓得哇哇大哭。看来，还真是一个想靠恶作剧刷存在感的小子。

三、辅导方法

了解到小刚的家庭状况和他在校的表现后，我决定"约谈"一下他。于是中午休息时间我把他叫到我的办公室，嘘寒问暖一番，当问到每天家庭作业谁来辅导时，他就不吱声了，追问下他竟突然流出眼泪，小声地说："家里没有人管我，我就是一个多余的人。"我记得那一天我们聊了很久，聊他的学习、聊同学们对他的看法、聊他的家庭……聊到最后时，我问他想不想改变，想不想和同学处好关系，想不想把学习搞上去，想不想变成老师眼里的好学生、爸爸妈妈眼里的乖孩子。他说："我想啊，但是大家都不喜欢我，都讨厌我，我还能变得让大家喜欢我吗?"最后还小声嘀咕了一句："我爸爸妈妈都不喜欢我，都不要我。"我心疼地拍拍他的肩膀，很肯定地回答他说："会的，相信老师，老师会帮助你的!"

他渴望被人关注、被重视，于是课堂上简单的问题，我就主动点名让他回答，他回答对了，我就会让全班同学给他鼓掌鼓励；回答错了我就会在课间主动找他，给他讲解直到他明白。

每天午休我都会把他叫到办公室来帮他补习，他的基础太差了，所以课堂上听不懂也是导致他上课"起哄"——急切想表达的一个原因。

同时，我还主动地联系了他的爸爸妈妈，告知他们孩子在校的表现，希望他们能给孩子更多的精神关爱，尽到父母该尽的义务，家校联手一同呵护孩子的健康成长。

一个月左右的时间，小刚真的跟脱胎换骨了似的，各科老师都说他的变化很大，课堂上他也很少"起哄"，更多时候是积极举手回答问题的声音。

新冠肺炎疫情期间我重要的事情就是给他补习。疫情解封后，我还专程上门给他送书本、送口罩。见到他爷爷奶奶的那一刻，奶奶紧紧地握住我的手，不停地夸他变化大，以前放学回家打骂都不学习的他，现在学习起来，有时候连吃饭都要叫好几次，真的很感谢老师，感谢老师对孩子的教育。

四、评估反思

看着现在的小刚，虽然学习成绩仍然不是太好，但是我真的很开心，因为他脸上的笑容有了孩子的纯真，开始学会听课，学会用正常的方式表达自己的需求。

我想起陈鹤琴老先生的一句话："没有教不好的学生，只有不会教的老师。"我们都在说要用爱感动学生，却常常忽略了怎样科学地把爱传递给学生。爱学生是一种品质，更是一门学问，它会激励我在以后的教育生涯中，如何去教育学生、对待学生，呵护每一名学生的成长。

用心浇灌，静待花开

——关注单亲留守儿童心理健康

京山市永兴镇屈场小学　史小蕾

一、案例描述

浩浩（化名），男，6岁，小学一年级学生。父母离异，由父亲抚养，父亲长期在外打工，没时间照顾孩子，把孩子交给年迈的爷爷奶奶照顾，学习成绩中下。

浩浩在学前班的时候就是一个胆小、内向，不喜欢与他人交往的孩子。进入小学后，也没多大改进。主要表现在：上课注意力不集中，整天心事重重，闷闷不乐、心不在焉，脸上几乎看不到笑容。平时独来独往，无论是学校组织的活动，还是学生之间的游戏，他都很少参与，只是默默地做一个旁观者。

二、成因分析

1. 家庭原因

浩浩是单亲家庭的孩子，也是留守儿童。三岁时父母因感情不和离异，他被判给了父亲，后来父亲迫于生活压力又不得不将他交给爷爷奶奶监护。爷爷奶奶文化程度不高、思想守旧，心疼孙子"爹不疼妈不爱"的遭遇，对浩浩百依百顺，无论是学习还是行为习惯方面，不做任何要求与管教，这种补偿心理让浩浩的成长根本没有得到正确的引导。父亲忙着为生计奔波，也忽略了对浩浩的陪伴，偶尔回家，看到儿子习惯不好，只是简单粗暴地批评，打他几巴掌是在短暂相聚中常有的事。

这种家庭环境导致的结果就是，只要爸爸没回来，浩浩就是典型的蛮横"小皇帝"，只要稍不合他心意，就大吵大闹；爸爸回来之后他则是终日闷闷不乐，怯懦胆小，少言寡语，很少看见他脸上有笑容。

2. 学校原因

浩浩在学校也是少言寡语，经常半天不吭一声，很少与人互动，久而久之，反应速度和学习效率就跟不上了，越发胆小，不敢也不愿和老师同学交流。可是班级活动和教学进度不可能停下来等他，就这样，越怕越慢，越慢越怕，时间长了，他就成了人们眼中的问题学生。

三、辅导方法

1. 浇树要浇根，改变其家庭教育环境

根据浩浩的实际情况，我认为他的本质是好的，如果与家长配合共同对他进行耐心细致的教育和帮助，他会有所改变的。

首先，我与他的父亲取得联系，让他勤跟孩子打视频电话交流沟通。言语不多的父亲不知道拿起电话跟孩子说什么，我教他就说平时吃什么、穿什么、玩什么。总之，要让孩子感觉到爸爸虽然不在家，但每天都可以在视频里看到爸爸，可以和爸爸分享生活中的喜怒哀乐。教育的开端一定是良好的亲子关系。

我多次跟他的父亲、爷爷奶奶进行诚恳的谈话，并让爷爷奶奶一定要改变对他的教育态度和方式，与老师更好地配合，严格管教孩子。通过谈话使他们明白，孩子的成长离不开良好的家庭教育。爷爷奶奶不能一味地放纵，也不能一味地指责，找准契机给他多一些肯定和鼓励。

2. 育人要育心，用关心爱护帮他趋赶自卑

在学校，老师主动和孩子亲近，并对浩浩表现出亲切、关心的态度，使他对老师产生信任感。在课堂上尽可能地给他表现的机会，对他取得的点滴进步进行表扬，增强他的自信心。在学习上让他掌握学习方法，经常给他讲授学习思路，点拨难题，并做好方法的归纳总结，让他学得轻松，对学习逐步产生兴趣。鼓励他参加学校组织的丰富多彩的活动，增进与其他小伙伴的交流，使他体验到参与活动的乐趣，并感受生活的美好，友谊的可贵。

四、评估反思

经过近两个月的了解及教育，浩浩有了一定的进步。正如人的性格不是一朝一夕就能改变的一样，他现在仍旧缺乏刻苦学习的精神，对较难的问题易放弃，缺乏坚强的毅力，抗挫折能力较弱，对于他今后的教育仍需要一个长期的过程。

留守儿童，也是祖国的花朵，生活的无奈使他们过早地经受了风霜。我们心理老师有责任对他们多一些关注，用爱去温暖他们，用心去浇灌他们，再静静等待花朵的绽放。

家校共同努力，重塑学生生活

沙洋县纪山中学 蒋海燕 陈守军

一、案例描述

王思思（化名），男，13 岁，八年级学生，父母离异，留守儿童，由爷爷奶奶照管。成绩不太好，在学校不大合群。在家爷爷奶奶根本管不住他，他对爷爷奶奶的话置之不理。该生头脑聪明，在新冠肺炎疫情网课期间，由于爸爸在旁边监督，语文背诵迅速，做题字迹美观，准确度达 60% ~ 70%。正式开学后，该生又变得不适应学校生活了，很少与同学、老师沟通交流。注意力不集中，还容易和后排同学刘强（化名）讲话。作业也不能按时完成。在寝室里，生活老师一走，他就不好好睡觉，开始闹腾。

二、案例分析

1. 父爱缺失要担责

父母在该生很小的时候就离异了，他随父亲生活，母亲是外地人，改嫁后再无联系；父亲在外打工，除了寄生活费，其他的几乎不管。感受不到亲情温暖的他，亲情淡漠，人际关系也淡漠。久而久之，个性孤僻，社会适应能力弱，缺少生活的热情。

2. 青春叛逆火气大

该生今年 13 岁，正处于青春发育期，出现逆反心理，对奶奶啰嗦的话语感到十分不耐烦，也不知道尊重长辈。

3. 隔代教养惹的祸

爷爷的教育方式简单粗暴，采用吼叫式教育，而奶奶则对该生比较溺爱。他在爷爷奶奶那里既得不到生活习惯与学习习惯的培养，也得不到亲情的弥补，心里缺少温度与能量，自然就缺少动力。

三、辅导方法

1. 争取家长的配合

根据网课时该生爸爸的监督导致他学习热情高涨的事实，建议家长对他多鼓励、多关心，为他营造一个温馨、和睦、充满爱的家庭环境。帮助他们掌握正确的教育方法——主要是"晓之以理，动之以情，践之以行"的科学方法。并坚定地表示，不管怎样，我都会与他们一起努力，共同探讨，齐心协力做好该生思想的转变工作，让他们树立起信心。我嘱咐他的爸爸每周和他进行一次电话交流，请他的爷爷奶奶每周询问学校里的生活和学习情况，消除家长和学生之间的隔阂，增进家人间的亲情与温暖。

2. 建立师生信任的关系

我找机会和该生拉家常，让他感受老师的关心。在这个过程中，寻找他的优点，肯定他，鼓励他，时刻关注他的学习情况。他独立完成背诵默写后，我及时表扬他，他字体美观，我及时在班上展示，还送给他一套笔具作为奖励；为提高他的学习成绩，我单独为他辅导，带领他慢慢领悟语文的美；拜托其他老师，在课堂上多给他创造表现的机会；我还给他配了一个优秀的同学作同桌，课上提醒他记笔记和听讲，完成作业，课后帮他辅导、检查作业等；课外活动叫上他一起加入同学们的游戏中去，让他感受到融入集体的快乐。一次次的陪伴，一次次的鼓励，王思思慢慢开朗起来，对老师和班级都有了依恋。

3. 养成良好的习惯

日常相处中慢慢向该生渗透一些习惯细节：对人多讲礼貌用语，多用"请、谢谢、对不起、请包涵"等礼貌用语；学会和爷爷奶奶好好相处、好好说话，不要表示不耐烦的样子；帮奶奶做一些力所能及的家务，对奶奶照顾自己表示感恩，对帮助自己的同学表示感谢；对老师的关注和表扬，也要心怀感恩；下课在校园里遇到老师要说"老师好"……这些好习惯的培养，也让他慢慢地学会了尊重周围的人。

四、评估反思

学生有了不良习惯或学习的缺陷，家校双方一定都有不可推脱的责任。而帮助学生成长，老师和家长更应该义不容辞。关爱、鼓励、表扬走进了王思思的内心，是他成长的催化剂。加强教师与家长的联系，共同督促形成良好的氛围，学生的生命将得以重塑。

用爱感化他

屈家岭管理区白龙观中心小学 黎红喜

一、案例描述

徐某某，12 岁，五年级学生。母亲在他弟弟不满 1 岁的时候就抛弃他们走了。奶奶精神有问题，生活不能自理，父亲只能常年在外务工来维持一家的生计。年近 70 岁的爷爷在家不仅要照顾他们两兄弟和奶奶，还要打理几亩田地，根本顾不上对他的教育。他写的字笔画都连不起来，很难认得出写的是什么，常常不交作业，对老师苦口婆心的教诲置之不理，网课时更是"神龙见首不见尾"。

二、成因分析

（1）父母离异导致该生从小失去母爱；父亲忙于生计，陪伴他的时间很少，且平时电话交流也很少，父爱缺失；爷爷在身边，但文化程度不高，孩子成长过程中几乎没有家庭教育。家庭生活水准较低，经常不吃早餐，以致于孩子不懂得去爱自己，做任何事都动机不强，打小就形成得过且过的心理。

（2）学习习惯不好，学业不良。受不完整家庭的影响，使该生在学习上无目的、无计划，上课经常是"离线"状态。

（3）自制能力较差，小学生爱动的天性，放纵式的家庭教育，使该生养成了自由散漫、毫无约束的个性，不愿对自己加以克制，自然也就没有好的学习习惯。

（4）学校方面教师因为教学质量的压力，肯定会对学生有一些要求。该生因学业不良，在老师那儿得不到肯定，久而久之便不相信自己的能力，也就越来越不自信了，丧失了继续追求进步的热情，也为孩子的心理健康问题埋下了祸根。

三、辅导方法

1. 家校携手，形成合力

考虑到徐某某经常不吃早饭，我就与他的爷爷电话联系，建议为了孩子的身体每天给孩子做早餐。新冠肺炎疫情期间，其父不能外出打工，我就经常和他联系，交流孩子的学习情况以及在家的表现。我告诉他，这是一个陪伴孩子成长的机会，在家一定要照顾好他的生活，利用晚上和他多交流沟通，陪他写作业，带他做家务。

网课前期，徐某某在父亲的陪伴下表现不错：作业质量大大提高，上课还经常回答问题。但是到了网课后期，父亲不得不出去打工，没多久，徐某某又变回了老样子。我为此家访了一次，鼓励他要好好学习，通过学习改变自己的命运。并让附近的一个成绩好的同学监督他，我也不定时与他视频，单独辅导作业。还让他的父亲经常打电话回去，关注一下孩子的生活和学习。

暑期家访，爷爷说平时徐某某在家还帮忙做饭，照顾奶奶和弟弟。老师和家长携手形成合力，给了孩子安全的依靠，孩子感受到爱，也慢慢学会了输出爱。

2. 创造机会，树立自信

在教育过程中我注重引导，发现徐某某的点滴进步就及时表扬，想方设法创造条件，让他展示自己。比如需要回答一些简单问题时，给他机会展现自己，让他体验到成功的快乐。在一次语文课上，我发现他读书很有感情，就推荐他加入学校的朗诵特长班，并与特长班老师经常交流，让老师多鼓励表扬他。让他体验成功的喜悦和荣誉，增加良性刺激，增强自信心和上进心。

3. 同学互助，收获温情

新学期，我安排徐某某和班上学习认真又讲文明的学习委员王同学同桌，并请王同学每天督促他完成课堂作业，早上来了就检查家庭作业，帮他报听写，监督他背书，邀请他加入同学们的课间游戏，让他融入集体。发现他乒乓球打得不错，我就专门组织了一次班级乒乓球比赛，他居然得了第三名。这些努力不仅让他感受到了班集体的温暖，也让他更加自信了。

四、评估反思

期中检测中，徐某某的语文、数学成绩都过了80分，与网课检测的不达标相比称得上是突飞猛进了，而且与同学之间冲突也少了。他的进步，让我认识到激励的作用和集体的力量。愿每一位老师和家长不光有爱，而且懂爱。

"爱捉迷藏"的小姑娘

沙洋县沈集镇中心小学 文卉娟 鲁国林

一、案例描述

张同学,女,12岁,五年级学生,瘦弱胆小,说话慢,动作慢。让家长不解的是,她经常一不高兴就躲藏起来,任凭家里人有多着急,不找到她,她绝不会自己出来。说教没用,打骂也不管用,下次不高兴继续藏,让家长、老师非常头痛,而且替她担心。

二、成因分析

张同学从小体弱,常被别的孩子欺负,所以妈妈只要看到她与别的小孩一起玩,就怕她又受欺负,就会赶紧把她叫走。父母离异,均再婚,平时工作忙,爷爷奶奶要照顾年幼的弟弟,也无暇顾及张同学的生活。除了在学校,她几乎都是一个人独处。她一放学回家,就独自躲在自己的房间里。张同学说话慢,动作慢,妈妈经常当着外人的面叫她"傻丫头",这一点让她特别自卑。她的智力水平正常,但反应有些迟钝,哪怕是很简单的问题,她也要很长的时间才做得出来。有一次,她没和家人招呼,就在一位亲戚家寄宿了,那一夜她的妈妈和老师发了疯似地到处寻找。找到她时,妈妈早已哭成了泪人儿,一见面就把她紧紧地抱在怀里,这是张同学觉得和妈妈的心靠得最近的一次。此后,张同学一不顺心就会躲藏起来,让家长、老师寻找她。

三、辅导方法

1. 个别交流,产生情感共鸣

长期以来,张同学由于得不到家人足够的关心,心理一直处于抑郁状态,她选择了躲藏的方式,以引起别人的重视,从中得到心理满足。我和班主任龙老师分别找张同学进行了两次心理辅导,详细了解,询问她的学习、生活等情况。老师向张同学真诚道歉，说平时不够关心她，同时也如实分析了她这样做带来的危害，并再三叮嘱她：有想法、有事情不要闷在心里，要告诉父母，告诉老师，学会倾诉。由于对张同学的理解关心，张同学对我有了好感，好几次都主动找我说些"悄悄话"。

2. 家庭辅导，提高家教水平

我们要求张同学家长平时多关心她，多与她交谈，多鼓励她，说一说学校里的事，要认真聆听孩子的表达，使她渐渐地敢于表现自己。家长一再表示要改变以往的家庭教育方式。他们已经关注了多个亲子关系的公众号，表明决心今后一定要多学习，多关注孩子的心理健康。张同学的妈妈在随后的日子里，经常主动来校了解孩子的情况。

3. 体育疗法，促进身心健康

张同学从小身体虚弱，我们除了督促她上好体育课外，还让体育老师根据她的情况专门设计了一个体育治疗方案，以引起她对体育活动的兴趣，使她自觉参加体育活动，让身体健康为心理健康保驾护航。

4. 交往辅导，培养自尊自信

赞可夫说过："个性的发展，在孤独和隔绝中是不可能的，只有在儿童集体的内容丰富而形成多样的生活中才有可能"。张同学长期以来，处在一种心情压抑的状态，缺乏自信，更谈不上自尊。所以在这次交往辅导的过程中，必须帮助她恢复自信，培养自尊。

四、评估反思

经过几个月的辅导，我发现张同学比以前开朗多了，特别是与同龄伙伴的交往，进步非常明显。她已不再孤独，至此，她再也没有躲藏过。她的个性已逐步得到完善，变得自信、活泼多了，而且成绩也有了明显进步。在老师的引导下，相信她会一天比一天更有进步。

这个案例表明，如果我们家长和教师不顾孩子的内心感受和需求，很可能会引发孩子心理上的一系列问题，但如果能及时发现，及时化解，还是可以弥补修复的。因此，我们教师应与家长紧密结合，寻找孩子的"病根"，对"症"下药，共同为孩子的心理健康作出努力。

用爱滋养她的心灵

荆门市屈家岭管理区实验小学　蒋艳　李玲莉

一、案例描述

小林（化名），女，父母离异，家庭无固定经济收入，是贫困生，同时她也是班上典型的学困生，理解较慢，记忆力也较差，连家长都说她笨得要命。所以，她做什么事都小心翼翼，总是比别的小朋友慢几拍，非常不自信。

二、成因分析

1. 教师关注不够，孩子感觉不到学校的温暖

小林虽然沉默寡言，做什么都慢，但在学校里是一位守纪律的学生，从不违纪，也不吵闹，不给班级增添任何麻烦。也正因为如此，当老师被那些闹腾的孩子吵得头昏脑涨时，就容易忽略她，很少主动去关注她。时间一长，她便逐渐产生失落感，在老师那里得不到适时的表扬和赞叹，久而久之便否定了自己的一些行为和想法，慢慢地不相信自己的能力与水平，也就越来越不自信了。

2. 成绩不够理想，屡遭挫折与失败

动作慢，知识接收也比别的同学要慢，作业质量和考试成绩都和别的同学有一定的差距，家长不满意，老师也不表扬，久而久之，对学习甚至上学，都失去了信心。

3. 家庭环境的影响，"先天"和"后天"的不足

小林的家庭状况也影响着她自卑心理的形成。社会地位低下、经济状况窘困、单亲家庭，会引起她"低人一头，矮人一截"的想法。她不愿意在别人面前提及自己的家庭，对自己的家庭羞于启齿。

4. 生理上的欠缺，导致心理上产生阴影

小林偏胖，是典型的小胖墩的体形，同学们常以此开玩笑，自卑而敏感的她觉得无地自容，陷入苦恼与怨恨之中。她害怕出头露面，不敢在公开场合大声发表自己的见解，上课也不敢举手发言。

三、辅导方法

针对小林性格内向，心理自卑的特点，我采取了以下措施。

（1）课堂上，引导她回答问题，多给她发言的机会，只要她有一点进步，及时给予肯定、表扬。让她当班上的小组长，增强她的自信心。

一节语文课上，让学生用"聪明"造句，学生们积极踊跃，回答通顺流畅。有的说："瓦特是一个聪明的学生。"有的说："我喜欢聪明的小猴子。"还有的说："鹦鹉是聪明的动物。"课堂上十分热闹。这时，小林也胆怯地举起了小手。我马上让她回答，她说了这样一个句子："我是一个聪明的……"听得出，她想说："我是一个聪明的学生。"可是她还没有说完，同学们已经哄堂大笑起来，有的学生还忍不住交头接耳说："哼！她聪明！""说自己聪明，还好意思！"还有的说："聪明的反义词吧！"看着她那满脸尴尬的样子，我说："你再造一个句子吧。"她果然开口了："我奶奶说我一点也不……"当大家等着她说"不聪明"时，她却停下了，脸涨得通红，很显然，她并不甘心承认自己"笨"。此时，我的心头猛地一紧，被她强烈的自尊心所感动，我用充满期待的眼神看着她，并鼓励她再说一遍。她从我的目光中获得了鼓励，便开口说："我不是最聪明的学生，"我马上替她补充了半句："但我是最努力的学生！"接着我又让她重说一遍。她大声说："我不是最聪明的学生，但我是最努力的学生！"我情不自禁地为她鼓掌，全班同学也跟着为她鼓起掌来。她高兴地笑了，从她的眼中，我看到了那份自尊与自信。

（2）经常和她谈心，让她认识到家庭条件不好和自己长得有点微胖，这些都不是她的错，也不是什么丢人的事，如果自己好好学习，是完全可以凭借自己的努力改变现状的。

（3）我安排性格外向活泼、成绩优异的班长与她同桌，交待班长课后带她一起玩，帮助她解决学习上的困难，班长像带妹妹一样带着她，现在很少看到她形单影只的时候了，上课积极且读书与回答问题时声音洪亮。

四、评估反思

教师的爱心能换取孩子的信任，教师对孩子的关注能重新唤起孩子的自信，能让孩子学会自尊，能让孩子茁壮成长。教师如果能以一颗宽厚真诚的爱心去教育他们，必能使他们走出不良习惯的束缚，步入人生灿烂的阳光地带。

"大禹治水"：疏通心理防线

湖北省荆门德艺学校南校　周念　陈诚

一、案例描述

张顺（化名），男，14 岁，他在家尊重爷爷奶奶，对爷爷奶奶有强烈的保护意识，在家里总是主动承担力所能及的家务劳动，以减轻爷爷奶奶的劳动负担，是爷爷奶奶心中的"乖孙子"。

母亲在张顺读小学一年级时离家出走，父亲一气之下也远走他乡，至今未归。他由爷爷奶奶抚养长大，爷爷奶奶总想以自己加倍的爱来补偿他失去的父爱和母爱，因而对他百般迁就。他学习、行为习惯差，几乎每天都要制造恶作剧，上课不守纪律，与老师顶嘴，辱骂老师，生气时摔东西，与同学不能友好相处，殴打班干部，不参加集体活动，故意损坏公物。班主任对他进行多次思想教育，学校进行纪律处分，效果甚微。

二、成因分析

1. 家庭因素造成人格障碍

张顺小时候的遭遇使他"安全需要、归属和爱的需要"无法得到满足，而爷爷奶奶又总想以自己加倍的爱来补偿他所欠缺的父爱和母爱，对他百般迁就，更养成了他以自我为中心，自私任性的心理。

2. 环境因素促成行为偏差

张顺的遭遇使得周围的乡亲看他的眼神总是充满同情，这让他极为厌烦，内心极度敏感，可年幼的他无力改变。一旦遇到他认为不公的事，他便用"刺猬式"的外衣来维护表面的自尊，掩盖内心的自卑。

三、辅导方法

1. 关注感化，建立良好的干预关系

我们对张顺无条件地接纳、关怀，尊重他的人格，让他感觉到，除了爷爷奶奶，这世上还有很多人关心他。比如：我会主动与他打招呼，上课时选择他能回答的问题让他进行回答，回答正确的时候及时表扬；进行家访，让他感受到自己是被尊重而不是被同情，从而建立良好的干预关系。

2. 宣泄释放

我们将张顺请进了心理咨询室，运用了"当事人中心"疗法，引导他倾吐生活中的不如意，宣泄积存于内心的负面情绪，鼓励他将"苦水"都吐出来。

3. 认识自己

人所表现的"恶"，大多是人的消极自我防卫的结果，并非源自本性。因此，我们要让张顺发现自身的优点，以他在家非常孝顺爷爷奶奶的事件为话题与他平等谈心，恰如其分地赞扬他的美德，借此展开话题，如：良好的生活习惯，得体的衣着、发型，正确地待人接物，从而清除他的自卑感，增强自信心，逐步认识、认可自己，接纳自己，完善自己的人格，积极主动地要求上进。

4. 体验成功

要建立张顺健全的人格，我们就必须帮助他恢复自信，构建自尊心。我们采用了目标激励法、心理暗示法帮助其构建自尊心、自信心，让其体验成功的喜悦。学校和班集体不断地为他创造和提供获得成功的机会和条件，尽量为他安排一些适合他的，经过努力能成功的工作。如班值日、校值日、校值周、青年积极分子参加的社会公益活动等，让他在不断的实践中积累成功的情感和体验，让他领略集体温暖，自觉地接纳他人，并自觉地融入集体之中。在初二年级下学期时，张顺通过竞选成为班级的生活委员，他用实际行动证明了自己，并得到了大家的一致认可。

四、评估反思

张顺对家人、对同学的态度发生了可喜的变化，学习自信心加强，养成了良好的学习习惯，学习成绩也提高了。人的情绪就像洪水，只有用"大禹治水"的方法，进行疏导、疏通，才能使洪水得到妥善治理。教育学生需要老师有先进的教育理念、扎实的理论功底、娴熟的辅导技巧和一颗充满爱和耐性的心。

指间的力量

沙洋县后港镇西湖小学　张平　周云

一、案例描述

Jack（化名），二年级男孩，上课不能专心听讲，时不时还向其他同学扔纸团，与周围同学讲话，前几天还动手打了同桌。每当老师点到他名字时，他就惊慌失措地望着老师。班主任和家长多次沟通，家长也显得比较无助。

二、成因分析

Jack 出生后前四个月由母亲带，从五个月后开始由奶奶带。Jack 幼时体弱常常生病，总是三天生病两天读书。奶奶当着孩子的面对幼儿园的老师提过孩子容易生病，不要管得太紧，对孩子多加照顾。从那时起，他就不太守纪律，课堂上爱讲话，只有对自己感兴趣的事才会表现出专注。他喜欢自己一个人拼凑玩具，尤其对小昆虫感兴趣，经常用盒子等容器把昆虫装起来，上课时拿出来逗同学，严重影响课堂纪律。

Jack 一直生活在自己的世界里，处于一种非常紧张和焦虑的状态，这种状态使得他很难适应集体生活，他只能以一种向外去打扰他人的方式让自己的紧张和焦虑得到缓解。

三、辅导方法

对于像 Jack 这样能在游戏中安静下来的孩子，非常适合用沙盘游戏法治疗。

在我介绍沙盘游戏后，他仔细盯着沙盘，然后右手轻轻地拨弄面前的沙子，脸上掠过一丝微笑，继续戳了几下沙子。他反复把沙子弄来弄去。接着他拿来玩具车，车子在沙子里行走，一会儿逆时针，一会儿顺时针，有时车子深陷沙子中，但是都能艰难地从沙子中驶出来。玩弄了一会儿车子后，他用手在沙盘上画了一个圈，把小熊玩偶放在里面，他说这是小熊的保护墙。接着又把一个军人玩偶放在左上角。整个过程他使用的沙子不多，颜色比较单一，玩偶较少，这体现了他内心的孤独感；推沙子的动作可以看出他的小心谨慎与防备；车子陷入沙中并在沙中艰难地驶出来，仿佛是在告诉我他每一次想展现自我时都有外力（期盼、制度等）将他的"自我"淹没，他在艰难地挣扎。

初始沙盘让我既惊讶于他内心的创伤，又为他内在的力量而喜悦，他可以利用这个自由而受保护的空间来展现自己，以看见"自我"感受的内在发展，形成"自我"，然后放心融入虚拟的生活中。

再次见到 Jack，他看见我就抿了一下嘴巴，一直望着我笑。他这次仍然延续了上次的场景，但是有了更多新的玩具来补充，他也开口向我有意无意地讲述他的生活。我能感到他借助沙盘，让自我"救赎"的力量变得强大。后来的沙盘游戏中出现了美丽的风景，代表滋养的食物，代表稳定和安全的房子，铺上了草坪，还摆上绿色植物，喜欢的昆虫，盛开着鲜花的树。最后又有一次回到各种车子在沙盘中艰难地行进。

经过前后长达九次的沙盘游戏，让 Jack 从最初的戒备，到用房子来表达自己的安稳，他在自己内心深处创造了一个安全空间，但是"自我"的脆弱和外界的干扰还不够让这个空间稳定和牢固。所以最后才会有各种车子在沙盘中艰难行驶的画面，这是他不断冲破阻碍的挣扎，这种顽强的生命力使他不断变得强大。

四、评估反思

整个过程中，我感受到孩子敞开心扉，释放自我。他的外部世界生活也变得井然有序，家长说他不再那么固执，老师反映他在课堂上听讲状态进步很大，攻击性行为也不见了，有时还主动帮助其他同学。课后不少同学围在他周围，看他收集的小昆虫，笑容也时常挂在他的脸上。

Jack 是我遇到年龄最小的孩子，整个辅导过程中 Jack 可以通过沙盘来表达自己的所有想法，同时实现与人无障碍地交流。他在这个自由与受保护的空间里，心灵处境通过象征得以表达，并被感受到，他脆弱的"自我"不断地被看见并强化。为孩子创造一个能使之感受到安全的环境，这是我们心理辅导老师应该具有的能力。

留守儿童不良心理转变案例

沙洋县实验小学 梁欢

一、案列描述

管小小（化名），六年级，12岁男生。该生刚从农村小学转入本校，对学校的情况不熟悉，不合群，自以为是。上课大声喊叫、装病；作业乱涂乱画、拖欠，学习上遇到困难就找各种理由逃避，学习持久性差；个性执拗，敏感，沟通能力欠缺，与同学在一起学习和相处时，有时同学一个善意的玩笑，都会引起一场冲突；冲动，情绪化，只要不如他意，便乱发火，乱扔东西；对于钱财有较强的占有欲，家中的钱物想拿就拿，从不跟家长打招呼；喜欢无缘无故地动手打班上的学生，欺负弱小。

二、成因分析

（1）该生的父母常年在外，他寄居在舅舅的家里，舅舅工作忙，将他寄托在全托机构，孩子得不到家人的关爱，一个星期回一次家，回家后随心所欲，肆无忌惮，想干什么就干什么。舅舅觉得孩子可怜，没有父母的关爱，所以也过于放纵他，让孩子养成了"我就是老大"的心理，稍有不满意，不按照他的要求和想法来就乱发脾气，大吼大叫，完全以自我为中心。

（2）在班级里，由于刚转学，到了一个陌生的环境。该生对老师、同学不熟悉，再加上成绩不理想，有怕被同学看不起的想法，就产生了自卑的心理。他认为反正自己什么都比别人差，没人疼，没人爱，就自暴自弃，对于学习更加敷衍了事，致使成绩直线下降。老师也不了解学生的生活背景和实际情况，常常对他进行批评甚至训斥，于是他总是跟各科老师对着干，形成了逆反的心理。

（3）该生的界限感差，没有"别人的东西我不能随便动"的意识。由于他平时在家时家长给的零花钱较多，全托寄宿后没有那么多零花钱，想买东西钱又不够时，就会趁同学不注意，拿他们的钱来买东西。

三、辅导方法

1. 用心关爱，情感连线

我们根据管小小的实际情况，与家长配合，家校联动，共同努力对他进行耐心细致的关爱和帮助。班主任和任课老师一起多次走进这个特殊的家庭，与他的父母、舅舅进行沟通，让他们意识到孩子的这些行为和家长缺乏对孩子的关爱有关。同时让父母、舅舅多跟孩子沟通，两天打一次电话或者视频聊天，让孩子感受到还有家人在时刻关心他、关注他。

2. 志愿服务，感受温暖

在班级里，由于管小小转学进入一个新环境，对本班同学不熟悉，不愿意与人交流，怕成绩不好被同学瞧不起。为此我们班专门成立了互帮互助红领巾志愿者服务队去帮助他，让他感受到集体的温暖。

3. 授予职权，加强约束

看到管小小脸上的笑容，我想可以实施下一步计划了，我给孩子封了个"小官"——值日生，让他有约束自己的能力。值日生该做什么，该负什么责，我耐心地给他讲解。从开始的兴奋、不熟悉，到一个星期后对值日生职责的准确认识，我看见他一天天地在进步，变得主动了，热心了。即使偶尔犯了一点小错误也能马上认识到自己错在哪儿，然后很快去改正。

4. 参加公益，净化灵魂

我经常会带管小小参加一些公益性的活动，使他明白这个世界有苦难，也有美好；有比他还苦的人需要我们去帮助，也有更多美好的东西值得我们去追求。后来，他加入了我们班级的红领巾志愿者服务队。管小小懂得帮助同学了，当然就不会再动手打同学了。

四、评估反思

经过近两个月的了解、教育和走访，管小小点滴的改变汇成巨大的变化。现在，管小小对学习有了明确的认识，能坚持上好各门课程，上课不大吵大闹，按时、保质保量地完成各科学习任务，成绩有所提高。我希望他会成为有爱心、有知识，身心健康的少年。

残疾儿童自卑与逆反心理的辅导

高新区·掇刀区掇刀石小学　左璐瑶

一、案例描述

燃燃（化名），男，6岁，小学一年级学生。右手食指、中指、无名指、小指部分关节缺失，轻度残疾。父母外出打工无暇顾及燃燃，把孩子托付给奶奶照顾。

燃燃在幼儿园时，就比其他同龄孩子明显表现出多动调皮。进入小学后，行为习惯出现异常，上课不遵守纪律，注意力不集中，上课时间在地上爬，坐不住，舔手指头，经常做一些恶作剧。当老师批评他、同学反击他时，他毫无不愉快的表现，反而感到高兴。他常讲脏话，个人卫生习惯不良，因此同学都不愿意和他在一起，人际关系较差，经常出现攻击性行为，经常无缘无故地欺侮同学，动手打人，向同学吐口水。偶尔还会有乱翻同学书包抽屉的行为。

二、成因分析

（1）因为身体的残疾，人们总是投来诧异、同情的眼光，燃燃觉察出自己和其他小朋友的不一样，从而产生自卑的心理。

（2）父母均外出务工，除了给钱几乎没管过燃燃。奶奶脾气暴躁，缺乏耐心，动辄对其打骂。长期的批评造成了他的极度的逆反心理，强化了他的攻击性行为。

三、辅导方法

1. 用爱心唤醒爱与被爱的柔情

班级活动时，同学们都不愿跟燃燃在一起，我就特意坐在他的身边，和他聊天，让他感到老师愿意和他做朋友，老师对他的爱一点都不比别的小朋友少。中午轮到我值日，我就带上他一起吃饭，借吃饭之余跟他聊自己童年时各种调皮捣蛋的事。好几次我发觉他的神态很惊讶，还说："老师，为什么大家总是盯着我的手，我不喜欢这样。"

原来他的恶作剧、说脏话都是为了转移大家对他的手的关注，没想到却导致大家认为他是一个坏孩子，都不愿意和他做朋友。了解了他的苦恼后我准备了一次班会课，讲了神话故事《女娲造人》，适时地引导班上的小朋友们，燃燃和大家一样，只是因为女娲在造人的时候马虎大意忘了燃燃的手还没有捏完，就像女娲忘了给有的小朋友的小脑袋里放上认真、忘了给有的小朋友明亮的眼睛、忘了给有的小朋友动听的嗓音是一样的。

同学们认识到每一个人都有优于别人的长处，也有自己不得不面对的不足，对燃燃的残疾就不再"另眼相看"了。同时，我也引导燃燃要学会爱自己，不管什么原因，都不能让自己有坏孩子才有的行为；要学会爱别人，被打骂是很难受的，我们也不能打骂别人，用真心和诚实才能获得更多的好朋友。

2. 用激励点燃获得肯定的欲望

燃燃以前受到的批评冷落太多，爱的需要得不到满足，当他犯错时，如果再进行指责、辱骂，只能强化他的负面行为。对于他的每一个微小进步都应该及时肯定、鼓励和赞赏；偶尔有点进步，我就在晨间谈话上对他大加表扬，运动会上找机会让他发挥自己的跑步特长，帮助他树立信心和培养他的荣誉感，充分体会到成功的喜悦，无形之中去增强燃燃的自信心。他比其他健全的小朋友更希望得到家长、老师和同学的理解、肯定与赞赏。

3. 用沟通拉回远方务工的妈妈

我与燃燃的奶奶多次交流燃燃的教育问题，然而无果，奶奶依然会在燃燃犯错时，采用打骂的教育方式，燃燃开始放学不愿意回家。我通过视频、电话与燃燃的妈妈诚恳地进行多次谈心，要求他的爸爸妈妈多抽一些时间来关心他的学习和生活。通过谈话使燃燃妈妈明白，孩子的成长离不开良好的家庭教育。经过商量，孩子的爸爸请假一个月专程回来陪燃燃。我以为看见了转机，然而结果却不尽人意。我只好再次联系燃燃的妈妈，一年级下学期，燃燃的妈妈终于决心辞职回来找工作，就近照顾燃燃。燃燃开始有了大的转变，改掉了在地上爬的坏习惯，懂得体谅妈妈，说妈妈洗衣服很辛苦，脸上的笑容也越来越多了。

四、评估反思

童年的成长环境塑造了人的性格，童年的经历固化了人的思维模式，形成无意识的惯性。我们作为教育工作者，应该尽一切努力，配合家庭为孩子创造一个积极的生活环境。家庭教育给力了，学校教育才会更顺利。

特别的爱，给特别的你

京山市坪坝镇中心小学　邓晓兰

一、案例描述

妍妍（化名），她有着一张可爱的笑脸，大大的眼睛透露着对世界的好奇。但是8岁的她，却与其他孩子不同，她的童年记忆更多的是医院和治疗，因为她是一名白血病患儿。

妍妍在课堂上积极回答老师的问题，认真完成老师布置的任务，有问题积极地问老师；课下与同学们一起玩耍，一起吃饭，除了戴着口罩，她与其他孩子都一样。妍妍应对疾病的积极心态感染了周围的人，大家都认为她是一个乐观、坚强的孩子。有一次我发现她独自一人趴在课桌上默默地流眼泪，那一刻，我知道了，这个小女孩还有脆弱的一面——孤独与自卑，她更需要一份"特别的爱"！

二、成因分析

1. 家庭因素

妍妍属于留守儿童，长期跟着奶奶生活，父母因为要支付昂贵的医疗费，长期在外务工，平时也仅仅是通过电话、视频等方式与妍妍沟通交流。

白血病的治疗是一个漫长而痛苦的过程，妍妍生病期间缺少父母在身边陪伴，不能在父母怀里撒娇任性，只有年迈的奶奶陪着她。父母满足了她物质上的需要，但是精神上的需求却很难满足。

2. 个人因素

看似坚强的妍妍，也有着脆弱的一面。虽然她年纪小，但是却很懂事，她知道，她的病需要很多钱，父母需要赚钱，所以不能天天陪在她身边，但是她又是那么渴望父母的陪伴。常年病痛的困扰，让妍妍内心更加孤独与寂寞，也让她对身边的事格外敏感。

3. 学校因素

在平时的校园生活中，老师们对妍妍的身体状况更关注，一定程度上忽视了她心理上对爱的需求。

三、辅导方法

1. 在沟通交流中做朋友

在其他同学在外面上体育课的时候，我就陪妍妍讲笑话，讲故事，聊天谈心，渐渐地我走进了她的内心世界。妍妍慢慢地对我敞开了心扉，和我有了更深刻的内心交流，告诉我她的很多想法，我也会用手机给她的父母发视频，让他们说说话，感受亲情。

2. 在团结中营造爱的氛围

妍妍长期待在医院，回到学校害怕同学们用不一样的眼光看待她，不跟她玩，远离她。我告诉她，在老师眼里，她和其他学生是一样的，老师同样喜欢。同时在班上，告诉同学们不管是学习上还是生活上，大家要一起帮助她，爱护她，让她感受团结友爱的班级氛围。

3. 在赏识中建立自信

为了让妍妍更好地融入班级生活，我让她担任数学小组组长。这样做既是对妍妍的一种肯定，也是对她提出了更高的要求。老师的赏识让她看到了希望，更激发她的主观能动性和内在潜力，激起了她不断进步的决心，在进步中也让她不断建立起自信。

4. 在亲情的陪伴中怡情

我经常与妍妍的父母电话联系，及时交流妍妍的情况。同时也跟家长沟通，孩子需要父母的陪伴。新冠肺炎疫情期间，父母的陪伴让妍妍兴奋不已，她打电话告诉我，她非常开心，并且她的妈妈决定今年不外出务工了，就在家陪孩子。

四、评估反思

经过一年的努力，妍妍变得更加开朗自信，和同学们相处愉快。她告诉我，让我以后体育课不用来陪她了，她可以在操场上看同学们上课，让我好好休息。听到这些，我非常感动，也为她感到高兴。

教育的本质就是"一棵树摇动另一棵树，一朵云推动另一朵云"。妍妍的转变，让我知道了爱的重要性，用爱能帮助孩子更好地成长。我相信经过长期的努力，孩子们都会改变的，也都会成为闪闪发光的星星。

温润呵护，安全度过青春期

洋县汉上实验学校　金晨晖

沙洋县毛李镇中心小学　刘继学

一、个案描述

小明（化名），12 岁，父母离婚后母亲从来没有来看过他，跟着爷爷奶奶生活，学习成绩较差，受尽同学的冷眼和嘲笑，性格极为内向、孤僻；同班中无知心好友，少言寡语，常常一个人在自己的座位上发呆，但是在家里则称王称霸，只要放学回家就是玩手机、打游戏、看电视。爷爷奶奶跟他说话也不理，让他把手机放下，他就直接跟爷爷奶奶吵架，说一些极端的话。家里人只要不顺他的心意，就大吵大闹，辱骂家长。

二、成因分析

小明进入青春期，正是心理发展的关键时期，但六年级学习负担较重，学习时间长、考试科目多，学校过于重视学生的成绩，轻视心理健康教育。

小明父母离婚，缺乏来自父母的关爱。父亲在外务工，一年回家一次，回来后也很少关心他的生活和学习，极少和他交流。

三、辅导方法

青春期教育是学校基础教育的重要组成部分，也是学校素质教育的重要内容。我校在"青春期心理健康教育"等方面做了有效的探索和实践，尤其是青春期心理辅导，取得了初步的成效，积累了一定的经验。对小明的主要辅导方法如下。

1. 和小明建立良好的、可信任的辅导关系

在心理辅导室我和小明单独交谈，了解他的情况，让他充分地发泄自己内心关于学校与家庭的不愉快情绪。刚开始他闭口不语，我就避开主题，先从他喜欢打游戏谈起，并多次强调会为他所说的话保密。后来他终于开口了，说自

己不知道每天除了玩手机、打游戏、看电视之外，还能做什么，学习也不好，并且总是控制不住自己乱发脾气。在交谈中，我了解到他是一个渴望得到友谊的学生，而且他非常擅长跑步。

2. 坚持心理疏导，进行赏识教育

我特别交代他们班的老师，要正确对待小明这类学生，不要直接批评他，更不要与他发生正面冲突，注意保护他的自尊心。当他犯错误时，不要当着其他人的面批评、指责他，而是在与他个别交谈时动之以情、晓之以理，耐心帮助他分清是非，让他意识到自己的错误，并愿意主动去改正，这样逐渐缓解紧张的师生关系。

3. 因势利导，扬长避短

我校在10月底举行了运动会，我鼓励小明参加短跑比赛，他在比赛中获得了一等奖。我请他的班主任当着全班同学的面表扬了他，让他的自尊心得到了极大的满足，让他意识到自己是一个有用的人。因势利导，我鼓励他在学习上认真一点，从最简单的小事做起，稍微发现他的一点点进步，就积极鼓励，让他尝到成功的喜悦以及意识到自己有学习的潜力，然后逐步培养他对学习的兴趣。

4. 加强家校联系

我和小明的班主任长期与他的家长联系，让他的爷爷奶奶在家里少责备他，多带他出去和亲戚、朋友接触。并且，我们给他的父亲打电话，告诉他孩子正处于青春期，要多和孩子交流，多关心孩子的学习生活，孩子犯小错误或者有心理上的困惑的时候，不要一味地批评，而是帮他分析问题、解决问题。最主要的是，让孩子感受到来自父亲的关爱。

四、评估反思

在对青少年的教育中，我们要对他们的心理行为偏差及早发现，尽早矫治。并且，我们要尽力去帮助孩子进行自我调节，增强他们的自我意识，让他们感受到关爱，以减少冲突，降低压力，转移对抗情绪，达到新的心理平衡。

在教育过程中，针对学生的个体差异及心理状态的不同，作为教师应从多方面分析，创造性地使用心理教育的方法，找出有效的解决途径，让每一位学生健康快乐地成长。要知道关注孩子的心理健康和发展孩子的智力同样重要！希望通过我们的思考和探索，能真正帮助一些孩子不断地完善自我，塑造健康人格，适应社会，发挥潜能！

慢小孩成长记

高新区·掇刀区望兵石学校 刘艳菊

一、案例介绍

然然（化名），女，9岁，从上二年级开始，每天做作业磨磨蹭蹭。别的孩子半小时能完成的作业，她至少得花上两个小时，这让家长极其头疼。

二、案例分析

1. 父母定位高，控制过多，焦虑情绪影响孩子

然然的父母针对孩子做作业慢的问题，多数情况下是采取"催促、提醒，提要求，过多指导，不时地表扬或惩罚"的方式，在这个过程中，孩子敏锐地感受到父母的焦虑、愤怒。处于这种情绪中的孩子，往往产生很大的心理压力，她会感到无所适从，害怕做错作业，害怕提出疑问，害怕自己拿主意，于是作业越做越慢。

2. 父母重结果，忽视引导，孩子进行隐形反抗

在和然然的交流中，然然说："无论我怎样表现，我的作业永远做不完，我永远无法达到他们的要求！"最开始，孩子完成父母定下的目标却没有获得肯定，反而被要求完成更多任务。孩子心情很沮丧，但她没有反抗的能力，所以就用磨磨蹭蹭的行为与父母进行隐形对抗。

3. 孩子生理发展不协调，行为有差异

孩子拖延的习惯与孩子的生理发育离不开关系。大脑的前额叶皮层功能区有效地控制着孩子的计划、注意力和执行力等。然然写作业喜欢东张西望，且握笔的力量不够，写字很吃力，写出来的字没有力度。家长要正视这些差异，不要过分要求孩子做力不能及的事情。

4. 孩子时间管理无概念，学习效率低

孩子的拖延很大程度是没有养成正确的时间观念。然然长期由妈妈像保姆

似地呵护着，除了学习，生活中大事小事从不让她尝试，也就渐渐没有了时间危机感，自然也不会对自己要做的事情做出明确的计划，做事情的时候没有条理性，写作业的效率自然也高不起来。

三、辅导方法

1. 引导父母适当放手，给孩子做决定的权利

针对然然这种情况，我建议家长心平气和地与孩子聊聊她的想法，面对每天的学习，自主制定计划完成，父母只负责简单地引导即可。在执行计划的过程中，"完成规定作业后是否还需要再做其他习题"，把这个决定权交还给孩子。

在给孩子决定权后，然然很快拟定了作息计划表、学习与娱乐的计划表。我告诉然然家长，在孩子制定计划后，要让她自己管理，作业不完成或迟到，家长不要干涉，要让孩子学会承担责任、承担后果。

2. 科学训练注意力，让"慢孩子"找到价值感

在孩子成长的过程中，注意力、视觉宽度、视觉记忆、视动协调、手部小肌肉等的训练都是十分重要的。我收集各种训练方法跟然然的妈妈交流，比如，走迷宫、比眼力、穿珠子、堆积木等智力游戏；再比如鼓励妈妈引导孩子参与家务劳动，鼓励孩子按时完成家务劳动，锻炼手部的力量，培养孩子的专注力，同时增进亲子关系。

3. 引导父母理性陪伴，和孩子一起成长

陪孩子做作业最重要的是耐心，当孩子在做作业的时候，家长最好不要去打断她，也不要盯着孩子做作业。家长可以在一旁安静地看看书，等孩子完成一门功课的作业后再仔细检查。多用积极的话语鼓励和暗示孩子，让她对完成作业多几分自信。

四、辅导效果

通过一年的跟踪与辅导，然然从开始的磨蹭、不自信转为对作业有计划地完成，对学习有信心了！然然妈妈说："以前我为孩子的慢性子伤透了脑筋，当我逐渐走近孩子，才发现只有懂孩子才会教育好孩子！父母不能用爱来绑架孩子，教育孩子也是对我们父母的修炼，谢谢老师！"每一个孩子都是一颗花的种子，都有自己的花期。希望每一位父母，每一位老师都能好好呵护每一粒种子，用适合她的方法养育，陪伴她享受阳光，经历风雨，静待花开！

走出心灵的孤岛
——心理健康教育的辅导案例

沙洋县十里铺镇十里小学　罗春丽

一、案例描述

文文（化名），男，9 岁。新冠肺炎疫情过后，该生出现了强烈的厌学情绪，极度地抵抗上学。只要一走进教室，便会出现咳嗽、呕吐等不适症状，更让人难以置信的是，以前说话流利的他，现在说话竟然结结巴巴的，真是让人百思不得其解。

某一天，本是孩子们上学的日子，但是文文的家长却打来电话请假，说是孩子得了感冒，咳嗽得厉害，不能正常上学，要请假几天。几天后，家长送来了孩子。一进教室，我便发现了这个孩子的异常，出现咳嗽并且还有干呕的症状。我迅速联系家长把孩子接回家，治疗好了再来。谁知随后送来还是老样子。如此反复几次后，我才意识到这个孩子不是感冒，而是出现了心理问题。

二、成因分析

这不禁让我回忆起了这个孩子读二年级时的一些情形，这个孩子平时学习成绩比较好，学习状态正常，但自觉性差，甚至有一些调皮。疫情期间，孩子们都在家上网课，这个孩子上网课初期，学习状态比较好，能准时打卡，作业上交及时，能跟上老师的教学节奏。但在后期，这个孩子的学习状态发生了一些变化。开始拖欠作业，后来次数越来越多，有一次甚至把别人的作业当成自己的作业上交给了我。在这个特殊时期，为了照顾孩子和家长的面子，我利用微信与家长进行了沟通。这种现象从此之后再也没有发生，一切又恢复了正常。

疫情后期，随着各地的解封，家长外出务工，没办法全身心地陪伴孩子。当时农村正值春耕，家长分身无术，只得把孩子独自留在家中，此时这个孩子处于无人监管的状态，家长又忙，不能及时地对他进行学习上的辅导，更不会关心他心理上的变化。新的学期开始，这个孩子从自由散漫的在家学习状态进入到紧张有序的校园学习状态，一时间难以适应，于是便出现了身体上的一些症状，这实际上是心理上的不适应。

还有一个原因就是家长过于溺爱，这个孩子是这对父母的老来子。家长宠溺过度，只要孩子稍有不适，就放纵孩子，这样就更加助长了他的厌学情绪。

三、辅导方法

（1）进行了一次家访，充分地进行了解，孩子在家里一切都好，吃饭、睡觉、活动都很正常，既不咳嗽也不干呕，但只要走进教室，他的"不适"症状就会表现出来。

（2）尽可能地少关注，不要把目光都放在这个孩子身上，采取"外松内紧"的方法，不去过多地关注。让孩子有一个相对宽松、相对自由的学习环境，多让同学来帮助他，因为毕竟是同龄人，沟通起来没有顾忌，这样有了同学们的帮助，他会慢慢地放松下来，主动地参与到学习、活动中来。

（3）顺其自然，只要他每天坚持到校，回到集体生活中来，在学习上对他不做过高的要求，这会让他放松心情，尽情地释放自己的情绪，尽早地回归到自己的本真状态。

令人欣慰的是，文文的情况在一天天好转，已经能够坚持上学，并且身体上的症状正在减轻。我相信，用不了多久，他就会跟以前一样活泼可爱了。

四、评估反思

这是一个表现特别突出的案例，但我相信，学生中绝不可能只此一例。2020年是不平常的一年，疫情期间，在家长时间的封闭隔离，多数孩子出现了或多或少的焦虑情绪，有的学生表现很明显，出现了身体上的不适，这会引起家长的注意；但还有的学生表现并不是很明显，只是脾气性格上发生了变化，家长和老师不易觉察。这就对我们提出了全新的要求，特别是疫情结束后复课的这段时间，要时时刻刻地关注学生的思想动态，有问题早发现早解决。更重要的是要与学生建立良好的关系，良好的关系是信任的开始，只有信任才会让学生敞开心扉，才会告诉你真心话。只有这样，我们才会有的放矢，及时疏解学生们的焦虑情绪，学生们才能健康快乐地成长。

让生命充满爱

屈家岭管理区实验小学　程蜀　万文春

一、案例介绍

王某，男，性格比较外向，在班里属于后进生。新冠肺炎疫情过后，我发现他学习不认真；上课注意力难以集中，做小动作；不能自觉地遵守学校规章制度；常在班上惹事生非，比如打架、搞恶作剧等；不完成作业，有些自卑；自暴自弃，放纵自己……

二、成因分析

父母是孩子的第一任老师。家庭教育在孩子的成长过程中起着决定作用，尤其对孩子的情感教育培养有着至关重要的作用。而小学生正处于身心发展期，在这个过程中产生的恐惧与烦恼需要及时得到疏导。

王某的父母疫情期间忙于生意，很难静下心来与孩子交流、沟通，使孩子产生孤独、胆怯的心理。孩子长期缺乏关怀和抚慰，导致孩子焦虑、紧张，缺乏安全感，人际交往能力差。又因父母工作繁忙，对孩子的行为一般采取顺从、认可的态度，缺乏有效、及时的管束，使得孩子散漫，在家不听从长辈教育，在学校道德品行差，不遵守规章制度，常常打架、违纪，攻击同学。父母的不作为，无形中助长了王某的蛮横霸道和以自我为中心的极端性格的形成。

三、辅导方法

1. 赢得家长的支持

我常与王某的父母联系，向他们汇报孩子在校的表现及了解在家的情况，告诉他们王某所面临的问题，并讲述父母在孩子成长过程中的重要性。通过多次劝说，告诉他们，作为父母，要想培养孩子，就要从改变自己的教育方式开始，与孩子一同成长。功夫不负有心人，他的父母接受了我的劝告，愿意支持配合我的工作。

2. 走进孩子的内心世界

我每隔两天找王某闲聊一次，每次为 15 分钟。与他拉家常，让他了解老师一天辛苦工作之余的生活，还闲聊他父母的生意，聊学习的重要性，当然也会与他闲聊人生的意义及理想。闲聊中，得知他喜欢漫画书，我赠送了他许多漫画书，并向他讲述张海迪姐姐的故事等，还向他推荐一系列书籍。慢慢地，他便主动帮忙擦黑板、收拾讲台、洗抹布等。一个多月后他的态度明显有所好转，见到老师主动问好，班上发生什么事情，他第一个报告老师……他终于肯主动与老师交流，与老师建立信任了。

3. 手拉手，树立信心

我发现他的成绩差，并不是智力问题，也不是学不会，而是他自身认为：我只要身体健康，学习成绩对我来说无所谓，爸爸妈妈也不会在乎。他从来没有体验过学习成功的乐趣。于是，我安排班上一位成绩优秀的女同学与他同桌，帮助他、影响他、带动他；还与班上的科任老师商量，课堂上多关注他，多给他表现的机会。当他克制不住自己时，用善意的眼神示意他坐好，不再点名批评他或不予理睬；别的同学在做练习时，老师可以给他进行个别辅导；当他有点滴进步时，要及时鼓励，慢慢地帮助他树立起学习的信心。

4. 激励上进，融入班级

随着王某的学习成绩有些好转，我与任课老师商量，应乘势而上，对他的品行、纪律方面加以矫正。我把班上的一些工作交给他，每次对他的工作都给予肯定，并鼓励他继续努力，他也乐意为同学们服务。他的那些不良行为和坏习惯，基本上得到克服，他完全融入了班集体，同时也学会关心别人，不再感到孤独、惧怕。

四、评估反思

通过大半学期的辅导，王某学习有了进步，上课能认真听讲，基本上能按时完成作业了。他的转变让我体会到：教书育人，情商同比智商高的重要意义。教师工作任重而道远啊！当然，转变不会立竿见影，这是一项长期的工作，但我始终相信，教师只要有持之以恒的心，因材施教的方法，一定能使这些"问题生"得到进步和发展。

还心灵一片蓝天

沙洋县汉上实验学校　严林

一、案例描述

小明（化名），男，12岁。该生上课易开小差，性格浮躁，常和其他同学发生矛盾，听不懂老师讲的内容时，就放弃听讲去做其他与学习无关的事，作业不做或者不能按时完成，正确率低。特别是新冠肺炎疫情网课期间，他的作业几乎没有交过。对作业做不做，考试成绩好坏都抱无所谓态度，所有的课程都不及格。不管老师怎样教育，他都无动于衷，教育效果不佳。

二、成因分析

该生成长环境特殊，父母离异，他跟随父亲生活，但近两年父母均外出务工，他被留给年迈的爷爷奶奶照顾，成了典型的留守儿童。自从父母离异后，母亲和他一别就是几年，平时也从不过问，相处时间极少，这使小明的心灵受到极大的伤害，严重缺乏母爱。父亲外出务工也很少和小明电话沟通，导致小明认为父母都不爱他。爷爷常常拿孩子当出气筒，使他以为爷爷也不喜欢他，故形成逆反心理。爷爷经常使用侮辱性言语训斥他，在他的脑海中留下深深的印象，也深深地打击了他的自尊心和自信心，使他产生了错误思想。

三、辅导方法

针对该生的这种叛逆行为，我在辅导过程中，采取了很多方法，其中一个重要的方法就是家校联系，重点从心理学的角度出发，对他进行教育，取得了良好的效果。采取的措施如下。

首先，联系小明的父母说明孩子的情况，但他们均表示要上班，暂时不能回来，我提出，他们有空要多和孩子沟通，及时了解孩子在家在校情况。与此同时我还联系了小明的爷爷，把爷爷请到学校来学习"家校联系"的办法，帮助他掌握正确的教育方法——"晓之以理，动之以情，践之以行"。我向小明的爷爷坚定地表示，不管怎样，我都会与他一起努力，齐心协力做好孩子思想行动的转变工作，让他也树立起信心。

其次，老师要转换思维方式，从寻找孩子的缺点变为寻找孩子的优点，从否定评价变为肯定评价，从责备变为鼓励。学校是对学生成长影响最直接的环境。宽松、和谐、文明、充满爱的校园氛围有利于学生发挥潜能，形成健全的人格。缺乏自信的孩子，越责备越没信心，越自暴自弃。所以平时引导教育小明的时候，我常用激励性的语言来让他感受我对他的关爱。如："你这次干得很不错""好，有进步了，我很高兴""小明，好样的，再努力一把会更好""好棒，你是最棒的""犯错不可怕，知错就改才是好学生好孩子，挺好""啊，别泄气，努力就行，失败乃成功之母""有什么困难了？来，我们一起想办法，我们一起解决，有信心吗"……

再次，以面谈交流的方式直接辅导。以平等的姿态，多跟他谈心，了解他的心里在想些什么。对他不理解父母做法的心结进行心理疏导，让他知晓父母的不易，了解父母外出务工没有和他联系的原因，唤起他对父母的理解与期待。

最后，对影响小明自暴自弃的因素采取一定的措施，主要是加强与其父母、爷爷的沟通，得到他们的配合。我先告诉小明，不管做什么事都离不开扎实的文化基础知识，但学习知识和做每一件事一样，都得付出才有回报，就像他的父母在外务工一样，他们必须认真完成工作才能得到相应的劳动报酬，要有毅力才行。慢慢来，哪怕每天进步一点都很好，他表示同意我的观点。接着，我告诉他，一个人只有"自重才能得到别人的尊重"。我又和他一起研究制订了学习计划，我负责帮他找一个好学生帮助他、辅导他，包括课后辅导他写作业、检查作业并提醒他按时交作业等，他表示一定配合，同时表示一定克服困难，让大家刮目相看。

四、评估反思

经过努力，该生学习自觉性有了一些提高，作业基本能按时完成，上课也能坚持听讲，课后能和同学友好相处，有时也能帮爷爷奶奶做点家务，爷爷奶奶不在家时，也能坚持先写完作业再看电视。

对于离异家庭子女要给予更多的关心、更多的帮助。转变一个学生首先应理解他、尊重他，然后再引导他、帮助他，当然心理引导应摆在第一位。

小学生自虐行为案例分析

京山市实验小学　陆伟

一、案例描述

小吕（化名），8岁。父亲在一家水泥厂做临时工，母亲在超市上班。父亲懦弱，不管事。母亲好强，专制，爱发脾气，对孩子要求严苛导致该生精神压力较大，情绪也不稳定，有自虐倾向。曾经因为背诵课文作业未能及时完成，用自己的头猛烈撞击门框。平时他沉默寡言，少与同学玩耍，稍有要求达不到，也会情绪失控，满地打滚，大吵大闹。今年他上三年级，新冠肺炎疫情初期又因网课作业不会做，在家大闹，撕碎作业本，用手捶打自己的头。

二、成因分析

（1）从心理学的角度来讲该生主要属于"理想自我"与"现实自我"的矛盾型人格。

该生因为在背诵课文的过程中一时达不到母亲的高要求，又得不到理解与帮助，故情绪积压，失控，导致用头猛烈撞击门框。

另外，他对自己要求过高，渴望得到家长和老师的关注，希望自己各方面都表现好，可一时又达不到理想的要求，因而他就情绪失控，出现用手捶打头部的自虐行为。

（2）从教育学的角度来讲，有两个原因。

家庭原因：家庭教育的方式存在较大问题。家长对孩子的期望值过高，当发现孩子的问题时又巴不得孩子能马上改掉这些不良习惯，这是不现实的。

个人原因：该生年仅8岁，自我认知能力还没有成熟，当自己在学习上所能达到的实际高度与理想值有一定差距时，就容易爆发坏情绪，做出自虐行为。

三、辅导方法

1. 对学校教育环境的干预

教师要放下架子，把学生当作与自己地位平等的人来看待。进行心理换位，从学生的需要和期望价值来考虑问题，用真情去打动学生。因而在一年级时，当家长反映小吕同学有自虐行为时，我就特别关注他。

课堂上尽量能让他有机会发言并能及时给予鼓励和表扬。在学习过程中，减轻学习负担，定制适宜的学习目标。降低期望值，找出适合他的学习方法。加强对其学习技能的培训，以增强孩子的自信心。拉近师生关系，得到孩子的信任，让他知道老师是喜欢他的。比如：他穿了一双新鞋，我就会说："小吕，你今天穿的新鞋真好看，谁给你买的?"他就会很高兴地告诉我，就像他的一位好朋友。

2. 对家庭教育的干预

（1）帮助其家庭制定一套具有规律的计划。这对普通的孩子很重要，对情绪不稳定的孩子更为重要。家长的计划越具体孩子就越容易约束自己，要简明扼要，使孩子在家里的活动有规律。

（2）鼓励家长帮助孩子建立生活自我管理能力，独立学习能力。自己整理书包，记笔记，制定学习计划，自己记录家庭作业的内容，规定时间按时完成。若能做到，及时予以表扬和鼓励；若未能按时完成，也不要粗暴对待，需耐心开导并寻找原因。

3. 追踪辅导

（1）给予时间和机会，让孩子充分倾诉，以便老师能准确地确定其心理问题的类型，知道诱发的事件和严重的程度。在心理疏导的过程中，与学生一起感知和体验他的无助感和挫败感。

（2）两周一次谈话，鼓励孩子团结同学，尊重师长，上课专心听讲。肯定、表扬两周以来的进步。比如：学习上的进步、情绪上的稳定、没有耍小脾气……帮助其养成阳光、充满正能量的性格。

四、评估反思

经过一段时间的努力，小吕调控情绪的能力有了比较明显的改善，发脾气的次数、自虐的行为明显减少，且平静下来后能反省自己，并能主动找老师或家长表示歉意。

作为一名新时代的教育者，我们不仅需要传播知识，授业解惑，还需要渗透学生的内心深处，了解他们的动态和想法，理解他们的行为，并在他们需要的时候指引他们，帮助他们度过人生的特定阶段。

网课期间的心理干预

沙洋县拾回桥中学　伍昌雄　郭洪兰

一、案例描述

云溪（化名）是一名九年级女生，平时活泼开朗，与同学和睦相处，在校遵守纪律、尊重老师，在老师心目中是一个很不错的学生。

新冠肺炎疫情期间，她在学习上渐渐松懈了，每天也不打卡，网课也不上，迷恋上了手机游戏。父母每天忙着自己的事，对云溪缺乏沟通和教育，渐渐地云溪整天一个人闷在自己的房间里，躺在床上打游戏、看电视剧，即便是吃饭也懒得动，无聊了就睡觉，一整天都抱着手机，往往到了夜深人静的时候，觉得肚子饿了，才趁着家人酣睡的时间偷偷地溜进厨房里煮点面条吃。每天云溪就这样把自己封闭在自己的世界里，浑浑噩噩地过日子。

后来云溪的班主任知道了她每天不上网课，封闭在自己的房间里，也不与人交流，情绪低落的情况，并把这一情况反映给学校。学校领导高度重视，作出了三点要求：一是家访，了解情况，对这名学生作心理干预；二是要求班主任、科任老师对这名学生在情感上、学习上给予特别的关爱；三是要求家长以及与云溪关系较好的同学多与云溪作情感上的交流。

接着，学校领导和班主任来到云溪家进行家访。对老师的到来，起初云溪还是挺高兴的，可是看到有几个邻居也在旁边七嘴八舌，极度反感，她又不想让老师看到自己颓废的模样，就一直用手捂着脸，开始她不愿意接受老师的劝解和心理辅导。慢慢地，老师说到了云溪在家期间家长缺乏与孩子的沟通，家长并没有注意和了解孩子的心里的真实想法，对云溪的假期生活照顾也不是很周到……云溪顿时觉得老师的话一下子点中了要害，对老师也变得信任起来。老师临走时把云溪叫到一边：不能放弃读书，不要想太多，试着改变自己，你的心情、遭遇老师都知道，以后有什么想说的可以在网上和老师交流。这些话让云溪的心里暖暖的。

后来云溪通过爸爸的手机，知道了有很多老师打来电话，发来短信，其中有一个老师的短信是这样的："云溪，今天的网课时间老师看不到你的网上信息，老师非常失落，老师希望你能回来上课，给老师一个好心情，回来吧!"云溪顿时觉得自己一直被这么多老师所牵挂着，懊悔不已。后来让云溪彻底改变的是云溪一个闺蜜姐姐的谈话，她说她的经历和云溪差不多，她希望云溪好好读书，否则长大了后悔的是自己，人生一定要有理想，一定要好好学习，初中都毕不了业，能去干什么呢?

后来云溪在班主任的安排下加入了各科的微信群，重新回归了网课，

云溪还参加了微视频创作，并在比赛中获得了二等奖。现在九年级复课，云溪每天和其他同学一样，认真上课，过着正常的学习生活，懂得了读书才是自己最好的出路，也逐渐理解了父母的良苦用心。

二、成因分析

云溪从正常的学校学习生活变成了居家网上学习，没有了老师直面管束，没有了同学间的情感交流，加上家长对其缺乏有效的交流和教育，导致云溪一下子无法适应，放任了自己。面对家长的教育云溪认为自己总是被指责，进而感到苦恼、烦躁、愤怒。

三、辅导方法

中小学生是未成年人，出现心理问题时，一是需要获得周围人的帮助与支持，为学生建构良好的社会支持系统：父母的关爱、教师的指导、同伴的交流。二是让他们产生希望，摆脱困境，希望就像黑暗中的一束光芒，可以让人心生力量勇敢地走下去。

四、评估反思

云溪是众多上网课出现问题学生中的一个具有代表性的例子，老师们很有责任感，首先班主任及时发现了她的情况，并向学校领导反映。其次是学校领导方法得当、处置及时，在疫情期间及时走访，让家长和学生非常感动。最后是班主任、教师、家长努力配合，积极参与心理干预，合力让云溪走出了心理阴影。

真情浇灌，花开有声

高新区·掇刀区江山小学 周红

一、案例描述

2019 年冬天的一个早晨，我推开教室门，一个小身影正拿着扫把在教室独自扫地，"谁，这么早？"他回过头，我一看是中队长小军（化名）同学。"你怎么这么早？"边说我边走向他。他说："妈妈病了，爸爸眼睛视力不好；很早就要出去打工挣钱，我一个人就来学校了。""唉呀！怎么没穿棉袄呢，这么冷的天？"我问道。"棉袄小了，穿不进去了，今年还没买，爸爸说等这次打工挣了钱就给我买。"他回答道。"那可不成，等挣钱冬天都过完了。"于是我冒着寒风又跑回家拿了双袜子和儿子的旧棉袄来给他穿上。他傻乎乎地笑道："老师，比先前暖和多了。"

放学后，我将小军叫到办公室，了解了他家的状况，也知道他心里积存的压力和自卑。我告诉他，他有很多优点都是别人学不来的，比如：学习品质好，语言表达能力强。

二、成因分析

正当小军开始找回自信时，一场突如其来的新冠肺炎疫情让孩子在很多方面又回到了原点。首先是居家学习缺失陪伴和辅导，没有安全感；其次是家境的贫困导致终端设备的缺乏，无法像其他同学那样进行网课学习而导致学习成绩下滑，有些恐慌和担心……时间一久，在情绪上出现消沉，觉得自己以后肯定会很差，与同学们之间的差距肯定会越来越远，对自己没有一点信心，索性就多次没有参加上课和提交作业，有时还把这种不愉快的情绪发泄到家人身上，与家人争吵。

三、辅导方法

我通过小军同学去年开学报名时留下的电话号码找到了他。与他交流，探访了孩子的心理状态，了解了孩子在疫情时期家里的情况，并通过电话给他讲解了前期存在的知识问题。让他知道所有任课教师都在关注着他，鼓励他相信自己、相信老师，一定会克服困难的。坚持每天一次和他长达四十分钟的通话，帮他解决学习问题和关注其心里想法。并与其家长沟通，引导家长带领孩子多关注正面的新闻报道，按照专家提醒在家做好防护，让孩子感受到有人关注，背后有依靠，重拾自信。

1. 指导"一对一"

根据学生的实际情况，家里条件较差，只有老年手机。我与各科任教师先备好课，将知识重点浓缩，再通过电话语音，分别给小军上课交流，让每一个知识点都能过关。

2. 开启"聊天室"

每天下午5：30，我会准时开启与小军的"聊天室"。在这里他可以畅所欲言，倾诉心中所思所想，并汇报每一天的学习和生活心得。而在这个过程中，我也会耐心地交流、劝导、点赞、鼓励。以至于每一次结束他都不愿说"再见"。

3. 建立"点赞台"

每一次班级微信群里居家优秀作业展和活动图片展，我都会截屏发给小军看，鼓励他认真完成各科文化课和积极参加居家的体育、卫生、艺术活动，并将他的优秀作业和居家活动图片发送到班级群中，而同学们的点赞我也会截屏传给他。每一次的展示都让他信心倍增。

四、评估反思

在这期间我和小军同学及家长有了进一步的了解和沟通，掌握了家长对孩子的学习态度，看到了小军同学在这个过程中付出的努力，他思想上也有了很大的转变，变得开朗多了，还主动地给我打电话问疑难题，完成的作业也会拍照发来让老师检查，并拟定了学习日计划、周计划。活动时间还能帮爷爷奶奶做做家务，和老人唠唠家常，他的改变家长们看在眼里、喜在心里，也打心底里佩服老师、感谢老师，还专门给我送来了一面锦旗"教导有方启人生，精心呵护育幼苗"。

春风化雨，润物无声

京山市永兴镇屈场小学　喻竹

一、案例描述

李某，男，12 岁，六年级学生。开学不久，有人反映他偷了同学的零钱，当时他没有承认。一周后，办公室老师发现不见了钱，追查下来，种种迹象显示他的嫌疑最大，经过反复查问，他终于承认了。还交待了一周前他利用其他同学不在教室的时间，偷偷拿了同桌的零钱。后来还发现：以前他就有偷同学电话手表、小卖部零钱等行为，五年级时还到肯德基里偷过食物。可见，"偷窃"对他而言已经不是一两次的行为了。

李某不善言谈，也从不在老师面前说实话，上课不发言，也不做作业，典型的后进生。在老师眼中，他没有上进心，不完成作业，还喜欢说谎。在同学眼中，他常常去小卖部偷钱、偷吃的，还经常借同学的钱不还。母亲早逝，父亲常年在外地游手好闲，不能给他提供优越的物质保障，家里只有一个上初二的姐姐和年迈的爷爷奶奶。平时生活只能靠 70 多岁的爷爷奶奶打零工来维持，有时候爷爷奶奶不能按时回家，他得自己动手做饭洗衣。

二、成因分析

1. 家庭环境的影响

家庭不健全，缺失家庭教育，缺乏家庭温暖，是李某出现问题的主要因素。当李某出现偷拿行为时，爷爷只是打骂责罚。

2. 物质上的引诱

家里条件有限，为了满足物质上的需要，李某学会了偷窃。

3. 与同学差距大

学习成绩没有别的同学好，得不到老师的认可和表扬。家庭环境没有别的同学优越，当他不能拥有同学所拥有的东西时，心理上的不平衡，让他想采用不告而取的方式。

三、辅导方法

1. 家庭教育

（1）真正关心孩子，多与孩子沟通。每天询问孩子在学校的表现，帮助孩子解决生活、学习上遇到的问题，适当地给孩子一点零花钱，让他在同学面前感觉不那么寒酸和自卑。还应当让孩子知道，当他们有额外物质需要时，可与家长商量解决，而不是去拿别人的。

（2）教导孩子树立正确的道德观念。

（3）当孩子有错误时，家长要杜绝辱骂、毒打行为。

2. 学校教育

（1）协助他获得同学的信任，与同学建立良好的关系。通过观察，我发现他乐于助人，很喜欢表现自己，就让他当班上的卫生委员，以树立他在同学心目中的地位。同时我又鼓励班上同学多与他交朋友，创造机会让他和同学们一起活动、游戏，让他和同学建立良好的关系。

（2）用"现实疗法"，通过讲故事、举例子，帮助他学法守法，增强他分辨是非的能力，让他知道偷窃可能产生的后果，严重的要负法律刑事责任。

（3）用"厌恶疗法"抑制诱因。我让李某在每次想去拿别人东西的时候，都在心里对自己说：拿别人东西是可耻的，迟早会被发现的，如果同学知道某某爱偷东西，别人会看不起你的，你也会失去所有的朋友。

四、评估反思

经过一段时间的辅导，在家校共同努力下，李某慢慢改掉了偷窃的坏习惯，并把注意力逐步转向了学习，再也没有同学来反映李某偷别人的东西了。同时，他也增强了自信心，学会了自觉、主动地学习。在课堂上他敢于发表自己的意见，语文成绩上升很快。对于数学很努力，经常能看到他在课间做数学练习题。对于英语，兴趣也浓了很多。现在的李某待人有礼，见到所有的老师都能主动打招呼。集体荣誉感强，班级内的卫生工作都由他来负责，打扫教室，拖地、擦门窗等，他干得不亦乐乎，成了同学、老师的好帮手。

当个别学生存在行为偏向时，教师有责任有义务去教育学生，把他们从迷途中拉回来。"教书育人"中"育人"更为重要，对于此类学生我们还必须有计划、有目的地进行研究。

用心浇灌，静待花开

——一个单亲留守儿童的心理健康辅导记录

沙洋县马良小学　曾秀梅

沙洋县汉上实验学校　王　蓉

一、案例描述

邓某涵（化名），男，小学五年级学生。性格内向，与同学不能友好共处，课堂上注意力不集中，该回答问题的时候不回答，不需要回答问题时总是插嘴，干扰课堂纪律，使老师无法正常开展课堂教学，语文成绩较差，书写速度非常慢。

二、主要成因分析

从邓某涵的具体情况来看，他的性格在某种程度上源于家庭，他属于单亲留守儿童，母亲长年在外打工，由奶奶一手带大，同时奶奶还带着比他小半岁的外甥，外甥嘴甜成绩好，能言善辩，奶奶所有对孩子表扬的话都给予了外甥，使邓某涵本就脆弱内向的心灵更加自卑，他渴望被关注，所以经常利用一些搞怪的形象来引起别人的注意。关于学习方面，由于母亲常年在外，虽然也经常电话沟通孩子的学习情况，但奶奶总是对母亲说孩子成绩还行，隐瞒了事实，实际上连语文最基本的知识都没有掌握，导致孩子现在做作业时因很多字不会书写而无法及时完成，成绩越来越差。

三、辅导方法

每个人都有自己的优点和缺点。小学生处于成长发育期，可塑性很大，只要对他们进行细致的了解和具体分析，抓住他们的优势和长处，就可以成为突破口，实施有效的教育方法。针对邓某涵的具体情况，我在其缺点中寻找闪光点，以激励为主、批评教育为辅，对其进行辅导教育。

1. 热情谈心

（1）与本人谈

我选择了他看起来心情不错的一天，和他面对面坐下来，以真诚的态度与他交流，在交流中我首先肯定了他的优点，他的数学成绩比较好，语文阅读理解能力较强，鼓励他充分发挥自己的聪明才智，同时诚恳地指出他的不足并一起分析原因，针对问题和他共同制定了学习方法，明确以后努力的方向。

（2）找同学谈

从与他交流的过程中，我了解到他有一个非常要好的同学，我安排那个同学与他同桌，让同学及时有效地帮助他。

（3）找家长谈

通过家访、电话联系和家长到学校面谈等多种形式，告知家长学生在校的真实情况、老师的帮教措施，一起辅导孩子。并提醒家长要平等对待两个孩子，多给予该生鼓励，为他营造一个温馨和睦的家庭环境。

2. 主动帮助

学生心理的压力和自我感觉在很大程度上取决于学习成绩的好坏，为此我利用业余时间为他补课，从他较强的阅读能力入手，将语文基础知识进行渗透，由浅入深，慢慢提高。同时要求家长利用微信每天将孩子的家庭作业上传给我，从各方面出发让他慢慢养成自觉学习的良好习惯。

四、评估反思

通过一段时间的心理辅导和学习方面的帮助，他的学习慢慢地有了进步，自信心明显有了提高，课堂上也能积极发言了，也不再有那些搞怪的行为了，家长也反映他不再那么内向难管了，我相信通过以后的努力，他一定会变得越来越好。

我认为学生的心理问题都是日积月累逐渐形成的，老师应该在平时的工作中多一些细心，及时发现问题。多一些耐心，认真分析学生问题出现的原因，耐心去辅导。在辅导过程中要多一些爱心，用真心与学生交流。同时还应加强与家长的联系，共同督促孩子形成良好的转变氛围，共同为孩子的成长做出应有的努力。我坚信只要我们用心去浇灌，每一朵花儿都会如期开放！

藏在存钱罐里的遗书

荆门市第一中学　郭忠　毛静

一、案例介绍

小宁（化名），女，高一新生，开学两周以来天天迟到，班主任联系了家长，家长也是束手无策，催烦了就砸东西，大喊大叫，晚上则不肯睡，玩手机至凌晨。

初二起小宁和父母的关系开始恶化，家长教育她，她最开始还能听着，后来就越来越不耐烦，爸爸妈妈一开口管她，她就捂耳朵，回家就进房间锁门，只在吃饭、上卫生间的时候出来，父母怎么劝说都不开门，还声称已经写好了遗书。

二、成因分析

1. 家庭原因

小宁的爸爸是一家公司的高管，喜欢讲大道理，一讲就是两个小时，孩子非常反感。妈妈辞职在家专心带小宁，但是她对女儿说话总是以命令式的口吻，在某种程度上也造成了她的依赖和任性。

2. 心理、生理原因

小宁小学至初一学习成绩都还不错。初二后学习难度加大，成绩开始下降。进入青春期后，自我意识明显增强，小宁心理上感觉自己长大了，不愿接受父母的说教与安排。

三、辅导方法

1. 和小宁及其父母建立咨访关系，商定咨询目标

2. 用沙盘对小宁进行情绪疏导

在沙盘里，小宁放了监狱和鸟笼，她说她的生活就像监狱一样，被人监视，

没有自由。她将这种感受告诉过父母很多次，但父母根本不当一回事，于是她就拒绝和父母沟通了。她说那只鸟是被鸟爸妈关进去的，鸟爸妈把食物放进笼子里，不让她出来自己找食吃。这只鸟显然是她自己的投射，她对父母的过度保护与限制不满，她渴望自由。她一边哭一边诉说心里的愤怒、痛苦、悲伤和无奈。一番宣泄之后，小宁安静下来了，说"轻松了一些"。

3. 请小宁一家人做家庭沙盘，争取能重建亲子关系

一家人摆家庭沙盘，沙盘里父母和孩子的沙具各占一边，互不搭界。见此情景，父母已经明白孩子和他们距离非常遥远。孩子摆放了很多战士、兵器，鸟笼和监狱也再次出现，角落里还放了一个存钱罐。孩子说，鸟笼和监狱代表她的不自由，对父母的强烈不满，存钱罐里放着她的遗书，放战士和兵器是希望来一场世纪大战，毁掉一切。父母这才明白孩子接收到的不是爱，而是控制。孩子这么痛苦，甚至都不想活了。他们这才真正了解青春期孩子的内心，并对孩子表达了歉意。这时候小宁冰冷的表情有了和缓的迹象，冰冻多年的亲子关系开始悄悄地融化。

4. 引导沟通，重建亲子关系

为了改变说教式的单向沟通，我用了"印第安权杖"技术，具体做法是：每一个人开口说话前都先重复对方的话，然后再说自己想说的话。父母一开始复述不了他人的话，而孩子可以比较准确地复述父母的话。这个过程让父母看到了自己的问题：他们长久以来不善于倾听，尤其是不愿意静下心来倾听孩子的话。此时父母开始认真地对待这个沟通练习，他们越来越能准确地复述对方的话。这个过程中孩子说了好多他们不曾听到的话，父母都耐心地接受了，并对孩子表达了自己的无力感。孩子看到父母唠叨与焦虑背后的无力感，也非常感慨。他们都哭了，久违的亲情在他们心中流淌。

5. 激发学习动力，建立学习信心

我让他们回忆孩子种种好的表现和一些成功的体验，孩子在这个过程中看到了自己的潜力，也体会到父母对自己的支持，表示愿意"小步走"，慢慢地建立学习上的自信心。

四、评估反思

小宁的个人咨询和家庭辅导取得了比较好的效果，据班主任反映，该生能按时上学了，上课也比较积极，作业都能完成，期中考试成绩也有所上升。家长也说孩子在家里情绪平和了许多，跟他们说话也越来越多。有一天孩子砸了存钱罐，取出了零钱里面的遗书，并当着他们的面撕掉了。

我闻到了阳光的味道

高新区·掇刀区麻城镇雷集小学　邓小霞

一、案例描述

冬冬（化名），男，小学三年级学生，无论上什么课都不爱听讲，不爱写作业，学习成绩很不理想。平时话不多，跟老师谈话时也一声不吭。因为我再三要求他必须完成课堂作业及家庭作业，他还曾有一次逃学。

二、成因分析

1. 家庭因素

经过家访得知，他的妈妈在他出生后不久就离家出走没有回来。爸爸一直在外地工作，他跟着爷爷奶奶长大。爷爷奶奶觉得孙子可怜，再加上隔代亲，平时对他很溺爱。爷爷奶奶的长期溺爱，导致了他任性、自卑。缺乏父母的管教，爷爷奶奶对他学习关心甚少，导致他养成了不爱学习的习惯。

2. 学校因素

老师可能过于注重学习质量和成果，对学生的要求过高，导致他对学习提不起兴趣，不爱完成作业，甚至厌学。老师对学生关注得不够多，久而久之，他得不到认同，就认为自己的能力不足，从而越来越不自信。

三、辅导方法

1. 与家长沟通

冬冬是留守儿童，我与他的爸爸通了多次电话，让他的爸爸明白孩子需要关心和呵护，要多和孩子交流，关注他的生活学习。同时我也经常去找他的爷爷奶奶谈心，了解孩子在家里的动态，指导爷爷奶奶如何在家教育孩子。我建议爷爷奶奶平时要多给孩子一些鼓励，少批评。对于孩子的学习要经常过问，可以适当地进行奖励，或者满足孩子的小心愿等从而给予孩子肯定。每天要过问孩子在学校的表现、学习的内容，检查孩子的作业，关心他的学习。我也会与孩子的爷爷奶奶反馈他在学校的表现。

2. 多关心关爱他

我单独找他谈心，让他知道老师们都很看重他。告诉他身上有很多优点并肯定他的优点，同时也说一说他存在的缺点，并对他提出几点建议，希望他可以改正自己的缺点。在上课的时候我会特别关注他，比如点名让他回答问题，或者看他的上课笔记。下课后我会叮嘱辅导他的作业。课余时间我也更加关心他，和他一起玩游戏，给他拍照片。学生的内心非常敏感，他们可以通过老师对自己的态度来判断老师是否喜欢自己，当然，作为学生他也希望老师喜欢自己。俗话说，亲其师，信其道。学生一旦感受到老师的爱，就愿意接受老师对他的教育。所以我们要多关爱他。

3. 多表扬鼓励

在学校里，只要他做了对的事我都会表扬他。例如有一次学校大扫除，他主动要求去扫地，我当着全班同学表扬了他，让他知道为班集体做贡献是多么光荣的一件事。所以他扫得特别干净，而且特别快。因为我表扬了他，他笑得特别开心，以至于后来只要班级里需要做什么，他都愿意做。

4. 树立学习的榜样

青少年喜欢模仿，有某个同学行为受到老师的表扬，这个年龄段的同学就会学习而以此获得表扬。所以，我们要利用这种心理，通过树立学习榜样来改正缺点。例如我会把班里同学做得最好的作业拿给他看，并表扬这样写的好处。告诉他如果他的作业也能写得这样好，老师会更加喜欢他。

5. 多参加集体活动

让他感受集体荣誉感。例如学校的联欢会、诗歌朗诵活动等。学校的"六一"联欢，我安排他和其他同学一起进行诗朗诵。在舞台上受到观众给予的掌声后我发现他的脸上有了笑容，他内心是开心的。后来我就一直给他创造表现自己的机会。例如在主题班会上，请他和其他同学一起演小品。刚开始他还很害羞，我肯定地告诉他，你演得很好，就这样表演。结果他放开地演，最后同学都表扬他演得很棒。他的脸上有了开心的笑容。从那以后只要有机会我都会让他尝试，让他感受成功带来的荣誉。从那以后明显感觉他开始变得自信了。

四、评估反思

经过了一个多月的努力，他慢慢地开始愿意跟同学交流，老师找他谈话也愿意开口说话。每科作业也都愿意完成，并且有了很大的进步。但是要彻底改变还需要一段时间的努力。俗话说："瓜无滚圆，人无完人。"每个人都有缺点，只要我们愿意去付出，相信一定可以让他们成为身心健康的好孩子。

她的学习态度端正了

沙洋县曾集镇蔡庙小学　　赵红艳

沙洋县曾集镇曾集中学　　谢海林

一、案例描述

曾某，女，8 岁，小学二年级学生，不爱学习，上课总是东张西望，做怪相，干扰其他同学正常上课，或者低头在桌子下面做小动作。上课时不能集中注意力学习，也不爱写作业。考试时经常瞧外面，摸指甲，不做试卷。曾某是独生女，父母离异，她被判给父亲，但父亲长年离家，她便跟着祖父母一起生活，祖父母有点重男轻女，喜欢留守的小堂弟，对其是放养模式，只要吃饱穿暖，基本不过问其他情况。

二、成因分析

首先是由于母亲离婚后与她再无联系，父亲长年在外，对她疏于管教，与她交流甚少。其次，曾某在家跟随祖父母和叔叔一家生活。祖父母无生活来源，靠叔叔养家。加上家人重男轻女，在物质生活方面经常不能满足她，而且经常训斥她，还要她学做各种家务，逐渐使她养成了自卑的性格，她觉得没人在意她，也没人关心她。一方面她自己抱着破罐子破摔的态度不好好学习，另一方面她又希望通过自己的一些反常行为能够引起家人的注意。

三、辅导方法

1. 面对面谈心

在谈话中了解到，曾某也想按时完成作业，也想好好学习，但是由于落下的课程太多，导致其跟不上。还有一个原因就是她觉得学好学坏家长都不在意，不学习还可以痛痛快快地玩。了解到这些后教师直接指出了她的错误想法，从多方面告诉她学习是为自己而学，然后帮助她制定学习计划，明确学习目的，端正学习态度。

2. 与家长沟通、协调

通过家庭走访、电话联系等方式和她的父亲、祖父母聊天谈心，告诉他们孩子的心理健康很重要，希望他们从内心关心她，并能配合学校的辅导措施，改变孩子的学习环境和学习态度。

3. 班级组建帮扶小组

安排负责任且学习态度良好的同学和她组建学习小组。一是影响其在学校的学习态度，为其树立学习榜样；二是督促其在学校的学习，检查其在学校作业完成的质量，遇到不懂的问题可以及时指导。制定目标共同进步，上课能认真听讲，不做小动作。要求作业能按时完成，逐步减少错误率，考虑她基础较差，开始时允许作业反复修改，最后要求作业和同学一样能一次性按时高质量地完成。

4. 展现自我，树立信心，克服自卑

曾某是一个活泼开朗、能歌善舞的孩子。教师抓住六一儿童节、校读书节等开展活动时推选她做主持人，饰演节目的主角，充分发挥她的长处，发挥优点。让她体会站在舞台上的闪亮，接受同学赞许的目光，感受成功的荣耀，深刻体会只要付出努力就能成功。文艺演出是如此，知识学习也是如此。让她从内心深处想改变自己，爱上学习。树立良好的自信心，克服自卑心理。

5. 创造环境，调动热情

教师要适时改进教学方法，增强教学的直观性、趣味性、生动性，努力提高学生的学习兴趣。例如上课时提一些简单的问题让她回答，多给她说话的机会，鼓励她大胆发表自己的见解，及时予以肯定、表扬，增强其自信。同时大力开展课外活动，进一步增强学生的学习兴趣。这种课内外学习氛围的不断改善和进步，对其改变学习态度起到潜移默化的作用。

四、评估反思

经过一段时间的辅导，曾某的学习态度端正了，上课不仅能认真听讲，不做小动作，而且能积极举手发言了。作业也能按时高质量地完成，课余还能主动学习、阅读课外书籍，学习成绩有了显著提高。家长对孩子的态度也有转变，能从内心真正地关心她、爱护她。

针对小学生的心理辅导我们一定要找出原因、分析原因，然后采取积极的辅导方法，要在缺点中寻找闪光点，教育方式要以鼓励为主，就事论事，对症下药，帮助他们克服消极的学习态度，培养健康积极的学习心态。

那个经常逃课的小男孩

高新区·掇刀区望兵石学校　王润美

一、案例描述

彭志辉（化名），男，五年级学生，厌学，上课经常迟到，总是躲着玩不肯进教室。他长相斯文，皮肤白皙，比同龄男孩要高一点，每天穿得干干净净的。但性格内向、腼腆，很少与同学、老师交流。上课不太专心听讲，也不会积极主动回答问题，经常痴痴地笑，沉浸在自己的世界，作业更是很少按时完成。

二、成因分析

1. 家庭原因

他的父母离异多年，父亲能力微弱，长年在外打工谋生，其一直由爷爷奶奶照顾，长年累月，父母和他缺乏沟通交流。缺少父爱母爱的他逐渐有了孤独感、自卑感。后来母亲发家致富，努力争取到了他的抚养权，他就随母亲生活。母亲由于先前的愧疚心理，对他溺爱有加，只要他开心，干什么都成，即使是不做作业，也要老师宽容他，说是不想给孩子太大的压力。这样，本来学习底子就很弱的他，更是不思进取。久而久之，学习成绩惨不忍睹，厌学的心理也越来越严重。

2. 自身原因

放学回家后，他总是一个人待在家里，很少和朋友玩耍，也不善于沟通，这导致他性格内向，总是生活在自己的世界里。他也没有养成良好的学习习惯。做事情没有耐心，懒惰成性，明明会做的题还经常空着，不善于积累，对于做过的题或者事情，不善于总结，所以导致其在学习上没有进步，这些都让他的心里更加自卑和孤独。

3. 老师原因

老师对他的关注不够，没有及时进行正面的引导，也没有进行正面的沟通、交流、谈心。

三、辅导过程

1. 多次家访，转化家长态度

通过多次与他的母亲促膝长谈，帮助其树立了正确的教育观念，让她明白过度溺爱孩子实际上对孩子有害。帮助孩子树立正确的人生观和价值观，也是父母应尽的义务。作为家长，除了给孩子充足的物质条件外，还要多关注孩子的心理需求，多和孩子交谈，鼓励孩子多交朋友。同时给予孩子学习上一定的关注与帮助，比如定期检查孩子的作业，指导孩子学习，帮助孩子解决学习中的困难、树立学习的信心。

2. 特殊关照，因材施教

厌学的学生大多自卑多疑，态度消极，学习粗心，对学习没有信心。因此，我给予他足够的爱心和耐心，充分尊重他，无论在学习还是生活中我都做他的朋友，主动接近他。常在上课时不断地鼓励他，先从最简单的事情开始做起，比如读一小段话，组一个简单的词语等。我经常当着全班同学的面用赞许的语言表扬他，他得到了关注和肯定，自信心也开始慢慢建立起来。

3. 结对帮扶，共同进步

在班上，我发起了一个"手拉手，一帮一"的活动，让成绩优秀的同学帮助他，辅导他做作业以及讲解上课时他没有听懂的地方，慢慢地他比以前活泼多了，也变得自信了。此外，我还引导他参加各种课外活动，让他在参加活动的过程中，体验到集体的温暖与乐趣，逐渐消除人与人之间的隔阂。

4. 定期疏导，培养习惯

我每周三午间都会与他促膝长谈，在相互交流中解决他心中的疑团。在这个过程中，我也注重培养他的学习习惯，如预习习惯、作业习惯等，经过一段时间的陪伴，他逐渐体会到学习的成就感和快乐感，对学习有了一些兴趣。

四、评估反思

经过一个学期的心理辅导与补习，我发现彭志辉比以前开朗了许多，在和伙伴的游戏中他学会了与同伴相处合作，而且他的一些不良习惯也自觉改正了；通过家长与老师的共同关注，及时对他的点滴进步给予肯定，他的性格相应地外向大胆起来，变得十分自信；厌学心理也逐渐消除了，他不再逃课、迟到，在课堂上能积极思考，主动回答问题，按时完成作业，成绩也有了很大进步。

我想：只要深入他的内心，及时给予他积极的心理辅导，在其父母和老师的帮助下，他会有更大的进步。

关注疫情期间学生的心理健康

钟祥市第五中学　刘捷

一、案例描述

晓雪（化名），女，初二学生。一月份放寒假后到武汉与父母短暂团聚，19号自己坐车回到农村爷爷奶奶家。新冠肺炎疫情发生后，晓雪父母由于封城出不了武汉，晓雪也不能返回武汉的家。晓雪在老家也很郁闷，看到网上的一些新闻，由于对父母的担心，也使得晓雪更加焦虑。疫情期间，学校不能正常开学，实行网上授课，但由于父母不在身边，晓雪的自律性变差了，不能合理地分配时间，学习效率大大降低。

二、成因分析

晓雪的心理问题是由于疫情期间隔离造成的内心焦虑、不安、抑郁、难过等；在这种长时间的疫情阴影下，她没有任何的心理准备，就开始与外界隔绝的居家生活，还见不到最想见的亲人，确实会给晓雪带来紧张甚至恐慌的心理。

疫情期间网络教学成了唯一的选择，但晓雪的父母不在身边，导致其学习上不能很好地管理自己，自律性主动性变差了。网上教学的不适应、学习成绩的退步，更增添了晓雪的焦虑心理。

三、辅导过程

1. 加强人文关怀，做好安抚工作

面对晓雪内心的焦虑不安，要及时介入引导，帮助她度过这段时期。隔离使晓雪产生了迷茫、无助、焦虑、恐惧、烦躁等情绪，首先要给晓雪一定的宽慰和支持，缓解她的不良情绪。教她学会换位思考，面对情况特殊，一定要摆正心态，不为此而影响自己的心情。好好上网课，不管怎样学习不能丢下，在这段特殊的时期里，学会充实自己，会有很大的收获。

2. 加强内心建设

帮助晓雪弄明白其思维方式与她现在的情绪困扰之间的关系。引导其了解学习国家疫情防控的相关内容，使其客观地面对现实。用引导的方式与晓雪一起探讨造成情绪困扰的原因，让晓雪自己与自己的不合理信念进行辩论，建立合理信念，从而获得积极的行为和情绪。

3. 亲人之间的关爱

晓雪的父母不在身边，特殊时期要特殊对待，告知晓雪父母要多跟孩子通过微信交流，让她知道父母在武汉很好，不用担心。也让其明白，作为家长，他们是晓雪的榜样和支柱。他们面对疫情的态度、言行就是一种潜移默化的示范。他们如果叫苦连天，晓雪也只能学会以这样的方式释放情绪和焦虑。但如果家人之间营造相对温馨、舒适的氛围，积极响应国家抗疫号召，接纳所发生的事情，晓雪看到这些，她就知道了有种坚强叫直面恐惧，我们还可以用积极的态度活在当下。

4. 家校联合

疫情期间，卧室变课堂，书房变课堂。家庭教育和学校教育密不可分，晓雪父母不在身边，作为老师要告知晓雪的学习状态，引导家长带领学生多关注正面的新闻报道，按照专家提醒在家做好防护，让学生感受到有人关注，背后有人依靠，减弱其恐惧心理，学生才能静下心好好上网课，不断提高学习效率。

四、评估反思

疫情期间，大家都会有情绪上的转变这是很正常的，我们要密切关注学生，了解学生的动态，遇到问题，要及时进行有效的引导，具体问题具体对待。晓雪最后不仅能够用正确的方式处理自己的情绪，还能够帮助其他同学，不难看出关注学生心理健康是多么重要。疫情的肆虐，带给我们的不仅仅是灾难与痛苦，也让我们在"珍爱生命，关注健康；学会独处，增进亲情；安全意识，责任担当；和谐生态，敬畏自然"等方面有了更多的认识。让我们一起努力，用科学的防疫知识、稳定的情绪和健康的心态积极面对，共克困难。

告别网瘾，回归学习

沙洋县马良镇马良小学 邓士凯 汪少华

一、案例描述

赵家乐（化名），男，11岁，自由散漫，不爱学习，经常上网。他对学习没有兴趣，上课经常发呆，经常不完成老师布置的各科作业；但见了电脑眼睛就发光，精神抖擞，操作电脑灵活自如。班上老师经常对他进行谈话教育，他不是抱以漠然的态度不理不睬，就是口是心非嘴上答应却迟迟不改，简单的帮扶教育根本起不到效果。

二、成因分析

他的父母常年在外打工，孩子在家由爷爷奶奶管教，但爷爷奶奶年事已高，只能负责孩子的吃饭穿衣，对孩子的学习却无能为力。遇到问题时只能让孩子求助于电脑，久而久之，孩子就染上了上网的恶习。开始只是偷偷地玩一下，后来就一发不可收拾，迷恋上了网络游戏。如果不玩，就会产生焦虑、心慌等症状，坐立不安，慢慢养成了不愿上学和想逃学等心理行为。而且对事情也有错误的归因，学习不好是自己笨，记不住，而且觉得老师和家长都认为他笨。这些导致他无心上学，只想在网络游戏中享受虚拟的成功和快乐。

三、辅导过程

（1）主动与其交流，和他交朋友。给他讲学习的重要性和上网的危害，让他观看网瘾对青少年危害的视频事例。慢慢地让他明白现在不学习，将来就会一事无成，会成为一个对社会毫无用处的人。鼓励他并和他约定从现在开始，慢慢地试着少上网多学习，看看自己的进步。

（2）加强与其家庭的联系，说服其家长要尽到做父母的责任。建议他们利用疫情在家的这段时间多陪伴孩子，多与孩子交流，尽力为孩子排忧解难帮助他摆脱心理困境。告诉其父母家庭教育的重要性和责任感，以及一些教育孩子的方式方法。在家庭与学校的共同努力下，孩子的心理发生了微妙的变化，渐渐地对上网的依赖程度有所下降，学习的态度也有了转变，网课期间多次线上回答问题，线下作业也能在老师和家长的指导下按时完成了。

（3）多给他创造一些表现的机会。复课后，多次和各科任老师交流商讨，课上多让他回答问题，课后多给他补习，安排学习成绩好的同学与他同座。学习上的困难由老师和同学们帮助，他慢慢地不再依赖网络去找答案，也彻底断绝了上网的借口。他每答对一个问题，老师就微笑表扬；他每做对一件事情，同学们拍手祝贺……其实都是老师和同学们多次为他提供尝试成功的机会，才让其体验到成功的喜悦和荣誉，再去认真地学习获得更多的表现和成功的机会，良性循环，激发其自信心和上进心。心灵的交往、热情的鼓励，温暖着他那颗冷漠的心，使他的自信心增强了。

（4）多让他感受班集体的温暖。以前，同学不愿意与他玩耍，他对老师的询问也是爱搭不理，故意装作无所谓的样子。我知道这是防御心理的表现，其实他内心还是渴望得到别人的关心和帮助的，他极需要被注意被呵护。他不愿意开口，我也不着急，而是主动与之接近，慢慢缩短心理距离，消除他内心的焦虑和冷漠。有了师生之间的信任，我再安排学习成绩较好的同学与他结对帮扶，在他困难时，有同学为他分忧解难；在他成功时，同学们向他祝贺。慢慢地，他不再那么抵触，愿意主动和老师同学交流沟通了。集体的温暖让他不再厌学，而且多次提前到校做班级卫生，同学有困难，他也热心帮助，脸上总是洋溢着微笑，慢慢地成为了一个阳光少年。

（5）多让他在集体中发挥作用。他的出色表现和进步大家有目共睹，班级改选中，他被推选为劳动委员，我带头祝贺，同学们纷纷鼓掌。他也确实不负众望，工作十分出色，班级也经常获得卫生流动红旗。因为参与了班级管理取得了成绩，老师们表扬，同学们祝贺，他的积极性被充分调动起来了，生活也充实起来了，再也无心迷恋网络游戏了。

四、评估反思

就赵家乐同学个案来讲，虽然学生取得了一定的进步，但是跟踪辅导却不会轻易结束。孩子的不良习惯不是一天养成的，所以要改正肯定也需要漫长的时间，中间还可能出现反复的情况，这需要我们老师更多的爱心、耐心与信心。

慢小孩可以这样自信

高新区·掇刀区望兵石学校　李亚洲

一、案例描述

小君（化名），他是一个话不多且内向的孩子，上课时总是发呆，课堂上注意力很容易分散。在学习和写作业时，总是无从下笔，学习成绩跟其他同学差距很大，这让家长焦头烂额。

二、成因分析

1. 个人原因

通过一段时间的观察，我发现他跟不上其他孩子的学习步调，存在学习困难的问题，也不敢与其他同学沟通，导致其性格内向自卑，不敢与同学说话。这些心理负担让他严重怀疑自己的能力，在班级这个大环境下不能很好地维持良好的人际关系，导致其学习兴趣不大，懒惰性和依赖性较强。

2. 家庭原因

该生父亲常年在外务工，母亲又要工作又要照顾孩子，时间、能力、精力都有限。但母亲又望子成龙心切，每天晚上总是不辞辛苦地手把手跟着孩子学习，让孩子养成了依赖性，家长在的时候就会快速地完成学习任务，不在时就一塌糊涂，孩子没有一点自觉性和主动性，只要妈妈不在身边，任何作业都是乱写或空着，学习成绩非常不理想。

三、辅导过程

1. 用心沟通增自信

（1）谈话法是了解孩子心理活动的方法之一。在本案例中，小君是一个话不多且内向的孩子，对于这一性格特点的孩子，要多用谈话法，以"好朋友"的身份去跟孩子多交流和沟通，让孩子真实表达自己内心的想法，找到形成问题的原因。让孩子有胆量与老师和身边的同学说话，找到自己在班级的存在感。这样，孩子在人际交往中的自信心就会慢慢地培养出来。

（2）激励法是孩子各方面获得肯定的方法之一。二年级正是打好基础的关键时期，小君在学习上感到很困惑，那么在学习上我就要更加有耐心地去指导他。在教学中，我时常点他起来回答问题，不论回答得正确与否，我都会对他的回答进行鼓励。比如，在他回答错误的时候，我就会说"你的胆量很大，你可真是一个爱思考爱动脑筋的孩子，希望你能继续保持""你的声音真洪亮""你的想象力丰富思维很活跃，为你点赞"等一些激励性的语言鼓励他。后来我发现他在课堂上的听课表现得越来越好了，学习自信心也越来越强。

2. 用爱温暖共进步

我与家长约定好，经常联系，及时掌握孩子的动态，这样才能更好地"对症下药"，经过一段时间的尝试，小君的状态有了很大的改变。

平时我注重学生的个性发展，利用积分制奖励法，对学习任务完成较好的学生进行加分表扬，时不时地发一些奖励的小奖品。这个方法让他很积极地参与到学习当中，学习任务完成得也比以前有进步，字也比以前写得更好。

3. 用情感染强意志

小君在课堂上不能集中注意力，完成学习任务也无从下笔，在课堂上要多用鼓励和肯定性的语言与他交流。对于不会做的题目，我会适当地引导他如何运用正确的方法，让他多思考，并耐心地完成各项任务，磨炼他刻苦学习的意志。

四、评估反思

经过一段时间的实践，孩子的性格在慢慢转变，由以前的不说话转变成了跟他交流时，可以回答老师几句话，从被动交流变为主动交流，也更加爱笑了。在学习中，我常常利用课余时间帮他巩固重点知识，在课堂上多关注他的动态，时不时地激发他在课堂举手发言的积极性，用榜样激励法潜移默化地影响他对学习的正确认知，他在学习上也更爱思考了。在今后的教育教学中，我要努力多和学生互动，主动了解学生的性格特点，善于发现学生身上的闪光点，以闪光点来挖掘学生的内在潜能，让学生获得自我效能感。同时，我要善于用可行的方法多与家长沟通，让学生成为老师与家长良好沟通的桥梁，把家校共育工作做得更加扎实，让孩子的性格、学习都更上一个台阶。

用"爱"作伞，用"行"作柄

沙洋县马良镇马良小学　张雪峰　王京友

一、案例描述

小航（化名），性格内向不爱说话，学习成绩一般。平日都是爷爷奶奶在照顾，父母很少关注他。疫情期间，由于缺乏老师的约束和管教，再加上他的父母对其学习不管不问，他在上网课期间表现不积极：网络课程不参与，课下作业不提交。疫情防控常态化后，他上课时总是跟不上老师的节奏，性格也变得更加内向，学习成绩直线下降。

二、成因分析

由于疫情，学生寒假在家的时间过长。居家期间，学生的自律性较差，作为家长也没有正确引导，教师的远程监控不能对孩子的约束起到实质性的作用。开学后，面对前期知识点未落实和后期新知识的学习，孩子的接受能力变差，心理压力也猛然增加，因此出现了焦虑、厌学的情绪，缺乏了往日学习的信心。

三、辅导方法

作为心理健康老师要对学生出现的问题给予有效的心理辅导和帮助，引导孩子正确地认识到自己的问题，才能够有更好的成长发展空间。

1. 用爱"撬开"他的心灵

我一直认为爱的力量是巨大的，无论多么坚硬的东西，它总能感受到爱的温度。由于长期地居家学习，疫情后重新返校的小航在心灵上封闭了自己，不与老师交流，也不与学生交流。怎样才能"撬开"他的心灵？在生活中，我总是悄悄地与他接近，下课时帮他整理一下桌上的书本，和他说说话；站队去食堂吃饭时和他聊聊家常……虽然有时也会"碰壁"，但在长时间的"软磨硬泡"下，他也悄悄地打开了自己的心扉。偶尔寒暄的时候，还会看到他羞涩的微笑。

2. 开展以"情绪辅导"为主题的心理健康教育课

在"撬开"了孩子的心灵后，我安排了与孩子进行"一对一"的情绪辅导主题教育课。通过引导和积极教育，训练这名学生掌握"倾诉""运动""转移注意"等有效的情绪处理方法。让他通过与家长、朋友倾诉心中的困惑和烦闷，感受到内心的关爱和支持。以运动的方式进行"减压"，缓解心中巨大的学习压力。还可以多听听舒缓的音乐，看一些具有正能量的电影，重新树立学习的自信心。

3. 以陪伴、倾听、鼓励的方式温暖学生内心

陪伴、倾听和鼓励在心理疏导上具有很重要的作用。我根据小航同学的个人情况，与他进行了以倾听为主的心理教育活动。在心灵上陪伴他，在精神上给予他莫大的支持和鼓励。在课堂上，我鼓励他大胆发言，抛给他"最有难度"的问题，在其回答后及时给予他表扬。这样的鼓励使他慢慢对学习有了自信和勇气。我还经常利用吃饭和下课的时间和他聊天。让他讲一讲自己都发生了哪些有趣的事情，转移他的学习压力。通过这种方式帮助孩子消除心中的防备，缓解恐慌、焦虑的情绪。

4. 和家长共同携手，培养学生的健康心理

通过一系列心理健康的辅导活动，小航有了一些变化。为了让小航更加阳光自信，我通过微信和电话访问的方式与小航的父母沟通，让他们多给小航一些关爱，多打电话和小航聊天，多鼓励小航，还要在生活中细心观察孩子的状态，注意孩子的身体健康和心理健康。我还让小航的父母陪小航一起过生日、一起阅读、一起做家务……通过这些方式舒缓孩子的烦闷情绪。

四、评估反思

通过长期辅导，小航同学的心理压力得到了有效缓解，他主动与老师交流的次数变多，课堂注意力越来越集中，也变得自信了，作业也能按时完成，一扫往日的恐慌、焦虑和烦躁。无论是上课、做家务还是游戏时都显得有条不紊，可见我的辅导已初有成效。

用"爱"做伞，用"行"做柄，让孩子从中有所启发、有所感悟、有所收获。给予孩子足够的温暖和鼓励，体现教育的温情所在，这是教育的本质，也是教育的内涵。让每个孩子在心理缺失时都得到正确的引导和帮助，是我们每个心理健康老师的职责所在。

世界以痛吻我，我却报之以恩

荆门市钟祥市胡集一中　向国权

荆门市钟祥市胡集高中　杜安家

一、案例描述

易洁（化名），女，高二学生，最近一个多月总是失眠，注意力无法集中，成绩明显下滑。从老师那里了解到她特别勤奋，懂事得让人心疼，成绩也还不错。她两岁时爸爸意外去世，那时弟弟还有两个月才出生。妈妈生下弟弟后，为了生计，把姐弟俩交给了奶奶，南下打工，妈妈的收入一直是这个家庭的全部经济来源。易洁陈述自己最近总是无法静下心来学习，越是强迫自己越是烦躁，感觉自己快要撑不下去了。

二、成因分析

易洁的焦虑肯定和高中生的学习压力相关，但它究竟是主要原因，或仅仅是一个导火索，其实是在后来的沙盘游戏中才知道的。

三、辅导过程

1. 第一次咨询：给一个拥抱，眼泪也是坚强的见证

当我向易洁介绍完沙盘游戏疗法及会对她产生的帮助后，她开始尝试走向沙盘。她用手反复触摸着沙子。过了一会儿才去架子上取沙具。她站在沙具架边，把沙具仔仔细细地看了好几遍，却没拿任何东西又回到沙盘边抚摸沙子，我观察到她真的是在抚摸沙粒，动作很慢很慢，似乎在体会沙子在她手中流过的感觉。这期间，她曾在沙盘中扒出一条河的样子，但很快又填平了。之后又去看沙具，还是没往沙盘里放。我看她一直没动，便对她说，如果不想在沙盘里放任何东西，咱们就不放，不用勉强自己。她望了望我说，还是想放。于是她又开始一一扫视沙具架上的道具，最后拿了一个跪坐着的女娲像放在了沙盘正中央的位置。接着，她在女娲身后放了一棵树，撤掉，换成房子，又撤掉，

后来堆了座小山，之后也抹平了。她每放一次撒一次，每次都像是深思熟虑了很久。最后她指着平平的沙盘中的女娲像对我说，好了。

我请易洁告诉我沙盘中这个人的故事，她说这是她自己，在茫茫天地中苦苦支撑着的自己，任何时候脊背都能挺得直直的，但她很孤独，我想让她有个依靠，可是我发现，不论什么东西出现在她身边都是多余的。

我抚着易洁的脊背说，你肯定有好多话想对她说，咱们蹲下来，好好看着她说，行吗？她悟性很强，蹲下来开始了与自己的对话，像一个充满疼惜的妈妈在对女儿说话。她心疼自己没有过撒娇的年纪，心疼自己一边要读书，还一边要照顾奶奶和小她两岁的弟弟……说着说着，诉说变成了哭诉，最后她居然跪了下来，把头埋在伏在沙盘边上的臂弯里泣不成声。我在她的身边蹲下来，轻轻地拍着她的背，让她所有的压力都随眼泪释放。这个在命运一次又一次的打击下长大的孩子，承受了太多和这个年龄不相匹配的压力，这正是她最近失眠的原因。

2. 第二次咨询：搭一架桥梁，让我走向更美的世界

第二次的沙盘做得要顺利多了，她先把沙子堆成了一座孤岛，在岛上种满了树，岛的对面是一个有很多游乐设施的游乐园，还有几辆公交车。最后，她用一座桥将岛与游乐园连接了起来。整个作品中没有人，也没有动物，显得有点沉寂，但满岛的树、游乐园所代表的繁华和与外部世界沟通的桥梁都让我看到了她内心被注入了新的能量，不再像第一次那样，满目荒芜。

3. 第三次咨询：建一座庄园，我们会有更暖的家园

这一次易洁构建的是一幅家的画面。一座小洋房，房前屋后有绿树和草坪，她和奶奶在门前摘菜聊天，妈妈围着围裙在一边忙碌，弟弟也在一旁看书。门前有一条河，河里有游鱼和鸭子，当然，还有一座桥通向对岸的世界。她告诉我，路边的那盏路灯是守护他们的爸爸。她对我笑了笑说："您看，这个家多温暖啊，这里面的每一个人，我都深深地感谢并深深地爱着。"

四、评估反思

易洁凭着她顽强的生命力和极高的悟性觉察到自己痛苦的原因，并正确地调整了自己，她对苦难的生活充满感激，这一点非常了不起。现在的她已是一名心理学专业的大学新生了。让来访者和自己对话，其实就是和自己内在的智慧对话，这个解决问题的答案不是别人给她出来的，是她自己探索的，也更能帮助她清醒地认识自己，促进来访者成长。

小学生入学适应困难辅导案例

沙洋县高阳镇高阳小学 李军民

一、案例描述

红红是小学一年级新生，父母非常宠爱她，在家中从不批评她，她要买什么，父母都尽量满足她，每天和父母都有说有笑的。可是，红红的父母发现孩子上小学以后，话越来越少，而且吃东西也不如以前了，从前那个活泼可爱的孩子像变了个人似的，甚至有时候无缘无故地乱发脾气，有时候早上起来不愿意去学校。老师说，孩子很内向，不爱说话，不愿意与同学交往，一天到晚低着头，上课时注意力也不集中，不愿意回答老师提出的问题。母亲问她为什么不积极发言，她说怕回答错了，同学们笑话她，老师批评她。

二、成因分析

红红同学表现出来的问题实际上是入学不适应。这种情况，一般在一年级小学生身上较为多见，产生不适应的原因主要有以下三个方面。

1. 人际关系不良

由于孩子在家庭生活中的中心地位，形成了很强的自我中心状态，他们不善于与小伙伴商量，从而造成人际关系紧张，不利于学生的社会性发展。

2. 学习技能欠缺

学生没有良好的学习习惯、不会听老师讲课、没有基本的阅读能力、没有养成正确的握笔姿势、不能很好地理解老师的要求，也就是我们平常所说的不会学习的学生。他们在听讲、做作业、制订学习计划、合理安排学习时间、应对考试等方面总是不能得心应手。

3. 心理承受力差

孩子在家里，父母事事顺着他们，使其养成了听不进批评的毛病，这样就造成了他们的心理承受能力较差。但学校老师会时常对学生的行为进行评价，或者表扬，或者批评。由于他们心理承受能力差，一旦受到老师的批评，没有勇气去面对，就会采取逃避的态度。

三、辅导方法

1. 指导学生交往

学生在学校适应困难很大程度上是由交往状况不佳引起的。首先，老师应该主动关心像红红这样的学生，让他们感受到老师对自己的喜欢和关注。其次，老师要引导他们与同学多接触、交往，通过各种活动，比如做游戏、猜谜语、自我介绍等，增加他们与同学之间的相互了解。最后，教会他们交往的技巧，如在与同学交往中要懂礼貌，懂得谦让，关心他人等。

2. 培养学习技能

教会学生良好的学习习惯，如上课前准备学习用品，上课时认真听老师讲课，积极发言，做好笔记。还要制定学习计划，合理安排学习时间。让学习优秀的学生介绍学习方法，相互学习，共同进步。

3. 培养热爱学校的情感

在学校人际关系融洽，有同学和老师的关爱，在这样的环境中，学生就会有愉悦的情感体验。在此基础上，通过学校的集体活动，如大扫除、"爱护我们的校园"等，让他们懂得爱护学校的一草一木。在这些活动中，学生获得了健康向上的情感体验，对学校、班集体就会有更强烈的归属感，对学校的热爱程度自然增加。同时，要注意与父母的沟通，让父母配合学校教育，改变自己对孩子关爱的方式，不过分溺爱，培养其自主性和独立性，让学生逐步摆脱对父母的过分情感依赖。

4. 增强心理承受力

要让他们懂得任何人的成长过程都不是一帆风顺的，任何人都受到过表扬和批评，一定要端正对表扬和批评的态度。受到表扬时，要继续努力，争取下次做得更好；受到批评时，要多从自身找原因，努力改进。要帮助他们分析出出现错误的原因，避免下次再犯同样的错误。

四、评估反思

对于小学新生，有时会出现像红红这样的适应障碍，教师和家长应针对这些小学生的不同情况，采用适当的措施，从情感、意志和行为等方面进行培养，提高小学生的心理素质，让他们更好地适应学校环境。

走出情绪阴霾，拥抱自信阳光

沙洋县拾回桥中学　陈军花　全昌武

一、案例描述

白杨（化名），男，16 岁，某中学九年级学生，身体健康，性格较外向，父母无固定职业，还有一个哥哥比他大 3 岁，在重点高中读高二。白杨以前是一个活泼开朗的孩子，热爱班集体，积极参加学校和班级组织的各项活动。伴随着疫情的出现，学校停课，白杨在家上了几个月的网课。可待到疫情好转，学校复课后，他却变得越来越不喜欢说话，不愿意和同学交往了。整日沉默寡言，精神抑郁，情绪极为低落。

开学几周后，学校进行了一次摸底考试，成绩出来后更让他大吃一惊，竟然下降到二三十名。白杨自己很沮丧，家长、老师和同学对他也产生了怀疑，于是心情更加沉重，经常感到压抑和紧张。慢慢地他开始一上课就头痛，上课走神，遇到难题更是恐慌，整天焦虑不安，心神不宁，食欲不振，睡眠质量差，记忆力减退，甚至对考试产生了恐惧心理。

二、成因分析

当前的应试教育体制导致学校过分追求升学率，以成绩作为评价学生的唯一标准，严重影响了教师和家长的教育方式，影响了学生对待学习和考试的心理，家长对孩子的过高期望，加大了孩子的心理压力，进一步助长了白杨对考试焦虑的情绪。另外，白杨的父母对他没有给予必要的关心和支持，成绩不理想又使之多了一层挫败感，各种因素加在一起使得他的情绪变得低落、焦虑。

三、辅导方法

1. 个别交谈

及时与他进行朋友式的谈心，取得其信任，了解其心理问题产生的原因，倾听他的诉说，打开他的心扉，用认知行为疗法、改变思维和行为的方法来改变其不良认知，达到消除不良情绪和行为的短程心理治疗结果，共同寻求打开心结的方法。

2. 春风化雨，坚持疏导教育

引导白杨消除对考试的重重顾虑，通过交谈、回忆，找准其焦虑的根源，然后对症下药进行帮助引导。

3. 以多种方式改善其睡眠状况

加强体育锻炼，运用松弛疗法放松其紧张情绪。

4. 帮助他分析其个性中的优缺点

使之正确认识自己，充分发挥长处，弥补不足，培养健康乐观的心理。

5. 与家长联系

让家长在家创造良好、民主的家庭环境，和孩子交朋友，多鼓励、表扬，少批评、责骂，合理对待孩子的需求，不挫伤他的自尊心，尊重他、信任他，和他一起制定明确的学习目标，并经常鼓励他为自己的目标而努力，同时也让他感受到亲人的关心和家庭的温暖。

6. 因势利导，扬长避短

挖掘白杨身上的闪光点，充分发挥其作用，使他把大部分心思转移到他感兴趣的事情上。

7. 读好书

推荐他在假期读好书，如《假如给我三天光明》《钢铁是怎样炼成的》等，并写读后感，让他在一种健康良好的文化氛围中，升华思想认识，不断走向成熟。

8. 给予他更多的关注和表扬

把白杨的座位调到一位性格开朗、自信乐观的班干部旁边，让这位班干部在学习、生活方面帮助他，使其"近朱者赤"。

9. 写周记

老师阅后认真写评语，写自己的看法，同他谈心。

四、评估反思

目前，白杨的精神面貌大有改观，抑郁、焦虑情绪得到有效控制，睡眠质量也有所改善，他的注意力变得集中，学习效率也提高了不少，他又恢复了以前的学习状态。心理健康问题在一些学生中普遍存在，我们对此不能等闲视之，必须认真对待，要通过各种有效的方式引导学生走出心理误区，争取让每一位同学都健康快乐地成长。

赋能向上，回归正常

高新区·掇刀区月亮湖小学 余英 李刘芳

一、案例描述

Q，男，11 岁，方圆大脸，膀大肩宽，疫情复课后，每天上学迟到，课堂上，眼神恍惚，注意力不集中，要么四仰八叉躺着，要么匍在桌上双手舞动各类小东西当当作响，老师拿走他的玩具，他就开始捣乱，对老师吹胡子瞪眼，扰乱课堂纪律；与同学关系紧张，发生冲突时认为都是别人的错；不做家庭作业，总是以"忘记"为说辞；疫情期间常玩手机游戏到半夜，与父母吵闹，不尊重母亲，乱发脾气、摔东西。

二、成因分析

疫情期间上网课，他房门紧闭，说不准打扰他听课，问作业完成情况，他总是自信满满，直到老师打电话说他从来不写作业，父母才傻眼。父亲对孩子的管教十分粗暴，一不听话打骂齐来。复工后，父母忙家里生意，无暇管他，网络课堂老师见名不见人。疫情期间不能出门，手机自然给他打开了另一个世界。没有家长的监督，孩子对手机有了绝对支配权。他在游戏中尽情地宣泄情绪，在短视频中排遣无聊。等情况严重的时候，父亲以为通过几次打骂就能使他改掉不良习惯，结果，不但没有及时纠正偏失，反而导致孩子脾气暴躁，亲子关系紧张，丧失了学习兴趣。

三、辅导方法

1. 干预家庭教育

及时联系家长，共同商讨干预方案。要求家长全面、客观地了解孩子的状况，改变打骂的说教式家风。并向家长传授科学的亲子共处的方法，帮助家庭制定明确可行的规定，且具有规律性及可持续性。

首先，隔离手机，禁止家长打骂孩子，制定亲子户外活动事宜，即安排家长和儿子每天上下学时，在小区做引体向上运动，让他明白引体时你不主动求上，就会松手跌落下去的事实，认识到人的成长不向上就会向下，必须自我努力。

结合班集体每天的"洒扫庭除读圣贤书"活动，要求家长和孩子一起做家务及诵读国学经典，并帮助孩子录制视频，发到班级群里。特别安排他的家长与孩子每天诵读国学经典，以圣贤之言警醒家长和孩子——暴躁发脾气有害身体健康甚至导致丧失生命，从而让他们意识到控制情绪的重要性。

2. 赋能在校学习

（1）同理心共鸣，提高认知。我自身先调整好状态，与他建立融洽的关系。我不断地告诉他：疫情后很多人不愿意工作、学习，甚至逃岗逃学，脾气暴躁，包括我自己，这是疫情后遗症，很多人都有这个反应，大家都在调整自己，不断和自己斗争。但你是个孩子，需要老师帮助你疏导，你必须照着去做。同理心现身说法，讲自己是怎么改掉暴躁脾气这个毛病的……以此让学生感受到老师也会犯错，也能正确认识到自己的错误，从而鼓励他反求诸己，认识自己的错误且积极面对。

（2）在反复中疏通，激愤自启。老子说："圣人处无为之事，行不言之教"，面对他的不好表现，不关注为最大的关注。松手退避，适时激将，促使他自求关注，再顺势而为。比如，双休日失去了老师的管控，自己又没有自控力，自由散漫不写作业的问题反复出现。于是我索性松手，采取激将法，周一早晨当着他的面电话通知家长：坏习惯的矫正不会一蹴而就，家长假日不帮助孩子，那他在学校的好坏，也不再与你们联系了。他开始认真听课了，还举了一次手，还问我问题，我心里很激动。

（3）以皮格马利翁效应疏散点状思维。有一天的课堂上，我讲了数学家华罗庚拒绝美国的高薪待遇而艰苦辗转回国的短文，讲了科学家钱学森回国的艰难经历。并旁敲侧击有的同学就那么点缺点都没有勇气改，有本事就发愤学点本领为国效力，看长相是个将军模样，要是接受教导，学点文化，那可是国家的军事人才呀！他一脸兴奋，心底被撬动了！

四、评估反思

现在他能主动帮同学们发放课间水果了，班级群里每天最先出现的是他和爸爸合诵的朗诵视频，不仅学习自觉性提高了，还能主动督促学习成绩差的学生完成作业。

让笑容再次绽放

东宝区文峰中学　钟红梅

一、案例描述

小龙，男，13岁。父母前几年离异，父亲在外务工，母亲极少联系，全由奶奶照顾，奶奶年纪大，根本无法监督小龙的作业，学习方面全凭爸爸远程电话监督。小龙一做完作业就是上网玩游戏，基本不出门。特别是整个疫情期间，整整四个月没有下过楼。每天就是窝在家里上课，写作业，玩游戏。家长对他的表现很是恼火，在家一言不合就动手打，但他总是沉默不语，脸上看不到任何表情。有一次写作课，需要写关于母爱的，他迟迟不写，后来交上来却也是与文题无关的内容。我发现他一直回避与母亲相关的话题，父亲也是极度支持他疏远自己的母亲。

二、成因分析

1. 具有自卑感

他从不谈甚至回避谈双亲的事，自卑的心理影响了其想象力与创造力的发挥，从而上课回答问题时不敢举手，即使老师点名叫到他，他也不敢大声回答，他总是害怕回答错误，被班里同学笑话。

2. 感到孤独

他是单亲家庭的孩子，由于父亲的粗暴，又感受不到母爱，时常觉得自己很孤独，平时少言寡语，只愿意和个别同学交往，整日生活在一个孤独的城堡里。

3. 自制能力差

主要表现为为无纪律观念，我行我素。迟到、爱说谎话，对老师的批评不予理睬，不遵守校规班纪。没有集体荣誉感，不参加任何公益活动。

三、辅导方法

1. 及时沟通交流，减轻其心理负担

倾吐、发泄是孩子心理健康发展的必需，因此，我们有必要给孩子提供一些倾吐、发泄的途径。尤其是当发现他出现逆反行为的时候，我及时找他谈心，了解他心中的苦恼，帮助他找出问题的症结所在。对未来的迷茫，导致他上课不认真听讲、做小动作、讲话，学习成绩不及格。我找他谈话，举出了他身边有类似经历的事例，以减轻他内心的迷茫。希望他通过树立目标，努力改变自己。我告诉他，有问题可以随时来找老师倾诉。与他亲切地沟通后，渐渐地他的一些小动作减少了，和同学们交流也变多了，我发现他的嘴角开始有了好看的弧度。

2. 创设良好的活动环境，消除其自卑心理

他不爱与同学交流，当有集体活动的时候，我就特意叫上他。鼓励他做一些力所能及的事，以提高他的自信心。对于他缺乏的母爱，用师生的真情填补家庭爱的残缺，让他感受到集体的温暖。那次的暑期志愿者活动，应该是他封闭了四个月之后第一次与外界接触。与同学之间的交流，让他脸上也露出了久违的笑容。此后，我还在课堂上多次为他提供发言的机会，让他体验成功，帮助他摆脱自卑心理。心灵的交流、积极的鼓励，都温暖着他那颗冷漠失望的心，他脸上的笑容渐渐绽开。

3. 用爱心唤起自信心，激励其上进

"没有爱就没有教育"，爱学生是老师必备的美德，而得到老师的关爱，也是每个孩子最基本的心理需求。虽然他多次违反纪律，但我从不用"笨""坏"等字眼去刺伤他，始终与他保持人格上的平等、情感上的相容，这样可以有效舒缓他缺失爱的心理压力。在多次耐心且持续不断的鼓励下，他违纪的次数越来越少。

4. 及时与家长沟通，形成教育合力

通过多次与其家长沟通，争取家长的密切配合。家长让孩子坚持着自己的音乐爱好，并进行了一次公开表演。这次表演也极大地激励了他，在课堂上，我发现他读书的声音变大了，一起回答问题时他的声音终于出现了，在得到我的回应后，脸上也挂满了羞涩的笑容。

四、评估反思

父母的离异常常会给孩子的心灵笼罩上一层阴影，作为孩子们成长道路上的引路人，老师需要根据孩子不同的特点，培养他们的兴趣爱好，为孩子营造良好的环境和氛围，帮助单亲家庭的孩子尽早从痛苦中走出来，恢复自信。作为老师应该坚持以正面教育为主。每个学生都有自身的闪光点，我们要善于捕捉，发现进步时要及时地给予表扬，增强其自信心，帮助学生树立正确的人生观。

揭开"抑郁症"的外衣

高新区·掇刀区望兵石学校　王丽丽

一、案例描述

周一早上接到琪爸爸的电话，说要给孩子请一个星期的假。问其原因，琪爸爸说，琪怀疑自己患上了抑郁症，他带孩子去医院做了相关的检查，被医生诊断为重度抑郁症。

二、成因分析

1. 家庭方面

琪在父母离异后跟随父亲生活，父亲在本地一家汽车修理厂打工，每天起早贪黑，巨大的生活压力让他无法腾出更多的时间陪伴在女儿身边。出于心理上对女儿的亏欠，加上琪的软磨硬泡，琪爸爸便买了一部上千元的手机送给女儿。整个网课期间，除了睡觉，琪的手几乎没有离开过手机，课堂上"以网课之名，行游戏之实"更是家常便饭。面对我的责问，琪爸爸一脸无奈："我陪伴不了女儿，只好用手机来代替咯！"

琪爸爸固然有苦衷，但是，他把对孩子的陪伴物质化，简单粗暴地扔给孩子一部手机，以为是对孩子心理的抚慰，却忽略了青春期孩子在学习、生活中的心理需求，这是把孩子推向万丈深渊的罪魁祸首。琪谎称"抑郁症"，一方面是利用了父亲对自己的宠溺，另一方面，则是想以此为借口，名正言顺地待在家里玩手机。

2. 学校方面

琪性格开朗，在学校原本有三个好朋友，但上学期，有两人因违反校纪班规转学到不远的另一所学校，其中一人最近与琪联系颇多，但该生上周四开始请假，事由也是"抑郁症"。

原来，两个孩子都对手机上瘾，走火入魔到想要辍学的地步，但又不能明说，于是在电话里商量后就一拍即合，虽然身体上的疾病不好伪装，但心理上的疾病却可以模仿。她们在网上查阅了抑郁症的相关症状，所以，当医生询问她们时，两个孩子的回答就是标准的"抑郁症患者"。琪在家庭生活中得不到温暖，在心理迷茫时得不到引导，终于在同学中找到了"志同道合"的人，她们一起沉湎于虚幻的网络世界，但又要掩人耳目，便扯出了"抑郁症"做幌子。

三、辅导方法

1. 家校联系法

我加强了与琪爸爸的联系，建议他每天在孩子下晚自习前完成工作，让孩子回家第一眼就能见到父亲，既能感受到家庭的温暖，又能减少孩子与手机接触的机会；加强对孩子使用手机的管理，最好约法三章；营造良好的家庭氛围，与孩子进行有效的沟通交流，逐渐削弱孩子对手机的依赖。

2. 情绪迁移法

要戒除琪对手机与网络游戏的依赖，一方面我们需要做减法，减少她接触手机的频数和时间；同时也要做加法，通过培养兴趣爱好，来填补其戒除玩手机之后留下的时间空白。琪的特长是绘画，我便建议琪承包了黑板报上的绘画板块；琪的画得到了同学们的好评后，我为她举办了一个小型的画展，我把她从小到大的绘画作品拍摄下来制作成PPT，利用课间时间在教室一体机上播放；在班级文化墙的布置上，我更是放手让琪去策划，从布局的安排到细节的处理，我都认真听取琪的建议。

3. 自我反思法

我与琪商定，每周五交给我一份"述职报告"，对自己一周以来的思想、学习、生活、行为等方面进行反省，总结这一周比上一周进步的地方有哪些，哪些还没有做到，哪些正在努力，并提出下一周的具体目标，给出一定的建议。

四、评估反思

自我评估：心情好了，学习上收获了满满的成就感。

家长评估：放学后能自觉完成作业，对手机没有那么强烈的依赖感了。

老师评估：逐渐找到了学习的乐趣，能自觉融入到班集体中。

反思：抑郁症是时代的产物，当下的中学生因为学习压力大、人际交往不畅、家庭不和谐等原因，罹患抑郁症的人数的确呈逐年攀升趋势。但是，我们没必要谈"抑郁"而色变，要敢于揭开"抑郁症"的外衣，看清孩子真正的内心需求。

在无孔不入的网络空间，怎样规避手机成瘾的风险？

其实，手机只是一种载体，根本是看孩子有没有自主性。如果缺少自主性，只要他们接触到令人感到愉悦的事物，就容易成瘾。针对这种情况，堵不如疏，要想办法通过正面引导，激发他们对学习的兴趣，用爱心去暖化、用细心去鼓励、用耐心去等待，消除手机的负面影响，合理安排作息时间，与手机健康相处才是王道。

第二部分

论 文

以苦难育成长，因疫情更茁壮

东宝区栗溪实验学校　邵晓芸

不一样的春节，不一样的新学期，不同于过往的热闹与兴奋，一场疫情让开学变得遥遥无期。师生因疫情被隔，课程因疫情受阻，学生也因此在此时出现了不少心理问题。我借特殊时期的特殊情况，针对全民关注的热点，带领学生一起走进"抗疫"这堂课，通过在这堂课中认识"抗疫"的意义，从而驱散学生内心深处的阴霾。

为了吸引学生们的兴趣，我以活动的形式开展了此次课堂教学。

活动一：抗击疫情，我们在行动

师引导：请同学们学习"视频资料1"并阅读材料，我们一起了解疫情当前，党和国家、政府、人民是如何做的？（播放视频资料1）

同学1："老师，您能把这个小视频再放一遍吗？"

同学2："老师，我也有这个请求。"

更多同学："是的老师，我还想再看一遍……""老师，再放一遍吧……"

我惊讶极了，课堂上即便有题目听不懂也从不会举手提出疑问的他们，竟然主动提出要再看一遍视频。我满怀激动，将鼠标移到了"重新播放"。

QQ群界面突然弹出——

"新冠病毒从武汉蔓延至全国"

"一场保卫人民生命安全和身体健康的人民战争就此打响"

"习近平在北京市调研指导新冠肺炎疫情防控工作"

群里突然自发开始了群接龙——

"与时间赛跑，与病毒较量"

"把人民生命安全和身体健康放在第一位"

同学们将自己听到的、看到的、触动自己的句子以最快的速度记下来了，我深感震撼。

"老师，那些医务人员真的很了不起，他们很有担当！"

"责任、奉献、担当、团结、勇气、理想、人生意义……"原来，他们的脑海里有这么多词汇，原来，在真正的英雄面前，他们会红着眼睛被英雄们的精神完全折服！

接下来，我带领学生学习"视频资料2"。

师引导：同学们，除此之外，还有许许多多的人在为我们负重前行，为我们的平安健康默默奉献，他们是哪些人呢？（播放视频资料2）

视频刚开始播放，同学们就争先恐后地开始了群接龙——

"我们作为人民军医，挺身而出，义不容辞"

"人生没有返回键，我们只能往前走"

"危难时刻显身手"

……

看着这满屏幕的句子，我又一次被感动："下面，我们一起读读这段话。"

视频中有主动请战的人民军医，他们说召必回，战必胜；有逆行而上的医务工作者，他们说救死扶伤是他们的责任；有日以继夜建设医院的工人，他们说早一点交付病人就多一分生的希望；有免费给医务工作者送面包送饭的餐馆老板和外卖员，他们说没有为什么，这是应该做的……正因为有他们的负重前行，才有我们的平安在家！

耳机里传来的都是哽咽与抽泣。

活动二：抗击疫情，我们齐参与

讨论：抗击疫情，我们能做什么？

活动三：拓展延伸环节，致敬，为我们负重前行的人

师引导：同学们，我们是幸运的，因为有一群最可爱的人在为我们负重前行！在这节课即将结束的时候，让我们全体起立，向英雄致敬！

（播放视频资料3）致敬，为我们负重前行的人！

"借一方乐土让他容身，借他平凡一生"。一首《借》，唱出了无数观众的眼泪，这一刻，我听到了学子们强忍着的无语凝噎！

课后，我布置了练习：请同学们通过写对联、发倡议、送祝福、讲正能量的故事等形式提交一份视频（图片）作业，表达对"抗疫"英雄的敬意。

通过这节课，同学们对"疫情"有了不一样的认识，也有了更深入的理解。一方面，引导学生借助书本知识理解社会现象，更好地认识社会；另一方面，榜样、英雄身上的正能量在一点一滴融入他们内心，融化了他们的焦虑情绪。学生的内心是最单纯的，一切美好的事物都会带给他们感动。

健康战"疫"，心暖花开

——论小学生后疫情时代心理疏导

高新区·掇刀区掇刀石小学　陈琳

2020 年春一场突如其来的疫情，不仅威胁着公众的身体健康，也影响着公众的心理健康，特别是孩子们的心理健康。

随着新冠疫情防控进入常态化，人们逐渐恢复了往日的生活，但受遗传、环境、教育及个人能动性的影响，有些学生在认知、情绪、行为、人际交往、躯体化反应方面产生了一些不良反应，例如：在认知方面，对于疫情相关新闻和真假难辨的网络报道无法作出科学的判断；在情绪上会出现疑病、烦躁、消沉、抑郁、易怒、焦虑甚至恐惧等各种困扰；在行为上会懒于学习，沉迷手机、网络游戏；在人际交往上，易与家人发生争吵，与人交往欲望下降；在躯体化反应方面，会出现过度关心自己的身体症状或出现反复洗手、消毒等行为……所以，如何在后疫情时代做好学生的心理疏导工作已经成为当下摆在我们每个教育工作者面前的严峻课题。作为一个教育工作者，切实地对学生进行心理健康教育，培养他们积极健康的心态，针对其出现的心理健康问题进行及早的干预和引导意义重大。

一、加强学习，改变认知

针对新闻、网络、视频中关于病毒、疫情、死亡的消息铺天盖地地袭来，一时间让这些涉世未深的小朋友感受到了巨大的不确定性和恐惧，在这种情况下，学校可通过健康教育、卫生教育等指导学生科学防疫，积极应对，还可利用班会、黑板报等指导他们正确看待和接纳自己在本次疫情中的心理状态，学习如何在疫情中提高心理免疫力，增强心理韧性，进行自我心理保健，并引导他们定时关注官方通报，停止频繁了解信息，避免灾难化思维，还可以让学生掌握一些简单的心理调节方法，如"深呼吸放松法""肌肉放松法""蝴蝶拍"等或用运动、音乐、向他人倾诉的方式来转移注意力，增加愉悦体验。

二、兴趣引导，调适心情

在这段时间里，我们难免会产生负面情绪，可能会焦虑，我们应该及时觉察自己的心情，多关注一些正能量信息，同时避免长时间接触负面信息。信息过载，心理会非常疲惫，建议将目光与心灵投向其他事情上。可以学着整理自己的房间、书桌等，整理现实空间，也是清理心灵空间的一种方式。还可通过写日记、与他人倾诉等方式抒发自己内心的情绪。允许自己存在负面情绪，不需要一味排斥它或者进行自我贬低。如果我们排斥自己的"焦虑"，只会让自己更加焦虑，进入死循环。同时，尝试以积极的方式去应对："虽然没有办法按照原定计划进行，但是我可以重新制定计划""虽然疫情让人恐慌，但是我相信我可以照顾好自己"。我们可以肯定自己度过这段日子时付出的努力，肯定自己面对负面情绪的勇气，肯定自己积极向上的思维，看到自己的力量和能力。

三、出现问题，及时求助

如果发现自己的不良情绪已经影响到正常的生活和睡眠，无法用自己内在的力量来自我调节了，应及时与父母或老师交流自己内心的感受，或者通过父母、老师寻求专业的心理援助，不仅能够减轻孤独感，也能增强战胜疫情的信心。

四、家校合作，及时疏导

及时通过家长微信群、QQ群等平台加强与家长的沟通联系，家长可利用疫情防控的契机开展科学教育、健康教育、社会教育、人生观教育等，可以和孩子一起探讨科学和科学家的价值、什么样的人生最美、什么样的行为值得颂扬，等等。家长用积极的语言给孩子解释病毒及其防护方法，给孩子带来稳定情绪。还可利用孩子们喜欢的卡通角色通过隐喻的方式把对抗病毒的知识和当前的官方消息告诉他们。及时解决学生的心理问题，从而帮助学生形成良好的情绪，提高其心理健康水平。尤其值得提醒的是，无论是家长还是老师，我们都要学会倾听，鼓励孩子把在疫情面前的不同心理感受表达出来，然后因势利导地进行心理健康教育。

综上所述，现阶段教师要把握影响学生心理变化的根本原因，从细节入手，及时关注学生心理健康。要根据不同学生所呈现的不同心理状况，采取各种积极的措施，促进学生心理健康发展，用真心守护每一个学生的成长。

让积极心理学点亮生活

荆门市掇刀区掇刀石小学　陈士梅

在学校教育中运用积极心理学的理念，让学生学会愉快地学习和健康地生活，它能使学生充分地认识自己、悦纳自己、正确地对待自己，从而用一种积极的、健康的心态来点亮自己的学习和生活。

一、创设积极的环境，感受生活的美好

一个良好的学习环境，对学生良好的学习态度和积极心理的形成有着重要意义。

1. 在班级文化中营造积极氛围

在学校教育中要渗透积极心理，首先应该创设积极的氛围。我们可以尝试在教室环境的设计与布置中加入积极心理的元素。在班级里设计"心愿墙"，让学生用简单的词句表达出自己内心美好的愿望。在"文明礼仪墙"这面墙上，我们贴满了各种文明用语，这些文明用语时刻提醒学生要做一个爱学习、会生活的好孩子。

2. 在课堂教学中渗透积极生活观

小学语文的每篇课文的教学，教师都应该充分挖掘教材，准确抓住教材中的生活元素，善于找好切入点和结合点，进行自然的积极生活观的渗透。这样学生就能在学习的同时，领悟到一些更深刻、更有意义的生活知识。

二、采用积极的评价方式，树立学生的自信

1. 通过教师评价，给予自信和希望

我们的教育对象是小学生，他们有着各自的个性特点和差异。在教学的过程中，教师要尊重学生之间个体的差异人格的不同，允许他们出差错，不轻易地指责、批评他们，对待他们一定要多一点宽容，多一点理解，多给一次机会。如：针对不同的学生，采取不同的方法，提出不同层次的问题，让每个学生在回答完问题后都有一种成就感，尤其是那些学困生，要让他们体会到成功的喜悦感，消除他们对回答问题的恐惧感。在他们回答问题出现小差错时，我们也要对他们进行肯定和鼓励，肯定他们的热情、勇气和努力，并真诚地指出错误的原因。

2. 实施群体评价，促进接纳和赏识

教师的评价固然重要，但学生之间的评价也同样重要。班级是一个群体，每个人都很在意周围的人是怎么评价自己的。对于评价者来说也是一次学习，通过评价学会相互接纳、赞赏、分享、帮助等。班会课上，我们要求学生相互之间找到同学的优点，互相真诚地赞美，每位学生制作小书签，写上一句鼓励或是赞美的话送给同学，并大声地读出你对同学的赞美之词。每位同学都得到了他人的赞美，都满心欢喜地将书签好好地珍藏起来，并下定决心要好好学习、努力做事，希望以后得到同学们更多的鼓励与赞扬。

三、关注积极品质的形成，收获阳光的果实

具体做法我们分三步走：

1. 分析个案，对症下药

小艾是我班一位很腼腆的女生，性格内向，平时不愿意跟同学打交道，课上从不主动举手发言、写字的速度很慢、作业经常完不成。而她又是我校书法组成员，每天早晨、下午都要去练习。我多次找她谈话，对其进行教育都无果。

2. 制订契约，科学实施

与小艾同学共同协商，制订了6条契约，双方达成一致后，严格按照契约上的规定来执行，在其自我调控下，达到契约行为，得到奖励。这种奖励促使行为发生改变，小艾开始对自身的意志力进行强化，从而最终达到目标。最后她养成了良好的学习习惯，并能主动学习，主动与他人交流。

3. 行为调控，达成契约

在实验期间，小艾同学用她得到的五角星一共来换过5次奖品，每次换取奖品时，都是那么开心。小艾能得到这么多的五角星来换取奖品，说明她在实验过程中已经逐步对自己的行为进行调控，并最终达到了契约行为。

现在，小艾同学性格开朗，乐意与人交流，而且每天都按时完成作业，能合理地处理好学习与练习书法的时间。在"积极品质习得"的实验中，教师积极地评价、肯定并表扬学生。奖励机制的实施，一是逐渐使学生增强自信，有正确认识自己，积极行为得到强化；二是帮助学生发现自我价值，能够对自己的行为进行调控，并持之以恒，最终达到目标行为，使学生拥有了

积极的品质。

我们要把心理教育和学科教学有机地结合起来，在教育内容和形式上相互交叉、相互渗透，融为一体。用积极心理学点亮学生生活，让他们积极、阳光地迎来快乐、美好的人生。

论亲子交往对幼儿人际交往能力发展的影响

荆门市直属机关幼儿园　严晟　周舒宇

一、问卷调查表的统计结果

在课题的研究中对我园 3—4 岁、4—5 岁、5—6 岁，三个年龄段幼儿共发出 96 份调查表，回收 96 份。对部分问题的统计结果如下：

（1）幼儿的主要交往对象：45% 妈妈、20% 爸爸妈妈、35% 祖辈；

（2）亲子交往的时间分配情况：55% 每天放学后、25% 周末、20% 不固定；

（3）亲子交往的活动内容：60% 游乐场或是户外，20% 亲子游戏、阅读、玩玩具，10% 陪孩子上兴趣班，10% 带孩子跟小区小伙伴玩；

（4）与父母一起碰到父母同事时打招呼情况：46% 幼儿在父母的提示下能主动打招呼；30% 幼儿不愿意打招呼，但在父母的引导鼓励下能打招呼；24% 幼儿不打招呼；

（5）孩子与同伴游戏发生矛盾时：47% 幼儿寻求家长的帮助、22% 幼儿动手打人、11% 幼儿哭闹、20% 幼儿尝试沟通解决问题；

（6）孩子想加入熟悉的同伴一起游戏时：39% 幼儿能主动沟通、54% 幼儿不能主动表达、7% 幼儿偶尔能主动表达。

通过以上数据可以看出：1—3 的问题表明亲子交往的现状，4—6 的问题表明幼儿人际交往的现状。综合这些数据发现：高效的亲子陪伴会产生积极的亲子交往，积极的亲子交往对幼儿人际交往能力的发展有积极的影响，高效的亲子陪伴幼儿的同伴关系呈正相关；同理，无效的亲子陪伴会产生消极的亲子交往，消极的亲子交往对幼儿人际交往能力的发展有消极的影响，无效的亲子陪伴幼儿的同伴关系呈负相关。

二、亲子交往与幼儿人际交往能力发展的影响

在亲子交往中，父母相对幼儿来讲，处在亲子关系的主动地位，父母的想

法、观念和行为对孩子产生极大的影响，这是学前儿童建立安全感的基础，对其将来人际交往、社会适应能力的发展都产生了深远的影响。因此，亲子交往对幼儿的人际交往能力的发展有着不可忽视的作用。

根据反应性、情感亲密性以及依恋维度，把幼儿期亲子关系分为以下四种类型：

1. 极端型

这种类型的亲子交往，以家长的高控制为主，缺少幼儿自主意愿的表达，直接影响幼儿性格和健全人格的形成。他们在与同伴交往时不主动，但当别人出现不乐意的时候，就会妥协、认错，在同伴交往中容易处于被动的状态，进而影响幼儿人际交往能力的发展。

2. 和谐型

这种类型的亲子交往，亲子之间相互协商、相互尊重，能够寻求关系中的平衡点，达成共同意愿。和谐的亲子交往，对幼儿的态度积极肯定，尊重幼儿的意见和观点，鼓励他们表达自己的想法并参与讨论，能够在亲子之间相互理解的基础上完成对幼儿的约束。他们中多数孩子在语言表达、生活自理、解决问题等方面的能力较强，大多善于自我控制、与他人协商，喜欢与人交往，对人友好。和谐型的亲子交往对幼儿人际交往能力的发展起着积极的作用。

3. 忽视型

这种类型的亲子交往，无论在交往方式还是交往态度上都有明显的问题，幼儿的心理需求、情感需求无法得到满足，会严重影响幼儿的身心成长，导致幼儿自我认同感和自我接纳度低。幼儿在人际交往中缺乏安全感，不会轻易交朋友，或是不停地找人说话聊天，这些行为会严重阻碍幼儿与同伴交往能力的发展。

4. 矛盾型

这种类型的亲子交往，随意性很大，会被父母情绪或外界环境所影响，容易让幼儿敏感多疑，对父母信任度低。矛盾型的亲子交往，常常会让幼儿无所适从、手足无措，久而久之幼儿就会形成做事情先看父母眼色，或是爸爸面前一个样，妈妈面前一个样，极少表现出自己的想法和主见，有时候会为了迎合父母说出他们喜欢听的话，做出令他们高兴的事；对待人或事比较矛盾，不容易下决定，易暴易怒，让人无法靠近，同时，也无法友好地与他人交往，矛盾型的亲子交往对幼儿良好人际交往能力的发展会形成阻碍。

给幼儿提供高效的亲子陪伴，是幼儿人际交往能力发展最有效的方式。如若每个家庭都能与幼儿建立恰当的亲子交往关系，那家庭就和谐了，幼儿就能身心和谐健康地成长，并且能快乐轻松地与人交往了！

关注学生心理健康，铸造辉煌人生

高新区·掇刀区白石坡初级中学　郑燕

一、时刻呵护学生的自尊心，让学生心理健康发展

中学时代是青春发展的关键期，具有情绪敏感、易冲动、好奇心强等一系列特征，如果学生在这个时期得不到足够的关注和引导，心理问题就会时有发生。要使学生健康成长，对其心理健康的关注至关重要。针对学生的这一心理特点，我在探索中对学生进行了赏识教育，尊重鼓励学生，扬长避短，让学生的自尊心得到最大限度的满足，从而有效地呵护了学生的自尊心。促使学生心理的健康发展，是学生走向自信和成功的重要途径。

1. 建立平等和谐的师生关系，多给予学生鼓励

学生就像一棵幼苗，只有在开始的阶段就细心培育，才能保证他们健康地成长为栋梁之才。师生关系应该是平等的、和谐的。老师平时要注意学生的一点一滴，善于发现学生的微小进步，及时给予肯定、表扬，帮助学生树立自信心。这样学生才会愿意与老师沟通交流，把老师当成朋友。只有学生从心理上产生安全感和满足感，才能形成健康的心理。

2. 善于捕捉学生的"闪光点"

（1）"没有差生，只有差异"。对待每一位学生要公平、公正，不加私情，不是只拿成绩衡量学生的好坏。

（2）发现学生的闪光点，及时给予鼓励赞美，努力达到"让每一位学生快乐成长"的目标。本学年，我们学校尤其注重这方面的教学工作，举办了演讲比赛、朗诵比赛、书法绘画比赛、歌唱比赛等，不仅发现了相关方面的人才，更重要的是使学生对学校有了更深的感情，对学习有了全新的认识和兴趣，相关才能也得到发掘，增加了他们对学习的兴趣，实现了快乐教学。

（3）尊重学生，对学生讲诚信。我们在与家长沟通学生情况时，实事求是，切忌缩小或夸大事实，时刻警醒自己作为教师要为人师表，要给学生树立好榜样。

（4）关注学生、帮助学生，倾注真心真爱。当学生需要关心时，我们用真心真爱来塑造、净化学生的心灵，从而使其真正投入到学习中并努力掌握科学文化知识。通过以上努力，不仅丰富了学生的精神生活，而且有助于学生健康心理的养成。

二、营造良好的氛围，让孩子克服自卑心理

中学生常见的心理问题有焦虑、强迫、拖延、自卑、敌对等，我们要及时发现、及时缓解并想办法解决问题，具体做法可以有：学校开展心理健康教育课，针对个别学生特殊的心理问题开展一对一的咨询和辅导，使陷于不健康状态的学生能够逐渐恢复正常状态。找一些关于心理问题的案例给学生，通过分析谈感受，运用这种暗示使其主动调整自己的情绪，摆脱危及心理健康的因素困扰。

1. 做一个合格的倾听者

我所教的班级有这样一个学生，不好好听讲、不完成作业、性格古怪、让人琢磨不透，老师们都对他很无奈。我想这其中肯定有缘由，所以总是和他谈心，他却一直不愿意说出实情。直到有一个命题日记的机会，我才明白孩子内心的苦楚。他的作文以"爸爸，我爱您……我恨您……我没资格恨您……我爱您……，妈妈，我想您……我恨您……我想您……"为贯穿，说出了自己埋藏已久的内心苦楚，我从中看出了孩子内心的矛盾和痛苦，难受得几度落泪。这篇命题作文终于打开了孩子沟通的欲望。进而，我继续跟他谈心，以亲人、朋友的角色，终于彻底打开了他的心结，我认真听他的倾诉不打断，我们敞开心扉，互诉苦楚。其实，我告诉他别人的苦楚是在暗示他，每个人都会有不如意，但是我们唯一能改变的是我们自己，以及我们对待问题的心态。我鼓励他坚强、乐观，我给他讲心理问题的案例，警示他其中的危害及增强其克服的勇气。慢慢地，他变得乐于与人交流，我相信，只要我们认真对待，一定可以帮助心理健康有问题的孩子恢复正常。

2. 关心学生生活中的每一个细节

在教育活动中，学生自然会碰到各种各样的生活困难，他们需要老师无微不至的关怀和帮助。老师在工作中若能注意观察学生，主动接近学生，了解他们的实际情况，并给予及时的帮助。这对于消除学生的紧张情绪，让学生产生自信心，并让其保持愉快的心情有着重要的作用。如：给学生拉上背部拉链，帮助他越过障碍物，满足孩子们游戏的欲望等。正是这些琐碎而繁杂的细节照料，最能让学生体验到老师对他们慈母般的爱。

　　心理健康影响着生理健康，关系学生的生活质量，优良的心理素质对学生的全面发展起着至关重要的作用。作为一名教师，我们有责任关爱学生，关注学生的心理健康，从而保证他们以良好的心态去学习、生活、超越自我、迎接挑战，铸造自己的辉煌人生。

爱是心理健康教育的有效方法和手段

高新区·掇刀区白石坡初级中学 刘军娟

一、爱学生，就要更多地了解学生

为了更好地了解学生，平时，我喜欢与学生一起娱乐、一起沟通；喜欢倾听学生的谈话、采纳学生的建议；经常找学生谈心、询问学生的思想、学习、生活情况；经常深入学生家庭了解情况；经常发短信打电话与家长沟通……这样，我对每位同学的个性特点、兴趣爱好、交往情况、思想动态、学习状态等都了如指掌，就能针对不同的学生采取不同的教育方法，做到一把钥匙开一把锁。

二、爱学生，就要关心学生

关心学生的学习、生活，了解学生的需要，及时地帮助学生，这是每个老师应尽的义务。当学生遇到困难时，老师可以投去一个期待的目光，说一句温暖的话，帮助他们享受一次成功的喜悦。这样，在学生的心底里就会种下一颗自信的种子，促使他们最大限度地发挥自己的积极性和主动性。帮助学生其实很简单，如：学生的纽扣掉了，给他缝上；学生生病时，说一句温暖的问候；学生不如意时，给予适当的安慰；学生受挫折时，帮助他们找回自信……这些看似是小事，但学生内心深处却对这样如同父母的老师由衷地产生一股敬意，久而久之，学生就会亲近你，把你当作自己的贴心人。

三、爱学生，就要尊重学生

苏霍姆林斯基说过："在影响学生的内心世界时，不应挫伤他们心灵中最敏感的一个角落——人的自尊。"教师热爱学生，就必须关心、理解、尊重学生。尊重来自于理解和信任。处在青少年时期的学生，自尊心都很强，尤其是成绩稍差的学生，他们更渴望得到别人的理解、尊重和信任。因此老师对学生一定要以诚相待，耐心诱导，切莫挫伤他们的自尊心。这样他们才会敞开心扉接受你的教育。没有爱，就没有教育。只有真诚地爱学生，尊重理解学生，才能使学生感到温暖，才能使学生从内心把教师当作自己的亲人和朋友。"亲其师"才能"信其道"。老师爱学生，就要尊重他们，千万不能用过激的言行伤害他们。要记住陶行知先生的告诫："你的教鞭下有瓦特，你的冷眼中有牛顿，你的讥笑中有爱迪生。"

四、爱学生，就要赏识学生

老师不仅要尊重学生，还要善于赏识每一位学生。马克·吐温说过："只凭一句赞美的话，我就可以活上两个月。"人人都希望听到赞扬的话，成人尚且如此，更何况孩子呢？学生常常把老师的表扬鼓励看成是对自己的评价。当他们得到老师的肯定赏识时，就会觉得自己有进步、能学好、有发展前途，以为自己在老师心目中是好学生，因而自身产生增值感，增加好学的动力。对于学生来说，尤其是后进生，老师的赞扬和赏识就像温暖的阳光。

每一个学生都希望自己是成功者，期待着收获肯定和赞扬，所以老师要善于用自己的一双慧眼去观察和发掘学生身上的闪光点，并及时地表扬鼓励。有时老师一个鼓励的眼神、一个真诚的微笑、一次亲切的拉手、一句温暖的问候，都会使学生获得被赏识、被肯定的喜悦，从而增强其自信心、积极上进的勇气。

五、爱学生，就要严格要求学生

老师既是一个班级的主心骨，又是班级的组织者、管理者。老师对学生既要关心爱护，又要严格要求。爱是教育的前提，严是教育的保障。没有严格的要求，就没有学生的转变和进步。老师严格要求学生要从小事抓起，不断培养其良好的行为习惯。实施养成教育要在强调意义、讲清道理、树立典型等正面教育的基础上，抓住时机积极引导、明确目标、严格训练、全面落实。卢要严格要求学生，老师首先要严格要求自己，要做到言行一致，为人师表。言传不如身教，老师的以身作则、严于律己，会对学生起到潜移默化的作用，甚至影响学生的一生。

作为一名初中老师，我们一定要用自己全部的爱，去感化每个学生的心灵，让他们身心健康地茁壮成长。我们要用自己丰富的知识、真诚的师爱，塑造学生美好的灵魂，真正肩负起培养祖国未来建设者的重任，真正让自己的生命之花怒放在教育事业的花园中。

农村初中英语"学困生"心理健康分析及对策

京山市三阳镇初级中学 刘晓东

农村初级中学的学生全部来自农村，且大部分是寄宿生。相当一部分学生在英语学习过程中会出现听不懂、不会读、说不出、写不了的情况，从而使其产生挫折感、自卑感，逐渐对英语学科失去了信心，变成了英语学困生，并且对这门学科产生抵触心理，主要原因有以下七点：

（1）农村寄宿制学校实行封闭式管理，每天的生活就是三点一线，学生的生活非常单调，和外面交流的机会极少，加之部分老师对学生的看管多于深入的教育和沟通，学生很容易产生厌倦逆反情绪，甚至会逃学。

（2）由于本校学生全部来自农村，家长文化水平普遍不高，更没有心理健康教育的意识及知识，因此对孩子的心理问题不重视。即使孩子有了想法，也不会主动和家长交流沟通，从而形成恶性循环。尤其是"留守儿童"，大多数由爷爷、奶奶或者亲戚代管，沟通比较困难，这些学生往往缺乏安全感，沉默寡言，情绪低落，喜欢独处，不愿与人交往，存在抑郁自卑心理。

（3）在农村寄宿制初中，教师每天除了白天上课之外，还有早晚自习，普遍工作量大、工作时间长，工作中缺少持久的耐心、爱心和责任心，使学生觉得自己没有被重视，得不到关怀，从而产生"不满"情绪，引发其他不良情绪的产生。

（4）随着智能手机的普及，大部分学生都有自己的手机。很多学生时刻都在想着手机。周末在家有的整天玩手机、看电视，作业用手机搜，还有的将手机带到学校，甚至课堂，从而影响其学习。

（5）英语是关于表达与交流的语言学科，听、说、读、写是英语学习的主要内容。但在农村中学，缺乏说英语的环境，部分学生属于内向型的性格，导致有些学生心理上产生紧张、胆怯之感，说英语时磕磕巴巴、断断续续，无法完整、流利地朗读或表达，有的甚至会臆想老师和同学的嘲笑和讥讽，越来越不愿意进行英语表达，这种想要努力却又抵触的心理贯穿到整个英语学习过程之中，久而久之，成绩持续走低、兴趣逐渐缺失，最终形成恶性循环。

（6）学困生一方面是对从汉语到英语的语言转换过程不适应，有些学生一直在用汉语思维、汉语规律学习英语；另一方面是消化不良，所学的英语知识不能在课后进行及时有效地复习、梳理和巩固，缺乏自我消化能力，时间一久，不懂、不会的知识越来越多，致使他们英语学习成绩越来越差。

（7）很多农村学生的家长在外打工，凭着经验和技术也有不错的收入，他们对孩子的期望不高，他们认为如果孩子的学习不是出类拔萃，还不如初中毕业就去学一门技术，早点打工挣钱。在这种情况下，部分初中生出现了消极懈怠心理，不愿学习英语，最终成为学困生。

针对以上学生自身的问题，英语教师要积极、主动配合班主任做好与学生的沟通工作。特别要注意以下三点：

（1）注重知识沟通技巧。英语教师首先应重视知识沟通，以有效、科学、合理、直观的交流沟通，向学生诠释掌握知识、提高成绩的重要性。英语教师作为班级任课教师之一，应成为学生获取知识的良师益友。其次，和谐的师生关系有利于知识沟通的高效进行。

（2）强化心理沟通。初中阶段学生的心理发展具有叛逆和归属并存、独立与依赖并存的特点，并且这一阶段的学生接受知识、承受压力的能力也逐渐提高，考试成为其身心压力的重要来源。作为英语教师，应了解学生的身心发展特征，并采取具有针对性、特殊性的方式让学生在学习英语中受益、解开心结，从而避免其产生厌学心理。

（3）沟通时注意多表扬、多倾听。英语教师在与学生交流沟通时，应尽量减少伤害学生自尊心的批评或教育，而采用真诚赞美、平等交流的方式，使其相信老师。在良好的交流氛围中，教师可以在保护学生自尊心的前提下，予以适当的建议。此外，还要多倾听学生的想法。

上述只是英语学困生不愿意学习英语的部分心理因素，每个学困生都有着独特的个性，造成学习困难的心理原因也各有不同，因此学校、英语教师要因人而异，运用不同的方法进行疏导，使其摆脱抵触心理，最大限度地减少学困生的数量，努力改善、提高农村初中英语的教学质量。

中小学生原生家庭阴影心理调适方法

京山市坪坝镇初级中学 吴友莲

列夫·托尔斯泰曾说："幸福的家庭都是相似的，不幸的家庭却各有各的不幸。"不仅如此，不经意回顾历史，放眼现在，我们不难发现幸福的家庭也是代代相传的。就好比"书香世家"，幸福的家庭氛围也隐约间成了一种"门风"。时代在飞速发展，许多人内心却脆弱不堪，他们中大多数人的不幸源于原生家庭的阴影。

一、放弃幻想，重塑自我

每个孩子都是上帝的宠儿，是夫妻双方爱情的结晶，是人间的天使，每一个孩子的健康成长都需要我们用爱去呵护、培育。可能父母们祖祖辈辈信奉的都是"棍棒底下出孝子"，于是乎很多人都认为打骂孩子是一件很正常的事，殊不知在一些特殊家庭中，孩子充当了大人发泄情绪的"出气筒"。可是年幼的孩子依然很天真，久而久之，他们的潜意识里误以为"听话"就可以得到父母的宠爱，无条件遵从父母的指示才能换来一时平静的生活。笔者想告诉那些深陷家庭伤害泥潭的孩子，哪怕备受伤害，但请不要忙着悲伤，你是独立的生命个体，有着至高无上的尊严，你要做的不是期待父母来爱你，因为父母爱不爱你那是父母的选择，你的人生价值并不会因为父母爱不爱你而改变，人是不能改变别人的意志的，但我们可以选择改造自己。倘若被爱，理应感恩并珍惜；倘若受到伤害，要尽早舍弃并远离。

二、敞开心扉，拥抱世界

父母是孩子的启蒙老师，父母让孩子对这个世界有了起码的认知，孩子的人际沟通能力很大程度上取决于他与父母之间的交流能力。孩子们，请不要迷信你的脾气秉性是第一个看过你的人决定的，人是万物的一员，只会受两种因素的影响，一是遗传，这是父母的基因决定的；二是后天环境，这依然是父母双方创造的。在你尚未成年之时，你无法选择自己的生活，但无须在伤害的泥潭中挣扎，你唯一需要做的是改变自己对现有世界的认知。或许生活中有太多的不如意，但生活还是充满希望的，至少生存下去的生活必需品都是免费的，比如：空气、阳光。作为个体，我们不能因为个体所带来的伤害而否定整个世界。无论是作为学校的成员，还是作为社会的成员，也无论我们曾经经历或正在经历怎样的不幸，请相信这不是你生命的全部。人性依然在很多个角落熠熠生辉，比如救死扶伤的医生、熬夜加班的老师、舍生忘死的消防员、保家卫国的将士。你需要做的是走出现在的生活圈子，拥抱另一个美好的世界。结交两三个志同道合的好友，告诉自己仁人志士的成长轨迹不都是坎坷重重吗？历经磨难的自己一定会收获到一笔价值不菲的人生财富。

三、独立自强，自力更生

作为孩子，我们不能选择原生家庭，可是我们可以选择以后的生活，我们可以期待美满幸福的家庭，期待爱与理解。人海茫茫，谁也无法确定以后的人生际遇，但这并不代表我们是无能为力的。尽早摆脱对原生家庭的情感寄托，接纳现实，学会与世界和平相处，开阔视野，自律自强，奋发有为，才能拥有独立于世的能力，这才是一个人来到世界的最终目的。你还需从原生家庭的情感泥潭中吸取教训，不可循环自己原生家庭的错误。"生命以痛吻我，我却报之以歌。"这才是一个个鲜活生命该有的姿态。谨记只有自己做了光源，才能驱走一切黑暗。

浅谈七年级学生自信心的培养

京山市永隆镇第一初级中学　黄佳

自信心作为一种积极进取的内部动力，其发展水平是与活动成败相对应的，自信心强大，脑思维就活跃，容易产生创造力的灵感；反之缺乏自信，大脑活动就受抑制，很难进行创造性思维。学习中的后进生，究其主要原因，非智力方面，是对自己没有信心。我们七年级新生正处于由儿童向少年发展的转型期，在学段上，正处于小学的轻松浪漫向初中的激烈竞争的过渡阶段，这个时期他们的情绪容易波动，尤其是不同学校毕业的同学融合在一起，展开新一轮的知识竞争。他们如果遭遇挫折，自信心就会极易受到伤害，作为教师，培养学生的自信心并激励学生就显得特别重要。笔者就此问题先谈自信心不足的原因，再谈如何培养学生学习的自信心。

一、七年级学生学习自信心不足的原因

1. 亲子教育缺失，家庭教育功能弱化

对于未成年人来说，来自父母的爱与呵护是其发展过程中不可或缺的内容与主题。表现在家庭教育上，由于缺乏必要的亲子互动，当孩子在学习上面临困难时，父母不能及时地给予帮助和解决；而作为孩子的其他监护人，由于思想观念或者血缘亲疏的关系，可能会因存在明显的沟通障碍而使儿童不会主动询问或听取意见。加之农村的家庭教育对孩子学习关注不够，缺少辅导和监督，久而久之，儿童的学习状况将越来越令人担忧。这些学生平时总是选择那些比较容易完成的任务，逃避那些有一定挑战性的任务，常常把困难估计得远比实际要高，不愿也不敢主动参与学习讨论。

2. 沟通存在障碍，心理问题不易排解

学生缺少与父母沟通的机会，而监护人又不能及时发现或顾及他们细微的心理变化，有了问题又得不到适时地排解，进而影响了他们的心理健康，常常引发各种心理病症。这种情绪又进而影响了他们的人际交往，使他们不能以合

适的方式与同伴进行交流或达成共识。长久的自闭和自卑心理也会导致孩子学习自信心不足。

二、提升七年级学生学习自信心的策略

1. 创设宽松的教学环境，让学生在成功中树立自信

课堂教学中要面向全体学生，使每一个学生都有平等的锻炼机会以增强他们的自信心。这就要求教师必须在日常生活和学习中多方面了解学生的实际情况，因材施教，分层教育。自信是建立在成功的基础上的，一个人的自信度与它的成功率是成正比的，成功的次数越多，自信心越强，反之，失败次数越多，自信心越弱。培养学生自信心要让其在日常生活和学习中体验到成功，体验到成功的喜悦，让学生在内心深处感到"我能行，我也很优秀"，这是培养和提高学生自信心的根本办法。首先，营造关怀型课堂，用温暖的课堂教学方式来弥补其弱化的家庭教育，使其"亲其师，信其道"；其次，建立平等交流的沟通机制，以平等对话者的角色参与学生活动，全方位了解每个学生的家庭状况、心理状况、学习成绩、行为习惯等；再次，及时、准确地对学生进行表扬性评价。在对待学生课堂发言时，教师应多采用鼓励性的语言、手势和赞美的眼神，绝不能粗暴否定或讽刺挖苦。要尊重学生的思维方式，尊重学生的思考角度。评价分寸得当，才能使学生心理得到健康成长。学生在发展性评价中感受到成功的快乐，从而对学习充满信心。

2. 倾注爱心与积极期望，激发学生学习自信心

"有爱才有教育"，作为教师，要用爱走进孩子的心灵，让他们感受到关爱和重视，扫除他们心灵上的障碍，同时，对每一个学生都要抱有积极的期望，承认每个学生都有发展的潜能，并以适当的方式传达给学生，从而激发他们的自尊与自信，使他们能够自觉地去努力实现、不断逼近这种期望。在努力的过程中教师要适时地给予肯定与表扬，这会使学生形成进取的锐气、活泼的个性、开朗的性格等。

3. 营造团结和谐班集体，积极参加课外兴趣活动

学生的地位和自信取决于他在这个群体中受到多大的尊重。培养学生的自信，仅有老师的肯定是远远不够的，还必须为他们营造一个团结和谐的集体生活环境。其实人都有得到同类积极评价的渴求。当他在集体中受到尊重而体会精神上的满足时，自信就得到满足了。因此，教师要让学生知道，班级的每一项荣誉的获得，都凝聚着每一个学生的心血和汗水，每个学生都是这个班级不可缺少的一员，这样，他们就会自觉维护这个集体，时刻想着为这个集体争光，对自己也就充满了自信。

小学高年级心理健康教育主题班会的研究

高新区·掇刀区望兵石学校 肖林丽

一、小学高年级心理健康教育主题班会的主要形式

心理健康教育是小学生健康成长、全面发展的需要，应引起每一位教育者的高度重视。教师应该主动探寻心理健康教育主题班会的多种形式，让我们的班会活动举办得活力四射、熠熠生辉。

1. 咨询交流

小学高年级段的学生正处于心理变化的关键时期，会遇到许多问题和困惑。但每名学生遇到的问题各不相同，我们可以通过咨询交流的方法设置答疑类的班会，让学生将自己的困惑说出来。

2. 表演竞赛

班会活动的有效性主要取决于学生的参与，我们可以通过表演的方法，将学生成长中可能遇到的问题以情景剧的形式展示出来，通过学生的主体参与唤起学生的心理认同，继而让学生能够在潜移默化中心理得到健康的发展。另外，还可以采用竞赛的方法，通过主题演讲比赛、主题辩论赛等形式，借助学生的好胜心与竞争意识，继而助力于学生的心理健康成长。

3. 专题讲座

每个学生都有各自的不同，但是每个年龄段的学生群体间一定会有很多共性的问题，对于这些问题，我们可以通过专题讲座的方式来解决。如邀请心理学方面的专家或者学校中专门的心理课教师就主题问题以讲课的形式进行讲解。

二、小学高年级心理健康教育主题班会的设计方法

在对小学高年级学生进行心理健康教育时，我们采用的多是主题班会的形式，这种以班会的方法进行心理健康教育的方式确实具有一定的效果。那么，在实际教学中我们应该如何设计一场合格、生动的主题班会呢？

首先，我们应该注意氛围的设计。班会氛围设计中，应该尽量以轻松、愉悦的基调为主。另外在座次安排上我们也可以采用如圆形围坐等方式加深师生之间的亲密感。

其次，还应该注意过程的设计。我们设计班会活动时，应该采用精彩纷呈、形式多样的组织手段，以唤起学生的高度参与欲望。如我们可以通过空椅子游戏，让学生以扮演角色的方法体会冲突、想办法化解矛盾。

最后，应该注意对象的设计。在主题班会活动中，学生才是主角，如在处理学生考试焦虑之类的问题时，我们可以根据学生的具体心理特点，采用系统脱敏的练习方法：先让学生找出所有让其觉得焦虑的原因，然后将这些原因进行大小排序，通过放松、想象脱敏、实地适应等方法逐渐解决学生的焦虑问题。

三、小学高年级心理健康教育主题班会的注意事项

主题班会课是义务教育阶段学校教育的重要阵地，是推进课堂育人的有效载体，在组织班会活动时，我们应该注意如下问题：

（1）在小学高年级段的心理健康教育主题班会的活动设计中，我们应该注意学生的实际认知情况。应该根据学生的理解水平并结合实际生活及心理特点，在保证学生能够理解与接受的基础上提高学生的心理认识，促进学生的心理健康发展。

（2）在班会活动设计时，为了培养学生的情感认识、增强学生的情感体验，我们有可能会设计一些游戏类的活动，在设计这些活动时，我们必须要考虑学校的实际情况。

（3）新教育理念指出，在实际教学中，教师应该提升对全面培养学生综合素质的重视程度，因而我们应该加大对小学高年级段学生心理健康培养的力度。

四、结语

总之，在小学高年级段的主题班会设计中，我们的主要目的就是提高学生的心理素质，教会学生在生活中正确的为人处世、待人接物的方法，培养学生正确地面对挫折与问题的态度。因此，为发挥出主题班会的重要作用，作为教师的我们应该设计合理的形式，选用合适的方法，避免可能出现的问题，以此让主题班会切实起到育人的作用。

小学心理健康教育中的情景教学

京山市罗店镇直小学 周美华

小学阶段是学生成长过程中尤为重要的一个时期，小学生的年龄比较小，思想比较简单，容易受到周遭环境的影响，情绪变化很不稳定，常常会产生如自卑、厌学等的一些心理问题。因此，作为小学教师，必须对小学生的心理健康多加关注，并通过情景教学法的应用，减少小学生的心理问题，从而让他们快乐地成长。

一、情景教学法概述

（1）情景教学法的概念

情景教学法是指教师在教材的指导下，根据学生的个体差异和生活实际情况，创造各种情景，让学生在自然或者在创设的情境中获得最直观的感受，促进他们对教材知识内容的理解。

（2）情景教学法在心理健康教学中应用的意义

在教学过程当中运用情景教学法。其一，情景教学法能够活跃课堂气氛，突出学生的主体地位。在小学生心理健康的教育活动中，可以让学生扮演角色，进行情景构建，让学生积极参与课堂教学当中来，通过心理体验，促进积极心理增量，发挥出自己的优点。其二，能够培养小学生独立思考的能力和创新能力，通过角色扮演、情景设置，能够让学生将自己的想象力尽情发挥出来，获得快乐和成就感。

二、小学生心理健康问题原因分析

小学生由于年龄比较小，对社会认知水平比较低，心理比较脆弱。因此，当他们遇到挫折或者受到打击时，特别容易产生心理问题。

（1）升学和择校给孩子带来的压力

现今，学生在小学阶段就已经开始面临升学和择校的压力，再加上其年龄较小，心理承受能力较弱，如果其无法有效排解压力，就极其容易产生心理问题。

（2）家长缺少对孩子心理健康的关注

在我国，大部分家长受根深蒂固的传统思想影响以及缺乏心理学的相关知识，缺乏对孩子心理健康的关注。他们通常更加关心的是是否满足了孩子的物质生活需要以及孩子的成绩是否优异，很少关注孩子的内心世界，很少与孩子平等地进行沟通和交流。

（3）离异和留守家庭，对孩子心理造成影响

根据调查显示，离异家庭的小学生，心理健康出现问题的要远远多于正常家庭的孩子。这是因为父母离异后，孩子无法获得完整的父爱和母爱，长期下去，孩子的心理健康就会受到影响。留守儿童通常都是由家里老人看管照顾，由于父母长期不在身边，孩子缺乏关爱和管教，会导致留守儿童产生一系列的心理问题，如叛逆、自闭等。

三、情景教学在小学心理健康教育教学中的应用策略

将情景教学法应用到小学心理健康教育教学中，能够拉近师生之间的关系，增强教师与学生之间的交流，还能够使课堂气氛更加轻松和活跃，对于提高教学质量，培养学生健康的心理状态起到十分重要的作用。

（1）创新教育理念，善于运用情景教学

教师必须要转变传统的教学理念，不能再把成绩作为衡量一个学生是否优异的唯一标准，而是要按照新课改的要求，加强对学生健全人格的塑造和心理健康的培养。教师在日常教学中要善于运用情景教学法，让学生在创设的情景中学到相关的心理健康知识，例如针对学生网瘾问题，教师就可以结合学生的实际状况设置情景，并采用角色扮演的方式让小学生表演以下几种情景：①父母对小学生上网的激烈反对，严厉批评的场景；②小学生上网约见网友遭遇的一系列糟糕的事情。通过创设情景，让小学生深刻认识到网瘾的不良危害。除此之外，教师还要严于律己、以身作则，以平等的态度与每一个学生认真地沟通与交流，让学生愿意说出自己的心理困惑。同时，教师对于情景的创设，除了对语言的巧妙运用之外，还可以采用相关的道具进行辅助，如创设情景时可以选择适当的音乐或者图片加以辅助，让情景更加真实。

（2）运用情景教学，培养学生健康心理

教师能以情景教学的方式，根据心理健康知识的相关内容制作教学视频或者PPT，让学生直观地感受到良好的心理状态所产生的影响，从而注重对自己心理健康的关注。例如，播放青少年心理健康教育视频给同学们观看，并让学生在观看之后写出心得。这种情景教学的方式可以让学生更加透彻地了解心理健康教育的相关内容。

早期家庭教育对小学生心理健康的影响

高新区·掇刀区望兵石学校 熊玲霞

早期家庭教育与小学生心理健康有着密切的联系，决定着一个孩子未来的个性特征与人格表现。重视早期家庭教育，给孩子一个充满爱与教育的生活环境，对培养孩子的情绪管理能力与行为认知能力起到至关重要的作用。

一、早期家庭教育对小学生个性特征和人格的影响

（1）早期家庭教育对个性特征的影响

在早期家庭教育中，家长往往会对孩子的生活习惯、性格和个性进行培养，此举可以让孩子拥有良好的生活习惯，具备健全的性格以及独特的个性。在我国，许多早期家庭教育还会增加孩子的知识储备，让孩子逐渐学会感恩，进而提高素质修养。因此，父母只有端正自己的言行举止，才能更好地提高孩子的素质修养。

（2）早期家庭教育对人格的影响

若早期家庭教育出现问题，将会严重影响孩子的人格培养。例如，若是父母时常放任孩子一个人生活，将会导致孩子形成孤僻的人格，缺乏与人沟通的能力。此外，若是父母时常争吵，将会导致孩子形成暴力人格，出现急躁，甚至暴怒的情况。另外，还有一些孩子在家庭教育的过程中由于曾经受到过一些强迫，形成的自我保护意识较强，进而逐步形成自闭的人格。

二、早期家庭教育中的几点经验总结

若想培养出孩子自身独特的性格并逐步完善其人格，我们需要在早期家庭教育中对孩子做以下三个方面的培养。

（1）培养和提高孩子对自己情绪的管理能力

这不仅可以使孩子在今后保持良好心态，积极乐观对待生活，还可以有效增强孩子的心理素质。培养和提高孩子对自己情绪的管理能力时，父母需要做

到以下两点：第一，父母要做孩子管理情绪的示范者。第二，父母需要积极帮助孩子，使其做情绪的管理者。

（2）提高孩子对爱和幸福情感的感受能力

这不仅可以使孩子感受世间的爱与幸福，还有利于培养孩子积极乐观的心态。在培养和提高孩子对爱和幸福情感的感受能力时，父母首先需要学会倾听，倾听不但可以了解孩子的成长情况以及所见所闻，还可以给予孩子被尊重的感觉，进而提高其自信心。同时，父母还需要教会孩子感恩，进而使其可以获得满足感与幸福感。

（3）培养和提高孩子与他人交往的能力

这样，孩子不仅可以在日后的学习与工作中获益，还可以促进孩子心理健康的发展。但只有家庭和睦，才能促使孩子具有较强的与他人交往的能力。另外，父母还需要培养孩子的自信心与自尊心，从而使其敢于与他人交流，进而有效地提高孩子与他人交往的能力。

三、结束语

早期家庭教育同孩子的个性特征、人格特征等息息相关。为此，家长们必须在孩子的孩童时期做好相关的家庭教育工作，给孩子营造出一个良好的家庭学习氛围，让他们能够在这一时期养成良好的道德品质。进而在学校学习生活中，孩子能够有效地利用起早期家庭教育中所培养出的个性特征，树立起积极乐观的学习生活态度和责任心。

农村小学生厌学的主要原因及对策

京山市罗店镇直小学　张元发

经历了疫情，体会了社会主义制度的优越性，老师们献身教育的热情高涨；经历了等待，同学们对新学期满怀期待。转眼两个月过去了，不少同学紧跟老师的步伐，在老师和家长的关注下茁壮成长；也有少部分同学上课走神，不做作业，厌学情绪严重。

本学期，我负责五年级两个班的英语教学。这两个班中每个班都有十个左右厌学的学生。他们上课基本靠提醒，家庭作业基本不交。为此，我改进了教学方法，革新了教学手段，但是见效不大。

我们的学生怎么了？根源在哪里？

其一，个体学习能力有差异。有的学生先天智力不及普通儿童；有的学生写字的速度特别慢，反应速度不及大多数同学，一步落后，步步落后，致使他们跟不上班级授课的节奏。由于当前的义务教育没有实行升留级，不同学力的学生在同一班级，同一学段年级越高，差异越大。

其二，家长文化素质偏低。农村学生中留守儿童的比例高，隔代抚养的比例高。监护人年龄过大、精力不足，对儿童的教育不及时、不精准。不能及时发现问题、解决问题。沟通不够，不能在孩子沮丧时给予情感抚慰，不能在孩子面对挫折时给予鼓励。

同时，对学生厌学这一现象，学校也应该负有责任。

不少学校把考试成绩作为评价教师的主要手段。正是由于考试成绩在评定教师中教学水平上权重过大，导致教师之间攀比考试成绩，在教学中片面追求分数，进而忽视了自己在育人中应发挥的重要作用。而片面追求分数使老师的压力转移到学生身上，加重学生负担就成了普遍的现象。无论怎么减负，总是减不了。因为学生之间的竞争，变成了分数的竞争，不在于分数的高低，只在于排位。有的学生在文化学习中很少能找到快乐的感觉，厌学就发生了。

对教师的评价是个难题，涉及公平性和可操作性问题。对教育产出的评价同样也是难题，难以量化，难以操作。一个老师培养了多少人才，做出了多大贡献需要很长时间才能看到，而且无法量化，只能定性。但是老师不应该只关注分数，只关注自己能拿多少教学奖，更不能把这蝇头小利作为自己工作的动力。

此外，考试必不可少，且考试的难度不断加大。以某市 2020 年五年级期中英语考试的试题为例：这个试卷中考了 shop 的－ing 形式、made 的原型，而且是以填空题的形式出现，这都不是本学期的语法内容，还有一次六年级考试考到 radio 有几个音节。

出题超过范围，考分过低，家长怨怒，学生沮丧。家长只好另想高招，求助于培训机构，学生负担加重，家长和学生对立日益加剧。所以出题者在拟定试题时要反复斟酌，甄选好题，尽可能地避免偏、怪，杜绝超纲现象。小学阶段，没有甄别人才的任务，因此只需考察学生对知识的掌握程度即可。

以上原因导致了厌学，厌学的外在表现为上课无神、下课精神，作业不做、沉迷游戏。应对厌学，有什么对策？我以为，在教育中产生的问题，也应该主要通过教育来解决。学校和教育主管部门可以从以下六方面着手。

①教育主管部门落实中共中央、国务院印发的《深化新时代教育评价改革总体方案》。确立合理的方案考核学校，不以升学率评价学校。

②教育主管部门加强对区域性考试试题拟题的指导与审核，提高试题的教育性、时代性和科学性。

③落实家长在学校的活动，定期与家长探讨教育方法，教会家长以欣赏的眼光看待自己的孩子。

④学校落实《深化新时代教育评价改革总体方案》，建立科学的教师评价体系。

⑤学校加强教师师德培训，培养高瞻远瞩、有历史使命感的教师；培养忠诚于党和人民的教育事业，将热爱学生落实的教师；培养吃苦耐劳、坚持不懈唤醒学生的心灵导师。

⑥落实学校体育课和少年宫活动。

以上浅见，既疏且陋。絮叨反复，多不新鲜。暂吐心声，希见证教育之春。

小学生心理健康问题成因与矫正

高新区·掇刀区掇刀石小学　张忠权

心理健康教育作为素质教育的重要组成部分，受到了广大教育工作者的重视。小学生处在长知识、长身体的阶段，他们的心理品质还不成熟，一些学生由于缺乏对自己的正确认识，再加上学习的压力不断加重等原因使他们产生了不健康的心理。

一、小学生心理健康教育存在的问题

经过长期观察和调研，笔者认为当前在小学生中普遍存在的心理问题表现为以下三个方面。

（1）情绪方面的极不稳定，喜怒无常

当其情绪喜悦时，学习积极性高涨，与别人相处和谐；当其情绪烦躁忧郁时，学习积极性低落，与别人难以友好相处，甚至出现逃学、打架、斗殴等现象。

（2）意志方面一般表现为优柔寡断，虎头蛇尾，自制力差，易受暗示

当其情感冲动时，自制力较差，不能正确对待自己和控制自己；当外界诱因强烈时，容易动摇；当在学习中碰到困难，生活中遇到不顺心的事情时，其就会表现出悲观、失望的情绪，甚至退缩，意志崩溃，破罐子破摔。

（3）性格方面较为典型，表现如下

①自私狭隘型，常为一点小事而跟别人闹意见，斤斤计较，并且在很长时间内不能解脱，甚至耿耿于怀；②自大自负型，自以为是，瞧不起人，缺少对别人的欣赏与尊重，害怕挫折和困难；③自卑怯懦型，这类人较为孤僻，不合群，做事优柔寡断，责任心不强，应付了事。

二、小学生心理健康教育中的工作要点

经过长期的工作和总结，笔者认为，小学教师对小学生进行心理健康教育，

可从以下四个方面入手。

(1) 教育者要先受教育

提高教师心理健康水平和心理健康教育能力，是使班主任成为心理健康教育工作主力军的基本保障，要多学习、多让自己成长。

(2) 在课堂教学中充分利用多种心理因素，优化学生心理环境，调动学生的学习积极性、主动性，以潜移默化的方式进行渗透性心理健康教育，促进其心理素质的全面提高。

(3) 学生心理素质发展不是靠"听"得到的，它是通过主体自身的活动实现的

在各种活动中，学生所有心理器官都直接与客观世界发生联系，从而丰富心理世界，发展心理素质。开展一些有针对性的结合学生学习与生活实际的有关活动，让学生在参与中真正受到心理健康教育。

(4) 指导家长在家庭生活、家庭教育中创造健康的家庭环境

家长要为孩子创设良好的家庭环境；尊重孩子，不歧视、虐待和任意打骂、体罚孩子；鼓励、支持孩子和同伴交往，通过各种途径让孩子接触社会，结交朋友，防止羞怯、自卑、孤独等心理的产生。

三、教师心理健康教育的原则

班主任要配合学校开展多种形式的活动，将心理健康教育全面渗透于学校教育教学的全过程。同时，要发挥班级、家庭、社会的综合、整合的功能，开展以关心帮助学生成长为目的心理健康教育。

在开展学生心理健康教育时要遵循以下三个原则。

(1) "普遍性与针对性"原则

心理健康教育的内容要有共性，要着眼于全体学生的发展，考虑绝大多数学生的整体需要和普遍存在的问题。

(2) "面向全体、重视个别"原则

心理健康教育要面向全体学生，着眼于广大学生心理素质的提高，同时重视学生的个性差异，促进每个学生的心理健康发展。教师首先就要做到能公平地对待每一位学生，努力为每一位学生提供均等的发展机会，对学生一视同仁、施予博爱。

(3) "尊重与理解"原则

尊重学生的人格，理解学生的思想与感受。教师要引导学生树立自己的内心信念，让学生认识自己，学会选择，让他们在实践中自我锻炼、自我学习、

自我成长。

　　学校要培养的人才应该具备积极的心态、稳定的情绪、顽强的毅力、勇于挑战的个性，并具有承受压力和挫折、合群与合作、终身学习、选择与判断等综合能力。教师应当是学生心理的塑造者、守护者。心理健康教育已刻不容缓，时代呼唤着心理健康教育。

浅探学困生的转化策略

京山市雁门口镇初级中学 代艾红 曹利容

学困生指学习成绩暂时落后的学生。他们主要表现为：对学习不感兴趣，上课注意力不集中，作业应付，考试成绩名次靠后。

造成学困生的原因大致可分为内因和外因。内因有：理解力差、读写障碍、多动症等，外因有：家庭的不幸、同学的偏见、心灵遭受创伤……在教育教学工作中，我们所遇到的属先天性生理原因造成的学困生是极少数的，绝大多数是非智力型学困生。

对学困生的转化工作一直以来是"最难啃的骨头"。下面谈谈多年我在教学实践中转化学困生的一点体会。

一、倾注爱心，尊重信任是前提

教师应以平等的态度对待学生，对于学困生要更多一份爱心和耐心，站在他们的角度思考问题，让学生真正感受到教师是在为他们着想，他们才能"亲其师，信其道"。

很多学困生外表装作玩世不恭，其实他们心理非常脆弱和敏感，希望得到尊重和信任。比如，在课堂提问时，将一些回答简单问题的机会留给学困生，对他们的评价多用一些激励性的语言。当他们表现不良时，我们可以采取让他们讲一个故事、唱一支歌等作为"处罚"；当他们狂躁时，应巧妙地把他们的注意力迁移到其他方面，之后再帮助他们解决难题。

二、训练思维，掌握方法是关键

思维发展的缺陷是造成学生学习困难的一个主要原因，思维发展滞后的学生有各种各样的表现，常见的有口头表达水平低、识记速度慢、逻辑思维低下……教师要重视学困生的理解接受能力，对他们降低一定的梯度，从易到难，使他们能够逐渐进步。

　　对学困生进行思维训练，让他们掌握学习方法，才是学困生转化的关键。对于不同类型的学困生，思维训练的方法也不尽相同，要做到有的放矢。例如，我班的小 L 同学一堂课背不下来，默写错别字也多。每次别人背古诗时，我都先让他译出古文的意思，标出古诗中的生僻字，然后让他抄写几遍，再进行朗读背诵，虽然比其他同学慢了一点，但他识记深刻了，默写也基本不出错了。

三、挖掘亮点，重拾信心是动力

　　有很多学困生在劳动、体育等方面表现突出，班级的劳动卫生活动，这些学生总是一马当先；运动会上，他们也能崭露头角。我们教师要善于找到学困生身上的亮点，引导他们找到自己的特长，创造机会让他们展示自己，并及时给予肯定和表扬，让他们朝着自己特长的方向发展，鼓励他们不断进步、不断体验到成功的快乐，有了这些催化剂，他们学习起来也会轻松很多。

四、多方联动，持之以恒是良方

　　学困生的转化，不仅仅是学校和教师的任务，还需要家长配合，借助社会资源。学校是学困生转化工作的重要阵地，教师作为这一工作的主要承担者，要通过开展演讲辩论、书法绘画等丰富多彩的文体活动来淡化分数对学生的不良影响。也可以在班上开展"一对一，手拉手"等结对帮扶活动，让成绩优异的学生帮助学困生，让他们尽快赶上来。老师还要经常与家长联系，让家长督促学生完成老师布置的任务，并及时反馈他们在家的表现，共同制定转化方案，循序渐进地做好学困生的转化工作。

　　在这个过程中，我们要做好"打持久战"的心理准备。教师切忌操之过急，更不能简单粗暴，要耐心地去帮助他们，多给他们改正的机会，持之以恒，才能提高他们的学习成绩。

　　总之，学困生的转化是教师的使命和其必须面对的课题，教师要更新教育理念，不断探索学困生转化的新思路、新策略。让我们共同努力，以辛勤的付出、火热的爱心来精心培育这些迟开的花朵，争取不让一个孩子掉队，实现教育为每个学生的健康成长提供机遇的目标。

农村儿童心理素质培养

京山市罗店镇小学 李婉珍

20 世纪 80 年代，世界卫生组织重新定义了健康，即健康是身体、心理和社会适应的良好状态。此后，心理健康成为评估健康的重要因素之一。从内容上看，心理健康教育包括培养心理素质和维护心理健康，小学时期更应该注意心理素质的养成，树立一种正确的价值观。

一、当代农村儿童心理健康方面的不良表现

现阶段，由于科技的发展，越来越多的儿童在生活中接触电脑，与手机形影不离，长此以往，他们的沟通会出现很多问题，脾气也会变得更暴躁，加之互联网上信息多样、混杂，儿童辨别是非能力差、好奇心强、自控性差，易沉迷于网络，在学习中会出现注意力不集中、厌学等问题。

农村学生大多为留守儿童，爷爷奶奶对他们比较宠爱或要求不够高，从而增加了儿童的依赖、懒散，形成了其以自我为中心的思想。他们在与人相处时，会不自主地把自己放在高位，言谈举止更容易与别人产生摩擦，不能很好地融入班集体；或者过于依赖他人，抗压能力低，遇到问题时只以各种形式去逃避，没有独立面对困难的能力，更不会主动地思考着该如何去解决问题。还有相当多的家长常忽视孩子情感，缺少与孩子的交流，只关注孩子的成绩，导致孩子内在匮乏、自卑。

二、儿童心理素质培养的重要性

儿童的心理发展快、变化大，随着儿童年龄的增加，情感逐渐趋于稳定和丰富，自我评估能力不断提高，其心理素质对其后的思想、行为产生了重大影响。因此，小学阶段进行心理素质教育显得尤为重要。

三、儿童心理素质培养的三点建议

1. 配合家庭教育，与其沟通协调

父母是儿童的第一位老师，儿童的言行不是天然形成的，他们最初的学习对象实际上是父母。在没有上学时，儿童就形成了某些思想观念，一旦思想形成，要想改变就会更加困难，这仅靠学校教育是远远不够的，父母还必须与家长保持密切联系，统一思想。

例如，想改变由于喜欢玩手机而注意力不集中、厌学的状况，除老师引导外，家长应以身为范，与儿童共同减少使用手机的时间，多与儿童沟通在学习中的收获或遇到的困难，情况允许的话，甚至可以与儿童一起学习，比谁能学得更快、更好。这样，儿童对学习的兴趣会慢慢加深，自然而然会愿意上学，慢慢从网络中走到现实。

2. 全面了解儿童，掌握儿童情况

学校是培养儿童心理素质的主阵地，而班主任则是培养儿童心理素质的主要人才。班主任除了要关注儿童的才能外，还应该关注儿童的心理质量现状，先成才后成人，把培养心理素质放在第一位，培养心理健康的儿童。班主任可采用谈心、观察、座谈、走访、问卷调查等方式对儿童心理情况进行比较全面的了解，只有这样，才能根据不同儿童的特征因材施教，能更有效进行心理素质教育，不至于"眉毛胡子一把抓"，以致效果甚微。就像面对一群打架的儿童一样，不应该一味地指责他们，必须先全面地了解事件的原因，站在外界的角度来公正评判事件的起因，并与他们一起深层次地剖析情况，同时也可以向他们提出相关建议，以后遇到类似事情时应如何处理，再引导他们想象一下今天的打架事件应该如何处理。

3. 落实健康教育，扎实开展相关课程

学校各级领导要高度重视对儿童自身心理健康的宣传教育，把它列入学校常规教育课程中。要求老师克服和避免重智轻德、重文化传授轻心理素质培养的做法，要扎实开展心理健康教育课程；要求所有教师根据学科特点进行心理素质教育。同时，学校要多途径开展不同类型的德育活动，进行心理素质的培养。

儿童综合心理素质的培养工作并非一朝一夕就能完成，这需要各级的教育工作人员和家长都必须持有愚公移山般的精神，携手前进，慢慢地让儿童成长为一个健康的人，以饱满的情绪状态来积极迎接新一轮的心理挑战。

幼儿心理健康教育方法探讨

京山市直属机关幼儿园　张秋菊

一、当前幼儿心理健康教育中存在的问题

1. 受到传统观念的约束

传统的教育工作更加重视个人的智力发展，并没有关注孩子思维方式的变化。相关教师在开展教学工作时，没有意识到孩子的年龄能否消化掉自己所教的内容，部分老师还只是采取简单的灌输式教学模式，在学习中没有有效发挥孩子自身的积极主动性，这种情况导致孩子难以实现思维能力的锻炼。

2. 缺乏师资力量

在幼儿园教育工作中，对幼儿影响最大的是幼儿园教师。但有些教师缺乏幼儿心理健康教育方面的知识。幼儿如果出现问题的话，难以找到科学合理的解决方式。

3. 家庭教育方式不正确

在家庭教育工作中，很多家长忽视了孩子心理方面的需求，没有重视引导孩子养成良好的行为习惯。在这种教育方式下成长的孩子，一般情况下在处理事务时缺少责任感和自信心，同时也不利于引导他们养成良好的行为习惯。

二、加强幼儿心理健康教育的相应对策

1. 转变传统思想，重视幼儿心理健康教育

在进行幼儿心理健康教育工作的过程中，无论是老师还是家长都应该改变自己的思维，对于心理健康教育给予足够的重视，才能够促进幼儿的健康发展，引导幼儿快乐地生活。

2. 加强幼儿心理健康教育的认识，将其纳入日常教育活动中

在开展幼儿心理健康教育工作的过程中，给予其足够的重视，针对孩子的具体发展情况来制定相应的教学目标，采取科学合理的教学模式，根据每门学科的特点，在开展各项教学活动时加入心理健康教育的内容，引导幼儿养成积极健康的心理素质，有效地促进幼儿的心理健康发展。

3. 注重幼儿心理健康教育的科学性

提升幼儿心理健康水平需要有一个科学合理的教育体系。要对幼儿进行潜移默化的影响，在开展教学工作时，相关老师可以采取讲故事以及做游戏的方式来吸引孩子的注意力，引导孩子独立自主地思考。同时，采取因材施教的教育模式，针对孩子的具体心理问题，开展更加个性化的心理健康教育。

4. 加强师资队伍建设，提升心理健康教育水平

要重视幼儿园中师资队伍的建设工作，对幼师开展培训，使幼师可以更好地了解孩子们的心理情况，采取正确的方式来对孩子进行心理健康引导。同时，老师需要掌握好专业的知识内容，还应该与其他教师交流经验，以有利于提升教学工作的水平，保证幼儿的心理健康成长。

5. 创造良好的家庭环境，重视"家园教育"的一致性

对幼儿而言，在幼儿园所参与的一些教育活动都需要家长的支持。因此，需家长不但要重视孩子的生理发展，另外也需要其提升关于心理方面的认知水平，同幼儿园的老师共同配合，为孩子们营造良好的心理健康教育的环境。另外，幼儿园还应该采取开设知识讲座等情况来引导家长参与，让家长更好地了解幼儿心理健康教育的相关知识。

三、结语

幼儿的心理健康教育工作要求幼儿园同家长配合，充分利用相关教育资源，落实心理健康教育工作。最重要的就是转变传统教育理念，创新教学方式，引导相关教师提升对于幼儿心理健康的认知，强化师资力量的建设来有效提升孩子的心理健康水平，营造良好的教学环境，有效地促进孩子健康心理的形成。

初中如何做好学生心理健康教育工作

京山市孙桥镇初级中学　鄢志华　唐会

"学生心理健康不是靠治疗，而是基于健康积极的价值观与精神层面的富足而回归人性、富于良知，行为世范的教育者才能够疗愈时代的抑郁。"北京大学临床心理学博士、副教授徐凯文如是说。学校和教师应深入了解学生心理、生理的发展特点，积极开展心理健康教育，培养学生具备优良的心理素质，帮助学生调整和掌控好心态，主动地调适其与他人及社会的关系，开发潜能，提升学习成绩，健全人格，促进全面发展。

1. 营造健康的心理环境

学校可经常开展丰富多彩的活动，活跃并优化校园文化生活。教师要成为学生的楷模，师生、同学之间建立和谐融洽的关系。组织以心理健康教育为主题的班会、团队活动，对学生进行心理卫生知识传授和心理疏导，营造一种健康的心理环境、一种优良的"心灵土壤"。最终达到培养学生的良好行为习惯的目的，使学生保持积极向上的良好心态。

2. 建立融洽的师生关系

融洽的师生关系在青少年的幸福感和心理韧性中扮演着重要角色。研究表明，那些与老师有积极且紧密的师生关系的青少年，酗酒的可能性更低，自残或自杀的可能性更低，出现暴力行为的可能性也更低。老师应倾听他们内心的想法，了解学生的心理状况，和学生平等地交流，努力做学生的良师益友。

3. 开好、上好心理健康教育课程

学校要开足、开齐心理健康教育课，还面向全体学生开展，把学生的心理健康教育课视为与学科教学同等重要的教育内容，在心理健康教育课中规范化、系统化地传授初步的心理卫生知识。教师有针对性地围绕学生关注的问题进行灵活地辅导，培养学生良好的心理素质，促进其身心和谐发展。各学科教师在课堂教学中对学生进行心理素质培养，把心理健康教育融入学科教学中，要善于活跃课堂教学氛围，使学生学得主动、学得高兴，寓教于乐。同时，也要注意对后进生进行心理辅导，要善于发现其闪光点，及时给予其表扬与鼓励，进而提高他们的心理素质。

4. 办好心灵驿站，开展心理辅导

成立心理咨询辅导中心——心灵驿站，设立心灵驿站信箱，使学生能随时与心理辅导老师联系。学校为每一个学生建立心理档案，用科学的方法对全校学生进行检测，建立较为详细的心理背景资料库。定期开展心理检查及咨询服务。学校对已发现有心理问题的同学，要注意与他们和他们的家长建立密切联系，及时了解他们的情况，及时进行个别心理辅导或咨询，与家长共同做好学生的工作。通过咨询辅导活动使心理健康教育落到实处。

5. 帮助学生学会自我调节心态

学生有了心理问题就要疏导，最重要的是让学生学会自我调节，让学生掌握自我调节心态的方法。例如，自我安慰法，即"精神胜利法"，在失败受挫的时候，多想成功的事；不顺心的时候，多想顺心的事，找出一些曾经使自己开心的事情来冲散心中的愁云。自我疏导法，即当心态出现异常的时候，如受批评、受非议而感到委屈，或因人际关系出现问题而感到苦闷时，要克制和宽容，不要死抠别人的态度和毛病，学会宽厚待人、与人为善，以新的精神面貌和真诚的行为取得他人的理解。自我转移法，即当为自身的弱点、缺陷而烦恼或遭受意外挫折感到苦恼而无法自拔的时候，应主动把注意力转移到能唤起欢乐情感的活动上来，如听音乐、打球，转移环境，减少压力，避免触景生情，淡化心理上的阴影，达到暂时遗忘的目的。自我激励法，即在心理状态欠佳的时候，设法把思想上的压力转化为精神上的"兴奋剂"，激发自信心和竞争力，想到"天生我材必有用""两军对垒勇者胜"，勇于接受命运和别人的挑战，振奋精神，创造新的形象和成绩来排除心里的苦闷。

6. 家校协作促进学生心理健康

学校利用家长学校、家长会等方式，广泛进行科学学习的知识普及，改变家长对于高分的过度追求，让家长们明白健全的人格和健康的心理对孩子更重要，让家长学会更好地与孩子沟通，更多地关注孩子的心理健康，从而减轻学生的心理压力。

总之，做好学生的心理健康教育工作是学校不可忽视的重要内容，关注中学生的心理健康问题，促进学生的心理健康是每一所学校和每一个教育工作者义不容辞的责任。

浅谈小学教师如何进行心理健康教育

屈家岭管理区长滩中心小学　宋凝　彭英

培养小学生优良的心理素质，促进其个性和谐发展，健全其人格，使他们的心理更加成熟，能迎接各种挑战，这是每个小学教师义不容辞的义务和责任。作为小学教师如何对学生进行心理健康教育？我认为可以从以下四方面着手。

一、给学生巧妙暗示，树立他们的信心

目前小学生普遍存在消极自卑的心理。这种消极自卑心理的存在，使学生不能以正确的态度、平和的心态看清自己。这种心理的形成主要是因为学生自己、家长或老师常常将其短处和其他同学的长处相比较，而忽略了他们身上存在的优点。时间一长，他们自己总觉得不如别人，尤其是学习成绩不理想的学生，会认为自己天生笨拙，再努力也是徒劳，如果不对这种想法进行正确地引导，对孩子将来的发展会形成很多障碍。

因此，教师首先应转换评价角度，及时发现学生的优点。其次，教师应以多种方式向学生巧妙暗示，如一个真诚的微笑、一个关切的眼神、一句看似不经意的表扬等，让他们感觉到自己的长处，看到自己的能力，从而树立自信，克服自卑。最后，教师应指导学生正视自己的优点和缺点，科学地评价自己，让学生明白，别人有长处让你羡慕，你也有优点让别人喜欢。

二、传授合理的方法，促进学生和谐交往

小学生通过交往，彼此之间不仅能获得信息和知识，并且有利于学生的社会化，懂得相互学习，合作交流。但是有些小学生不会与同学相处，交往中常常遭遇失败，有时他们的言行并无恶意，但不被他人理解和接受，从而产生矛盾和误会。渐渐地，他们变得自卑、敏感、胆怯。

因此，需要指导学生认识交往的意义、掌握交往的方法，使他们能够积极主动地与人交往。教师要使学生懂得与他人交往，首先要做到对人有礼貌，态

度要真诚谦逊，其次心胸要豁达宽广，懂得忍让克制，聆听他人的意见时要专注，不挖苦取笑别人、不欺辱他人。还有的小学生性格孤僻，抑郁内向，不善交往，喜欢把自己圈在自我的小圈子里。对于这样的学生，教师要多关注他们、亲近他们，多引导启发、多交流，善于选择话题，使他们敞开心扉且愿意与人交谈。同时，要创设团结友爱互帮互助的班集体，用集体的爱感染他们，使他们体验到集体生活的快乐，逐渐变得活泼开朗，并尽快融入集体生活中去。

三、善于正确的疏导，培养情感

成长中的小学生处于半幼稚、半成熟的时期，常常滋生消极的情绪。教师首先应了解学生产生消极情绪的原因，经常和学生交流沟通，尊重学生，帮助他们疏导消极的情绪，对学生的点滴进步予以表扬。同时，教师要指导学生正确地认识消极情绪现象，增强调节自己情绪的能力。

四、组织实践，锻炼学生的意志品质

如今的孩子由于家庭生活条件有了很大的提高，生活富裕安逸，许多孩子在蜜罐中长大。即使有的家庭经济并不宽裕，但父母也会对孩子的要求尽量满足，这样就造成孩子在思想上的懒惰，害怕吃苦，动手能力、自理能力差，意志薄弱，做事易半途而废，缺少恒心和毅力。

对于这种现象，需要开展丰富多彩的实践活动，使学生在活动中经受磨练。通过积极克服活动中不断出现的困难，进行自我约束、自我调节、自我教育，锻炼意志，从而形成自强不息、坚韧不拔的心理品质。班集体的劳动、军训夏令营活动、扫墓春游活动、春秋季运动会都是锻炼学生的好机会，学生在活动中成长，在活动中逐渐成熟。

学校应注意创设良好的环境，需要有和谐进取的班风，使全校全社会都关心学生心理发展的氛围，这样才会促使学生健康快乐地成长。

总而言之，作为一名小学教师，要善于运用心理战术，以心育心、以人为本。努力使学生的思想文化素养和身心得到全面健康的发展，使其真正成为德才兼备、全面发展的有用之才。

心理暗示在教学中的应用

沙洋县后港镇西湖小学　牛雪红　聂福权

心理暗示是一种特殊的信息传递方式，它是指受暗示者在无对抗、无批判、无抵制的基础上，通过议论、表情、手势、服饰、环境和气氛等有利条件，用含蓄、间接的方式，对人的认知、情感、意志以及行为产生影响的心理活动过程。家喻户晓的故事如"杯弓蛇影""望梅止渴"等都是心理暗示现象。如果我们能在教学实践中巧妙地运用心理暗示，给学生施加各种影响，创造各种条件，最大限度地开发学生个人的潜力，使之达到充分的自我发展，那么，心理暗示就会成为满载课堂教学信息的时代列车，带领学生高速奔向理想的目的地。

一、借环境暗示强化信息

学校、班级是知识和人际交往的主要场所，建设一个良好的学校、班级环境，创造良好的学习氛围，对教育管理者来说，是必不可少的。例如，在教室的墙面上张贴名人名言、各类学生获奖证书等，让学生在平时的学习生活中耳濡目染，从而激发其奋发向上，勇于求知探索，专心练技成才。在教学中，我们可以通过营造某种场景、氛围来感染学生，如围绕课文内容组织课前的参观、访问或课后的游览、调查，运用电教媒体的光、声、像这些手段，创设课堂情境等。

二、用语言暗示提供信息

"感人心者，莫先乎情，莫始乎言，莫切乎声，莫深乎义"，充满感情色彩的言语交流，使学生不仅从形式上。而且能从本质上去认识问题。不但作用于学生感观，而且作用于学生心灵。在教学中，我们用得最多的就是语言暗示，教师通过说话时语气的变更、语速的变化、语音的高低等来表达自己的意思。

在教学过程中，教师可以有意识地对学生施加具有积极意义的语言暗示，例如，"太棒了！你还有其他的想法吗？我想请你说给大家听听""其他同学还有不同看法吗""你们肯定能帮助老师解决这个问题"等等。适宜的语言暗示会带给学生自信，语言暗示形成一个巨大的心理磁场，推动学生去努力思考、探索和创造。

三、体态暗示传递信息

体态暗示即教师用体态语言（眼神、表情、姿势、动作和距离等非言语行为）对学生进行暗示。不同的信息传递状况，往往导致不同的教学效果。教师在上课时，不仅语言有暗示作用，其神态、表情、动作，甚至是站立的位置都会对学生形成不同的心理暗示，从而产生效果迥异的信息交流。在课堂上，当学生的回答很精彩时，教师可以竖起大拇指表示赞许；当学生在做小动作时，教师可以装作漫不经心的样子走到他的身边，摸摸他的脑袋表示提醒；当学生答错题时，教师可以给他一个鼓励的眼神……一次凝视、一个微笑，体现出的是教师对学生的关爱、尊重、鼓励和期待，这些体态暗示往往比语言交流更能收到"无言之教"的奇效。

四、旁逸暗示潜移信息

富有创造性的教师，往往能有意识地运用"旁逸暗示"的教学艺术，收到触类旁通的良好效果。旁逸暗示即教师在教学活动中，自然地引入带隐喻性质的事例、资料或自身的生活经验等，其似为节外生枝的闲聊，实为旁敲侧击的暗示，最终使学生恍然大悟。

教师是学生灵魂的工程师。教师"无心"的心理暗示，能在学生心理不设防时，将教育教学要求悄悄地渗入学生的心里。因此，作为一名教师，要学会运用各种委婉曲折的心理暗示，在不经意间给学生加以疏导和启迪，激发学生的潜能，克服学生学习的消极情绪，带动学生学习的动力，提升学生努力学习的欲望和信心，从而达到高质量的教学效果。

让评语架起师生沟通的桥梁

沙洋县后港镇西湖小学　郭军平　赵晓红

评语是班主任对学生一个时期的思想、学习和生活的综合评价；是对学生学习状况、心理状况、身体状况和品德状况等方面做出的比较客观、公正的评价。评语的最终目的在于启发、引导、激励和鞭策学生。班主任应当在尊重学生的前提下，根据学生不同的兴趣、爱好、性格、态度、学习情况和家庭情况等，把每一次评语都当作一次与学生心灵的对话，让评语成为师生之间心灵沟通的桥梁。

一、"表扬式"评语

班主任应优先表扬学困生。一次不经意的表扬，有可能会激发学生的学习热情。在学生评语中对一名非常努力，但成绩总上不去的学生我这样写道：本学期增加了新课程，学习难度加大了不少，但你却能克服基础较差的困难，竭尽全力，而且小科成绩相当不错，老师也分享了你成功的喜悦。下个学期会有新的问题出现，让老师和你一起面对，好吗？

对于学习困难的学生，班主任可以适当避开他们的学习，谈他们的性格，利用从家长那时获得的信息，谈他们在家里的表现，主要是谈他们的优点。对一位性格自卑、孤僻，学习成绩极不理想的女学生，我这样写道：你在家里是一个懂事的女儿，家务干得非常出色，班里许多同学都比不上你。我非常羡慕你的母亲，她有你这样一个能干的女儿。

二、"激励式"评语

对于班里各方面都比较突出的"优秀生"，我认为应该慎表扬、多激励，使他们始终起到班级"领头羊"的作用。对新入队的学生我写道：这个学期你各方面有了很大进步，光荣地加入了少先队组织。高兴之余是否感到肩上的担子重了，多了几分责任呢？相信你在下个学期，会时时以少先队员的身份警醒自己，把这份责任承担起来。

对一位学习成绩一直名列前茅的学生我这样写道：真正的强者，站在山顶会瞄准下一座更高的山峰，因为山外有山，人外有人。你一定是这样的强者。当这位学生以优异成绩考入重点高中后，他发出了这样的感慨：现在我才真正明白，什么叫"山外有山，人外有人"。

三、"提醒式"评语

对于一些家庭情况特殊或者个性比较鲜明的学生，除了平时的耐心教育外，写"评语"也是让他们感受老师的关爱，进行引导的好机会。我班有个男生平时大大咧咧，性格倔强，从不考虑自己的言行是否会影响到他人，听不进同学们的劝告，同学们很不满意。因此，我给他写了这样的"评语"：看到你热情、开朗、不拘小节的性格，作为心力交瘁的中年人，我羡慕不已。你什么时候也"玩点儿深沉"，让大家看到你另一面的优点。

对一个性格过于内向的学生我这样写道：人到中年了，更羡慕年轻人的青春、活泼。不要太封闭自己，适当地宣泄一下，你愿意把你的快乐传达给我，让我同你一起分享吗？你愿意把你的痛苦倾诉出来，让我同你一起承担好吗？我认为活泼开朗的性格对你今后的成长是有利的。

四、"期望式"评语

班集体中一般都会有几个有特长的学生，他们当中有些人为班级争荣誉不遗余力，但是，他们对自身综合素质的提高却不够重视，尤其是对学习不能全身心地投入。班主任应用发展的眼光看待他们，既要理解和支持，发展他们的爱好和特长，又要正确引导他们处理好学习、爱好与特长的关系。

写给一位有足球特长的学生：看到你在足球场上矫健的身姿，我为班里有你这样一位运动健将而自豪。一想到你对待学习的态度，难免又增添了几分担心，将来你能成为既有体育特长，又有文化素养的新型人才吗？一定能！因为家长、老师和同学都在期盼着，相信你不会让大家失望。

班主任应善于观察、发现学生的闪光点和不足之处，经常和学生谈心，了解学生对学习的感受及成长中的烦恼与快乐。班主任应善于欣赏，学生的服饰、发型、言谈、品行、付出的努力等，都是班主任欣赏的内容。发自内心地关心学生，就能写出温馨的、公正的、准确的、优美的，含有赞扬、激励、关心，富有启发、促其进步的"评语"。

先跟后带：师生沟通的有效策略

沙洋县后港镇西湖小学 丁士慧 杨琼

师生沟通的有效与否，是决定教育成败的重要因素。教育中如果缺乏沟通，学生的"心事"教师则很难猜透，教师的"柔情"学生将永远不懂。先跟后带，是心理咨询中用得较多的策略，许多咨询师借助这个策略，巧妙地和来访者建立了良好的沟通关系，如果教师也能领会其中的要点，相信也可以改善师生之间沟通的难题。

一、"先跟"策略

"先跟"就是建立亲和感，去肯定和配合对方的信念、价值观，运用当事人自己的感知模式去引导当事人的一种方法，也就是我们俗话说的寻找共同点。

1. 肯定学生的情绪

肯定学生的情绪，就是接受对方的情绪状态，不管学生因为什么事情出现了情绪，都要先假定该事对学生的重要程度很高，因而学生表现出来的情绪是恰当的。比如，我们先对学生说"看到你这样悲伤，一定有重要的事情发生了，可以告诉我吗？""我感受到你十分愤怒，可以与我谈谈吗？"，等等。话语虽简单，却充分反映出教师对学生的关注、接纳。这样，自然能在沟通之始就获得学生的认同。

2. 认同学生的动机

每个人的行为最终都是为了满足自己的一些深层需要。我们可以先了解和接受一个人的动机，再拒绝他的不良行为。这个人会因感到我们接受他，而愿意改变他的行为。作为教师，我们可以先了解学生行为背后的动机，并由深层需要出发，引导学生去为能够真正满足的需要而作出改变。如何了解学生的动机呢？针对学生的行为，我们可以不断地用"这可以为你带来什么"等问句去引导学生自己追溯其行为背后隐藏的深层动机。

例如，某学生打架，教师问他：打架能给你带来什么，使得你当时一定要这样做？学生开始可能只会就事论事，说他先打我的，我若不打他，会被人看不起等。随着教师不断地追问，学生慢慢地就能觉察到，原来当时是想通过打架显示自己也是有尊严、有能力的。一个人希望证明自己是有尊严、有能力的，这样的动机有错吗？当然没有。当教师引导学生看到行为背后的深层动机时，就可以加以认同：噢，原来你也不想打架，只是想证明自己是一个有尊严、有能力的人。相信每位学生听到教师这样的话语后，都会被教师的理解而感动。

当然，"跟"只是教育的开始。必须在"先跟"的基础上再"后带"。所谓"带"，就是引导，即带领学生去你想让他去的方向，让学生具备更佳的行为和情感体验。在与学生建立起良好的沟通关系后，我们才能更好地引导学生成长。

二、"后带"策略

1. 从学生的期待出发：你希望怎么样？

光强调做法正确或者有道理而不顾是否有效，是在自欺欺人。学生的行为常常受情绪支配，教师可以通过"你希望怎么样""不想这样，希望那样""这样做有效果吗"等问题引导学生觉察自己的真正需求。如学生抱怨："数学老师找我麻烦，我真恨他！"当我们与他建立了亲密感后，便可以引导学生，使其从抱怨转向期待："如果不找你麻烦，你会希望他怎样对待你？"或者"如果情况可以不同，你希望他跟你的关系如何你会比较喜欢？"顺着这样的思路，学生的情绪就可以疏解，并可能觉察出自己的盲点。

2. 从学生的未来出发：你想有怎样的明天？

学生往往只看到眼前的自己，言行举止常常受自己当下的处境影响。我们可以引导学生在人生长河的背景中去看待自己目前这一小段生活，从而让他们明确目标、确定方向，激发其向上的动力。如让惹是生非的学生思考：继续这样下去，会有什么样的结果？以醍醐灌顶；让前途迷茫的学生思考：六年后你希望自己在哪里，十年后呢？以坚定目标；让自暴自弃的学生思考：你想有怎样的明天？引导学生思考未来，可以帮助学生明确一个信念：你可以不完美，因为无论如何，你仍然可以拥有美好的明天。

总之，学生产生一些负面想法或做出一些负面行为，往往是受年龄特点和认知水平所限，对事件看得不够长远等所致。教师在与学生沟通时，如果能遵循"先跟后带"的原则，深入探究，有效引导，自然能够打开学生的心扉，催化成长的动力。

家庭教育对孩子心理健康的影响

沙洋县后港镇西湖小学　金波

近年来，青少年心理健康的问题日益受到人们的重视。当前中小学生出现各种形式的学习困难，如厌学、恐学、留级、逃课、注意力不集中；小动作多，好动贪玩，学习成绩低下等，比例高达 16.4%—18.6%，造成这些表现的心理原因多达 12 种。然而这些心理障碍却往往容易被家长、教师所忽视。我国教育界现在正大力提倡对学生进行心理健康教育，以使他们从小形成良好的习惯、稳定的情绪、坚强的意志、优良的个性。而家庭教育作为影响儿童心理发展的重要因素，对儿童心理的影响是巨大的。

一、和谐健康的家庭环境与孩子性格的发展

家庭环境尤其是家庭的心理环境对儿童的心理发展影响是潜移默化的。父母对待孩子的态度、良好的家庭气氛、严而适当的教育方式及父母的榜样示范作用对孩子性格的形成有着重要的影响，家庭是孩子最早接触的社会环境。因此，为孩子创设一个良好的情感环境，对孩子良好性格的形成有着非常大的作用。

1. 家庭成员之间的关系

主要指家庭中各成员之间的亲密程度及交往方式。对于孩子来说，最有利于其心理健康的就是家庭成员之间和睦融洽、互敬互爱，这种关系有助于孩子安全感、积极的情绪、开放的个性的形成。与此相反，家庭成员如果关系不好，如有的家庭父母之间经常吵架，会使儿童幼小的心灵过早蒙上生活的阴影，承受着巨大的痛苦，最终的结果往往是这类家庭的儿童在内心深处过多地积淀了各种消极的东西，使其形成封闭、冷漠、逃避现实、悲观厌世的不良个性。所以，家长有责任协调好家庭关系，给孩子提供一个温暖和美的家庭环境。

2. 父母亲的生活态度及生活方式

许多父母因生活中的波折而变得消极，他们看待问题往往只看到其不好的一面，在孩子面前或闷声不响，或牢骚满腹，生活中不再有追求，经常玩游戏、赌博等。这样的生活方式与生活态度肯定对儿童健康心理的形成是不利的。所以，如果想让孩子坚强、上进，家长必须先选择积极的生活方式，改变不良的生活态度。

二、父母的教养方式与孩子的心理健康

许多研究都证实了父母的教养方式是影响子女成就和心理健康的重要因素。父母的教养方式对孩子的生活适应、学习行为、各项能力的发展是具有直接影响的。家长的教育方式主要分为四类：

1. 过分保护型

过分保护就是父母都代劳了，父母就像保姆一样干家务，帮助孩子解决一切问题，其实质就是溺爱。这会使孩子失去正常的、积极的自由发展的个性，结果培养出来的孩子懦弱、依赖性强。这种个性心理特征熄灭了孩子的创造欲望。处处需要别人的指点与帮助，智力发展受到限制。

2. 过分干涉型

过分干涉型家长就是限制孩子的言行，画框框、定调子。孩子按照父母的认识和意愿去活动，不能超越父母的指令。这样的孩子缺乏思维的批判性，做事没主意，人云亦云，孩子不敢超越父母的认识，局限了孩子的思维，使孩子很少有发散性思维，思想被禁锢，没灵气，也会影响孩子将来的创造力。

3. 严厉惩罚型

尽管这种类型不普遍，但还是存在。即教育孩子时态度生硬，对子女缺乏感情，言语粗鲁、方法简单、强迫子女接受自己的看法与认识，孩子压而不服，嘴上接受，心里却不接受，常挖苦责备，甚至打骂孩子，伤害孩子的自尊心。这种教育方式，一方面可能使孩子的性格压抑，心理自卑，遇事唯唯诺诺，缺乏独立的能力，影响孩子健康人格的形成。另一方面也可能使孩子像父母一样粗鲁、冷酷，没有教养。

4. 温暖理解民主式

这类家长能理性地指导孩子的成长，对孩子在学习上的要求不多，但在做人方面则要求孩子做一个正直、有用的人。对于成绩不要求孩子考多少分，不施加压力，只要尽力即可。努力给孩子创造良好的学习环境，为此有的家长严格要求自己不看电视、少说话，对孩子从小到大没有打骂。

　　总之，家庭教育在对孩子性格培养方面乃至一生发展都起到了关键作用，如果孩子的家庭教育是不完善的，那么对于孩子来说，不能不算是一大遗憾。在全面实施素质教育的今天，家庭教育、学校教育、社会教育是现代人成才的三大支柱，而家庭教育是基础性的，只要广大家长树立正确的教育观，必定会创造一个有利于孩子健康成长的家庭环境。